365 이벤트

이기적 홈페이지 & 스터디 카페

❶ 기출문제 복원 이벤트

이기적 수험서로 열심히 공부하고
시험에 응시하신 독자님들,
기억나는 문제를 공유해 주세요.

응시일로부터
7일 이내의
복원 제보만
인정됩니다

세부 내용

🎁 참여 혜택

📖 영진닷컴 도서(최대 30,000원 상당)
🎁 이벤트 선물(영진닷컴 쇼핑몰 포인트, N페이
  포인트 등 다양한 혜택 제공)

❷ 리뷰 참여 이벤트

온라인 서점 또는 개인 SNS에
도서리뷰와 합격 후기를 작성해 주세요.

YES 24
인터파크 도서   알라딘
고보문고

세부 내용   당첨자 확인

세부 내용

❸ 정오표 이벤트

⚠️ 이기적 수험서의 오타 및 오류를 영진닷컴에
  제보해 주세요.

book2@youngjin.com으로 [도서명], [페이지],
[수정사항], [이름], [연락처]를 보내주세요.

이기적 스터디 카페

회원가입 시 전부 제공! BIG3!

1:1 질문답변

집에서도, 카페에서도, 도서관에서도!
전문가 선생님의 1대1 맞춤 과외!

온라인 스터디

서로 당겨주고, 밀어주고, 합격을 함께 할
스터디 파트너를 구해 보세요!

구매자 한정 혜택

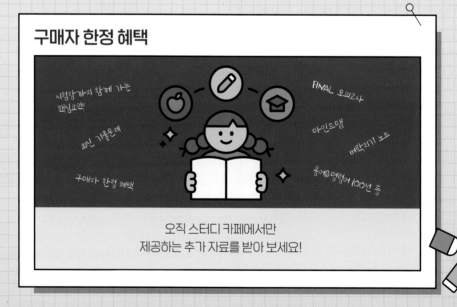

오직 스터디 카페에서만
제공하는 추가 자료를 받아 보세요!

* 제공되는 혜택은 도서별로 상이합니다. 각 도서의 혜택을 확인해 주세요.

NAVER 이기적 스터디 카페

나만의 합격 키트

캘린더 & 스터디 플래너 & 오답노트

PDF 다운로드 후
태블릿 PC에서
사용 가능합니다.

캘린더

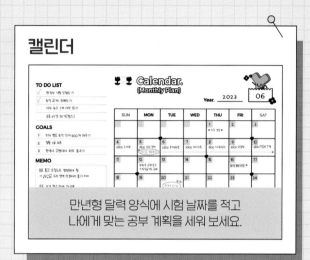

만년형 달력 양식에 시험 날짜를 적고
나에게 맞는 공부 계획을 세워 보세요.

스터디 플래너

학습에 필요한 사항을 꼼꼼하게
체크해 가면서 공부하세요.

오답노트

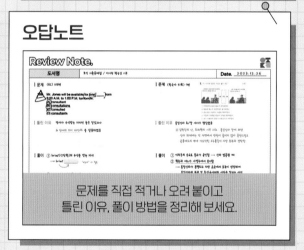

문제를 직접 적거나 오려 붙이고
틀린 이유, 풀이 방법을 정리해 보세요.

다꾸 스티커 패키지

추가 증정
이벤트

스티커1   스티커2   스티커3

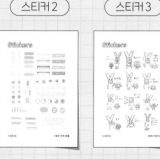

명품 강사진

이기적은 전강 무료!

누적 조회수 3400만이 시청한
명품 강의로 한 번에 합격!

정보처리기사	컴퓨터활용능력	컴퓨터그래픽스운용기능사	한식조리기능사
고소현	박윤정	이향아	최경선

정보처리기사	컴퓨터활용능력	한국사능력검정	전산회계	지게차/굴착기
한진만	홍태성	김민석	정창화	김주승

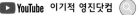

정보처리기사
실기 기본서

★

1권·이론서

구매자 혜택 BIG 6

이기적 독자에게 모두 드리는 자료!

이기적 합격 강의

이기적이 수험생들의 합격을 위해 동영상 서비스를 제공합니다. 도서를 구매한 후 동영상을 무료로 시청할 수 있습니다.

* 동영상 제공 범위는 도서별로 상이할 수 있습니다.

이기적 스터디 카페

이기적 스터디 카페에서 함께 자격증을 준비하세요. 스터디 그룹을 직접 만들어서 다른 수험생들과 함께 공부할 수 있습니다.

* 이기적 스터디 카페 : cafe.naver.com/yjbooks

1:1 질문답변 서비스

공부를 하다가 이해하기 어려운 문제나 궁금한 내용이 있다면 질문해 보세요! 전문 선생님께서 1:1로 맞춤 답변을 해드립니다.

* 질문답변은 1~2일의 시일이 소요될 수 있습니다.

구매인증 PDF

도서에 수록된 문제로 부족하다면? 스터디 카페에서 도서 구매인증을 한 분들에 한하여 추가 모의고사 PDF를 제공합니다.

* 구매인증은 스터디 카페에서 받고 있습니다.

2024년 출제기준

시험 공부에서 가장 중요한 것은 시험 범위, 즉 출제기준입니다. 공부를 하기 전에 꼭 출제기준을 먼저 확인하세요.

* 출제기준과 관련된 궁금한 사항은 시행처에 문의하세요.

정오표

오타 및 오류가 나오지 않도록 더욱 노력하겠습니다. 그럼에도 불구하고 출간 후 발견되는 오류는 정오표를 통해 확인해 주세요.

* 도서의 오류는 교환, 환불의 사유에 해당하지 않습니다.

이기적 200% 활용 가이드

STEP 1

핵심이론

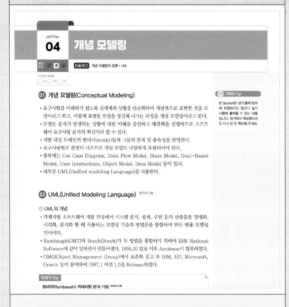

시험에 꼭 나오는 핵심이론들만 쏙쏙 골라 설명해 드립니다. 자격증 시험은 100점 만점을 받기 위한 시험이 아니므로 시험에 합격할 수 있도록 효율적으로 공부하세요.

① **빈출 태그**
자주 출제되는 핵심 단어를 확인하고 공부를 시작하세요.

② **기적의 Tip**
이론을 쉽게 이해할 수 있도록 단어 설명과 암기법 등을 확인하세요.

③ **더 알기 Tip**
추가 학습을 위해 어려운 내용의 보충 및 심화 내용을 수록했습니다.

STEP 2

합격을 다지는 예상문제

섹션별, 챕터별로 이론을 공부한 뒤에 문제를 풀어볼 수 있습니다. 공부한 이론이 어떻게 문제로 출제되는지 확인해 보세요. 문제가 어렵다면 이론을 다시 복습해야 합니다.

① **01**
섹션에서 가장 중요한 내용을 문제로 수록했습니다.

② **• 답 :**
직접 정답을 작성해 볼 수 있도록 답안란을 비워 두었습니다.

③ **ANSWER**
문제를 풀고 정답을 확인한 후 이론을 복습하세요.

모의고사&기출문제

추가 모의고사 PDF

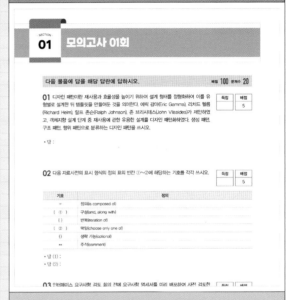

SECTION 01 모의고사 01회

다음 물음에 답을 해당 답란에 답하시오.   배점 100 문제수 20

01 참조 관계에 있는 두 테이블에서 하나의 테이블에 삽입(Insert), 삭제(Delete), 갱신(Update) 등의 연산으로 테이블의 내용이 바뀌었을 때 데이터의 일관성과 무결성 유지를 위해 이와 연관된 테이블도 연쇄적으로 변경이 이루어질 수 있도록 하는 것을 무엇이라 하는지 쓰시오.

• 답 :

02 다음 설명하는 요구사항 확인 기법을 쓰시오.

• 도출된 요구사항을 토대로 시제품을 제작하여 대상 시스템과 비교하면서 개발 중에 도출되는 추가 요구사항을 지속적으로 재작성하는 과정이다.
• 새로운 요구사항을 도출하기 위한 수단이다.
• 요구사항에 대해서 소프트웨어 엔지니어 입장에서 해석한 것을 확인하기 위한 수단으로 많이 사용된다.
• 실제 구현 전에 잘못된 요구사항을 반영시키기 이전에 사용을 낭비하는 것을 방지할 수 있다.

• 답 :

03 Use Case Diagram 작성 단계 중 다음 작업이 진행되는 단계를 쓰시오.

SECTION 01 모의고사 01회

다음 물음에 답을 해당 답란에 답하시오.   배점 100 문제수 20

01 디자인 패턴이란 재사용과 효율성을 높이기 위하여 설계 형태를 정형화하여 이를 유형별로 설계한 뒤 템플릿을 만들어둔 것을 의미한다. 에릭 감마(Eric Gamma), 리처드 헬름(Richard Helm), 랄프 존슨(Ralph Johnson), 존 브리시데스(John Vlissides)가 제안하였고, 객체지향 설계 단계 중 재사용에 관한 유용한 설계를 디자인 패턴화하였다. 생성 패턴, 구조 패턴, 행위 패턴으로 분류하는 디자인 패턴을 쓰시오.

• 답 :

02 다음 자료사전의 표시 형식의 정의 표의 빈칸 ①~②에 해당하는 기호를 각각 쓰시오.

기호	정의
=	정의(is composed of)
(①)	구성(and, along with)
{ }	반복(iteration of)
(②)	택일(choose only one of)
( )	생략 가능(optional)
**	주석(comment)

• 답 (①) :
• 답 (②) :

03 인터페이스 요구사항 검토 회의 전에 요구사항 명세서를 미리 배포하여 사전 검토한 ...

모의고사 10회와 기출문제 10회로 실력을 점검해 보세요. 처음에는 아는 문제를 모두 풀어보는 것을 목표로 하고, 뒤로 갈수록 시험 시간 안에 최대한 많은 문제를 풀어보세요.

① **이기적 스터디 카페**
이해하기 어려운 문제는 이기적 스터디 카페에 질문하세요.

② **01번 해설**
문제의 정답과 해설을 수록하고, 이해하기 쉽게 해설했습니다.

③ **오답 피하기**
문제를 풀면서 틀리기 쉬운 내용이나 헷갈리는 부분을 설명했습니다.

도서의 문제로 모자라다면? 이기적 스터디 카페에서 추가 모의고사 PDF를 다운로드 받을 수 있습니다. 도서 구매 후 인증만 해주면 끝! 최종 점검 문제로 사용할 수 있습니다.

① **도서 구매 인증**
스터디 카페에서 구매 인증 후 PDF를 다운로드 받으세요.

② **01번 해설**
문제의 정답과 해설을 수록하고, 이해하기 쉽게 해설했습니다.

③ **오답 피하기**
문제를 풀면서 틀리기 쉬운 내용이나 헷갈리는 부분을 설명했습니다.

차례

1권

PART 01 요구사항 확인

PART 02 데이터 입출력 구현

각 섹션을 출제 빈도에 따라
상 > 중 > 하 로 분류하였습니다.
⑭ : 시험 전 반드시 보고 가야 하는 이론
⑧ : 시험에 보편적으로 다루어지는 이론
⑪ : 잘 나오지는 않지만 알면 좋은 이론

기적의 합격 강의 제공
※ 동영상 강의가 제공되는 파트입니다.
영진닷컴 이기적 수험서 사이트
(license.youngjin.com)에 접속하여
해당 강의를 시청하세요.

시험 출제 경향

시험은 이렇게 출제된다!

정보처리기사 실기시험은 국가직무능력표준(NCS)을 기반으로 하여 크게 12개의 활용 NCS 능력단위가 필답형 문제로 출제되고 있습니다.

12개의 활용 NCS 능력단위가 동일한 문항 수와 배점으로 출제되고 있지는 않습니다. 기출문제를 분석한 결과 출제문항 수는 20문항으로 각 문항의 난이도와 상관없이 각 5점의 배점으로 출제가 되고 있습니다. 해를 거듭할수록 출제유형이나 배점도 꾸준히 조정이 있을 수 있으나 최신 기출문제들을 종합적으로 분석해본 결과 개편 초기에는 주요 능력단위*에서 약 50점±10점이 매회 출제될 것으로 예상됩니다.

활용 NCS 능력단위별 수행준거

구분	활용 NCS 능력단위	수행준거
1	요구사항 확인*	업무 분석가가 수집 · 분석 · 정의한 요구사항과 이에 따른 분석모델에 대해서 확인과 현행 시스템에 대해 분석할 수 있다.
2	데이터 입출력 구현	응용소프트웨어가 다루어야 하는 데이터 및 이들 간의 연관성, 제약조건을 식별하여 논리적으로 조직화 하고, 소프트웨어 아키텍처에 기술된 데이터저장소에 조직화된 단위의 데이터가 저장될 최적화된 물리적 공간을 구성하고 데이터 조작언어를 이용하여 구현할 수 있다.
3	통합 구현	모듈간의 분산이 이루어진 경우를 포함하여 단위 모듈간의 데이터 관계를 분석하여 이를 기반으로 한 메커니즘을 통해 모듈간의 효율적인 연계를 구현하고 검증할 수 있다.
4	서버 프로그램 구현*	애플리케이션 설계를 기반으로 개발에 필요한 환경을 구성하고, 프로그래밍 언어와 도구를 활용하여 공통모듈, 업무프로그램과 배치 프로그램을 구현할 수 있다.
5	인터페이스 구현	모듈간의 분산이 이루어진 경우를 포함하여 단위 모듈간의 데이터 관계를 분석하고 이를 기반으로 한 메커니즘을 통해 모듈간의 효율적인 연계를 구현하고 검증할 수 있다.
6	화면 설계	요구사항분석 단계에서 파악된 화면에 대한 요구사항을 소프트웨어 아키텍처 단계에서 정의된 구현 지침 및 UI/UX 엔지니어가 제시한 UI표준과 지침에 따라 화면을 설계할 수 있다.
7	애플리케이션 테스트 관리*	요구사항대로 응용소프트웨어가 구현되었는지를 검증하기 위해서 테스트케이스를 작성하고 개발자 통합 테스트를 수행하여 애플리케이션의 성능을 개선할 수 있다.
8	SQL 응용*	관계형 데이터베이스에서 SQL을 사용하여 응용시스템의 요구기능에 적합한 데이터를 정의하고, 조작하며, 제어할 수 있다.
9	소프트웨어 개발 보안 구축	정의된 보안요구사항에 따라 SW의 보안 요구사항을 명세하고 이에 따라 SW에 대한 보안을 설계, 구현, 테스트할 수 있다.
10	프로그래밍 언어 활용*	응용소프트웨어 개발에 사용되는 프로그래밍 언어의 기초문법을 적용하고 언어의 특징과 라이브러리를 활용하여 기본 응용소프트웨어를 구현할 수 있다.
11	응용 SW 기초 기술 활용*	응용소프트웨어개발을 위하여 운영체제, 데이터베이스, 네트워크의 기초 기술을 적용하고 응용개발에 필요한 환경을 구축할 수 있다.
12	제품 소프트웨어 패키징	개발이 완료된 제품소프트웨어를 고객에게 전달하기 위한 형태로 패키징하고, 설치와 사용에 필요한 제반 절차 및 환경 등 전체 내용을 포함하는 매뉴얼을 작성하며, 제품소프트웨어에 대한 패치 개발과 업그레이드를 위해 버전관리를 수행할 수 있다.

활용 NCS 능력단위별 최신 기출분석

① 2020년~2021년

구분	활용 NCS 능력단위	2020년				2021년		
		1회	2회	3회	4·5회	1회	2회	3회
1	요구사항 확인*		1문제		2문제	1문제	1문제	3문제
2	데이터 입출력 구현	1문제	1문제			2문제	1문제	1문제
3	통합 구현	1문제	1문제			2문제		
4	서버 프로그램 구현*	3문제	1문제	1문제		1문제	1문제	1문제
5	인터페이스 구현	1문제	1문제	1문제				
6	화면 설계		1문제	1문제			1문제	1문제
7	애플리케이션 테스트 관리*	1문제	1문제	2문제	2문제	2문제	2문제	3문제
8	SQL 응용*	1문제	2문제	3문제	1문제	1문제	3문제	1문제
9	소프트웨어 개발 보안 구축	1문제	1문제		2문제	1문제	1문제	1문제
10	프로그래밍 언어 활용*	3문제	3문제	5문제	5문제	4문제	5문제	5문제
11	응용 SW 기초 기술 활용*	4문제	4문제	4문제	5문제	5문제	3문제	3문제
12	제품 소프트웨어 패키징	1문제						
13	기타 IT 관련 지식	3문제	3문제	3문제	3문제	1문제	2문제	1문제
	충 문제수	20문제	20문제	20문제	20문제	20문제	20문제	20문제

② 2022년

구분	활용 NCS 능력단위	1회	2회	3회
1	요구사항 확인*		1문제	2문제
2	데이터 입출력 구현		1문제	1문제
3	통합 구현			
4	서버 프로그램 구현*		1문제	
5	인터페이스 구현			
6	화면 설계	1문제		
7	애플리케이션 테스트 관리*	4문제	2문제	1문제
8	SQL 응용*	1문제	2문제	2문제
9	소프트웨어 개발 보안 구축	1문제	2문제	2문제
10	프로그래밍 언어 활용*	7문제	6문제	6문제
11	응용 SW 기초 기술 활용*	3문제	4문제	3문제
12	제품 소프트웨어 패키징			1문제
13	기타 IT 관련 지식	3문제	1문제	2문제
	충 문제수	20문제	20문제	20문제

③ 2023년

구분	활용 NCS 능력단위	1회	2회	3회	2020~2023년 영역별 최종 누적 문제수
1	요구사항 확인*	1문제	1문제	1문제	14문제
2	데이터 입출력 구현		1문제		9문제
3	통합 구현				4문제
4	서버 프로그램 구현*				9문제
5	인터페이스 구현	1문제			4문제
6	화면 설계				5문제
7	애플리케이션 테스트 관리*	1문제	2문제	1문제	24문제
8	SQL 응용*	2문제	2문제	1문제	22문제
9	소프트웨어 개발 보안 구축	2문제	2문제	2문제	19문제
10	프로그래밍 언어 활용*	8문제	9문제	8문제	74문제
11	응용 SW 기초 기술 활용*	4문제	2문제	6문제	49문제
12	제품소프트웨어 패키징				2문제
13	기타 IT 관련 지식	1문제	1문제	1문제	25문제
	총 문제수	20문제	20문제	20문제	260문제

필답형 문제 유형별 최신 기출분석

필답형 유형	2020년				2021년		
	1회	2회	3회	4 · 5회	1회	2회	3회
단답형	15문항	14문항	11문항	17문항	18문항	15문항	13문항
나열형		1문항	1문항				
선택형					2문항	4문항	6문항
약술형	3문항	5문항	8문항	3문항		1문항	1문항
계산식	2문항						
총문항	20문항	20문항	20문항	20문항	20문항	20문항	20문항
합격률	5%	20%	18%	14% · 21%	39%	27%	24%

필답형 유형	2022년			2023년		
	1회	2회	3회	1회	2회	3회
단답형	13문항	15문항	14문항	13문항	13문항	17문항
나열형	1문항			1문항	1문항	
선택형	5문항	5문항	6문항	4문항	5문항	3문항
약술형	1문항			2문항	1문항	문항
계산식						문항
총문항	20문항	20문항	20문항	20문항	20문항	20문항
합격률	26%	16%	20%	27%	18%	??%

학습전략

정보처리기사 실기시험을 준비하시는 수험생들의 체감 난이도는 개인차가 큽니다. 따라서 일률적인 방법으로 학습하기 전에 개별적으로 수험기간을 알차게 계획해야 시행착오를 줄일 수 있습니다.

실기시험 학습 전, 교재 3권의 기출문제 부분을 먼저 확인하세요! 문제의 유형과 기출문제 사전 확인을 통해 중점적으로 학습해야 할 모듈에 대해 합격 전략을 세워야 합니다.

정보처리기사 실기시험의 시험범위 12개 능력단위는 이미 필기시험 21개 능력단위를 통해 여러분이 학습한 경험이 있습니다. 단, 실기시험의 경우에는 필답형 시험 방식의 문제들을 득점하기 위해 좀 더 꼼꼼히 용어 정리하고 암기한 후, 필답형 시험의 답안작성 연습을 꼭! 꼭! 손으로 직접 작성해 보면서 연습하세요!

① 전체 문항 20문제, 각 문제 5점 배점

– 개편 초기에는 크게 문항수 변경이나 문항의 난이도에 따른 배점 조절이 없을 것으로 예상됩니다. 세부 문항 문제의 경우, 부분 점수가 부여되니 시험장에 답안작성을 성의있게 최선을 다해 작성해 주세요!

– 문제의 난이도에 따라 배점이 주어지는 상황이 아닙니다. 합격률이 낮게 나오는 원인으로 분석됩니다.

② 20문항 중 약 5문항은 약술형 또는 계산식 또는 SQL명령문 작성 문제

– 정보처리기사 실기시험은 '필답형' 시험입니다. 논술형이나 작업형이 아니므로 최대한 키워드를 포함하여 간략히 서술 문장을 작성하면 약술형 문항의 채점은 모범답안의 범주가 넓으므로 매우 유연하게 이루어집니다. 다만, 정확하지 않거나 틀린 내용의 키워드가 포함되어 있으면 부분 점수가 부여되지 않습니다.

– SQL명령문을 작성하는 문제의 경우 약 2문제가 매회 출제되고 있습니다. SQL명령문을 직접 작성하는 연습을 통해 스펠링이 틀리지 않도록 주의하세요. SQL명령문 작성 문제의 경우 부분점수 부여하지 않습니다.

③ 주요 모듈 완전학습 후, 모듈별 핵심용어 암기

– 주요 모듈 : 1. 요구사항 확인/4. 서버프로그램 구현/7. 애플리케이션 테스트 관리/8. SQL 응용/10. 프로그래밍 언어 활용/11. 응용 SW 기초 기술 활용

– 여섯 개의 모듈의 경우 50점±10점 배점이 명확한 모듈입니다. 해당 모듈의 개념은 꼼꼼히! 학습하고, 모두 득점한다는 가정하에 나머지 모듈의 핵심 용어를 정리하시면서 외워야 합니다.

④ 프로그래밍 언어 활용 모듈 학습은 실기 학습기간 동안 꾸준히 꼼꼼히 학습

– 실기시험 출제 프로그래밍 언어 : C언어, C++, Java, Python

– 코드가 포함되는 문제는 두 가지 유형으로 실행 결과를 작성하는 문제와 코드의 결과가 수행되도록 빈칸을 채우는 문제가 출제가 됩니다. 실행 결과를 작성하는 문제는 부분점수가 없습니다. 코드 문제의 경우 대소문자를 명확히 구분하여 해당 언어의 문법에 맞게 작성하여야 하며 세부문항의 수에 따라 부분점수가 부여됩니다.

– 프로그래밍 언어 활용 모듈의 출제 문항수는 회를 거듭할수록 늘어나 최근 8문항(40점)이 출제되고 있습니다. 최신 기출문제 분석을 통해 예상되는 출제 경향은 Java 2문제, Python 1문제와 대부분 C언어 4~6문제가 매회 출제되고 있습니다. 따라서 효율적인 프로그래밍 언어 활용 모듈의 학습은 가장 먼저 기본 문법과 디버깅은 C언어로 명확히 학습하시고, 객체지향 관련 학습은 Java를 통해 개념 이해와 코드 분석을 하세요. 이후 Python은 교재의 해당 섹션 학습 후 확인 문제와 기출 복원 문제를 통해 마무리하세요.

⑤ 실전 감각을 익히며 최종 마무리는 기출변형문제 및 기출복원문제로!

– 실기시험은 시험 전 마지막 일주일이 무엇보다 중요합니다. 필답형 시험에 대비하여 약술형을 위한 개념 정의 문장 작성 연습과 SQL명령문을 직접 손으로 반복 연습하여 마무리한다면 시험장에서 답안을 잘 작성할 수 있을 것이며, 고득점으로 합격할 것이라 믿습니다.

시험의 모든 것

01 실기 응시 자격 조건

- 필기 시험 합격자
- 자세한 자격 조건은 시행처 확인

02 실기 원서 접수하기

- 1년에 3회 시행
- http://q-net.or.kr

03 실기 시험

- 신분증, 수험표, 필기구 지참
- 필답형(2시간 30분)

04 실기 합격자 발표

- 100점 만점 중 60점 이상
- 변경될 수 있으니 시행처 확인

01 자격명(영문명)

정보처리기사(Engineer Information Processing)

02 시행기관

한국산업인력공단(q-net.or.kr)

03 시험 수수료

실기 : 22,600원

04 검정 방법

- 시험 과목 : 정보처리 실무
- 시험 방법 및 시간 : 필답형(2시간30분)
- 합격 기준 : 100점을 만점으로 하여 60점 이상

05 세부 평가 내역

q-net.or.kr의 고객만족 〉 자료실 출제기준 참고

06 실기시험 출제 경향

정보시스템 등의 개발 요구 사항을 이해하여 각 업무에 맞는 소프트웨어의 기능에 관한 설계, 구현 및 테스트를 수행에 필요한
- 현행 시스템 분석 및 요구사항 확인(소프트웨어 공학 기술의 요구사항 분석 기법 활용)
- 데이터 입출력 구현(논리, 물리데이터베이스 설계, 조작 프로시저 등)
- 통합 구현(소프트웨어와 연계 대상 모듈간의 특성 및 연계 모듈 구현 등)
- 서버 프로그램 구현(소프트웨어 개발 환경 구축, 형상 관리, 공통 모듈, 테스트 수행 등)
- 인터페이스 구현(소프트웨어 공학 지식, 소프트웨어 인터페이스 설계, 기능 구현, 구현검증 등)
- 화면설계(UI 요구사항 및 설계, 표준 프로토 타입 제작 등)
- 애플리케이션 테스트(테스트 케이스 설계, 통합 테스트, 성능 개선 등)
- SQL 응용(SQL 작성 등)
- 소프트웨어 개발 보안 구축(SW 개발 보안 설계, SW 개발 보안 구현 등)
- 프로그래밍 언어 활용(기본 문법 등)
- 응용 SW 기초 기술 활용(운영체제, 데이터베이스 활용, 네트워크 활용, 개발환경 구축 등)
- 제품 소프트웨어 패키징(제품 소프트웨어 패키징, 제품소프트웨어 매뉴얼 작성, 버전 관리 등)

07 시험과목 및 활용 국가직무능력표준(NCS)

- 국가기술자격의 현장성과 활용성 제고를 위해 국가직무능력표준(NCS)을 기반으로 자격의 내용(시험과목, 출제기준 등)을 직무 중심으로 개편하여 시행
- 실기시험

과목명	활용 NCS 능력단위	NCS 세분류
정보처리 실무	요구사항 확인	응용 SW 엔지니어링
	데이터 입출력 구현	
	통합 구현	
	제품 소프트웨어 패키징	
	서버 프로그램 구현	
	인터페이스 구현	
	프로그래밍 언어 활용	
	응용 SW 기초 기술 활용	
	화면 설계	
	애플리케이션 테스트 관리	
	SQL 응용	DB 엔지니어링
	소프트웨어 개발 보안 구축	보안 엔지니어링

출제기준 상세 보기

08 진로 및 전망

- 기업체 전산실, 소프트웨어 개발 업체, SI(System Integrated) 업체(정보통신, 시스템 구축회사 등), 정부기관, 언론기관, 교육 및 연구기관, 금융기관, 보험업, 병원 등 컴퓨터 시스템을 개발 및 운용하거나, 데이터 통신을 이용하여 정보처리를 시행하는 업체에서 활동하고 있다. 품질검사 전문기관 기술인력과 감리원 자격을 취득하여 감리 전문회사의 감리원으로 진출할 수 있다.
- 정보화 사회로 이행함에 따라 지식과 정보의 양이 증대되어 작업량과 업무량이 급속하게 증가했다. 또한 각종 업무의 전산화 요구가 더욱 증대되어 사회 전문 분야로 컴퓨터 사용이 보편화되면서 컴퓨터 산업은 급속도로 확대되었다. 컴퓨터 산업의 확대는 곧 이 분야의 전문인력에 대한 수요 증가로 이어졌다.

자주 질문하는 Q&A

Q 기사 응시 자격은 어떻게 되나요?

학력으로 응시할 경우와 경력으로 응시할 경우가 구분됩니다.

4년제 이상 정규 대학교 졸업자 및 졸업 예정자, 3년제 전문 대학교 졸업자(경력 1년), 2년제 전문 대학교 졸업자(경력 2년), 산업기사 등급의 자격증 취득자(경력 1년), 기능사 등급의 자격증 취득자(경력 3년), 고등학교 이하 학력(실무경력 4년 이상), 학점은행제 106학점 이상 취득한 자의 경우에 응시할 수 있습니다. 정확한 내용은 큐넷(Q-net) 국가기술 자격제도 응시자격 안내를 참고하세요.

Q 정보처리기사 자격증을 응시할 경우 전공 제한이 있습니까?

한국산업인력공단의 정보처리기사 자격증은 모든 학과가 관련 학과로 인정됩니다. 따라서 실제 전공 제한은 없습니다.

Q 필기시험에 합격한 이후 언제까지 필기시험이 면제되나요?

국가기술자격법 시행령 제21조 제1항의 근거에 의거 필기시험 면제기간은 당회 필기시험 합격자 발표일로부터 2년간입니다. 단 시험의 변경, 출제기준의 변경 등으로 면제기간이 바뀔 수 있으니 항상 시행처를 확인해 주세요.

Q 당회 필기시험에 합격 후 실기시험을 접수하지 않으면 필기 합격이 취소되나요?

당회 실기시험에 접수하지 않아도 필기시험 합격일로부터 2년간 필기시험이 면제됩니다. 단, 응시자격서류를 제출하여야 합격이 됩니다. 응시자격서류를 제출하지 않으면 필기시험 불합격자로 처리됩니다.
- 당회 실기시험에 응시할 경우 : 실기시험 접수 기간 내(필기시험 합격예정자 발표일로부터 4일간)에 응시자격서류를 제출 후 실기시험 접수
- 당회 실기시험에 응시하지 않을 경우 : 필기시험 합격예정자 발표일로부터 8일 이내(토, 일, 공휴일 제외)에 응시자격서류를 제출하여야 필기시험 합격자로 인정

Q 실기시험 당일 수험자 지참 준비물은 무엇입니까?

필답형 시험이므로 신분증, 필기도구(검은펜)를 지참하여 지정된 시험 장소로 가면 됩니다. 준비물을 잘 지참하여 꼭! 시험 시작 30분 전 입실하셔야 시험 응시가 가능합니다.

Q 실기시험의 검정 방법과 합격 기준은 어떻게 되나요?

정보처리기사 실기검정 방법은 필답형으로 2시간 30분 동안 시험이 진행되며, 답안은 각 문제의 마지막에 있는 답란에 작성하며 시험 문제지를 제출하고 퇴실합니다. 합격 기준은 100점을 만점으로 하여 60점 이상입니다.

Q 시험을 볼 때 인정되는 신분증의 범위는 어디까지인가요?

시행처에서 인정되는 신분증의 범위는 다음과 같습니다(변경될 가능성이 있으므로 반드시 시행처에서 다시 한 번 확인해 주세요). 주민등록증(주민등록증발급신청확인서 포함), 운전면허증(경찰청 발행), 건설기계조종사면허증, 여권, 공무원증, 장애인등록증, 복지카드, 국가유공자증, 국가기술자격증(국가기술자격법에 의거 한국산업인력공단 등 8개 기관에서 발행된 것)

PART 01

요구사항 확인

PART 01 소개

업무 분석가가 수집·분석·정의한 요구사항과 이에 따른 분석 모델에 관해서 확인과
현행 시스템에 대해 분석할 수 있다.

CHAPTER 01

현행 시스템 분석하기

학습 방향

1. 개발하고자 하는 응용 소프트웨어에 대한 이해를 높이기 위해, 현행 시스템의 적용 현황을 파악함으로써 개발 범위와 향후 개발될 시스템으로의 이행 방향성을 분석할 수 있다.

출제 빈도

Section 01	상		30%
Section 02	중		20%
Section 03	중		25%
Section 04	중		25%

01 HIPO(Hierarchy plus Input Process Output)

- 기본 모델로 입력, 처리, 출력으로 구성되는 시스템 분석 및 설계와 시스템 문서화용 기법이다.
- 일반적으로 가시적 도표(Visual Table of Contents), 총체적 다이어그램(Overview Diagram), 세부적 다이어그램(Detail Diagram)으로 구성된다.
- 구조도(가시적 도표, Visual Table of Contents), 개요, 도표(Index Diagram), 상세 도표(Detail Diagram)로 구성된다.
- 가시적 도표는 전체적인 기능과 흐름을 보여주는 구조이다.
- 기능과 자료의 의존 관계를 동시에 표현할 수 있다.
- 보기 쉽고 이해하기 쉬우며 유지보수가 용이하다.
- 하향식 소프트웨어 개발을 위한 문서화 도구이다.

02 V-모델

★ **폭포수 모델**
소프트웨어 개발 기법으로, 개발 과정이 단계화 되어 있어 관리가 쉬우나 요구분석에 상당한 시간이 소요되며, '일단 분석이 끝나면 수정이 어렵다는 단점을 지닌다.

- 폭포수 모델★에 시스템 검증과 테스트 작업을 강조한 모델이다.
- 세부적인 프로세스로 구성되어 있어서 신뢰도 높은 시스템 개발에 효과적이다.
- 개발 단계의 작업을 확인하기 위해 테스트 작업을 수행한다.
- 생명 주기 초반부터 테스트 작업을 지원한다.
- 코드뿐만 아니라 요구사항과 설계 결과도 테스트할 수 있어야 한다.
- 폭포수 모델보다 반복과 재처리 과정이 명확하다.
- 테스트 작업을 단계별로 구분하므로 책임이 명확해진다.

03 재공학

① 소프트웨어 재사용(Software Reusability)의 개념
- 이미 개발되어 그 기능 및 성능, 품질을 인정받았던 소프트웨어의 전체 또는 일부분을 다시 사용하여 새롭게 개발하는 기법이다.
- 1990년대의 클래스, 객체 등의 소프트웨어 요소가 소프트웨어 재사용성을 크게 향상시킨다.

② 재사용의 장점
- 개발 시간 및 비용 감소
- 품질 향상
- 생산성 향상
- 신뢰성 향상
- 구축 방법에 대한 지식의 공유
- 프로젝트 실패 위험 감소

③ 소프트웨어 재공학(Software Reengineering)의 개념
- 소프트웨어 위기를 개발의 생산성이 아닌 유지보수의 생산성으로 해결하려는 방법을 의미한다.
- 기존 시스템을 이용하여 보다 나은 시스템을 구축하고 새로운 기능을 추가하여 소프트웨어 성능을 향상시키는 기법이다.
- 데이터와 기능들의 개조 및 개선을 통해 유지보수의 용이성을 향상시키고자 한다.
- 현재의 시스템을 변경하거나 재구조화(Restructuring) 하는 것이다.
- 재구조화는 재공학의 한 유형으로 사용자의 요구사항이나 기술적 설계의 변경 없이 프로그램을 개선하는 것이다.
- 사용자의 요구사항을 변경시키지 않고, 기술적 설계를 변경하여 프로그램을 개선하는 것도 재공학에 해당된다.
- 재공학의 과정
  - 분석(Analysis)
  - 구성(Restructuring)
  - 역공학(Reverse Engineering)
  - 이식(Migration)

④ 재공학의 목표
- 소프트웨어의 유지보수성 향상이 최우선 목표이다.
- 복잡한 시스템을 다루는 방법을 구현하기 위해서이다.
- 다른 뷰의 생성을 위해서이다.
- 잃어버린 정보의 복구 및 제거를 하기 위해서이다.
- 재사용이 용이하도록 하기 위해서이다.
- 소프트웨어의 수명을 연장하기 위해서이다.

04 역공학

- 소프트웨어를 분석하여 소프트웨어 개발 과정과 데이터 처리 과정을 설명하는 분석 및 설계 정보를 재발견하거나 다시 만들어내는 작업이다.
- 현재 프로그램으로부터 데이터, 아키텍처, 절차에 관한 분석 및 설계 정보를 추출하는 작업이다.
- 역공학의 가장 간단하고 오래된 형태는 재문서화라고 할 수 있다.
- 기존 소프트웨어의 구성요소와 그 관계를 파악하여 설계도를 추출한다.

01 다음이 설명하는 소프트웨어 개발 모델은 무엇인지 쓰시오.

- 가시적 도표, 총체적 도표, 세부적 도표가 있다.
- 기능과 자료의 의존 관계를 동시에 표현할 수 있다.
- 보기 쉽고 이해하기 쉽다.
- 문서화의 도구 및 설계 도구 방법을 제공하는 기법이다.
- 구조도, 개요 도표 집합, 상세 도표 집합으로 구성된다.

- 답 :

02 기존 소프트웨어를 분석하여 설계를 추정하는 것으로써, 소프트웨어 개발 과정과 데이터 처리 과정을 설명하는 분석 및 설계 정보를 재발견하거나 다시 만들어내는 작업을 무엇이라고 하는지 쓰시오.

- 답 :

03 다음이 설명하는 것은 무엇인지 쓰시오.

- 소프트웨어 위기를 개발의 생산성이 아닌 유지보수의 생산성으로 해결하려는 방법론이다.
- 현재의 시스템을 변경하거나 재구조화(Restructuring)하는 것이다.
- 재구조화는 사용자의 요구사항이나 기술적 설계의 변경 없이 프로그램을 개선하는 것이다.
- 사용자의 요구사항을 변경시키지 않고, 기술적 설계를 변경하여 프로그램을 개선하는 것도 포함된다.

- 답 :

04 소프트웨어 재공학의 과정을 순서대로 쓰시오.

- 답 :　　　　　　→　　　　　　→　　　　　　→

ANSWER **01** HIPO(Hierarchy Input Process Output)
02 역공학(Reverse Engineering)
03 소프트웨어 재공학(Reengineering)
04 분석 → 구성 → 역공학 → 이식

01 생명주기

① 소프트웨어 생명주기(Software Life Cycle)

• 소프트웨어 제품의 개념 형성에서 시작하여 운용/유지보수에 이르기까지 변화의 모든 과정이다.

• 일반적인 소프트웨어 생명주기

② 소프트웨어 생명주기의 역할

• 프로젝트의 비용 산정과 개발 계획을 수립할 수 있는 기본 골격이 된다.

• 용어의 표준화를 가능하게 한다.

• 문서화가 충실한 프로젝트 관리를 가능하게 한다.

• 소프트웨어 생명주기의 단계(공정)

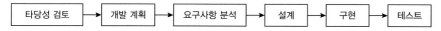

02 생명주기 모형의 종류

① 폭포수 모형(Waterfall Model)

• Boehm이 제시한 고전적 생명주기 모형으로, 소프트웨어 개발 과정의 각 단계가 순차적으로 진행되는 모형이다.

• 선형 순차적 모델이라고도 한다.

• 폭포수 모형의 개발 단계

  - 타당성 검사 : 시스템을 개발하는 것이 타당한지를 검사하는 단계이다.

  - 계획 : 추진 방안을 제시하고 개발 비용, 소요 기간, 인력 등 개발 계획을 수립하는 단계이다.

  - 요구분석 : 시스템의 기능, 성능, 환경 등의 요구사항을 면밀히 분석하는 단계이다.

  - 기본 설계 : 하드웨어, 소프트웨어, 제어 구조, 자료 구조 등의 설계를 작성하는 단계이다.

- 상세 설계 : 각 단위 프로그램의 제어, 자료 구조와 인터페이스를 상세히 작성하는 단계이다.
- 구현 : 설계된 문서를 통해 실제 컴퓨터가 작동할 수 있는 코드로 변환하는 단계이다.
- 시험(검사) : 구현한 프로그램을 테스트하여 요구조건에 맞는지 확인하는 단계이다.
- 운용 : 실제 시스템에 적용하여 실행되는지 확인하는 단계이다.
- 유지보수 : 개발 후 발생하는 문제점이나 수정 사항을 적용하는 단계로 가장 많은 비용이 소요된다.
- 폭포수 모형의 장점
  - 적용 경험과 성공 사례가 많다.
  - 단계별 정의가 분명하고, 전체 구조의 이해가 용이하다.
  - 단계별 산출물이 명확하다.
- 폭포수 모형의 단점
  - 개발 과정 중에 발생하는 새로운 요구나 경험을 설계에 반영하기 어렵다.
  - 두 개 이상의 과정이 병행 수행되거나 이전 단계로 넘어가는 경우가 없다.
  - 이전 단계의 오류 수정이 어렵다.

② 프로토타입 모형(Prototype Model)
- 실제 개발될 시스템의 견본(Prototype)을 미리 만들어 최종 결과물을 예측하는 모형이다.
- 개발이 완료되고 나서 사용을 하면 문제점을 알 수 있는 폭포수 모형의 단점을 보완하기 위한 모형이다.
- 프로토타입 모형의 개발 단계 : 요구 수집 → 빠른 설계 → 프로토타입 구축 → 고객 평가 → 프로토타입 조정 → 구현
- 프로토타입 모형의 장점
  - 프로토타입은 발주자나 개발자 모두에게 공동의 참조 모델을 제공한다.
  - 프로토타입은 구현 단계의 골격이 될 수 있다.
  - 최종 결과물이 만들어지기 전에 의뢰자가 결과물의 일부 또는 모형을 볼 수 있다.
  - 요구사항이 충실히 반영된다.
- 프로토타입 모형의 단점
  - 프로토타입과 실제 소프트웨어와의 차이로 인해 사용자의 혼란이 야기될 수 있다.
  - 프로토타입 폐기로 인해 비경제적일 수 있다.

③ 나선형 모형(Spiral Model)
- Boehm이 제시하였으며, 반복적인 작업을 수행하는 점증적 생명주기 모형이다.
- 점증적 모형, 집중적 모형이라고도 한다.
- 소프트웨어 개발 중 발생할 수 있는 위험을 관리하고 최소화하는 것이 목적이다.
- 나선을 따라서 돌아가면서 각 개발 순서를 반복하여 수행하는 점진적 방식으로 누락된 요구사항을 추가할 수 있다.
- 유지보수 과정이 필요 없다.

• 나선형 모형의 개발 단계

1. 목표 설정
(Determine Objective)

2. 위험 분석
(Risk Analysis)

4. 고객 평가/다음 단계 수립
(Evaluation/
Plan the next Iteration)

3. 개발과 검증
(Development and Test)

- 계획 수립(Planning) : 기능, 제약 등의 세부적 계획 단계이다.
- 위험 분석(Risk Analysis) : 위험 요소 분석 및 해결 방안 설정 단계이다.
- 공학적 개발(Engineering) : 기능 개발 및 검증 단계이다.
- 고객 평가(Customer Evaluation) : 결과물 평가 및 추후 단계 진행 여부를 결정하는 단계이다.
• 나선형 모형의 장점
- 위험 분석 단계에서 기술과 관리의 위험 요소들을 하나씩 제거해 나감으로써 완성도 높은 소프트웨어 개발이 가능하다.
- 비용이나 시간이 많이 소요되는 대규모 프로젝트나 큰 시스템 구축 시 유리하다.
• 나선형 모형의 단점
- 위험 분석 단계에서 발견하지 못한 위험 요소로 인해 문제가 발생한다.
- 적용 경험이나 성공 사례가 많지 않다.

03 애자일(Agile) 방법론 <small>2020년 2회</small>

① 애자일 방법의 개념

• '날렵한, 재빠른'이라는 사전적 의미와 같이 소프트웨어 개발 중 설계 변경에 신속히 대응하여 요구사항을 수용할 수 있다.
• 절차와 도구보다 개인과 소통을 중요시하고 고객과의 피드백을 중요하게 생각한다.
• 소프트웨어가 잘 실행되는 것에 가치를 둔다.
• 소프트웨어 배포 시차를 최소화할 수 있다.
• 특정 방법론이 아닌 소프트웨어를 빠르고 낭비 없이 제작하기 위해 고객과의 협업에 초점을 둔다.
• 특징 : 짧은 릴리즈와 반복, 점증적 설계, 사용자 참여, 문서 최소화, 비공식적인 커뮤니케이션, 변화
• 종류 : 익스트림프로그래밍(eXtremeProgramming), 스크럼(SCRUM), 린(Lean), DSDM, FDD, Crystal

② Agile 선언문

- 프로세스나 도구보다 개인과의 소통이 더 중요하다.
- 완벽한 문서보다 실행되는 소프트웨어가 더 중요하다.
- 계약 협상보다 고객과의 협업이 더 중요하다.
- 계획을 따르는 것보다 변경에 대한 응답이 더 중요하다.

04 XP(eXtremeProgramming)

① XP(eXtremeProgramming)의 정의

- 1999년 Kent Beck이 제안하였으며, 개발 단계 중 요구사항의 변동이 심한 경우 적합한 방법론이다.
- 요구에 맞는 양질의 소프트웨어를 신속하게 제공하는 것을 목표로 한다.
- 요구사항을 모두 정의해 놓고 작업을 진행하는 것이 아니라, 요구사항이 변경되는 것을 적용하는 방식으로 예측성보다는 적응성에 더 높은 가치를 부여한 방법이다.
- 고객의 참여와 개발 과정의 반복을 극대화하여 생산성을 향상하는 방법이다.

② XP의 5가지 핵심가치

- 소통(Communication) : 개발자, 관리자, 고객 간의 원활한 소통을 지향한다.
- 단순성(Simplicity) : 부가적 기능 또는 미사용 구조와 알고리즘은 배제한다.
- 피드백(Feedback) : 소프트웨어 개발에서 변화는 불가피하다. 이러한 변화는 지속적인 테스트와 통합, 반복적 결함 수정 등을 빠르게 피드백한다.
- 용기(Courage) : 고객 요구사항 변화에 능동적으로 대응한다.
- 존중(Respect) : 개발 팀원 간의 상호 존중을 기본으로 한다.

③ XP 프로세스

★ User Stories
사용자의 요구사항을 간단한 시나리오로 표현(UML에서의 Use Case와 목적이 같음)

★ Spike
어려운 요구사항, 잠재적 솔루션을 고려하기 위해 작성하는 간단한 프로그램

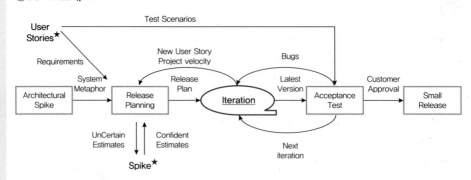

User Story	• 일종의 요구사항이다. • UML의 유스 케이스와 같은 목적으로 생성되나 형식이 없고 고객에 의해 작성된다는 것이 다르다.
Release Planning	• 몇 개의 스토리가 적용되어 부분적으로 기능이 완료된 제품을 제공하는 것이다. • 부분/전체 개발 완료 시점에 대한 일정을 수립한다.
Iteration	• 하나의 릴리즈를 세분화한 단위이며 1~3주 단위로 진행된다. • 반복(Iteration) 진행 중 새로운 스토리가 추가될 경우 진행 중 반복이나 다음 반복에 추가될 수 있다.

Acceptance Test		• 릴리즈 단위의 개발이 구현되었을 때 진행하는 테스트이다. • 사용자 스토리에 작성된 요구사항을 확인하여 고객이 직접 테스트한다. • 오류가 발견되면 다음 반복에 추가한다. • 테스트 후 고객의 요구사항이 변경되거나 추가되면 중요도에 따라 우선순위가 변경될 수 있다. • 완료 후 다음 반복을 진행한다.
Small Release		• 릴리즈 단위를 기능별로 세분화하면 고객의 반응을 기능별로 확인할 수 있다. • 최종 완제품일 때 고객에 의한 최종 테스트 진행 후 고객에 제공한다.

05 XP의 12가지 실천사항(Practice)

구분	실천사항	내용
Fine scale feedback	Pair Programming	하나의 컴퓨터에 2명의 프로그래머가 모든 코드에 대해서 코딩과 리뷰 역할을 바꿔가며 공동 작업을 진행한다.
	Planning Game	게임처럼 선수와 규칙, 목표를 두고 기획에 임한다.
	Test Driven Development	실제 코드를 작성하기 전에 단위 테스트부터 작성 및 수행하며, 이를 기반으로 코드를 작성한다.
	Whole Team	개발 효율을 위해 고객을 프로젝트 팀원으로 상주시킨다.
Continuous process	Continuous Integration	상시 빌드 및 배포를 할 수 있는 상태로 유지한다.
	Design Improvement	기능 변경 없이 중복성/복잡성 제거, 커뮤니케이션 향상, 단순화, 유연성 능을 위한 재구성을 수행한다.
	Small Releases	짧은 주기로 잦은 릴리즈를 함으로써 고객이 변경사항을 볼 수 있게 한다.
Shared understanding	Coding Standards	소스코드 작성 포맷과 규칙들을 표준화된 관례에 따라 작성한다.
	Collective Code Ownership	시스템에 있는 소스코드는 팀의 모든 프로그래머가 언제라도 수정할 수 있다.
	Simple Design	가능한 가장 간결한 디자인 상태를 유지한다.
	System Metaphor	최종적으로 개발되어야 할 시스템의 구조를 기술한다.
Programmer welfare	Sustainable Pace	일주일에 40시간 이상 작업 금지, 2주 연속 오버타임을 금지한다.

더 알기 Tip

짝 프로그래밍(Pair Programming)
• 두 사람이 짝이 되어 한 사람은 코딩을, 다른 사람은 검사를 수행하는 방식이다.
• 코드에 대한 책임을 공유하고, 비형식적인 검토를 수행할 수 있다.
• 코드 개선을 위한 리팩토링을 장려하며, 생산성이 떨어지지 않는다.

06 SCRUM

① SCRUM의 개념

- 반복적이고 점진적인 소규모 팀 중심의 소프트웨어 개발 방법론이다.
- 팀원 간 활발한 소통과 협동심이 필요하다.
- 요구사항 변경에 신속하게 대처할 수 있다.
- 신속하게 반복적으로 실제 작동하는 소프트웨어를 제공한다.
- 개발자들의 팀 구성과 각 구성원의 역할, 일정 결과물 및 그 외 규칙을 정한다.
- 팀원 스스로 팀을 구성해야 한다(Self Organizing).
- 개발 작업에 관한 모든 것을 팀원 스스로 해결해야 한다(Cross Functional).

② SCRUM의 특징

- 기능 개선점에 우선순위를 부여하고, 개발 주기 동안 실제 동작 가능한 결과를 제공한다.
- 개발 주기마다 적용된 기능이나 개선점의 리스트를 제공한다.
- 커뮤니케이션을 위하여 팀은 개방된 공간에서 개발하고, 매일 15분 정도 회의를 한다.

③ SCRUM의 기본 원리

- 기능 협업을 기준으로 배치된 팀은 스프린트 단위로 소프트웨어를 개발한다.
- 스프린트는 고정된 30일의 반복이며, 스프린트 시 행하는 작업은 고정된다.
- 요구사항, 아키텍처, 설계가 프로젝트 전반에 걸쳐 잘 드러나야 한다.
- 정해진 시간을 철저히 지켜야 한다.
- 완료된 모든 작업은 제품 백로그에 기록된다.
- 가장 기본적인 정보 교환 수단은 일일 스탠드업 미팅 또는 일일 스크럼이다.

④ SCRUM 팀의 역할

제품 책임자 (Product Owner)	• 개발 목표에 이해도가 높은 개발의뢰자, 사용자가 담당한다. • 제품 요구사항을 파악하여 기능 목록(Product Backlog)을 작성한다. • 제품 테스트 수행 및 요구사항 우선순위를 갱신한다. • 업무 관점에서 우선순위와 중요도를 표시하고 신규 항목을 추가한다. • 스프린트 계획 수립까지만 임무를 수행한다. • 스프린트가 시작되면 팀 운영에 관여하지 않는다.
스크럼 마스터 (SCRUM Master)	• 업무를 배분만 하고 일은 강요하지 않는다. • 팀을 스스로 조직하고 관리하도록 지원한다. • 개발 과정에서 스크럼의 원칙과 가치를 지키도록 지원한다. • 개발 과정의 장애 요소를 찾아 제거한다.
스크럼 팀 (SCRUM Team)	• 제품 책임자, 스크럼 마스터를 제외한 팀원을 지칭한다. • 팀원은 5~9명 내외로 구성한다. • 개발자, 디자이너, 제품 검사자 등 모든 팀원이 여기에 해당한다. • 요구사항을 사용자 스토리로 도출하고 구현한다. • 기능을 작업 단위로 나눈다. • 일정, 속도를 추정한 뒤 제품 책임자에게 전달한다. • 스프린트 결과물을 제품 책임자에게 시연한다. • 매일 스크럼 회의에 참여하여 진행 상황을 점검한다.

07 SCRUM의 작업 흐름도

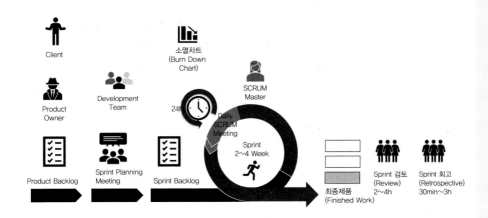

① Product Backlog

• 제품 개발에 필요한 모든 요구사항(User Story)을 우선순위에 따라 나열한 목록이다.

• 개발 과정에서 새롭게 도출되는 요구사항으로 인해 지속해서 업데이트된다.

• 제품 백로그에 작성된 사용자 스토리를 기반으로 전체 일정 계획인 릴리즈 계획을 수립한다.

② Sprint

• 사전적으로 '전력 질주'라는 의미이다.

• 작은 단위의 개발 업무를 단기간에 전력 질주하여 개발한다.

• 반복 주기(2~4주)마다 이해관계자에게 일의 진척도를 보고한다.

③ Sprint Planning Meeting

• Product Backlog(제품 기능 목록)에서 진행할 항목을 선택한다.

• 선택한 Sprint에 대한 단기 일정을 수립하고, 요구사항을 개발자들이 나눠 작업할 수 있도록 Task 단위로 나눈다.

• 개발자별로 Sprint Backlog를 작성하고 결과물에 대한 반복 완료 시 모습을 결정한다.

• 수행에 필요한 각종 요구사항을 SCRUM Master에게 보고하여 이해관계자로부터 지원을 받는다.

④ Daily SCRUM Meeting

• 매일 약속된 시간에 짧은 시간 동안(약 15분) 서서 진행 상황만 점검한다.

• 스프린트 작업 목록을 잘 개발하고 있는지 확인한다.

• 한 사람씩 어제 한 일과 오늘 할 일을 이야기한다.

• 완료된 세부 작업 항목을 완료 상태로 옮겨 스프린트 현황판에 갱신한다.

• 스크럼 마스터는 방해요소를 찾아 해결하고 잔여 작업시간을 소멸 차트(Burn down Chart)에 기록한다.

⑤ Finished Work

모든 스프린트 주기가 완료되면 제품 기능 목록(Product Backlog)의 개발 목표물이 완성된다.

⑥ Sprint Review

- 스프린트 검토 회의(Sprint Review)에 개발자와 사용자가 같이 참석한다.
- 하나의 스프린트 반복 주기(2~4주)가 끝나면 실행 가능한 제품이 생성되며 이에 대해 검토한다. 검토는 가능한 4시간 안에 마무리한다.
- 개선해야 할 사항에 대하여 제품 책임자(Product Owner)는 피드백을 정리하여 제품 기능 목록(Product Backlog)을 작성하여 다음 스프린트에 적용한다.

⑦ 스프린트 회고(Sprint Retrospective)

- 그동안 스프린트에서 수행한 활동과 결과물을 살펴본다.
- 개선점이 없는지 살펴보고 문제점을 기록하는 정도로 진행한다.
- 정해진 규칙이나 표준을 잘 수행했는지 확인한다.
- 팀의 단점을 찾기보다는 강점을 찾아 팀의 능력을 극대화한다.
- 개발 추정속도와 실제 작업속도를 비교하고 차이가 있다면 이유를 분석한다.

이론을 확인하는 문제

01 다음이 설명하는 소프트웨어 개발 방법론은 무엇인지 쓰시오.

- '날렵한, 재빠른'이라는 사전적 의미와 같이 소프트웨어 개발 중 설계 변경에 신속히 대응하여 요구사항을 수용할 수 있다.
- 절차와 도구보다 개인과 소통을 중요시하고 고객과의 피드백을 중요하게 생각한다.
- 소프트웨어가 잘 실행되는 데 가치를 둔다.

- 답 :

ANSWER 01 애자일(Agile) 방법론

02 다음이 설명하는 소프트웨어 개발 방법론은 무엇인지 쓰시오.

> • 1999년 Kent Beck이 제안하였으며, 개발 단계 중 요구사항이 시시각각 변동이 심한 경우 적합한 방법론이다.
> • 요구에 맞는 양질의 소프트웨어를 신속하게 제공하는 것을 목표로 한다.
> • 요구사항을 모두 정의해 놓고 작업을 진행하는 것이 아니라, 요구사항이 변경되는 것을 적용하는 방식으로 예측성보다는 적응성에 더 높은 가치를 부여한 방법이다.
> • 고객의 참여와 개발 과정의 반복을 극대화하여 생산성을 향상하는 방법이다.

• 답 :

03 XP의 5가지 핵심 가치를 쓰시오.

• 답 :

04 XP 프로세스 단계 중 몇 개의 스토리가 적용되어 부분적으로 기능이 완료된 제품을 제공하고, 부분/전체 개발 완료 시점에 대한 일정을 수립하는 단계는 무엇인지 쓰시오.

• 답 :

05 SCRUM 팀의 역할에서 다음의 역할을 담당하는 담당자를 쓰시오.

> • 업무를 배분만 하고 일은 강요하지 않는다.
> • 팀을 스스로 조직하고 관리하도록 지원한다.
> • 개발 과정에서 스크럼의 원칙과 가치를 지키도록 지원한다.
> • 개발 과정 장애 요소를 찾아 제거한다.

• 답 :

06 SCRUM 개발 방법론 Daily SCRUM Meeting 단계에서 스크럼 마스터가 방해요소를 찾아 해결하고 잔여 작업시간을 기록하는 문서를 무엇이라고 하는지 쓰시오.

• 답 :

SECTION 03 현행 시스템 파악

출제
빈도 [상] [중] [하]   빈출 태그 현행 시스템 분석 절차 • 시스템 아키텍처

기적의 3회독
[ ]1회 [ ]2회 [ ]3회

01 현행 시스템 분석

① 현행 시스템 분석의 정의와 목적

- 현행 시스템이 어떤 하위 시스템으로 구성되어 있는지 파악하는 절차를 의미한다.
- 현행 시스템의 제공 기능과 타 시스템과의 정보를 교환하여 분석하고 파악한다.
- 현행 시스템의 기술 요소와 소프트웨어, 하드웨어를 파악한다.
- 개발 시스템의 개발 범위를 확인하고 이행 방향성을 설정하는 것이 목적이다.

② 현행 시스템 파악 절차

- 1단계 : 시스템 구성 파악 → 시스템 기능 파악 → 시스템 인터페이스 현황 파악
- 2단계 : 아키텍처 파악 → 소프트웨어 구성 파악
- 3단계 : 시스템 하드웨어 현황 파악 → 네트워크 구성 파악

③ 시스템 아키텍처

- 시스템 내의 상위 시스템과 하위 시스템들이 어떠한 관계로 상호작용하는지 각각의 동작 원리와 구성을 표현한 것이다.
- 단위 업무 시스템별로 아키텍처가 다른 경우 핵심 기간 업무 처리 시스템을 기준으로 한다.
- 시스템의 전체 구조, 행위, 그리고 행위 원리를 나타내며 시스템이 어떻게 작동하는지 설명하는 틀이다.
- 시스템의 목적 달성을 위해 시스템에 구성된 각 컴포넌트를 식별하고 각 컴포넌트의 상호작용을 통하여 어떻게 정보가 교환되는지 설명한다.

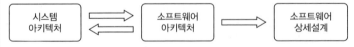

02 시스템 및 인터페이스 현황 파악

① 시스템 구성 파악

- 조직 내의 주요 업무를 기간 업무와 지원 업무로 구분하여 기술한다.
- 모든 단위 업무를 파악할 수 있도록 하며, 시스템 내의 명칭과 기능 등 주요 기능을 명시한다.
- 시스템 구성 현황 작성 예시

구분	시스템명	시스템 내용	비고
기간 업무	단위 A 업무	기간 단위 업무 A 처리를 위한 A1, A2 등의 기능을 제공	
	단위 B 업무	기간 단위 업무 B 처리를 위한 B1, B2 등의 기능을 제공	
지원 업무	지원 C 업무	지원 업무 C 처리를 위한 C1, C2 등의 기능을 제공	

② 시스템 기능 파악

- 단위 업무 시스템이 현재 제공하고 있는 기능을 주요 기능과 하부 기능으로 구분하여 계층형으로 표시한다.
- 시스템 기능 구성도 예시

시스템명	기능 L1	기능 L2	기능 L3	비고
A 단위 업무 시스템	기능 1	하부 기능 11	세부 기능 111	
			세부 기능 112	
		하부 기능 12	세부 기능 121	
			세부 기능 122	
	기능 2	하부 기능 21	세부 기능 211	
			세부 기능 212	

③ 인터페이스 현황 파악

- 현행 시스템의 단위 업무 시스템이 타 단위 업무 시스템과 서로 주고받는 데이터의 연계 유형, 데이터 형식과 종류, 프로토콜 및 주기 등을 명시한다.
- 데이터 형식 예 : XML, 고정 Format, 가변 Format
- 통신 규약 예 : TCP/IP, X.25
- 연계 유형 예 : EAI★, FEP★
- 인터페이스 현황 작성 예시

송신 시스템	수신 시스템	연동 데이터	연동 형식	통신 규약	연계 유형	주기
A 단위 업무 시스템	외부 기관 시스템 C	연체 정보	XML	TCP/IP	EAI	1시간
A 단위 업무 시스템	대외 기관 시스템 D	신용 정보	XML	X.25	FEP	수시

★ EAI(Enterprise Application Integration, 기업 애플리케이션 통합)
비즈니스 프로세스를 중심으로 기업 내 각종 애플리케이션 간에 상호 연동하도록 통합하는 솔루션

★ FEP(Front-End Processor, 전위처리기)
입력 데이터를 프로세서가 처리하기 전에 미리 처리하여 프로세서가 처리하는 시간을 줄여주는 프로그램이나 하드웨어

03 소프트웨어, 하드웨어, 네트워크 구성 파악

① 소프트웨어 구성 파악

- 시스템 내의 단위 업무 시스템의 업무 처리용 소프트웨어의 품명, 용도, 라이선스 적용 방식, 라이선스 수를 명시한다.
- 시스템 구축 시 많은 예산 비중을 차지하므로 라이선스 적용 방식과 보유한 라이선스 수량 파악이 중요하다.
- 라이선스는 '사이트, 서버, 프로세서, 코어, 사용자 수' 단위로 적용된다.
- 소프트웨어 현황 작성 예시

구분	시스템명	SW 제품명	용도	라이선스 방식	라이선스 수량
기간 업무	단위 업무	아파치 톰캣	WAS	오픈 소스	2
		MySQL	DB	GPL, 상용	3

② 하드웨어 구성 파악

- 각 단위 업무 시스템의 서버 위치 및 주요 사양, 수량, 이중화 여부를 파악한다.
- 서버 사양 : CPU 처리 속도, 메모리 크기, 하드디스크의 용량
- 서버 이중화 : 장애 시 서비스의 계속 유지를 위하여 운영한다.
- 기간 업무의 장애 대응 정책에 따라 필요 여부가 변경될 수 있다.
- 현행 시스템에 이중화가 적용되어 있다면 대부분 목표 시스템도 이중화가 요구되므로 그에 따른 기술 난이도, 비용 증가 가능성 등을 파악해야 한다.
- 하드웨어 현황 작성 예시

구분	시스템명	서버 용도	제품명	주요 사양	수량	이중화
기간 업무	단위 업무 시스템	AP 서버	HP606	CPU, RAM, HDD	2	
		DB 서버	HP505	CPU, RAM, HDD	3	

③ 네트워크 구성 파악

- 현행 업무 처리 시스템의 네트워크 구성 형태를 그림으로 표현한다.
- 장애 발생 시 추적 및 대응 등의 다양한 용도로 활용된다.
- 서버의 위치, 서버 간 연결 방식 등을 파악한다.
- 물리적인 위치 관계, 조직 내 보안 취약성 분석 및 대응 방안을 파악한다.

01 현행 시스템 분석의 정의와 목적을 간략히 쓰시오.

• 정의 :

• 목적 :

02 다음이 설명하는 것은 무엇인지 쓰시오.

> • 시스템 내의 상위 시스템과 하위 시스템들이 어떠한 관계로 상호작용하는지 각각의 동작 원리와 구성을 표현한 것이다.
> • 단위 업무별로 이것이 다른 경우 핵심 기간 업무 처리 시스템을 기준으로 한다.
> • 시스템의 전체 구조, 행위, 그리고 행위 원리를 나타내며 시스템이 어떻게 작동하는지 설명하는 틀이다.

• 답 :

03 다음은 현행 시스템 파악 절차이다. 빈칸에 알맞은 절차를 쓰시오.

> • 1단계 : 시스템 구성 파악 → 시스템 기능 파악 → 시스템 인터페이스 현황 파악
> • 2단계 : (   ) → 소프트웨어 구성 파악
> • 3단계 : 시스템 하드웨어 현황 파악 → 네트워크 구성 파악

• 답 :

ANSWER 01 • 정의 : 현행 시스템이 어떤 하위 시스템으로 구성되어 있는지 파악하는 절차를 의미한다. 현행 시스템의 제공 기능과 타 시스템과의 정보를 교환하여 분석하고 파악하는 시스템이다.
• 목적 : 현행 시스템의 기술 요소와 소프트웨어, 하드웨어를 파악한다. 개발 시스템의 개발 범위를 확인하고 이행 방향성을 설정한다.
02 시스템 아키텍처
03 아키텍처 파악

개발 기술 환경 분석

01 플랫폼(Platform)

① 플랫폼

- 다양한 애플리케이션이 작동하는 데 기본이 되는 운영체제 소프트웨어를 의미한다.
- '응용 소프트웨어 + 하드웨어 + 시스템 소프트웨어'로 구성된다.
- 종류 : Java 플랫폼, .NET 플랫폼, iOS, Android, Windows
- 기능 : 개발/운영/유지보수 비용의 감소, 생산성 향상, 동일 플랫폼 간의 네트워크 효과

② 플랫폼 성능 특성 분석

- 현 시스템의 사용자가 요구사항을 통하여 시스템의 성능상의 문제를 요구할 경우 플랫폼 성능 분석을 통하여 사용자가 느끼는 속도를 파악하고 개선 방향을 제시할 수 있다.
- 플랫폼 성능 특성 분석 항목 : 응답시간(Response Time), 가용성(Availability), 사용률(Utilization)

③ 플랫폼 성능 특성 분석 방법

- 기능 테스트(Performance Test) : 현재 시스템의 플랫폼을 평가할 수 있는 기능 테스트를 수행한다.
- 사용자 인터뷰 : 사용자를 대상으로 현행 플랫폼 기능의 불편함을 인터뷰한다.
- 문서 점검 : 플랫폼과 유사한 플랫폼의 기능 자료를 분석한다.

02 현행 시스템의 OS 분석

① OS(Operating System, 운영체제)의 개념

- HW, SW 자원관리 및 공통 서비스 제공, 사용자와의 인터페이스를 제공한다.
- 종류 : Windows, Android, iOS, UNIX, LINUX, Mac OS 등

② 현행 시스템의 OS 분석 항목 및 고려사항

- 현행 환경 분석 과정에서 라이선스의 종류, 사용자 수, 기술의 지속 가능성 등을 고려해야 한다.
- 분석 항목 : 현재 정보 시스템의 OS 종류와 버전, 패치 일자, 백업 주기 분석
- 고려사항 : 가용성, 성능, 기술지원, 주변기기, 구축 비용(TCO★)
- 메모리 누수 : 실행 SW가 정상 종료되지 않고 남아 있는 증상

★ TCO
- Total Cost Of Ownership(총 소유 비용)
- 일정 기간 자산 획득에 필요한 직/간접적인 총비용으로 HW/ SW 구매 비용, 운영 교육, 기술 지원, 유지보수, 손실, 에너지 사용 비용 등
- 기업에서 사용하는 정보화 비용 (컴퓨터의 구입 비용, 업그레이 드와 같은 유지 보수 비용, 소프 트웨어 구입 비용, 소프트웨어 교육의 비용 등)에 투자 효과를 고려한 총 소유 비용

03 현행 시스템 DBMS 분석

① DBMS(DataBase Management System)
- DB의 종속성과 중복성의 문제를 해결하기 위해서 제안된 시스템이다.
- 응용 프로그램과 데이터의 매개체로 모든 응용 프로그램들이 데이터베이스를 공유할 수 있도록 관리한다.
- 데이터베이스의 구성, 접근 방법, 관리 유지에 대한 모든 권한을 가진다.
- 종류 : Oracle, IBM DB2, Microsoft SQL Sever, MySQL, SQ Lite, MongoDB, Redis

② 현행 시스템 DBMS 분석
- DBMS 종류, 버전, 구성 방식, 저장 용량, 백업 주기, 업체의 유지 보수 여부를 분석한다.
- 테이블 수량, 데이터 증가 추이, 백업 방식 등을 분석한다.
- 논리/물리 테이블의 구조를 파악하여 각 테이블의 정규화 정도, 조인 난이도, 각종 프로시저, 트리거 등을 분석한다.

③ DBMS 분석 시 고려사항

성능	• 대규모 데이터 처리 성능(분할 테이블의 지원 여부) • 대량 거래 처리 성능 및 다양한 튜닝 옵션 지원 • 비용 기반 최적화 지원 및 설정의 최소화
가용성	• 장시간 DBMS 운영 시 장애 발생 가능성 • DBMS 패치 설치를 위한 재기동 시간 • DBMS 이중화 및 복제 지원, 백업 및 복구 편의성
기술 지원	• 제조업체의 안정적인 기술 지원 • 같은 DBMS 사용자들 간의 정보 공유 • 오픈 소스 여부
상호 호환성	• 설치 가능한 운영체제 종류 • 다양한 운영체제에서 지원되는 JDBC, ODBC
구축 비용	• 라이선스 정책 및 비용 • 유지와 관리 비용 • 총 소유 비용(TCO)

더 알기 Tip

비즈니스 융합(Business Convergence)

정보산업, 시장 간의 경계를 허물어 ICT★ 등을 통해 새로운 전달 방식을 도입하여 비즈니스 모델의 적용 범위를 확대하는 것을 의미한다.

★ ICT
• Information and Communications Technologies
• 정보기술 + 통신기술

04 네트워크 구성도

- 업무 처리 시스템들이 어떠한 네트워크 구성하고 있는지 그림으로 표현한 것이다.
- 서버의 위치, 서버 간의 네트워크 연결 방식을 네트워크 구성도 작성을 통해 파악할 수 있다.
- 백본망, 라우터, 스위치, 게이트웨이, 방화벽 등 개발 대상 조직 내 서버들의 물리/구조적인 위치 관계 파악, 조직 내 보안 취약성 분석 및 대응, 네트워크 장애 발생 시 장애의 추적 및 대응 등의 다양한 용도로 활용될 수 있다.

05 미들웨어 현행 시스템 분석

① 미들웨어(Middleware)

- 운영체제와 소프트웨어 애플리케이션 사이에 위치한다.
- 애플리케이션에 운영체제가 제공하는 서비스를 추가 및 확장하여 제공하는 컴퓨터 소프트웨어이다.
- 대표적으로 웹 애플리케이션 서버(WAS, Web Application Server)가 있다.
- 동적인 웹 사이트, 웹 애플리케이션, 웹 서비스의 개발을 지원하기 위하여 설계된 소프트웨어이다.
- 데이터 접근, 세션 관리, 트랜잭션 관리 등을 위한 라이브러리를 제공한다.
- 서버 계층에서 애플리케이션이 동작할 수 있는 환경을 제공한다.
- 현행 시스템과 다른 이(異)기종 시스템과의 애플리케이션 연동을 지원하는 서버이다.
- 안정적인 트랜잭션 처리와 관리를 지원한다.

② 미들웨어 현행 시스템 분석 시 고려사항

성능	• 대규모 거래의 요청이 있을 때 처리 가능 여부 • 환경과 상황에 따라 다양한 설정 옵션을 제공하는지 여부 • 가비지 컬렉션의 다양한 옵션
가용성	• 안정적인 트랜잭션 처리와 이중화 지원 가능 여부 • 시스템 운영 시 장애 발생 가능성과 안정적인 트랜잭션 처리 여부 • WAS의 버그나 취약점 해결을 위한 패치 설치 시 재기동 시간 등
기술 지원	• 제공사의 안정적인 기술 지원이 가능한지 아닌지 여부 • 같은 시스템을 사용하는 사용자 간의 정보 공유 가능성 유무 • 오픈 소스 여부
구축 비용	구축 시 라이선스 정책이나 비용 등으로 인한 유지 관리 비용에 따른 총 소유 비용의 범위가 구축 비용의 허용 범위 내인지 여부

06 오픈 소스 라이선스

① 오픈 소스 라이선스의 개념

- 소스코드가 공개되어 누구나 특별한 제한 없이 소스를 사용할 수 있도록 한다.
- 대표적으로 Linux가 있다.

② 오픈 소스 사용 시 고려사항

- 오픈 소스의 경우 해당 소스의 기술이 지속 가능한지 우선으로 고려하고 라이선스의 종류, 사용자 수 등을 고려해야 한다.
- 오픈 소스 레벨에 따라서 허용하는 범위를 파악하여 라이선스를 위반하지 않도록 주의한다.

③ GNU(GNU's Not Unix)

- 유닉스(Unix)의 상업적 확산에 반발하여 리처드 스톨먼과 그의 팀이 무료로 개발 · 배포하고 있는 유닉스 호환 운영체제이다.
- 컴퓨터 프로그램은 물론 모든 관련 정보를 돈으로 구매하는 것을 반대하는 것이 기본 이념이다.

④ GNU 라이선스 종류

- GNU GPLv1(General Public License) : 1989.1 발표. 소스코드를 공개하지 않으면서 바이너리만 배포하는 것을 금지하며, 사용할 수 있는 쉬운 소스코드를 같이 배포해야 한다.
- GNU GPLv2 : 1991.6 발표. '컴퓨터 프로그램을 어떤 목적으로든지 사용할 수 있다. 컴퓨터 프로그램의 복사를 언제나 프로그램의 코드와 함께 판매 또는 무료로 배포할 수 있다. 변경된 컴퓨터 프로그램 역시 프로그램의 코드와 함께 자유로이 배포할 수 있다'라는 조항을 명시하고 있다. (예 Firefox, Linux Kernel Maria DB, Word press)
- GNU GPLv3 : 2007.6 발표. 소프트웨어 특허에 대처하는 것을 정의한다. 다른 라이선스와의 호환성, 배포 후 특허권을 빌미로 기술료를 요구하는 행위를 원천 봉쇄하였다. 특허권자가 저작권자와 다를 경우는 특허 소유자가 기술료를 받지 않는 조건으로만 GPL 배포가 가능하다.
- GNU AGPLv3.0(GNU AfferoGPL) : 네트워크 서버용 Application Service Provider의 용도로 제정되었다. (예 MongoDB)
- GNU LGPL(Library General Public License) : GPL보다는 훨씬 완화된(lesser) 조건의 공개 소프트웨어 라이선스이다. LGPL 코드를 정적 또는 동적 라이브러리로 사용한 프로그램을 개발하여 판매/배포할 때 프로그램의 소스코드를 공개하지 않아도 된다. (예 Mozilla Firefox(2.1), OpenOffice)
- BSD(Berkeley Software Distribution) : 아무나 개작할 수 있고, 수정한 것을 제한 없이 배포할 수 있다. 단, 수정본의 재배포는 의무적인 사항이 아니다. 공개하지 않아도 되는 상용 소프트웨어에서도 사용할 수 있다.
- Apache 2.0 : Apache 재단 소유 SW 적용을 위해 제공하는 라이선스이다. 소스코드 수정 배포 시 Apache 2.0을 포함해야 한다. (예 Android, HADOOP★)

★ HADOOP
다수의 저렴한 컴퓨터를 하나처럼 묶어 대량 데이터(Big Data)를 처리하는 기술이다.

01 다음이 설명하는 것이 무엇인지 쓰시오.

> • 다양한 애플리케이션이 작동하는 기본이 되는 운영체제 소프트웨어를 의미한다.
> • '응용 소프트웨어 + 하드웨어 + 시스템 소프트웨어'로 구성된다.

• 답 :

02 플랫폼 성능 특성 분석 항목 3가지를 쓰시오.

• 답 :

03 DBMS 분석 시 고려사항 중 다음 설명에 해당하는 고려사항을 쓰시오.

> • 장시간 DBMS 운영 시 장애 발생 가능성
> • DBMS 패치 설치를 위한 재기동 시간
> • DBMS 이중화 및 복제 지원, 백업 및 복구 편의성

• 답 :

04 다음이 설명하는 것의 명칭을 쓰시오.

> • 운영체제와 소프트웨어 애플리케이션 사이에 위치한다.
> • 애플리케이션에 운영체제가 제공하는 서비스를 추가 및 확장하여 제공하는 컴퓨터 소프트웨어이다.
> • 대표적으로 웹 애플리케이션 서버(WAS, Web Application Server)가 있다.

• 답 :

ANSWER **01** 플랫폼(Platform)
02 응답시간(Response Time), 가용성(Availability), 사용률(Utilization)
03 가용성
04 미들웨어(Middleware)

01 소스코드가 공개되어 누구나 특별한 제한 없이 소스를 사용할 수 있도록 하는 라이선스는 무엇인지 쓰시오.

· 답 :

02 다음 설명에 해당하는 명칭을 쓰시오.

> · 유닉스(Unix)의 상업적 확산에 반발하여 리처드 스톨먼과 그의 팀이 무료로 개발 · 배포하고 있는 유닉스 호
> 환 운영체제이다.
> · 컴퓨터 프로그램은 물론 모든 관련 정보를 돈으로 주고 구매하는 것을 반대하는 것이 기본 이념이다.

· 답 :

03 GNU 라이선스 레벨 종류 중 다음이 설명하는 것은 무엇인지 쓰시오.

> 아무나 개작할 수 있고, 수정한 것을 제한 없이 배포할 수 있다. 단, 수정본의 재배포는 의무적인 사항이 아니다.
> 공개하지 않아도 되는 상용 소프트웨어에서도 사용할 수 있다.

· 답 :

04 다수의 저렴한 컴퓨터를 하나처럼 묶어 대량 데이터(Big Data)를 처리하는 기법이 무엇인지 쓰시오.

· 답 :

05 기업에서 사용하는 정보화 비용(컴퓨터의 구입 비용, 업그레이드와 같은 유지 보수 비용, 소프트웨어 구입 비용, 소
프트웨어 교육의 비용 등)에 투자 효과를 고려한 총 소유 비용을 의미하는 것의 영문 약자를 쓰시오.

· 답 :

06 다음에 설명하는 것의 명칭을 쓰시오.

> · 데이터베이스의 종속성과 중복성의 문제를 해결하기 위해서 제안된 시스템이다.
> · 응용 프로그램과 데이터의 중재자로서 모든 응용 프로그램들이 데이터베이스를 공유할 수 있도록 관리한다.
> · 데이터베이스의 구성, 접근 방법, 관리 유지에 대한 모든 권한을 가진다.

· 답 :

07 SCRUM 개발 방법론에서 다음이 설명하는 것은 무엇인지 쓰시오.

- 사전적으로 '전력 질주'라는 의미이다.
- 작은 단위의 개발 업무를 단기간에 전력 질주하여 개발한다.
- 반복 주기(2~4주)마다 이해관계자에게 일의 진척도를 보고한다.

• 답 :

08 XP 개발 방법론의 12가지 핵심 실천 사항 중 다음 설명에 해당하는 것은 무엇인지 쓰시오.

하나의 컴퓨터에 2명의 프로그래머가 모든 코드를 코딩과 리뷰 역할을 바꿔가며 공동 작업을 진행한다.

• 답 :

09 XP 5가지 핵심 가치 중 고객 요구사항 변화에 능동적으로 대응하는 것은 무엇인지 쓰시오.

• 답 :

10 다음이 설명하는 소프트웨어 개발 방법론은 무엇인지 쓰시오.

- 소프트웨어를 분석하여 소프트웨어 개발 과정과 데이터 처리 과정을 설명하는 분석 및 설계 정보를 재발견하거나 다시 만들어내는 작업이다.
- 현재 프로그램으로부터 데이터, 아키텍처, 절차에 관한 분석 및 설계 정보를 추출하는 작업이다.
- 소프트웨어를 분석하여 소프트웨어 개발 과정과 데이터 처리 과정을 설명하는 분석 및 설계 정보를 재발견하거나 다시 만들어내는 작업이다.

• 답 :

11 다음이 설명하는 GNU 라이선스 레벨을 쓰시오.

2007.6 발표. 소프트웨어 특허에 대처하는 것을 정의한다. 다른 라이선스와의 호환성, 배포 후 특허권을 빌미로 기술료를 요구하는 행위를 원천 봉쇄하였다. 특허권자가 저작권자와 다를 경우는 특허 소유자가 기술료를 받지 않는 조건으로만 GPL 배포가 가능하다.

• 답 :

12 미들웨어 현행 시스템 분석 시 고려사항 중 같은 시스템을 사용하는 사용자 간의 정보 공유 가능성 유무나 오픈 소스인지 아닌지의 여부 등을 고려해야 하는 것은 무엇인지 쓰시오.

• 답 :

CHAPTER 02

요구사항 확인하기

학습 방향

1. 소프트웨어 공학 기술의 요구사항 분석 기법을 활용하여 업무 분석가가 정의한 응용 소프트웨어의 요구사항을 확인할 수 있다.
2. 업무 분석가가 분석한 요구사항에 대해 정의된 검증 기준과 절차에 따라서 요구사항을 확인할 수 있다.

출제 빈도

Section 01	상	60%
Section 02	중	40%

요구사항 개발

ⓞ₁ 요구사항

① 요구사항의 정의(IEEE-Std-610)
- 문제의 해결 또는 목적 달성을 위하여 고객에 의해 요구되는 기능을 의미한다.
- 계약, 표준, 명세 등을 만족하기 위하여 시스템이 처리하거나 충족해야 하는 서비스 또는 제약사항이다.
- 고객이 요구한 사항과 요구하지 않았더라도 당연히 제공되어야 한다고 가정되는 사항들을 의미한다.

② 요구공학(Requirements Engineering)의 개념
- 소프트웨어 개발 시 사용자 요구를 정확히 반영된 시스템 개발을 위하여 사용자의 요구를 추출, 분석, 명세, 검증, 관리하는 구조화된 활동 집합이다.
- 요구사항을 정의하고, 문서로 만들고, 관리하는 프로세스를 의미한다.
- 효과적인 의사소통을 통하여 공통 이해를 설정한다.
- 불필요한 비용 절감, 요구사항 변경 추적이 가능해진다.

③ 요구공학의 목적
- 소프트웨어 개발 시 이해관계자 사이의 원활한 의사소통 수단을 제공한다.
- 요구사항 누락을 방지하고, 상호 이해 오류 등의 제거로 경제성을 제공한다.
- 요구사항 변경 이력을 관리한다.
- 요구사항을 관리하여 개발 비용 및 시간을 절약할 수 있다.

④ 요구공학(개발) 프로세스
- 요구사항을 명확히 분석하여 검증하는 진행 순서를 의미한다.
- 개발 대상에 대한 요구사항을 체계적으로 도출한다.
- 도출된 요구사항을 분석하여 분석 결과를 명세서에 정리한다.
- 정리된 명세서를 마지막으로 확인, 검증하는 일련의 단계를 의미한다.
- 경제성, 기술성, 적법성, 대안성 등 타당성 조사(feasibility study)가 선행되어야 한다.

⑤ SWEBOK★에 따른 요구사항 개발 프로세스

- 도출(Elicitation) → 분석(Analysis) → 명세(Specification) → 확인(Validation)

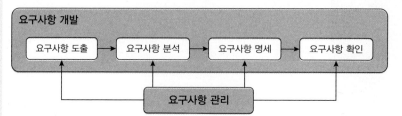

★ SWEBOK
- Software Engineering Body of Knowledge, 소프트웨어 공학 지식 체계
- 국제 표준화 기구의 정보기술 분야인 ISO/IEC에서 의견을 모아 집필 발간하는 표준화 체계 문서이다.

02 요구사항 도출(Requirement Elicitation, 요구사항 추출)

① 요구사항 도출의 정의

- 소프트웨어가 해결해야 할 문제를 이해하는 첫 번째 단계이며, 소프트웨어 개발 생명 주기(SDLC) 동안 반복된다.
- 현재의 상태를 파악하고 문제를 정의한 후 문제 해결과 목표를 명확히 도출하는 단계이다.
- 요구사항의 위치와 수집 방법과 관련되어 있다.
- 이해관계자(Stakeholder)가 식별되고 개발팀과 고객 사이의 관계가 만들어지는 단계이므로 다양한 이해관계자와 효율적인 의사소통이 중요하다.
- 요구사항 도출 기법 : 롤 플레잉(역할극), 고객의 발표, 문서 조사, 설문, 업무 절차 및 양식 조사, 브레인스토밍★, 워크숍, 인터뷰, 프로토타이핑, Use Case, 벤치마킹, BPR(업무재설계), RFP(제안요청서)

② 요구사항 도출 기법

- 문서 분석
  - 현재 시스템을 이해하기 위하여 보고서, 메모, 정책 매뉴얼, 교육 매뉴얼, 조직도, 양식 등의 문서를 분석하는 방법이다.
  - 사용한 적이 없는 문서는 제외하고 변경, 개선할 필요성을 찾아내야 한다.
- 관찰
  - 직접 작업 과정을 지켜보면서 현재 시스템에 관한 정보를 도출한다.
  - 잠재적인 사용자들이 수행하는 복잡한 일을 관찰하여 사용자가 하는 일을 자세히 설명해 달라고 요구한다.
  - 비디오 촬영 등을 사용한다(예 도매상에서 점원이 사려는 고객과 물건을 매매하는 과정).
  - 인터뷰 정보를 보완할 목적으로 사용한다.
  - 시간이 많이 소요된다는 단점이 있다.
- 설문
  - 광범위한 사용자로부터 의견이 필요할 때 지면, 이메일, 웹을 통하여 진행한다.
  - 설문 시 주의사항

> - 위협을 하는 것이 아니라 흥미를 유발하는 질문으로 시작한다.
> - 각 질문을 논리적인 단위로 분류하여 묶는다.
> - 중요한 질문을 설문의 끝에 두지 않는다.
> - 한 페이지에 너무 많은 내용을 담지 않는다.
> - 약어 또는 한쪽으로 치우치거나 제안하는 듯한 질문이나 단어를 피한다.
> - 혼란을 줄이기 위해 질문에 번호를 부여한다.
> - 응답자에게 익명을 보장한다.

★ 브레인스토밍
- 요구사항 분석 시 3인 이상이 모여 자유롭게 아이디어를 내놓는 아이디어 회의이다.
- 훈련된 요원 주재하에 정형화된 회의가 아닌 자유로운 대화를 통하여 아이디어를 내며, 여러 명으로부터 정보를 얻기 위한 회의이다.
- 토론보다는 아이디어를 쏟아놓는 회의이며, 익명성을 보장하고 골고루 발언권이 주어져야 한다.

- 인터뷰
  - 사용자와의 심층 대화로부터 요구를 끌어내는 방법이다.
  - 질문의 준비가 중요하기 때문에 미리 잘 계획하여야 많은 정보를 얻을 수 있다.
  - 가능하면 많은 당사자와 인터뷰를 진행하고 관련자 이외의 다른 사람도 인터뷰하는 것이 좋다(경쟁 제품의 사용자, 마케팅 담당자 등).
  - 절차 : 대상자 선정 → 일정 계획 → 인터뷰 질문 작성 → 인터뷰 → 분석 및 정리
  - 질문 작성 시 다른 곳에서 찾을 수 있는 질문은 피해야 하며 대상자가 알 수 있다고 예상되는 질문으로 구성한다.
  - 질문 유형

폐쇄형	• 하루에 받는 전화 주문은 몇 개인가? • 고객이 어떻게 주문하는가? • 월별 매출 보고에 빠진 정보는 무엇인가?
자유 대답형	• 현재 주문을 처리하고 있는 방식에 대하여 어떻게 생각합니까? • 매일 겪는 문제점은 무엇입니까? • 주문 처리하는 방법에서 개선하고 싶은 것이 있다면 무엇입니까?
유도형	• 왜 그런지 예를 들어 줄 수 있나요? • 더 자세히 말씀해 주시겠어요?

★ JAD
Joint Application Development,
결합 응용 설계

- JAD★ 회의
  - 집중 브레인스토밍 회의를 의미한다.
  - 프로젝트팀, 사용자, 관리자의 협의 회의 등이 있다.
  - 브레인스토밍 과정

1. 관련자 모두가 참여하는 회의 소집
2. 경험 많은 사람을 회의 주재자로 선정
3. 테이블에 참석자를 배석시키고 종이 준비
4. 토론을 유도할 질문을 정함
5. 질문에 대하여 답을 종이에 적되 한 장에 하나의 아이디어만 적은 후 참석자가 돌려 봄
6. 5번 단계를 5~15분간 반복
7. 간단한 설명
8. 모든 아이디어를 칠판에 적은 후 우선순위를 정하기 위하여 투표

- 프로토타이핑(Prototyping)
  - 도출된 요구사항을 토대로 프로토타입(시제품)을 제작하여 대상 시스템과 비교하면서 개발 중에 도출되는 추가 요구사항을 지속해서 재작성하는 과정이다.
  - 새로운 요구사항을 도출하기 위한 수단이다.
  - 요구사항에 대하여 소프트웨어 엔지니어 관점에서 해석한 것을 확인하기 위한 수단으로 많이 사용된다.
  - 실제 구현 전에 잘못된 요구사항을 만족시키기 위하여 자원을 낭비하는 것을 방지할 수 있다.
  - 프로토타이핑의 장단점

장점	• 분석가의 가정을 파악하고 잘못되었을 때 유용한 피드백을 제공한다. • 문서나 그래픽 모델보다 프로토타입으로 이해하기 쉬워 사용자와 개발자 사이의 의사소통에 도움이 된다. • 요구사항의 가변성이 프로토타이핑 이후에 급격히 감소한다. • 빠르게 제작할 수 있으며, 반복 제작을 통하여 발전된 결과를 가져올 수 있다.
단점	• 사용자의 관심이 핵심 기능에서 멀어질 수 있으며 프로토타입의 디자인이나 품질 문제로 집중될 수 있다. • 프로토타입 수행 비용이 발생한다. • 전체 범위 중 일부 대상 범위만 프로토타입을 제작하면 사용성이 과대 평가될 수 있다.

- 시나리오
  - 시스템과 사용자 간에 상호작용을 시나리오로 작성하여 시스템 요구사항을 추출하는 기법이다.
  - 시나리오에 포함해야 할 필수 정보

> • 시나리오로 들어가기 이전의 시스템 상태에 관한 기술
> • 정상적인 사건의 흐름
> • 정상적인 사건의 흐름에 대한 예외 흐름
> • 동시에 수행되어야 할 다른 행위의 정보
> • 시나리오의 완료 후에 시스템 상태의 기술

03 요구사항 분석(Requirement Analysis)

① 요구사항 분석

- 시스템 요구사항을 정제하여 소프트웨어 요구사항을 도출한다.
- 요구사항 기술 시 요구사항 확인, 요구사항 구현의 검증, 비용 추정 등의 작업이 가능하도록 충분하고 정확하게 기술한다.
- 요구사항 간 상충하는 것을 해결하고, 소프트웨어의 범위를 파악한다.
- 소프트웨어가 환경과 어떻게 상호작용하는지 이해하고, 명확하지 못하거나 모호한 부분을 걸러내기 위한 과정이다.
- 도출된 사항을 분석한 후 소프트웨어 개발 범위를 파악하여 개발 비용, 일정에 대한 제약을 설정하고 타당성 조사를 수행한다.
- 요구사항 정의를 문서화한다.
- 요구분석을 위해서 사용자 의견 청취, 사용자 인터뷰, 현재 사용 중인 각종 문서 분석과 중재, 관찰 및 모델 작성 기술, 설문 조사를 통한 의견 수렴 등의 방법을 사용한다.

② 요구사항 분석 기법의 종류

- 요구사항 분류
  - 기술 내용에 따른 분류 : 기능적 요구사항, 비기능적 요구사항 <small>2021년 1회</small>

기능적 요구사항
(Functional
Requirements)
	• 제품 구현을 위해 소프트웨어가 가져야 할 기능적 속성
	• 예
	   – 파일 저장 기능, 편집 기능, 보기 기능 등
	   – 차 운행, 탑승객, 예약을 입력하는 방법 결정
	   – 기차표와 예약 정보에 어떤 정보가 포함되어야 할지 결정
	   – 관리자와 승객이 DB에 접근할 때 어떤 정보를 얻을 수 있는지 결정

비기능적 요구사항 (Non–Functional Requirements)	• 제품 품질 기준 등의 만족을 위해 소프트웨어가 가져야 할 특성 • 고객의 새로운 요구사항을 추가하기 위하여 시스템을 확장할 수 있도록 설계 • 예 성능, 사용의 용이성, 신뢰도, 보안성, 안전성 등

  - 기술 관점 및 대상에 따른 분류 : 시스템 요구사항, 사용자 요구사항
    - 요구사항이 제품에 관한 것인지 프로세스에 관한 것인지 우선순위가 더 높은 것인지 아닌지를 판단하여 분류한다.
    - 요구사항의 범위(요구사항이 소프트웨어에 미치는 영향의 범위)와 요구사항이 소프트웨어 생명주기 동안에 변경이 발생하는지를 분석하여 분류한다.
    - 요구사항이 하나 이상의 고수준 요구사항으로부터 유도된 것인지 또는 이해관계자나 다른 원천(Source)으로부터 직접 발생한 것인지 분류한다.

- 요구사항 분류 기준
  - 기능적 요구사항과 비기능적 요구사항을 구분한다.
  - 요구사항이 하나 이상의 고수준 요구사항으로부터 유도된 것인지 확인한다.
  - 이해관계자나 다른 원천(Source)으로부터 직접 발생한 것인지 확인한다.
  - 요구사항이 제품에 관한 것인지 프로세스에 관한 것인지 확인한다.
  - 우선순위가 더 높은 것을 확인한다.
  - 요구사항의 범위(요구사항이 소프트웨어에 미치는 영향의 범위)를 확인한다.
  - 요구사항이 소프트웨어 생명주기 동안에 변경될 수 있는지를 확인한다.

③ 개념 모델의 역할

- 현실 세계 객체에 대한 모델링은 요구사항 분석에 있어 중요한 부분이다. 이렇게 분석된 모델은 문제가 발생하면 이해를 증진하고 해결책을 제시할 수 있다.
- 개념 모델은 현실 세계의 대상 도메인의 엔티티(entity)들과 그들의 관계 및 종속성을 반영하고 있다.
- 개념 모델의 종류
  - 유스 케이스 다이어그램(Use Case Diagram)
  - 데이터 흐름 모델(Data Flow Model)
  - 상태 모델(State Model)
  - 목표 기반 모델(Goal-Based Model)
  - 사용자 상호작용(User Interactions)
  - 객체 모델(Object Model), 데이터 모델(Data Model)
- UML(Unified modeling Language)을 가장 많이 사용한다.

> **더 알기 Tip**
>
> **UML 다이어그램**
> - 시나리오를 표현할 때 사례 다이어그램을 주로 사용한다.
> - 구조 다이어그램(Structure Diagram) : 시스템의 정적 구조(Static Structure)와 다양한 추상화 및 구현 수준에서 시스템의 구성요소, 구성요소 간의 관계를 보여 준다.
> - 행위 다이어그램(Behavior Diagram) : 시스템 내의 객체들의 동적인 행위(Dynamic Behavior)를 보여 주며, 시간의 변화에 따른 시스템의 연속된 변경을 설명해 준다.

④ 요구사항 할당(Requirement Allocation)

- 요구사항을 만족시키기 위한 구성요소를 식별하는 활동을 의미한다.
- 식별된 타 구성요소와 상호작용 여부를 분석하여 추가 요구사항을 발견할 수 있다.

⑤ 요구사항 협상(Requirement Negotiation)

- 요구사항이 서로 충돌할 경우 이를 해결하는 과정이며 적절한 기준점을 찾아 합의하도록 한다.
- 우선순위를 부여하여 해결한다.

⑥ 정형 분석(Formal Analysis)

구문과 의미같은 정형화된 언어를 이용해 요구사항을 수학적 기호로 표현하고 분석하는 과정이다.

⑦ 요구사항 분석 수행 단계

- 문제 인식 : 인터뷰, 설문 조사 등 도구를 활용하여 요구사항을 파악하는 과정이다.
- 전개 : 파악한 문제를 자세히 조사하는 작업이다.
- 평가와 종합 : 요구들을 다이어그램이나 자동화 도구를 이용하여 종합하는 과정이다.
- 검토 : 요구분석 작업의 내용을 검토, 재정리하는 과정이다.
- 문서화 : 요구사항 분석 내용을 문서로 만드는 과정이다.

04 요구사항 명세(Requirement Specification)

- 시스템 정의서(System Definition Document), 시스템 요구사항 명세서(System Requirement Specification), 소프트웨어 요구사항 명세서(Software Requirement Specification)를 작성한다.
- 체계적으로 검토, 평가, 승인될 수 있도록 문서로 만드는 것을 의미한다.

① 요구사항 명세서 작성 방법

- 시스템이 수행할 모든 기능과 시스템에 영향을 미치는 제약 조건을 명확하게 기술한다.
- 명세 내용은 고객과 개발자 사이에서 모두가 이해하기 쉽고 간결하게 작성하고 기술된 모든 요구사항은 검증할 수 있으므로 원하는 시스템의 품질, 상대적 중요도, 품질의 측정, 검증 방법 및 기준 등을 명시하도록 한다.
- 요구사항 명세서는 시스템의 외부 행위를 기술하는 것으로 특정한 구조나 알고리즘을 사용하여 설계하지 않도록 하고 참여자들이 시스템의 기능을 이해하거나, 변경에 대한 영향 분석 등을 위하여 계층적으로 구성한다.
- 요구사항을 쉽게 참조할 수 있도록 고유의 식별자를 가지고 번호화하고, 모든 요구사항이 동등한 것이 아니므로 요구사항을 우선순위화한다.

② 요구사항 명세서 작성 시 주의사항

- 설계 과정의 오류 사항을 추적할 수 있어야 한다.
- 기능적 요구사항은 빠지는 부분이 없이 명확하게 기술한다.
- 비기능적 요구사항은 필요한 것만 명확하게 기술한다.
- 개발자가 효과적으로 설계할 수 있고 사용자가 쉽게 이해할 수 있도록 한다.

05 요구사항 확인(Requirement Validation, 요구사항 검증)

- 요구사항 분석 단계를 거쳐 문서로 만들어진 내용을 검토(Review)하고 검증(Verification)하는 단계이다.
- 요구분석가가 요구사항을 이해했는지 확인(Validation)이 필요하다.
- 회사의 표준에 적합하고, 이해할 수 있고, 일관성이 있고, 완전한지 검증한다.
- 일반적으로 요구사항 관리 도구를 이용하여 이해관계자들이 문서를 검토해야 하고, 요구사항 정의 문서들에 대해 형상관리를 한다.
- 자원이 요구사항에 할당되기 전에 문제를 파악하기 위하여 검증을 수행한다.
- 이해관계자들이 문서를 검토해야 하고, 요구사항 관리 도구를 이용하여 요구사항 정의 문서들에 대해 형상관리★를 한다.

① 요구사항 검증의 의미와 검증 내용

- 사용자 요구가 요구사항 명세서에 올바르게 기술되었는가에 대해 검토하는 활동을 의미한다.
- 검증 내용
  - 요구사항이 사용자나 고객의 목적을 완전하게 기술하는가?
  - 요구사항 명세가 문서 표준을 따르고, 설계 단계의 기초로 적합한가?
  - 요구사항 명세의 내부적 일치성과 완전성이 있는가?
  - 기술된 요구사항이 참여자의 기대에 일치하는가?

② 요구사항 타당성 검증 사항

- 무결성(correctness) 및 완전성(completeness) : 사용자의 요구를 에러 없이 완전하게 반영하고 있는가?
- 일관성(consistency) : 요구사항이 서로 간에 모순되지 않는가?
- 명확성(unambiguous) : 요구분석의 내용이 모호함 없이 모든 참여자에 의해 명확하게 이해될 수 있는가?
- 기능성(functional) : 요구사항 명세서가 '어떻게'보다 '무엇을'에 관점을 두고 기술되었는가?
- 검증 가능성(verifiable) : 요구사항 명세서에 기술된 내용이 사용자의 요구를 만족하는가? 개발된 시스템이 요구사항 분석 내용과 일치하는지를 검증할 수 있는가?
- 추적 가능성(traceable) : 시스템 요구사항과 시스템 설계문서를 추적할 수 있는가?

★ **형상관리(Configuration Management)**
애플리케이션 개발 단계에서 도출되는 프로그램, 문서, 데이터 등의 모든 자료를 형상 단위라고 하며, 이러한 자료의 변경을 관리함으로써 애플리케이션 버전 관리 등을 하는 활동이다.

01 소프트웨어 개발 과정 중 요구사항 확인 단계의 요구사항의 타당성 검증 사항에서 다음에 해당하는 요구조건을 쓰시오.

사용자의 요구를 에러 없이 완전하게 반영하고 있는가?

• 답 :

02 애플리케이션 개발 단계에서 도출되는 프로그램, 문서, 데이터 등의 모든 자료를 형상 단위라고 하며, 이러한 자료의 변경을 관리함으로써 애플리케이션 버전 관리 등을 하는 활동을 무엇이라고 하는지 쓰시오.

• 답 :

03 애플리케이션 개발 단계에서 요구사항을 분석한 뒤 요구사항을 명세하는 명세 3종류를 쓰시오.

• 답 :

04 요구사항의 타당성 검증 사항 중 추적 가능성에 대하여 서술하시오.

• 답 :

05 요구사항 개발 프로세스 중 가장 먼저 진행해야 할 단계를 쓰시오.

• 답 :

ANSWER **01** 무결성(correctness), 완전성(completeness)
02 형상관리(Configuration Management)
03 시스템 정의서, 시스템 요구사항 명세서, 소프트웨어 요구사항 명세서
04 시스템 요구사항과 시스템 설계 문서를 추적할 수 있는 정도를 의미한다.
05 요구사항 도출(Elicitation)

01 요구사항 관리의 개념

- 요구사항 도출, 분석, 명세, 확인 단계에서의 모든 요구사항 개발 프로세스의 주요 이슈 관리를 진행한다.
- 요구사항 협상, 요구사항 기준선, 요구사항 변경관리, 요구사항 확인의 세부사항으로 구분한다.

02 SDLC★ 요구사항 관리 절차

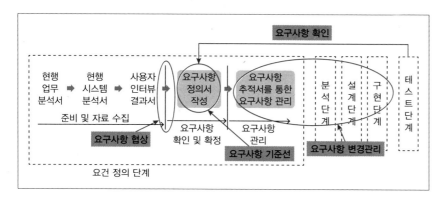

★ SDLC
- Software Development Life Cycle, 소프트웨어 생명주기
- 소프트웨어의 생성부터 소멸까지의 정의 단계, 개발 단계, 유지보수 단계로 구분한 것이다.

03 CMMi(Capability Maturity Model Integration)

- 미국 카네기 멜런 대학의 소프트웨어 공학 전문 연구소의 지침이다.
- 단체나 조직에서 소프트웨어를 개발하고 운영하는 성숙도 능력이 어느 정도인지를 규정하는 지침이다.

① CMMi 5단계
- 초기(Initial) 단계
- 관리(Managed) 단계★
- 정의(Defined) 단계
- 정량적 관리(Quantitatively Managed) 단계
- 최적화(Optimizing) 단계

★ 관리(Managed) 단계
요구사항 협상 → 요구사항 기준선 → 요구사항 변경관리 → 요구사항 확인

04 요구사항 관리 프로세스

요구사항 협상	• 요청자의 모든 요구사항을 목록화하고 실제 구현 가능한 사항을 협상에 따라 검토하는 과정이다. • 가용한 자원과 수용 가능한 위험 수준에서 구현할 수 있는 기능을 협상하도록 한다.
요구사항 베이스라인 (기준선)	• 최종 도출된 요구사항 명세서는 기준선이 되며 추후 과정인 분석 설계 구현의 지침이 된다. • 공식적으로 합의되고 검토된 요구사항 명세서를 결정한다.
요구사항 변경관리	• 기준선은 변경이 통제되며 절차에 의하여 변경되어야 한다. • 요구사항 기준선을 기반으로 모든 변경을 공식적으로 통제한다.
요구사항 확인★ 및 검증	• 요구사항이 최종 시스템에 반영되었는지 확인하는 절차이다. • 구축된 시스템이 이해관계자가 기대한 요구사항에 부합되는지 확인한다.

★ 요구사항 확인
앞에서 학습한 광의의 요구사항 확인이 아닌 요구사항 관리하의 협의적인 개념이다.

① 요구사항 협상(Requirement Negotiation)
• 이해관계자들 간의 상충하는 내용을 요구하거나, 요구사항/자원, 기능/비기능 요구사항들이 서로 상충하는 경우 협상을 통하여 합의한다.
• 한 쪽을 지지하기보다는 적절한 절충(Trade off) 지점에서 합의가 중요하다.
• 각각의 우선순위를 부여하고 중요 요구사항을 필터링한 후 문제를 해결한다.
• 협상을 위한 요구사항 수집 절차
  – 이해관계자 식별 → 업무 요구사항 추출 계획 작성 → 사용자 요구사항 추출 계획 작성 → 요구사항 추출 관계 계획 작성
  – 수집된 모든 요구사항에 대하여 리스트 작업을 수행한다.
  – 모든 요구사항에 대하여 다양한 관점에서 분석한다.
  – 요구사항에 대한 분류 : 수용, 일부 수용, 대체, 수용 불가 등으로 구분한다.
• 정형 분석(Formal Analysis)
  – 구문(Syntax)과 형식적으로 정의된 의미(Semantics)를 지닌 언어로 요구사항을 표현한다.
  – 정확하고 명확하게 표현하여 오해를 최소화할 수 있다.
  – 요구사항 분석의 마지막 단계에서 이루어진다.

② 요구사항 베이스라인(Base Line, 기준선)
• 이해 당사자 간에 명시적으로 합의한 내용이며 프로젝트 목표 달성 여부를 확인하는 기준이다.
• 요구사항을 조기에 명확히 확정하고, 추후 발생 가능한 변경사항을 체계적으로 관리하기 위한 기준이다.
• 요구사항 정의서의 내용으로 추후 모든 프로젝트 단계의 기준이 된다.
• 요구사항 정의서
  – 사용자와 요구자의 요구사항을 정리하여 순서대로 ID를 부여하여 리스트로 작성한 문서이며 요구사항 명세서라고도 한다.
  – 요구사항 정의 단계의 필수 문서이다.
  – 요건 정의, 분석, 설계, 구현, 테스트, 이관 등 모든 과정을 진행하면서 진행되어 왔던 내용을 참고하는 기본 자료가 된다.

- 소프트웨어(정보시스템)의 요구자 또는 사용자의 요구사항을 정리 및 기록한 문서이다.
- 예시

시스템명		서브 시스템명				
단계명	요구사항 정의	작성 일자		버전		
요구사항 ID	요구사항명	의뢰 부서명	처리 담당 팀명	검토 결과	검토 의견	비고
T_SO10	영업 기획영역	영업부	고객분석	수용		
T_ST11	접수관리	마케팅부	마케팅	수용		

③ 요구사항 변경관리
- 요구사항 변경관리는 요구사항을 인수책임자와 합의하고 관리하여 프로젝트의 계획 및 실행을 요구사항에 적합하도록 진행한다.
- 계획 범위에 속하거나 속하지 않는 모든 변경의 영향력을 분석하는 변경통제를 효율적으로 운영할 수 있다.
- 고객 요구사항을 기록하고 변경 발생 시 적절하게 통제하여 프로젝트에서 미치는 부정적인 영향력을 최소화할 수 있도록 한다.
- 요구사항 변경관리 시 확인사항
  - 형상관리(변경통제 및 추적관리)와 연계하여 관리되도록 하며 프로젝트 계획, 작업 산출물 및 모든 활동을 위한 기준으로 사용한다.
  - 고객의 요구사항은 문서로 만들어 요구사항의 일관성을 유지할 수 있도록 하는 것이 목적이며 요구사항 변경으로 인한 영향력 평가, 분석 및 문서로 만들어 종결까지 추적한다.
  - 작업 산출물의 통제가 필요한 경우, 소프트웨어 형상관리 항목으로 관리한다.
  - 요구사항을 도출하거나 변경할 경우, 조직의 방침을 충분히 검토할 책임자의 주도로 진행한다.
  - 요구사항에 대한 변경을 검토 및 구현하고 변경통제를 진행하며 요구사항 변경으로 인한 프로젝트 계획, 산출물 및 활동들의 변경사항을 식별한다.
- 요구 변경사항 관리 절차
  - 요구변경 사항 접수 → 요구 변경사항 분석 → 요구 변경사항 영향력 분석 → 요구 변경사항 수용 여부 결정 → 변경사항의 변경통제 순으로 진행한다.
  - 변경통제는 변경통제위원회(CCB, Change Control Board)★ 등 의사결정 회의기구를 통하여 최초 요구사항의 확정 및 확정된 요구사항의 변경을 수행하도록 한다.
  - 요구 변경사항 식별 후 분석을 하고 최종적으로 변경에 대한 통제까지 포함한다.

④ 요구사항 확인(Validation)
- 개발 대상의 자원을 요구사항 명세에 할당하기 전 요구사항 명세서가 완전하게 구성되었는지 검토하는 활동이다.
- 요구분석가가 요구사항을 정확히 이해한 뒤 요구사항 명세서를 작성하였는지 확인(Validation)하는 것이 중요하다.

★ CCB의 특징
- CCB의 구성, 권한, 역할은 변경관리계획서에 기술한다.
- CCB의 결정사항들은 문서화하여, 정보 제공 및 후속 조치를 위해 이해관계자들에게 전달해야 한다.
- CCB는 형상관리 활동을 검토할 수도 있다.

★ 검증과 확인
• 검증(Verification) 테스트 : 제품이 명세서대로 완성되었는지 검증하는 단계이다. 개발자의 시각에서 제품의 생산 과정을 테스트하는 것을 의미한다.
• 확인(Validation) 테스트 : 사용자의 요구사항을 잘 수행하고 있는지 사용자의 시각에서 생산된 제품의 결과를 테스트하는 것을 의미한다.

🎓 기적의 Tip

앞에서 학습한 요구사항 확인과 별개로 요구사항 변경 관리하에서 SDLC상의 최종 테스트와 인수 테스트 과정 중 요구사항을 확인하는 단계입니다.

🎓 기적의 Tip

요구사항 명세서는 인수 테스트 계획의 기준이 되고, 인수 테스트는 요구사항 확인의 주요 절차라는 것을 기억하세요.

• 내용의 일관성, 기준 적합성, 누락 기능의 여부, 이해도 등을 검증(Verification)★하는 것이 중요하다.
• 요구사항 확인 중 도출된 문서들의 형상관리를 수행한다.

⑤ 요구사항 검증(Verification)

요구사항을 기준으로 정보시스템을 최종 구현한 후 테스트/인수 시점에 요구사항이 제대로 반영되었는지 확인하는 단계이다.

05 인수 테스트

• 사용자 측 관점에서 소프트웨어가 요구사항을 충족시키는지 평가하는 절차이다.
• 소프트웨어가 고객의 합리적인 기대에 따라 제 기능을 발휘하는지를 테스트한다.
• 인수 시 각 요구사항의 확인 절차를 계획해야 한다.
• 종류 : 계약 인수 테스트, 규정 인수 테스트, 알파 테스트, 베타 테스트, 사용자 인수 테스트, 운영 인수 테스트
  – 알파/베타 테스트

알파 테스트	• 개발사 내에서 진행하는 테스트이다. • 개발자 관점에서 수행된다. • 개발자는 사용상의 문제를 기록하여 반영되도록 하는 테스트이다.
베타 테스트	• 선정된 다수의 사용자가 자신들의 사용 환경에서 일정 기간 사용하면서 테스트한다. • 문제점이나 개선 사항 등을 기록하고 개발 조직에 통보하여 반영되도록 하는 테스트이다.

06 모델 품질 검증(Model Certification)

분석 단계에서 개발된 모델의 품질을 검증한다.

① 정적 분석(Static Analysis)

• 객체 모델에서 객체들 사이에 존재하는 Communication Path(의사소통 경로)를 검증하기 위해 사용한다.
• 명세의 일관성과 정확성을 확인, 분석하는 도구이다.

② 동적 분석(Dynamic Analysis)

직접 실행을 통하여 모델을 검증하는 방식이다.

③ 요구사항 검토

• 여러 검토자가 에러, 잘못된 가정, 불명확성, 표준과의 차이를 검토한다.
• 고객 중심 프로젝트에서는 검토자 그룹에 고객 대표자가 1명 이상 포함되어야 한다.
• 시스템 정의서, 시스템 설명서, 소프트웨어 요구사항 명세서를 완성한 시점에서 검토한다.

07 테스트 레벨

- 애플리케이션 개발 단계에 따라 단위 테스트, 통합 테스트, 시스템 테스트, 인수 테스트, 설치 테스트로 분류한다.
- 애플리케이션을 전체적으로 테스트하려는 테스트 활동의 묶음이다.
- 각각의 테스트 레벨은 서로 독립적이며, 각각 다른 테스트 계획과 전략을 필요로 한다.

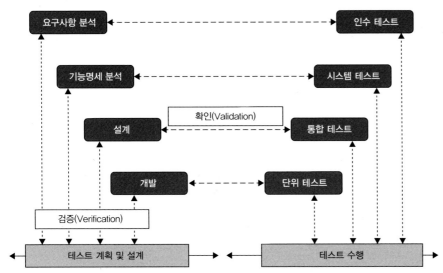

01 소프트웨어의 생성부터 소멸까지의 정의 단계, 개발 단계, 유지보수 단계로 구분한 요구사항 관리 절차는 무엇인지 쓰시오.

- 답 :

02 CMMi 5단계를 순서대로 나열하시오.

- 답 :

03 다음은 무엇에 관한 내용인지 쓰시오.

> - 구문(Syntax)과 형식적으로 정의된 의미(Semantics)를 지닌 언어로 요구사항을 표현한다.
> - 정확하고 명확하게 표현하여 오해를 최소화할 수 있다.
> - 요구사항 분석의 마지막 단계에서 이루어진다.

- 답 :

04 다음 내용에 해당하는 애플리케이션 개발 단계를 쓰시오.

> - 사용자 측 관점에서 소프트웨어가 요구사항을 충족시키는지 평가하는 절차이다.
> - 소프트웨어가 고객의 합리적인 기대에 따라 제 기능을 발휘하는지 여부를 테스트한다.
> - 인수 시 각 요구사항의 확인 절차를 계획해야 한다.

- 답 :

ANSWER **01** SDLC(Software Development Life Cycle, 소프트웨어 생명주기)
02 초기 → 관리 → 정의 → 정량적 관리 → 최적화
03 정형 분석(Formal Analysis)
04 인수 테스트

01 애플리케이션 개발 단계 중 요구사항의 변경이 발생했을 때 변경 사항 통제를 통하여 요구사항 변경을 확정하는 기구는 무엇인지 쓰시오.

• 답 :

02 다음이 설명하는 것은 무엇인지 쓰시오.

> • 이해 당사자 간에 명시적으로 합의한 내용이며 프로젝트 목표 달성 여부를 확인하는 기준이다.
> • 요구사항을 조기에 명확히 확정하고, 추후 발생 가능한 변경사항을 체계적으로 관리하기 위한 기준이다.
> • 요구사항 정의서의 내용으로 추후 모든 프로젝트 단계의 기준이 된다.

• 답 :

03 요구사항 관리 프로세스 단계에서 다음이 설명하는 단계를 쓰시오.

> • 요청자의 모든 요구사항을 목록화하고 실제 구현 가능한 사항을 협의를 통하여 따라 검토하는 과정이다.
> • 가용한 자원과 수용 가능한 위험 수준에서 구현할 수 있는 기능을 협의하도록 한다.

• 답 :

04 미국 카네기 멜런 대학의 소프트웨어 공학 전문 연구소의 지침으로 단체나 조직에서 소프트웨어를 개발하고 운영하는 성숙도 능력이 어느 정도인지를 규정하는 지침의 명칭을 쓰시오.

• 답 :

05 SDLC 요구사항 관리 절차 중 요구사항 기준선이 정립되는 단계를 쓰시오.

• 답 :

06 개념 모델인 UML 다이어그램에서 시스템의 정적 구조(Static Structure)와 다양한 추상화 및 구현 수준에서 시스템의 구성요소, 구성요소 간의 관계를 보여 주는 다이어그램은 무엇인지 쓰시오.

• 답 :

07 다음이 설명하는 요구사항 분석 기법을 쓰시오.

> • 도출된 요구사항을 토대로 시제품을 제작하여 대상 시스템과 비교하면서 개발 중에 도출되는 추가 요구사항을 지속해서 재작성하는 과정이다.
> • 새로운 요구사항을 도출하기 위한 수단이다.
> • 요구사항에 대하여 소프트웨어 엔지니어 관점에서 해석한 것을 확인하기 위한 수단으로 많이 사용된다.

• 답 :

08 요구사항 분석 시 사용하는 인터뷰의 질문 유형 3가지를 쓰시오.

• 답 :

09 요구사항 분석 시 3인 이상이 모여 자유롭게 아이디어를 내놓는 아이디어 회의를 무엇이라고 하는지 쓰시오.

• 답 :

10 다음은 SWEBOK에 따른 요구사항 개발 프로세스이다. 빈칸에 알맞은 단계를 쓰시오.

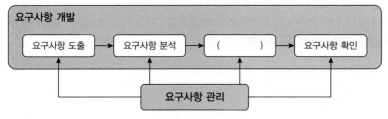

• 답 :

CHAPTER 03

분석 모델 확인하기

1. 소프트웨어 공학기술의 요구사항 도출 기법을 활용하여 업무 분석가가 제시한 분석 모델에 대해서 확인할 수 있다.
2. 업무 분석가가 제시한 분석 모델에 대해서 응용 소프트웨어를 개발하기 위해 필요한 추가적인 의견을 제시할 수 있다.

출제 빈도

Section 01	하		10%
Section 02	중		30%
Section 03	하		15%
Section 04	하		15%
Section 05	중		30%

분석(참고) 모델

01 분석(참고) 모델의 개념

- 요구사항을 분석하기 위한 잘 정의된 수행 방법, 절차를 의미한다.
- 종류 : 구조적 분석 모델, 객체지향 분석 모델, 정보공학 분석 모델, 정형화 분석 모델
- 분석(참고) 모델 비교

구분	관점	내용	도구
구조적 분석	자료 + 함수	자료보다는 함수에 중점을 두며 프로세스를 먼저 정하고 프로세스에 대한 입출력을 나중에 정한다.	순서도, DFD
객체지향 분석	객체 + 객체	객체 자체와 객체 사이의 관계 파악이 중요하며 객체가 가지는 자료와 오퍼레이션의 정의한다.	UML 다이어그램
정보공학 분석	자료 + 프로세스	자료 및 자료들 사이의 관계를 우선 파악하고 자료에 대한 오퍼레이션 패턴으로 프로세스를 그룹화한다.	정보공학 관점의 UML 다이어그램
정형화 분석	시스템의 상태와 상태 변화	상태에 대한 논리적 표현이 중요하다.	Petri-Net★, 상태 전이도

★ Petri-Net
프로세스 마이닝의 가장 기본이 되는 프로세스 모델로, 가장 간단한 형태로 프로세스를 나타낼 수 있다.

02 구조적 분석 모델

- 사용자의 요구분석 사항을 파악하기 위하여 자료의 흐름과 가공 절차를 그림 중심으로 표현하는 방법이다.
- 하향식(Top-Down Partitioning) 원리를 적용하였다.
- 사용자의 업무 요구사항을 쉽게 문서화하고 사용자와 분석자 간의 의사소통을 위한 공용어이며 실체의 모형(추상적 표현)을 추출한다.
- 절차 : 배경도 작성 → 상위 자료 흐름도 작성 → 하위 자료 흐름도 작성 → 자료 사전 작성 → 소단위 명세서 작성

① 자료 흐름도(DFD, Data Flow Diagram)

- 시스템 내의 모든 자료 흐름을 4가지의 기본 기호(처리, 자료 흐름, 자료 저장소, 단말)로 기술하는 방법이다.
- 그림 중심의 표현이고 하향식 분할 원리를 적용한다.
- 다차원적이며 자료 흐름을 중심으로 한 분석용 도구이다.
- 시스템이나 프로그램 간의 총체적인 데이터 흐름을 표시할 수 있으며, 기본적인 데이터 요소와 그들 사이의 데이터 흐름 형태로 기술된다.

② 자료 흐름도의 작성 원칙
- 출력 자료 흐름은 입력 자료 흐름을 이용해 생성해야 한다.
- 입력, 출력 자료 자체에 대해서만 인지하고 자료의 위치나 방향은 알 필요가 없다.
- 자료 흐름 변환의 형태에는 본질의 변환, 합성의 변환, 관점의 변환, 구성의 변환 등이 있다.

③ 자료 흐름도의 구성요소

처리 공정(Process)	자료를 변환시키는 과정을 나타낸다.	프로세스 이름
자료 흐름(Data Flow)	자료의 흐름을 나타낸다.	자료 이름 →
자료 저장소(Data Store)	파일, 데이터베이스를 나타낸다.	자료 저장소 이름
단말(Terminator)	자료의 출처와 도착지를 나타낸다.	단말 이름

④ 자료 사전(DD, Data Dictionary)
- 자료 흐름도에 있는 자료를 상세하게 기록한 것이다.
- 자료 사전의 표기법

=	자료의 정의(Is composed of)	[	]	자료의 선택(Or)
+	자료의 연결(And)	{ }	자료의 반복(Iteration of)
( )	자료의 생략(Optional)	* *	자료의 설명(Comment)

⑤ 소단위 명세서(Mini-Specification)
- 자료 흐름도의 처리 공정의 절차를 기술한 것이다.
- 프로세스 명세서라고도 한다.

⑥ 개체 관계도(ERD, Entity-Relationship Diagram)
- 데이터 구조들과 그들 간의 관계를 표현하는 방법이다.
- 구성 : 개체(Entity), 속성(Attribute), 관계(Relationship)

⑦ 상태 전이도
- 시스템 이벤트 발생 시 시스템의 상태 변화를 모델링하는 것을 말한다.
- 시스템 상태는 직사각형으로 표현한다.
- 시스템 상태는 시스템이 활동 중인 것을 의미한다.

03 객체지향 분석 모델

- 객체는 일의 단위를 의미하며, 객체지향 분석 모델은 객체와 객체의 관계를 파악하는 방법으로 분석한다.
- 객체 자체와 객체 사이의 관계 파악이 중요하며 객체가 가지는 자료와 오퍼레이션의 정의가 중점 사항이다.
- 객체지향 분석을 기록하는 방법으로는 UML(Unified Modeling Language)을 가장 많이 사용한다.

01 프로세스 마이닝의 가장 기본이 되는 프로세스 모델로, 가장 간단한 형태로 프로세스를 나타낼 수 있는 도구는 무엇인지 쓰시오.

• 답 :

02 다음이 설명하는 분석 모델은 무엇인지 쓰시오.

> • 사용자의 요구분석 사항을 파악하기 위하여 자료의 흐름과 가공 절차를 그림 중심으로 표현하는 방법이다.
> • 하향식(Top-Down Partitioning) 원리를 적용하였다.
> • 사용자의 업무 요구사항을 쉽게 문서화하여 사용자와 분석자 간의 의사소통을 위한 공용어이며 실체의 모형(추상적 표현)을 추출한다.

• 답 :

03 자료 사전 표기법 중 자료의 선택(택일)을 표현하는 기호를 쓰시오.

• 답 :

객체지향 분석 모델

빈출 태그 구성요소 · 특징 · SOLID

01 객체지향(Object Oriented) 분석

- 현실 세계의 대상체인 개체(Entity)를 속성(Attribute)과 메소드(Method)로 결합하여 객체(Object)로 표현(모델링)한다.
- 소프트웨어 개발 대상을 기능이 아닌 개체를 대상으로 하며 개체 간의 상호 관계를 모델링하는 방식이다.
- 구조적 소프트웨어 위기를 해결하기 위한 생산성, 재사용성, 확장성, 사용 편의성, 유지보수성 요구로 인하여 등장하였다.
- 현실 세계를 객체라는 모형으로 형상화하므로 사용자와 개발자의 상호 이해도가 높다.

02 객체지향 프로그래밍(Object Oriented Programming)

- 컴퓨터 소프트웨어를 구조적인 코드 단위로 보는 것이 아니라 Object 단위로 구분하고 Object 간의 모음으로 설계하는 것이다.
- 소프트웨어 내의 Object는 서로 Message를 주고받는다.
- 처리 요구를 받은 객체가 자기 자신 안에 있는 내용을 가지고 처리하는 방식이다.
- 프로그램이 단순화되고 생산성, 신뢰성이 높아져 대규모 개발에 많이 사용된다.

03 객체지향 구성요소

Class	• 유사한 객체를 정의한 집합으로 속성+행위를 정의한 것으로 일반적인 Type을 의미한다. • 기본적인 사용자 정의 데이터형이며, 데이터를 추상화하는 단위이다. • 구조적 기법에서의 단위 테스트(Unit Test)와 같은 개념이다. • 상위 클래스(부모 클래스, Super Class), 하위 클래스(자식 클래스, Sub Class)로 나뉜다.
Object★	• 데이터와 함수를 묶어 캡슐화하는 대상이 된다. • Class에 속한 Instance를 Object라고 한다. • 하나의 소프트웨어 모듈로서 목적, 대상을 표현한다. • 같은 클래스에 속한 각각의 객체를 Instance라고 한다.

	Attribute	Object가 가지고 있는 데이터 값
	Method	Object의 행위인 함수
Message	Object 간에 서로 주고받는 통신을 의미한다.	

★ Object
사용자가 편집하길 원하는 모든 데이터를 가지고 있어야 한다.

04 객체지향의 5가지 특징

캡슐화 (Encapsulation)	• 서로 관련성이 높은 데이터(속성)와 그와 관련된 기능(메소드, 함수)을 묶는 기법이다. • 결합도가 낮아져 소프트웨어 개발에 있어 재사용성이 높아진다. • 정보은닉을 통하여 타 객체와 메시지 교환 시 인터페이스가 단순해진다. • 변경 발생 시 오류의 파급 효과가 적다.
정보은닉★ (Information Hiding)	• 객체 내부의 속성과 메소드를 숨기고 공개된 인터페이스를 통해서만 메시지를 주고받을 수 있도록 하는 것을 의미한다. • 예기치 못한 Side Effect를 줄이기 위해서 사용한다.
추상화 (Abstraction)	• 시스템 내의 공통 성질을 추출한 뒤 추상 클래스를 설정하는 기법이다. • 현실 세계를 컴퓨터 시스템에 자연스럽게 표현할 수 있다. • 종류 : 기능 추상화, 제어 추상화, 자료 추상화
상속성 (Inheritance)	• 상위 클래스의 모든 속성, 연산을 하위 클래스가 재정의 없이 물려받아 사용하는 것이다. • 상위 클래스는 추상적 성질을, 자식 클래스는 구체적 성질을 가진다. • 하위 클래스는 상속받은 속성과 연산에 새로운 속성과 연산을 추가하여 사용할 수 있다. • 다중 상속 : 다수 상위 클래스에서 속성과 연산을 물려받는 것이다.
다형성★ (Polymorphism)	• 객체가 다양한 모양을 가지는 성질을 뜻한다. • 오퍼레이션이나 속성의 이름이 하나 이상의 클래스에서 정의되고 각 클래스에서 다른 형태로 구현될 수 있는 개념이다. • 속성이나 변수가 서로 다른 클래스에 속하는 객체를 지칭할 수 있는 성질이다. • 오버로딩(같은 이름순서 재사용)과 오버라이딩(재정의)이 있다.

★ 정보은닉
JAVA에서 정보은닉을 표기할 때 private는 외부에서 클래스 내부 정보에 접근하지 못하도록 하는 '접근금지' 의미를 갖는다.

★ 다형성
현재 코드를 변경하지 않고 새로운 클래스를 쉽게 추가할 수 있다.

05 객체지향 기법에서의 관계성

- is member of : 연관성(Association), 참조 및 이용 관계
- is part of : 집단화(Aggregation), 객체 간의 구조적인 집약 관계
- is a : 일반화(Generalization), 특수화(Specialization), 클래스 간의 개념적인 포함 관계

06 객체지향 설계 원칙(SOLID)

단일 책임의 원칙(SRP : Single Responsibility Principle)	모든 클래스는 단일 목적으로 생성되고, 하나의 책임만 가져야 한다.
개방–폐쇄의 원칙(OCP : Open Closed Principle)	소프트웨어 구성요소는 확장에 대해서는 개방되어야 하나 수정에 대해서는 폐쇄적이어야 한다.
리스코프 치환 원칙(LSP : Liskov Substitution Principle)	부모 클래스가 들어갈 자리에 자식 클래스를 대체하여도 계획대로 작동해야 한다.
인터페이스 분리 원칙 2022년 2회 (ISP : Interface Segregation Principle)	• 클라이언트는 자신이 사용하지 않는 메소드와 의존 관계를 맺으면 안 된다. • 클라이언트가 사용하지 않는 인터페이스 때문에 영향을 받아서는 안 된다.
의존 역전 원칙(DIP : Dependency Inversion Principle)	의존 관계를 맺으면 변하기 쉽고 변화 빈도가 높은 것보다 변하기 어렵고 변화 빈도가 낮은 것에 의존한다.

01 다음 내용이 설명하는 객체지향 설계 원칙은 무엇인지 쓰시오.

> • 클라이언트는 자신이 사용하지 않는 메소드와 의존 관계를 맺으면 안 된다.
> • 클라이언트가 사용하지 않는 인터페이스 때문에 영향을 받아서는 안 된다.

• 답 :

02 객체지향 설계 원칙 중, 서브 타입(상속받은 하위 클래스)은 어디에서나 자신의 기반 타입(상위 클래스)으로 교체할 수 있어야 함을 의미하는 원칙은 무엇인지 쓰시오.

• 답 :

03 객체지향 기법에서 클래스들 사이의 '부분전체(part-whole)' 관계 또는 '부분(is-part-of)'의 관계로 설명되는 연관성을 나타내는 용어는 무엇인지 쓰시오.

• 답 :

분석 모델 검증

출제
빈도 상 중 하   **빈출 태그** 분석 모델 검증 절차 · 클래스 다중성 · 스테레오 타입

기적의 3회독
☐ 1회 ☐ 2회 ☐ 3회

01 분석 모델 검증 절차

순서 : 사례 모델 검증 → 개념 수준 분석 클래스 검증 → 분석 클래스 검증

사례 모델 검증	개념 수준 분석 클래스 검증	분석 클래스 검증
액터	클래스 도출	스테레오 타입
사례	클래스명과 속성	경계 및 제어 클래스 도출
사례 명세서	클래스 간 관계	관계 및 상세화 정도

① 사례 모델 검증

액터	• 기능 구현에 관계되는 액터가 모두 도출되었는지와 액터 목록에서 액터명이 역할 중심으로 명명되었는지 검증한다. • 요구사항 정의서, 요구사항 기술서에 외부/내부 액터가 모두 도출되었는지를 확인하고 액터 목록과 액터 명세서에 기록된 액터가 타당한지 검증한다.
사례	• 요구기능 구현에 필요한 유스 케이스가 모두 도출되었는지 확인하고 도출된 유스 케이스를 논리적으로 연결하여 빠진 기능을 파악한다. • 도출된 유스 케이스의 논리적인 합이 과업 범위와 일치하는지 비교하고 도출된 유스 케이스가 사례 목록과 사례 명세서에 반영되었는지 확인한다. • 도출된 유스 케이스들이 논리적(액터 기준, 연관 관계 기준, 동시성 기준)으로 그룹화되었는지 확인하고, 사례 기능 범위가 다른 사례 기능 범위와 중복되는지 확인한다.
사례 명세서	• 사례 명세서 형식에 중요 항목(사전 및 사후 조건, 주요 흐름, 서브 흐름, 예외 흐름)이 빠지지 않았는지 확인하고 유스 케이스의 주요 이벤트 흐름이 모두 도출되고 논리적으로 타당한지 확인한다. • 유스 케이스를 구현하는 데 필요한 입출력 항목이 모두 도출되었는지 확인한다.

② 개념 수준 분석 클래스 검증

• 시스템의 주요 도메인 개념을 분석 클래스로 도출하여 사례 분석에 활용하므로, 개념 수준의 주요 분석 클래스를 적절히 도출하였는지, 관련 정보가 명확한지 점검한다.
• 주요 점검 항목
  – 개별 사례 단위로 작성하지 않고 시스템 전체를 대상으로 작성했는가?
  – 중요도가 높은 요구사항 또는 유스 케이스에 필요한 엔티티 클래스가 도출되었는가?
  – 도출된 클래스 이름과 설명이 이해관계자 간에 이견이 발생하지 않도록 명확한가?
  – 클래스 속성 도출 여부와 도출된 속성의 이름과 설명이 명확한가?
  – 클래스 간 순환적 관계가 불필요하게 정의되어 있는가?
  – 다중성(Multiplicity)이 정의되었는가?

• 클래스 간 다중성(Multiplicity) 표기법

1	엄밀하게 1
*	0 또는 그 이상
0..*	0 또는 그 이상
1..*	1 또는 그 이상
0..1	0 ~ 1
2..5	2 ~ 5
1,2,6	1 또는 2 또는 6
1,3..5	1 또는 3 또는 4 또는 5

③ 분석 클래스 검증

• 유스 케이스마다 분석 클래스가 적절히 도출되었고 제어 클래스의 도출 등이 충분하고 상세하게 도출되어 클래스의 역할, 클래스 간의 관계, 메시지 흐름 등을 확인할 수 있는지 검토한다.

• 사례 실체화(Realization)에 필요한 분석 클래스 도출 확인

  – 하나의 유스 케이스를 실현하기 위하여 3개 이상의 클래스가 역할(Role) 기준으로 도출되어야 하며 사례별로 실현에 필요한 클래스가 추적 가능해야 클래스 누락 여부를 확인할 수 있다.

  – 유스 케이스별로 도출된 분석 클래스들이 역할(Role) 기준으로 경계(Boundary), 제어(Control), 엔티티(Entity) 클래스가 도출되어 스테레오 타입으로 표시되었는지 확인한다.

  – 사례 이벤트 흐름에 따라 다르지만, 일반적으로 사례당 1개의 제어 클래스가 존재하고 연결된 액터마다 1개의 경계 클래스가 존재하는지 확인한다.

• 분석 클래스의 스테레오 타입

클래스 유형	스테레오 타입	아이콘	내용
경계	《boundary》 **경계클래스**	《boundary》	액터와의 상호작용을 제공하는 클래스이다.
제어	《control》 **제어클래스**	《control》	유스 케이스의 비즈니스/제어 로직을 제공한다.
엔티티	《entity》 **엔티티클래스**	《entity》	영속적인 데이터를 도출하여 엔티티 클래스로 표현하며, 엔티티 클래스는 영속적인 정보의 관리 기능을 제공한다.

02 분석 모델의 시스템화 타당성 분석

① 요구사항의 기술적 타당성 검토

- 업무 분석가가 수집하고 분석한 요구사항이 개발하고자 하는 응용 소프트웨어에 미칠 영향에 대해서 검토하고 확인해야 한다.
- 요구사항의 기술적 타당성 검토는 성능 및 용량 산정의 적정성, 시스템 간 상호 운용성, 정보통신 시장 성숙도 및 추세 부합성, 기술적 위험 분석의 4단계를 거친다.

② 요구사항의 기술적 타당성 검토 항목

성능 및 용량 산정의 적정성	• 요구사항을 만족시키기 위한 분석 모델에 따라 시스템을 구현할 때 요구되는 시스템의 자원 식별 • 분석 클래스에서 불필요하고 지나치게 많은 속성들을 포함하게 되면 객체 생성 시 시스템의 메모리 자원을 많이 요구 • 많은 자원 요구로 인한 JVM에서 과도한 가비지 컬렉션(Garbage Collection)이 발생하여 전체 시스템의 성능 저하가 빈번히 발생
시스템 간 상호 운용성	• 분석 모델을 이용하여 더욱 구체적으로 시스템 간 상호 정보 및 서비스를 교환 가능한지 검토 • 분석 모델에서 정의한 구체적인 정보의 존재 여부, 생성 가능성, 교환 방식 지원 등에 관해서 확인
시장 성숙도 및 추세 부합성	• 분석 모델이 과거의 문제를 해결하고 많이 사용되는 추세에 부합하는지 확인 • 시스템에서 중요하고 빈번하게 사용되는 클래스를 Spring의 프로토타입 빈(Prototype Bean)으로 사용할 것을 가정하고 분석 모델이 작성되지 않았는지 검토
기술적 위험 분석	• 분석 모델이 시스템의 기술 구조, 프레임워크, 사용되는 하드웨어 및 소프트웨어와 부합되는지 확인 • 분석 모델이 검증되지 않은 기술의 사용을 가정으로 하고 있어 추가적인 비용 발생 가능성이 있는지 확인 • 분석 모델을 구현하기 위하여 특정 업체 기술, 특허, 라이선스에 의존해야 하는지 확인

③ 요구사항의 기술적 타당성 분석 프로세스

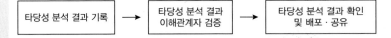

타당성 분석 결과 기록 → 타당성 분석 결과 이해관계자 검증 → 타당성 분석 결과 확인 및 배포 · 공유

03 소프트웨어 개발 자동화 도구 CASE(Computer Aided Software Engineering)

- 요구사항을 자동으로 분석하고 요구사항 분석 명세서를 기술하도록 개발된 도구이다.
- 소프트웨어 개발과정 일부 또는 전체를 자동화하기 위한 도구이다.
- 계획 수립에서부터 요구분석, 설계, 개발, 유지보수에 이르는 소프트웨어 생명주기의 모든 과정을 자동화하도록 지원한다.
- 소프트웨어 개발과정에서 사용되는 요구분석, 설계, 구현, 검사 및 디버깅 과정을 컴퓨터와 전용의 소프트웨어 도구를 사용하여 자동화하는 작업이다.
- 소프트웨어 생명 주기의 전체 단계를 연결시켜 주고 자동화시켜 주는 통합된 도구를 제공하는 기술이다.

- 소프트웨어 시스템의 문서화 및 명세화를 위한 그래픽 기능을 제공한다.
- 자료흐름도 등의 다이어그램을 쉽게 작성하게 해주는 소프트웨어도 CASE 도구이다.
- 표준화된 개발 환경 구축 및 문서 자동화 기능을 제공한다.
- 작업 과정 및 데이터 공유를 통해 작업자 간의 커뮤니케이션을 증대한다.

① CASE 사용의 장점

- 소프트웨어 개발 기간 단축 및 개발 비용 절약
- 자동화된 검사를 통해 소프트웨어 품질 향상
- 프로그램의 유지보수 간편화
- 소프트웨어 생산성 향상
- 소프트웨어 모듈의 재사용성 향상

② CASE가 제공하는 기능

- 개발을 신속하게 할 수 있다.
- 오류 수정이 쉬워 S/W 품질이 향상된다.
- S/W개발 단계의 표준화를 기할 수 있다.
- 모델들 사이의 모순검사를 할 수 있다.
- 자료흐름도 작성을 할 수 있다.

★ **CASE의 분류**
- **상위(Upper) CASE** : 요구분석 및 설계 단계 지원
- **하위(Lower) CASE** : 코드 작성, 테스트, 문서화 과정 지원
- **통합(Integrate) CASE** : 소프트웨어 개발 주기 전체 과정 지원

③ 자동화 도구의 필요성

- 대규모 개발 프로젝트에서는 다양한 이해관계자들이 요구사항 명세서를 검토해야 하고, 요구사항 명세서에 대해 형상관리★를 수행해야 하므로 요구사항 관리 도구를 이용한다.
- 자동화 도구를 사용하면 요구변경 사항을 추적하고 분석, 관리할 수 있으며 표준 준수 여부를 확인할 수 있다.
- 분산된 환경에서 다양한 이해관계자가 공동 작업이 가능하다.
- 테스트 연계 및 결함 관리 등의 기능을 제공하여 시스템 구축 업무를 효과적으로 수행할 수 있다.

★ **형상관리**
소프트웨어의 생산물(프로그램, 문서, 데이터 등)을 확인하고 소프트웨어 통제, 변경 상태를 기록하고 보관하는 일련의 작업

④ 자동화 도구의 효과

- 표준화된 환경 구축 및 문서 과정의 자동화, 표현성 확보
- 소프트웨어 재사용성 확보 및 안정된 소프트웨어 품질 확보
- 개발 전 과정의 신속성 및 통합성 제공
- 변경 추적의 용이성과 명세에 대한 유지보수 비용 축소

⑤ 자동화 도구 도입 시 준비사항

- 개발 방법론의 선택, 교육, 사전 협의 및 관리체계 구축 및 기반 조성
- 경영진, 관리자, 개발자 전원의 올바른 사용에 대한 이해와 준비
- 자동화 도구 선정 시 평가항목 : 비용, 업체 지명도, 시장점유율, 호환성, 통합성, 사용 용이성, 숙달 기간, 유지 보수성

01 다음 분석 모델 검증 절차에서 빈칸에 알맞은 절차를 쓰시오.

사례 모델 검증	개념 수준 분석 클래스 검증	( )
액터	클래스 도출	스테레오 타입
사례	클래스 명과 속성	경계 및 제어 클래스 도출
사례 명세서	클래스 간 관계	관계 및 상세화 정도

• 답 :

02 다음 분석 클래스의 스테레오 타입에서 빈칸에 알맞은 클래스 유형을 쓰시오.

클래스 유형	스테레오 타입	아이콘	내용
( )	《boundary》 ( )	《boundary》 ○—	액터와의 상호작용을 제공하는 클래스이다.
제어	《control》 제어 클래스	《control》 ↺	유스 케이스의 비즈니스/제어 로직을 제공한다.
엔티티	《entity》 엔티티 클래스	《entity》 ○	영속적인 데이터를 도출하여 엔티티 클래스로 표현하며, 엔티티 클래스는 영속적인 정보의 관리 기능을 제공한다.

• 답 :

03 다음이 설명하는 도구를 쓰시오.

> • 요구사항을 자동으로 분석하고 요구사항 분석 명세서를 기술하도록 개발된 도구이다.
> • 소프트웨어 개발과정 일부 또는 전체를 자동화하기 위한 도구이다.
> • 계획 수립에서부터 요구분석, 설계, 개발, 유지보수에 이르는 소프트웨어 생명주기의 모든 과정을 자동화하도록 지원한다.

• 답 :

ANSWER **01** 분석 클래스 검증
02 경계 클래스
03 CASE(Computer Aided Software Engineering)

출제
빈도 상 중 **하**   빈출 태그 개념 모델링의 종류 · UML

기적의 3회독
☐ 1회 ☐ 2회 ☐ 3회

01 개념 모델링(Conceptual Modeling)

🎓 기적의 Tip

본 Section은 실기 출제 범위
에 포함되지는 않으나 실기
시험에 출제될 수 있는 내용
입니다. 필기에서 학습했더라
도 다시 한 번 확인해 주세요.

- 요구사항을 이해하기 쉽도록 실세계의 상황을 단순화하여 개념적으로 표현한 것을 모델이라고 하고, 이렇게 표현된 모델을 생성해 나가는 과정을 개념 모델링이라고 한다.
- 모델은 문제가 발생하는 상황에 대한 이해를 증진하고 해결책을 설명하므로 소프트웨어 요구사항 분석의 핵심이라 할 수 있다.
- 개발 대상 도메인의 엔티티(entity)들과 그들의 관계 및 종속성을 반영한다.
- 요구사항별로 관점이 다르므로 개념 모델도 다양하게 표현되어야 한다.
- 종류에는 Use Case Diagram, Data Flow Model, State Model, Goal−Based Model, User Interactions, Object Model, Data Model 등이 있다.
- 대부분 UML(Unified modeling Language)을 사용한다.

02 UML(Unified Modeling Language) 2022년 3회

① UML의 개념

- 객체지향 소프트웨어 개발 과정에서 시스템 분석, 설계, 구현 등의 산출물을 명세화, 시각화, 문서화 할 때 사용하는 모델링 기술과 방법론을 통합하여 만든 범용 모델링 언어이다.
- Rumbaugh(OMT)와 Booch(Booch)가 두 방법을 통합하기 위하여 IBM Rational Software에 같이 일하면서 만들어졌다. 1995.10 발표 이후 Jacobson이 합류하였다.
- OMG(Object Management Group)에서 표준화 공고 후 IBM, HP, Microsoft, Oracle 등이 참여하여 1997.1 버전 1.0을 Release하였다.

더 알기 Tip

럼바우(Rumbaugh) 객체지향 분석 기법 2021년 2회

- 소프트웨어 구성요소를 그래픽으로 모형화하였다.
- 객체 모델링 기법(OMT, Object Modeling Technique)이라고도 한다.
- 객체 모델링 : 객체를 다이어그램으로 표시
- 동적 모델링 : 상태를 시간 흐름에 따라 다이어그램으로 표시
- 기능 모델링 : 자료흐름도를 이용하여 여러 프로세스 간의 자료 흐름을 표시

---

② UML의 특성

- 비주얼화 : 소프트웨어의 구성요소 간의 관계 및 상호작용을 시각화한 것이다.
- 문서화 : 소프트웨어 생명 주기의 중요한 작업을 추적하고 문서화할 수 있으며, 개발 프로세스 및 언어와 무관하게 개발자 간의 의사소통 도구를 제공한다.
- 명세화 : 분석, 설계, 구현의 완벽한 모델을 제공한다. 분석 단계-기능 모델, 설계 단계-동작 수준 모델, 구현 단계-상호작용 모델 수준으로 명세화할 수 있으며, 단순 표기법이 아닌 구현에 필요한 개발적 요소 및 기능에 대한 명세를 제공한다.
- 구축 : 객체지향 언어와 호환되는 프로그래밍 언어는 아니지만, 모델이 객체지향 언어로 매핑될 수 있다.

③ UML 소프트웨어에 대한 관점

- 기능적 관점 : 사용자 측면에서 본 소프트웨어의 기능을 나타낸다. 사용 사례 모델링 이라고도 하며, 요구분석 단계에서 사용한다.
- 정적 관점 : 소프트웨어 내부의 구성요소 사이의 구조적 관계를 나타낸다. **예** 클래스 사이의 관계, 클래스 구성과 패키지 사이의 관계
- 동적 관점 : 소프트웨어의 내부 활동을 나타낸다.

④ UML의 구성

사물	• 객체지향 모델을 구성하는 기본 요소 • 객체 간의 관계 형성 대상
관계	• 객체 간의 연관성을 표현하는 것 • 종류 : 연관, 집합, 포함, 일반화, 의존, 실체화
다이어그램	• 객체의 관계를 도식화한 것 • 다양한 관점에서 의사소통할 수 있도록 View를 제공 • 정적 모델-구조 다이어그램 • 동적 모델-행위 다이어그램

더 알기 Tip

스테레오 타입
- UML에서 제공하는 기본 요소 외에 추가적인 확장 요소를 표현할 때 사용한다.
- UML 확장 모델에서 스테레오 타입 객체를 표현할 때 사용하는 기호는 쌍 꺾쇠와 비슷하게 생긴 길러멧(guil-lemet, 《 》)이며, 길러멧 안에 확장 요소를 적는다.

⑤ UML 접근제어자

public	+	어떤 클래스의 객체에서 든 접근 가능
private	−	해당 클래스로 생성된 객체만 접근 가능
protected	#	해당 클래스와 동일 패키지에 있거나 상속 관계에 있는 하위 클래스의 객체들만 접근 가능
package	~	동일 패키지에 있는 클래스의 객체들만 접근 가능

⑥ 연관 관계 다중성 표현

1	1 개체 연결
* 또는 0..*	0이거나 그 이상 객체 연결
1..*	1이거나 1 이상 객체 연결
0..1	0이거나 1 객체 연결
1,3,6	1이거나 3이거나 6 객체 연결
n	n개 객체 연결

03 UML 다이어그램의 분류

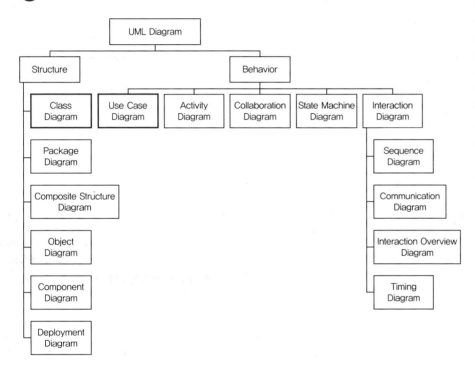

1) 구조적 다이어그램(Structure Diagram) 2020년 4회

- 정적이고, 구조적인 표현을 위한 다이어그램이다.
- 종류

클래스 다이어그램 (Class Diagram) 2021년 3회	시스템을 구성하는 클래스들 사이의 관계를 표현한다.
패키지 다이어그램 (Package Diagram) 2023년 3회	클래스나 유스 케이스 등을 포함한 여러 모델 요소들을 그룹화하여 패키지를 구성하고 패키지들 사이의 관계를 표현한다.
복합체 구조 다이어그램 (Composite Structure Diagram)	복합 구조의 클래스와 컴포넌트 내부 구조를 표현한다.
객체 다이어그램 (Object Diagram)	객체 정보를 보여준다.
컴포넌트 다이어그램 (Component Diagram)	컴포넌트 구조 사이의 관계를 표현한다.
배치 다이어그램 (Deployment Diagram)	소프트웨어, 하드웨어, 네트워크를 포함한 실행 시스템의 물리 구조를 표현한다.

2) 행위 다이어그램(Behavior Diagram)

- 동적이고, 순차적인 표현을 위한 다이어그램이다.
- 종류

유스 케이스 다이어그램 (Use Case Diagram)		사용자 관점에서 시스템 행위를 표현한다.
활동 다이어그램 (Activity Diagram)		업무 처리 과정이나 연산이 수행되는 과정을 표현한다.
콜라보레이션 다이어그램 (Collaboration Diagram)		순차 다이어그램(Sequence Diagram)과 같으며 모델링 공간에 제약이 없어 구조적인 면을 중시한다.
상태 머신 다이어그램 (State Machine Diagram)		객체의 생명주기를 표현한다.
상호작용 다이어그램 (Interaction Diagram)	**순차 다이어그램** (Sequence Diagram)	• 시간 흐름에 따른 객체 사이의 상호작용을 표현한다. • 요소 : 생명선(LifeLine), 통로(Gate), 상호작용(Interaction Fragment), 발생(Occurrence), 실행(Execution), 상태불변(State Invariant), 상호작용(Interaction Use), 메시지(Messages), 활성(Activations), 객체(Entity), Actor
	통신 다이어그램 (Communication Diagram)	객체 사이의 관계를 중심으로 상호작용을 표현한다.
	상호작용 개요 다이어그램 (Interaction Overview Diagram)	여러 상호작용 다이어그램 사이의 제어 흐름을 표현한다.
	타이밍 다이어그램 (Timing Diagram)	객체 상태 변화와 시간 제약을 명시적으로 표현한다.

3) Class Diagram

- 시스템을 구성하는 객체 간의 관계를 추상화한 모델을 논리적 구조로 표현한다.
- 객체지향 개발에서 공통으로 사용된다.
- 분석, 설계, 구현 단계 전반에 지속해서 사용된다.

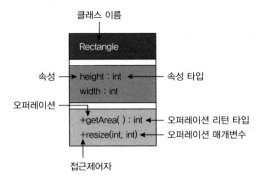

- 클래스 다이어그램의 관계 표현

연관 관계	——————→	• 클래스 연결 상태 표시(개념상 서로 연결) • 한 클래스가 다른 클래스에서 제공하는 기능을 사용할 때
의존 관계	·············→	연관 관계와 동일하지만 메소드를 사용할 때와 같이 매우 짧은 시간만 유지
일반화 관계	————▷	객체지향에서 상속 관계(IS–A)를 표현하며, 한 클래스가 다른 클래스를 포함하는 상위 개념일 때 사용
집합/포함 관계	————◇	• 클래스 사이 전체나 부분이 같은 관계 • 전체/부분 객체 라이프타임 독립적(전체 객체 삭제 → 부분 객체 남음)
	————◆	전체/부분 객체 라이프 타임 의존적(전체 객체 삭제 → 부분 객체 삭제)
실체화 관계	·············▷	책임 집합 인터페이스와 실제로 실현한 클래스들 사이의 관계

① UML 연관 관계(Association Relation)

- 한 사물의 객체가 다른 사물의 객체와 연결된 것을 표현한다.
- 두 클래스가 서로 연관이 있다면 A, B 객체를 서로 참조할 수 있음을 표현한다.
- 이름 : 관계의 의미를 표현하기 위해 이름을 가질 수 있다.
- 역할 : 수행하는 역할을 명시적으로 이름을 가질 수 있다.

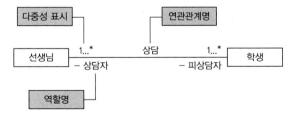

② UML 의존 관계(Dependency Relation)

- 연관 관계와 같지만 메소드를 사용할 때와 같이 매우 짧은 시간만 유지된다.
- 영향을 주는 객체(User)에서 영향을 받는 객체 방향으로 점선 화살표로 연결한다.

③ UML 일반화 관계(Generalization Relation)

- 객체지향에서 상속 관계(Is A Kind Of)를 표현한다.
- 한 클래스가 다른 클래스를 포함하는 상위 개념일 때 사용한다.

④ UML 집합 관계(Aggregation Relation)

- A 객체가 B 객체에 포함된 관계이다.
- '부분'을 나타내는 객체를 다른 객체와 공유할 수 있다.
- '전체' 클래스 방향에 빈 마름모로 표시하고, Or 관계에 놓이면 선 사이를 점선으로 잇고 {or}를 표시한다.

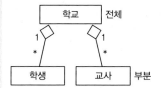

⑤ UML 포함 관계(Composition Relation)

- 부분 객체가 전체 객체에 속하는 강한 집합 연관의 관계를 표현하는 클래스이다.
- '부분' 객체를 다른 객체와 공유 불가하고, '전체' 객체 방향에 채워진 마름모로 표시한다.

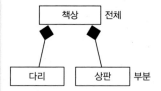

⑥ UML 실체화 관계(Realization Relation)

- 인터페이스와 실제 구현된 일반 클래스 간의 관계로 존재하는 행동에 대해 구현한다.
- 인터페이스의 명세나 정의만 존재하는 메소드를 실제 기능으로 구현한 것이다.

4) Use Case Diagram

① Use Case Diagram의 개념

- 사용자의 요구를 기능적 측면에서 기술할 때 사용하고, Actor와 Use Case로 구성된다.
- 객체지향 초반기 분석 작업에 작성되어야 한다.
- 얻어지는 결과는 개발 대상 시스템이 제공해야 하는 서비스 목록이 된다.

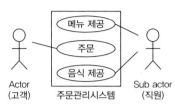

- 타원 : 기능 표시
- 사람 : 사용자
- 실선 : 사용자-기능 간 관계
- 사각형 : 프로그램 범위

② Use Case Diagram 요소

시스템 경계 (System Boundary)	• 시스템이 제공해야 하는 사례(Use Case)들의 범위가 된다. • 큰 규모의 객체로 구현되는 존재이다.
액터 (Actor)	• 서비스를 이용하는 외부 객체이다. • 시스템이 특정한 사례(Use Case)를 실행하도록 요구할 수 있는 존재이다.
유스 케이스 (Use Case)	• 시스템이 제공해야 하는 개별적인 서비스 기능이다. • 서비스는 특정 클래스의 멤버함수로 모델링된다.
접속 관계 (Communication Association)	• 액터/유스 케이스 또는 유스 케이스/유스 케이스 사이에 연결되는 관계이다. • 액터나 유스 케이스가 다른 유스 케이스의 서비스를 이용하는 상황을 표현한다.
사용 관계 (Uses Association)	여러 개의 유스 케이스에서 공통으로 수행해야 하는 기능을 모델링하기 위해 사용한다.
확장 관계 (Extends Association)	어떠한 유스 케이스에 추가로 새로운 유스 케이스의 기능을 정의할 때 이용된다.

③ Use Case Diagram 작성 단계

액터 식별	• 모든 사용자의 역할을 식별한다. • 상호작용하는 타 시스템을 식별한다. • 정보를 주고받는 하드웨어 및 지능형 장치를 식별한다.
USE CASE 식별	• 액터가 요구하는 서비스를 식별한다. • 액터가 요구하는 정보를 식별한다. • 액터가 시스템과 상호작용하는 행위를 식별한다.
관계 정의	• 액터와 액터의 관계분석을 정의한다. • 액터와 유스 케이스 관계분석을 정의한다. • 유스 케이스와 유스 케이스 간의 관계분석을 정의한다.
USE CASE 구조화	• 두 개의 상위 유스 케이스에 존재하는 공통 서비스를 추출한다. • 추출된 서비스의 유스 케이스를 정의한다. • 조건에 따른 서비스 수행의 부분을 분석하여 구조화한다. • 추출된 서비스를 유스 케이스로 정의하고 추출된 서비스를 사용하는 유스 케이스와 관계를 정의한다.

01 요구사항을 이해하기 쉽도록 실세계의 상황을 단순화하여 개념적으로 표현한 것을 모델이라고 하고, 이렇게 표현된 모델을 생성해 나가는 과정을 의미하는 것은 무엇인지 쓰시오.

• 답 :

02 Use Case Diagram 작성 단계 중에서 다음 설명에 해당하는 단계는 무엇인지 쓰시오.

> • 모든 사용자 역할을 식별한다.
> • 상호작용하는 타 시스템 식별한다.
> • 정보를 주고받는 하드웨어 및 지능형 장치를 식별한다.

• 답 :

03 Use Case Diagram 요소 중 다음 설명에 해당하는 요소는 무엇인지 쓰시오.

> • 시스템이 제공해야 하는 사례(Use Case)들의 범위가 된다.
> • 큰 규모의 객체로 구현되는 존재이다.

• 답 :

04 UML 관계 중 부분 객체가 전체 객체에 속하는 강한 집합 연관의 관계를 표현하는 클래스이며, '부분' 객체를 다른 객체와 공유 불가하고, '전체' 객체 방향에 채워진 마름모로 표시한 관계는 무엇인지 쓰시오.

• 답 :

디자인 패턴

출제
빈도 상 중 하   **빈출 태그** GoF · 디자인 패턴 구조 및 상세 분류

기적의 3회독
☐ 1회 ☐ 2회 ☐ 3회

01 디자인 패턴

- 소프트웨어 개발 중 나타나는 과제를 해결하기 위한 방법 중 한 가지이다.
- 자주 사용하는 설계 형태를 정형화하여 유형별로 설계 템플릿을 만들어 둔 것을 의미한다.
- 다양한 응용 소프트웨어 시스템들을 개발할 때 서로 간에 공통되는 설계 문제가 존재하는데, 각 해결책 사이에도 공통점이 있으며 이러한 유사점을 '패턴'이라고 한다.
- 객체지향 프로그래밍 설계 시 유사한 상황에서 구조적인 문제를 해결할 수 있도록 방안을 제공한다.
- 개발자 간 원활한 의사소통, 소프트웨어 구조 파악 용이, 설계 변경에 대한 유연한 대처, 개발의 효율성, 유지 보수성, 운용성 등 소프트웨어 품질 향상에 도움을 준다.
- GoF(Gang of Four) 분류가 가장 많이 사용된다.

> 🎓 **기적의 Tip**
>
> 디자인 패턴은 실기시험 범위는 아니지만 2020년 2회 실기에 출제된 적이 있습니다. 디자인 패턴의 종류를 암기해 두세요.

02 디자인 패턴의 구성요소

필수 요소	• 패턴의 이름 : 패턴을 부를 때 사용하는 이름과 패턴의 유형 • 문제 및 배경 : 패턴이 사용되는 분야 또는 배경, 해결하는 문제를 의미 • 해법 : 패턴을 이루는 요소들, 관계, 협동(Collaboration) 과정 • 결과 : 패턴을 사용하면 얻게 되는 이점이나 영향
추가 요소	• 알려진 사례 : 간단한 적용 사례 • 샘플 코드 : 패턴이 적용된 원시코드 • 원리/정당성/근거 • 예제

03 GoF(Gang of Four) 디자인 패턴

- 에릭 감마(Eric Gamma), 리처드 헬름(Richard Helm), 랄프 존슨(Ralph Johnson), 존 브리시데스(John Vlissides)가 제안하였다.
- 객체지향 설계 단계 중 재사용에 관한 유용한 설계를 디자인 패턴화하였다.
- 생성 패턴, 구조 패턴, 행위 패턴으로 분류한다.

생성(Creational)	구조(Structure)	행위(Behavioral)
Abstract Factory(추상 팩토리) Builder Factory Method Prototype Singleton	Adapter Bridge Composite Decorator Façade Flyweight Proxy	Chain of responsibility Command Interpreter Iterator Mediator Memento Observer State Strategy Template Method Visitor

① 생성 패턴

- 객체를 생성하는 것과 관련된 패턴이다.
- 객체의 생성과 변경이 전체 시스템에 미치는 영향을 최소화하도록 하여 유연성을 높일 수 있고 코드를 유지하기가 쉬운 편이다.
- 객체의 생성과 참조 과정을 추상화함으로써 시스템을 개발할 때 부담을 덜어준다.

Abstraction factory	• 구체적인 클래스에 의존하지 않고 서로 연관되거나 의존적인 객체들의 조합을 만드는 인터페이스를 제공하는 패턴이다. • 관련된 서브 클래스를 그룹지어 한 번에 교체할 수 있다.
Builder	작게 분리된 인스턴스를 조립하듯 조합하여 객체를 생성한다.
Factory method 2021년 3회	• 객체를 생성하기 위한 인터페이스를 정의하여 어떤 클래스가 인스턴스화될 것인지는 서브 클래스가 결정하도록 한다. • Virtual-Constructor 패턴이라고도 한다.
Prototype	• 원본 객체를 복제하여 객체를 생성하는 패턴이다. • 일반적인 방법으로 객체를 생성하고 비용이 많이 소요되는 경우에 주로 사용한다.
Singleton 2023년 2회	• 전역 변수를 사용하지 않고 객체를 하나만 생성하도록 한다. • 생성된 객체를 어디에서든지 참조할 수 있도록 하는 패턴이다.

② 구조 패턴

- 클래스나 객체를 조합해 더 큰 구조를 만드는 패턴이다.
- 복잡한 형태의 구조를 갖는 시스템을 개발하기 쉽게 만들어주는 패턴이다.
- 새로운 기능을 가진 복합 객체를 효과적으로 작성할 수 있다.
- **예** 서로 다른 인터페이스를 지닌 2개의 객체를 묶어 단일 인터페이스를 제공하거나 객체들을 서로 묶어 새로운 기능을 제공하는 패턴이다. 프로그램 내의 자료 구조나 인터페이스 구조 등 구조를 설계하는 데 많이 활용된다.

Adapter	호환성이 없는 인터페이스 때문에 함께 사용할 수 없는 클래스를 개조하여 함께 작동할 수 있도록 해주는 패턴이다.
Bridge 2022년 3회	기능 클래스 계층과 구현의 클래스 계층을 연결하고, 구현부에서 추상 계층을 분리하여 각자 독립적으로 변형할 수 있도록 해주는 패턴이다.
Composite	여러 개의 객체로 구성된 복합 객체와 단일 객체를 클라이언트에서 구별 없이 다루게 해주는 패턴이다.
Decorator	객체의 결합을 통해 기능을 동적으로 유연하게 확장할 수 있게 해주는 패턴이다.

Facade (퍼사드)	• '건물의 정면'이라는 의미이다. • Facade 인터페이스를 제공하여 facade 객체를 통해서만 모든 관계가 이루어질 수 있도록 인터페이스를 단순화한다. • 클래스 간의 의존관계가 줄고, 복잡성이 낮아진다.
Flyweight	• '권투 선수 중 플라이급(48~51kg 선수)'이라는 의미이다. • 인스턴스를 매번 생성하지 않고 가능하다면 공유해 사용함으로써 메모리를 절약하는 패턴이다. • 여러 개의 비슷한 객체 생성/조작 시 메모리를 효과적으로 사용할 수 있다.
Proxy 2023년 1회	• 접근 조절, 비용 절감, 복잡도 감소를 위해 접근이 어려운 객체와 연결하려는 다른 객체와 인터페이스 임무를 수행하는 패턴이다. • 메모리가 대용량 객체로 접근할 수 있도록 하거나, 네트워크 연결에 사용한다.

③ 행위 패턴 2021년 2회, 2020년 4회

- 반복적으로 사용되는 객체들의 상호작용을 패턴화한 것으로, 클래스나 객체들이 상호작용하는 방법과 책임을 분산하는 방법을 정의한다.
- 메시지 교환과 관련된 것으로, 객체 간의 행위나 알고리즘 등과 관련된 패턴을 말한다.

Chain of Responsibility (책임 연쇄)	• 요청을 처리할 기회를 하나 이상의 객체에 부여함으로써 요청하는 객체와 처리하는 객체 사이의 결합도를 없애려는 것이다. • 요청을 해결할 객체를 만날 때까지 객체 고리(Chain)를 따라서 요청을 전달한다.
Command	요청을 객체로 캡슐화함으로써 서로 다른 요청으로 클라이언트를 파라미터화하고, 요청을 저장하거나 기록을 남겨서 오퍼레이션의 취소도 가능하게 한다.
Interpreter	• 언어에 따라서 문법에 대한 표현을 정의한다. • 언어의 문장을 해석하기 위해 정의한 표현에 기반하여 분석기를 정의한다.
Iterator (반복자)	내부 표현 방법을 노출하지 않고 복합 객체의 원소를 순차적으로 접근할 수 있는 방법을 제공한다.
Mediator (중재자)	• 객체 간의 상호작용을 객체로 캡슐화한다. • Mediator 패턴은 객체 간의 참조 관계를 객체에서 분리함으로써 상호작용만을 독립적으로 다양하게 확대할 수 있다.
Memento	캡슐화를 위배하지 않고 객체 내부 상태를 객체화하여, 나중에 객체가 이 상태로 복구 가능하게 한다.
Observer 2022년 3회, 2020년 2회	객체 사이에 일대다의 종속성을 정의하고 한 객체의 상태가 변하면 종속된 다른 객체에 통보가 가고 자동으로 수정이 일어나게 한다.
State	객체의 내부 상태에 따라 행위를 변경할 수 있게 한다. 이렇게 하면 객체는 마치 클래스를 바꾸는 것처럼 보인다.
Strategy	• 알고리즘군이 존재할 경우 각각의 알고리즘을 별도의 클래스로 캡슐화하고 이들을 상호 교환 가능한 것으로 정의한다. • 클라이언트에 영향을 주지 않고 독립적으로 알고리즘을 다양하게 변경할 수 있게 한다.
Template method	• 오퍼레이션에는 알고리즘의 처리 과정만을 정의하고 각 단계에서 수행할 구체적 처리는 서브 클래스에 정의한다. • 알고리즘의 처리 과정은 변경하지 않고 알고리즘이 각 단계의 처리를 서브 클래스에서 재정의할 수 있게 한다.
Visitor 2023년 2회	• 객체 구조의 요소들에 수행할 오퍼레이션을 표현한 패턴이다. • 오퍼레이션이 처리할 요소의 클래스를 변경하지 않고도 새로운 오퍼레이션을 정의할 수 있게 한다.

04 아키텍처 패턴과 디자인 패턴

- 아키텍처 패턴이 상위 설계에 이용된다.
- 아키텍처 패턴 : 시스템 전체 구조를 설계하기 위한 참조 모델
- 디자인 패턴 : 서브 시스템 내 컴포넌트와 그들 간의 관계를 구성하기 위한 참조 모델

05 디자인 패턴의 구조

Context (주제, 목표)	• 문제 발생 상황을 작성한다(패턴이 적용될 수 있는 상황). • 때에 따라서는 패턴이 유용하지 못한 상황을 나타내기도 한다.
Problem (문제)	• 패턴이 적용되어 해결될 필요가 있다는 여러 디자인 이슈들을 작성한다. • 여러 제약 사항과 영향력도 문제 해결을 위해 고려해야 한다.
Solution (해결)	• 문제를 해결하도록 설계를 구성하는 요소들과 그 요소들 사이의 관계, 책임, 협력 관계를 작성한다. • 해결은 반드시 구체적인 구현 방법이나 언어에 의존적이지 않으며 다양한 상황에 적용할 수 있는 일종의 템플릿이다.

01 디자인 패턴 구조 중 다음이 설명하는 것은 무엇인지 쓰시오.

> • 패턴이 적용되어 해결될 필요가 있다는 여러 디자인 이슈들을 작성한다.
> • 여러 제약 사항과 영향력도 문제 해결을 위해 고려해야 한다.

• 답 :

02 반복적으로 사용되는 객체들의 상호작용을 패턴화한 것으로, 클래스나 객체들이 상호작용하는 방법과 책임을 분산하는 방법을 정의하는 디자인 패턴은 무엇인지 쓰시오.

• 답 :

03 다음 디자인 패턴 중 구조 패턴이 아닌 것을 모두 골라 쓰시오.

> Adapter, Bridge, Composite, Template Method, Visitor, Decorator

• 답 :

04 생성 패턴 중 다음이 설명하는 패턴은 무엇인지 쓰시오.

> • 전역 변수를 사용하지 않고 객체를 하나만 생성하도록 한다.
> • 생성된 객체를 어디에서든지 참조할 수 있도록 하는 패턴이다.

• 답 :

01 다음이 설명하는 구조적 분석 도구는 무엇인지 쓰시오.

- 자료 흐름도의 처리 공정의 절차를 기술한 것이다.
- 프로세스 명세서라고도 한다.

• 답 :

02 다음 자료사전 표에서 ①에 알맞은 기호를 쓰시오.

=	자료의 정의(Is composed of)	[I]	자료의 선택(Or)
+	자료의 연결(And)	(①)	자료의 반복(Iteration of)
( )	자료의 생략(Optional)	**	자료의 설명(Comment)

• 답 :

03 다음 자료 흐름도의 구성요소에서 빈칸에 알맞은 답을 쓰시오.

( )	자료를 변환시키는 과정을 나타낸다.	프로세스 이름
자료 흐름(Data Flow)	자료의 흐름을 나타낸다.	자료 이름 →
자료 저장소(Data Store)	파일, 데이터베이스를 나타낸다.	자료 저장소 이름
단말(Terminator)	자료의 출처와 도착지를 나타낸다.	단말 이름

• 답 :

04 분석 모델 검증 단계에서 사례 모델 검증 내용 중 사례 명세서 형식의 중요 항목을 모두 쓰시오.

> 사전 및 사후 조건, 주요 흐름, 서브 흐름, 예외 흐름, 유스케이스, 액터 식별, 실체화, 엔티티

• 답 :

05 소프트웨어 개발 자동화 도구인 CASE의 3단계 분류를 쓰시오.

• 답 :

06 소프트웨어 개발 자동화 도구 선정 시 평가 항목 3가지를 쓰시오.

• 답 :

07 럼바우(Rumbaugh) 객체지향 분석 기법 3가지를 쓰시오.

• 답 :

08 UML에서 소프트웨어의 구성요소 간의 관계 및 상호작용을 시각화한 특성은 무엇인지 쓰시오.

• 답 :

09 다음 UML의 구성표에서 빈칸에 알맞은 것은 무엇인지 쓰시오.

구성	내용
사물	• 객체지향 모델을 구성하는 기본 요소 • 객체 간의 관계 형성 대상
관계	• 객체 간의 연관성을 표현하는 것 • 종류 : 연관, 집합, 포함, 일반화, 의존, 실체화
( )	• 객체의 관계를 도식화한 것 • 다양한 관점에서 의사소통할 수 있도록 View 제공 • 정적 모델 : 구조 다이어그램 • 동적 모델 : 행위 다이어그램

• 답 :

10 다음 UML의 스테레오 타입에 관한 설명에서 빈칸에 알맞은 명칭과 기호를 쓰시오.

> • UML에서 제공하는 기본 요소 외에 추가적인 확장 요소를 표현할 때 사용한다.
> • UML 확장 모델에서 스테레오 타입 객체를 표현할 때 사용하는 기호는 쌍꺾쇠와 비슷하게 생긴 (　　　)이
> 며, (　　　) 안에 확장 요소를 적는다.

• 답 :

11 다음 UML 접근제어자 표에서 빈칸에 알맞은 접근제어자를 쓰시오.

접근제어자	표기	설명
public	+	어떤 클래스의 객체에서든 접근 가능
(　　　)	−	해당 클래스로 생성된 객체만 접근 가능
protected	#	해당 클래스와 동일 패키지에 있거나 상속 관계에 있는 하위 클래스의 객체들만 접근 가능
package	~	동일 패키지에 있는 클래스의 객체들만 접근 가능

• 답 :

12 연관 관계의 다중성 표현에서 "1이거나 1 이상 객체 연결"은 어떻게 표기하는지 쓰시오.

• 답 :

13 UML의 행위 다이어그램 중에서 객체의 생명 주기를 표현하는 다이어그램은 무엇인지 쓰시오.

• 답 :

14 다음 UML은 어떤 관계를 표현하고 있는지 쓰시오.

- 한 사물의 객체가 다른 사물의 객체와 연결된 것을 표현한다.
- 두 클래스가 서로 연관이 있다면 A, B 객체를 서로 참조할 수 있음을 표현한다.
- 이름 : 관계의 의미를 표현하기 위해 이름을 가질 수 있다.
- 역할 : 수행하는 역할을 명시적으로 이름을 가질 수 있다.

다중성 표시		연관관계명	
선생님	1...* 　　 상담	1...*	학생
	– 상담자 　　 – 피상담자		
역할명			

• 답 :

15 Use Case Diagram 작성 단계 중 가장 마지막 단계를 쓰시오.

• 답 :

PART 02

데이터 입출력 구현

PART 02 소개

응용 소프트웨어가 다루어야 하는 데이터 및 이들 간의 연관성, 제약 조건을 식별하여 논리적으로 조직화하고, SW 아키텍처에 기술된 데이터 저장소에 조직화된 단위의 데이터가 저장될 최적화된 물리적 공간을 구성하고 데이터 조작언어를 이용하여 데이터 입출력을 구현할 수 있다.

CHAPTER 01

논리 데이터 저장소 확인하기

학습 방향

1. 업무 분석가, 데이터베이스 엔지니어가 작성한 논리 데이터 저장소 설계 내역에서 정의된 데이터의 유형을 확인하고 식별할 수 있다.
2. 논리 데이터 저장소 설계 내역에서 데이터의 논리적 단위와 데이터 간의 관계를 확인할 수 있다.
3. 논리 데이터 저장소 설계 내역에서 데이터 또는 데이터 간의 제약 조건과 이들 간의 관계를 식별할 수 있다.

출제 빈도

Section 01	중		30%
Section 02	상		40%
Section 03	중		30%

🔟 일반적인 시스템 개발 절차

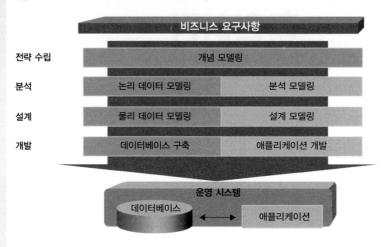

🔢 데이터의 세계

- 현실 세계를 데이터베이스로 표현하는 데이터베이스 설계 과정에서 컴퓨터에 저장할 데이터의 구조를 논리적으로 표현하기 위해 사용하는 지능적 도구이다.
- 데이터는 기본적으로 세 가지의 다른 세계로 생각해 볼 수 있다. 인간의 오감을 통해 감지할 수 있는 개체(Entity)로 되어 있는 현실 세계, 현실 세계에 존재하는 실체의 의미로부터 얻은 개념으로 표현한 개념 세계, 개념 세계를 컴퓨터가 처리할 수 있는 데이터로 표현한 물리적 세계가 그것이다.

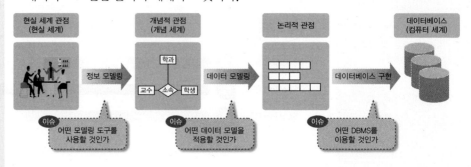

★ 데이터 모델에서 표현해야 할 요소
- 논리적으로 표현된 데이터 구조
- 구성요소의 연산
- 구성요소의 제약 조건

03 데이터 모델링의 개요

- 현실 세계의 정보 구조를 실체(Entity)와 관계(Relation)를 중심으로 명확하고 체계적으로 표현하여 문서로 만드는 기법을 말한다.
- 데이터 모델링의 목적
  - 개발 대상과 연관 조직의 정보 요구에 대해 정확한 이해를 할 수 있다.
  - 사용자, 설계자, 개발자 간에 효율적인 의사소통 수단을 제공한다.
  - 데이터 체계 구축을 통한 고품질 S/W와 유지보수 비용의 감소 효과를 기대할 수 있다.
  - 신규 또는 개선 시스템의 개발 기초를 제공한다.
- 데이터 모델링의 특성
  - 데이터 중심 분석을 통한 업무 흐름 파악이 쉽다.
  - 데이터 무결성을 보장할 수 있다.
  - 데이터의 공유를 통한 중복을 제거하고 일관성 있는 정보를 받을 수 있다.

04 데이터 모델의 분류

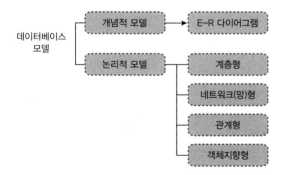

05 데이터베이스 설계 순서 2023년 2회, 2020년 2회

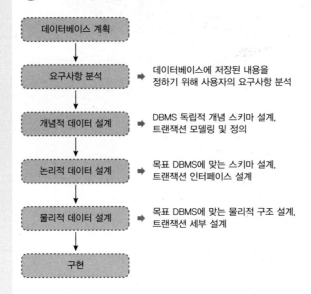

요구사항 분석 → 데이터베이스에 저장된 내용을
정하기 위해 사용자의 요구사항 분석

개념적 데이터 설계 → DBMS 독립적 개념 스키마 설계,
트랜잭션 모델링 및 정의

논리적 데이터 설계 → 목표 DBMS에 맞는 스키마 설계,
트랜잭션 인터페이스 설계

물리적 데이터 설계 → 목표 DBMS에 맞는 물리적 구조 설계,
트랜잭션 세부 설계

06 데이터 모델링 절차 2021년 1회

데이터 모델링은 개념 모델링, 논리 모델링, 물리 모델링을 통해 데이터베이스를 구축하는 일련의 절차를 거쳐 진행된다.

① 요구사항 분석

데이터베이스를 사용할 사람들이 필요로 하는 요구를 분석하고 명세서를 작성하는 단계이다.

② 개념 데이터 모델링(Conceptual Data Model)

• 현실 세계에 있는 그대로 사람이 이해할 수 있는 형태의 정보 구조(Information Structure)로 만들어 가는 과정을 의미하기 때문에 정보 모델이라고도 한다.
• 속성들로 기술된 개체 타입과 이 개체 타입 간의 관계를 이용하여 현실 세계를 표현하는 방법이다.
• 대표적 개념적 데이터 모델로는 개체-관계(E-R) 모델이 있다.

③ 논리 데이터 모델링(Logical Data Model)★

• 개념적 데이터 모델링 과정에서 추출된 엔티티(Entity)와 속성(Attribute)들의 관계(Relation)를 구조적으로 정의하는 단계로서, 개념적 구조를 컴퓨터가 이해하고 처리할 수 있도록 변환하는 과정을 말한다.
• 데이터베이스 개발 과정의 첫 단계로 전략 수립 및 분석 단계에서 실시하며, 이해당사자들과 의사소통의 보조자료로서 산출된 E-R 모델을 대상으로 하여 구축 대상 DBMS에 맞게 스키마를 설계한다.

★ 논리 데이터 모델링의 종류
• 계층형 데이터베이스 모델
• 네트워크(망)형 데이터베이스 모델
• 관계형 데이터베이스 모델
• 객체지향형 모델

- 데이터 구조에 대한 논리적 정의 단계로서 정확한 업무 분석을 통한 자료의 흐름을 분석하여 현재 사용 중인 양식, 문서, 장표를 중심으로 자료 항목을 추출하고 필드로 기술된 데이터 타입과 이 데이터 타입 간의 관계를 이용하여 현실 세계를 표현한다.
- 데이터를 정규화(Normalization)하여 모델링하고 규칙과 관계를 완전하고 정확하게 표현한다.
- 성능 혹은 기타 제약 사항과는 독립적인 모델로서, 논리적 모델은 H/W나 S/W에 독립적이다.

④ 물리 데이터 모델링

- 논리적 데이터 설계에서 구조화된 데이터베이스를 실제 저장장치에 어떻게 저장할지를 설계하는 단계이다.
- 주어진 응용 프로그램에 대한 성능 향상을 위해 데이터베이스 파일에 특정한 저장 구조로 접근 경로를 결정한다. 레코드 양식의 순서, 저장 공간, 액세스 경로 인덱싱, 클러스터링, 해싱 등의 설계가 포함된다.
- 설계 단계에서 시스템의 설계적 및 정보 요건을 정확하고 완전하게 표현한 모델로서, 데이터베이스 생성을 위한 물리 구조로 변환한다.
- 시스템 설계 요건 반영을 위한 설계용 엔티티 타입, 설계용 속성 같은 객체를 추가한다.
- 적용 DBMS 특성과 엔티티 타입의 분리 또는 통합을 검토한다.
- 반정규화(Renormalization)와 관계의 해제를 통하여 설계와 성능을 고려한 조정을 수행한다.
- 인덱스 추가 및 조정, 테이블 스페이스 조정, 인덱스 스페이스 조정을 통하여 적용 DBMS에 적합한 성능조정을 수행한다.

⑤ 구현

데이터베이스를 실제로 구축하는 과정으로 목표 DBMS의 데이터 정의어(DDL)로 스키마를 생성한다.

07 개체−관계 모델의 정의

- 대표적인 개념적 모델링 기법으로 현실 세계의 데이터베이스 모델을 시각적으로 표현한다.
- 데이터베이스 설계 과정 중 개념적 설계 과정에 사용되는 하나의 모델로 개체 타입과 이들 간 관계 타입을 이용해 현실 세계를 개념적으로 표현한다.
- 특정 DBMS에 종속되지 않으며 일대일(1:1), 일대다(1:N), 다대다(N:M) 관계를 모두 나타낼 수 있다.

▲ 사용자의 요구로부터 개체−관계 모델의 설계

08 개체-관계 다이어그램(E-R 다이어그램, ERD) ^{2022년 3회}

- 개체-관계 다이어그램은 여러 가지 기호를 이용해 그래프 형태로 표현한 것이다.
- 기호의 종류와 의미

▭	개체 타입
◯	속성 타입
◇	관계 타입
⊖	기본키 속성
▭◇▭	1:1, 1:N, N:M 등의 관계 표현
◎	다중값 속성
◌	유도 속성

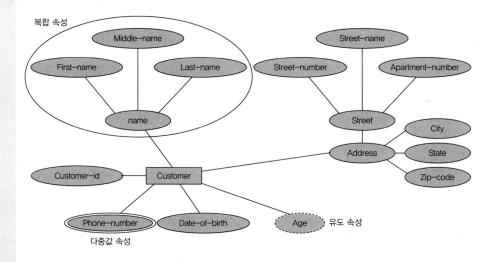

01 데이터베이스 설계 과정 중 현실 세계의 정보 구조를 실체(Entity)와 관계(Relation)를 중심으로 명확하고 체계적으로 표현하여 문서로 만드는 기법을 무엇이라고 하는지 쓰시오.

• 답 :

02 다음이 설명하는 모델을 쓰시오.

- 대표적인 개념적 모델링 기법으로 현실 세계의 데이터베이스 모델을 시각적으로 표현한다.
- 데이터베이스 설계 과정 중 개념적 설계 과정에 사용되는 하나의 모델로 개체 타입과 이들 간 관계 타입을 이용해 현실 세계를 개념적으로 표현한다.
- 특정 DBMS에 종속되지 않으며 일대일(1:1), 일대다(1:N), 다대다(N:M) 관계를 모두 나타낼 수 있다.

• 답 :

03 다음은 데이터베이스 설계 순서이다. 빈칸에 알맞은 단계를 쓰시오.

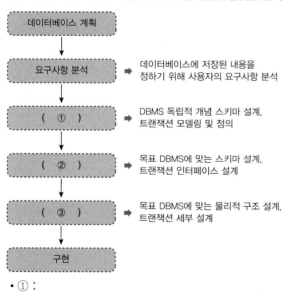

• ① :
• ② :
• ③ :

SECTION

02

출제
빈도 상 중 하

빈출 태그 개체의 종류 • 속성 • 관계의 종류 • 관계 표현 • 관계형 데이터베이스 모델 • 슈퍼 타입/서브 타입 • 상관 모델링 • CRUD MATRIX • 키의 개념과 종류 • 유일성과 최소성 • 개체 무결성 • 참조 무결성

기적의 3회독
□ 1회 □ 2회 □ 3회

논리 데이터 저장소 확인

🎓 기적의 Tip

이번 Section의 내용은 NCS 모듈에는 상세히 기술되어 있지 않지만 관계형 데이터베이스를 이해하기 위한 선수학습 부분입니다.

01 논리 데이터 모델

- 개념 데이터 모델을 상세화하여 논리적인 데이터 집합, 관리 항목, 관계를 정의한 모델을 말한다.
- 논리 데이터 모델은 전체 데이터 구조에서 가장 핵심을 이루는 모델로서, 전체 업무 범위와 업무 구성요소를 확인할 수 있다.
- 개체, 속성, 관계로 구성된다.

① 개체(Entity)

- 자료수집의 대상이 되는 정보 세계에 존재하는 사물이다. 유형, 무형의 정보로 서로 연관된 몇 개의 속성으로 구성된다.
- 개념적 개체와 물리적 개체로 구분할 수 있다.
  - 개념적 개체 : 학과, 과목 등과 같은 눈에 보이지 않는 개체
  - 물리적 개체 : 책, 연필 등과 같이 눈에 보이는 개체, 즉 현실 세계에 존재하는 사물
- 아래 그림에서 학생 개체는 학번, 이름, 학과라는 3개의 속성으로 구성되어 있다. 이때 학번, 이름, 학과는 학생이라는 개체가 가지고 있는 특성을 나타낸다.
- 속성★은 이름을 가진 데이터의 가장 작은 논리적 단위가 된다.
- 속성은 자체만으로 중요한 의미를 표현하지 못하기 때문에 단독으로 존재하지 못한다.
- 학번, 이름, 학과는 개별적으로 우리에게 정보를 제공하지 못하지만, 이것들이 모여 학생이라는 개체를 구성해서 표현할 때는 큰 의미를 제공한다.
- 속성의 값인 개체 인스턴스는 시간에 따라 변할 수도 있다.

★ 속성

파일 구조에서는 속성을 항목 또는 필드(Field)라고 하기도 한다.

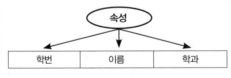

속성		
학번	이름	학과
1234	펭수	경영학
1235	밍꼬	수학
1236	흔남	연극영화

개체 인스턴스

② 개체의 특징

- 각 개체는 속성(Attribute)으로 알려진 특성들로 정의된다.
- E-R 다이어그램에서 속성은 원으로 표시된다.
- 개체-관계 다이어그램(ERD, Entity-Relationship Diagram)에서 개체 집합은 직사각형으로 표시한다.
- 구체적 또는 추상적인 사물로서, 서로 구분되는 특성에 따라 속성 집합으로 표현한다.

③ 개체(엔티티)의 종류 ★

독립 엔티티	사람, 물건, 장소, 개념처럼 원래부터 현실 세계에 존재하는 엔티티를 의미한다. 예 사원, 고객, 영업부, 창고 업무
중심 엔티티	업무가 실행되면서 발생하는 엔티티를 의미한다. 예 주문, 납품
종속 엔티티	주로 1차 정규화(1st Normalization)로 인하여 관련 중심 엔티티로부터 분리된 엔티티를 의미한다.
교차 엔티티	• 교차 관계라고도 하며 두 개 이상의 엔티티 간에 발생하는 트랜잭션에 의해 발생하는 엔티티이다. • 트랜잭션 빈도에 따라 데이터가 발생하고, 대부분 논리적 모델링에서 두 개 이상의 엔티티 관계가 N:M(다대다)일 때 발생하며 이러한 관계를 해소하려는 목적으로 인위적으로 만들어진 엔티티이다.

★ 개체(엔티티)의 종류
- **독립 엔티티** : Kernel Entity, Master Entity
- **중심 엔티티** : Transaction Entity
- **종속 엔티티** : Dependent Entity
- **교차 엔티티** : Associative Entity, Relative Entity

④ 속성(Attribute, Field)

- 데이터베이스를 구성하는 가장 작은 논리적 단위로서, 파일 구조상의 데이터 필드(항목)에 해당된다.
- 다음은 학생번호, 이름, 전공, 대학으로 구성된 학생 개체이다.

⑤ 속성의 종류

단일 값 속성(Single-valued Attribute)	개체의 속성 중 주민등록번호 또는 학번과 같이 반드시 하나의 값만 존재한다.
다중 값 속성(Multi-valued Attribute)	전화번호와 같이 집, 핸드폰, 회사 전화번호 등 여러 개의 값을 가질 수 있다.
단순 속성(Single Attribute)	더 이상 작은 구성요소로 분해할 수 없는 속성이다.
복합 속성(Composite Attribute)	이름과 같이 독립적인 의미를 좀 더 기본적인 성, 이름 등의 속성들로 분해할 수 있는 속성이다.

02 관계(Relationship)

- 속성 관계(Attribute Relationship) : 개체를 구성하고 있는 속성과 속성 사이의 관계
- 개체 관계(Entity Relationship) : 개체와 개체 사이의 관계

① 관계의 종류

일대일(1:1)	일대다(1:N)	다대다(N:M)
개체 집합 X의 각 원소가 개체 집합 Y의 원소 한 개와 대응한다.	개체 집합 X의 각 원소는 개체 집합 Y의 원소 여러 개와 대응하고, 개체 집합 Y의 각 원소는 개체 집합 X의 원소 한 개와 대응한다.	개체 집합 X의 각 원소는 개체 집합 Y의 원소 여러 개와 대응하고, 개체 집합 Y의 각 원소도 개체 집합 X의 원소 여러 개와 대응한다.
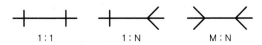		

② 논리, 물리 개체 관계도에서의 관계 표현

- 기수성(Cardinality)
  - 1:1, 1:M, N:M 관계
  - 해당 엔티티 한건에 대한 상대 엔티티의 기수성을 상대 엔티티 쪽에 표기
  - 표기 방법(James Martine 표기법)

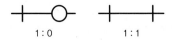

- 선택성(Optionality)
  - 집합 의미(포함, 불포함)
  - 1:0(Optional), 1:1(Mandatory)
  - 해당 엔티티 한 건에 대한 상대 엔티티의 선택성을 상대 엔티티 쪽에 표기
  - 표기 방법(James Martine 표기법)

관계 표기법

- 엔티티의 한 건에 대한 상대 엔티티의 기수성(Cardinality)을 상대 엔티티 쪽에 표기

- 엔티티의 한 건에 대한 상대 엔티티의 선택성(Optionality)을 상대 엔티티 쪽에 표기

03 관계형 데이터베이스의 특징

- 대표적인 논리 데이터 모델링 방식이다.
- 관계형 데이터베이스를 구성하는 개체(Entity), 관계(Relationship)를 릴레이션이라는 테이블로 표현한다.
- 관계형 데이터베이스에서 테이블이 곧 릴레이션이 된다.
- 릴레이션은 개체 릴레이션, 관계 릴레이션으로 구분할 수 있다.
- 다른 데이터베이스로의 변환이 쉬우며, 간결하고 보기 편리하다.
- 관계형 데이터베이스는 릴레이션 스키마와 릴레이션 인스턴스로 구성된다.

04 관계형 데이터베이스의 구성

① 릴레이션 스키마
- 릴레이션의 이름과 릴레이션의 속성(attribute)들의 집합이다.
- 릴레이션을 위한 틀(Framework)이다.
- 릴레이션 이름(attribute 1, attribute 2…. attribute N)으로 되어 있다.
- 하나 이상의 릴레이션 스키마들로 이루어진다.

> 부서(부서번호, 부서이름, 위치)
> 사원(직원번호, 직원이름, 직위, 부서번호)

② 릴레이션 인스턴스

관계형 데이터베이스에서 릴레이션은 릴레이션 인스턴스들의 모임으로 구성된다.

〈부서〉

부서번호	부서이름	위치
A-1	기획부	101호
A-2	영업부	201호
B-1	총무부	301호

〈사원〉

직원번호	직원이름	직위	부서번호
99-01	펭수	사원	A-1
99-02	밍꼬	과장	A-1
20-14	도티	부장	B-1

05 릴레이션(Relation)

- 릴레이션은 데이터를 테이블의 형태로 표현한 것으로, 릴레이션 스키마(릴레이션 타입)와 릴레이션 인스턴스(릴레이션 어커런스)로 구성된다.

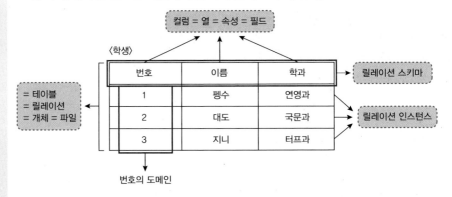

- 한 릴레이션에 포함된 튜플들은 모두 다르다. 즉 〈학생〉 릴레이션의 구성요소를 구성하는 '펭수' 레코드는 펭수에 대한 사항을 나타내는 것으로 〈학생〉 릴레이션 내에서는 유일하다.
- 한 릴레이션에 포함된 튜플 사이에는 순서가 없다. 즉 〈학생〉 릴레이션의 구성요소에서 '펭수' 레코드와 '대도' 레코드의 위치가 바뀌어도 상관이 없다.
- 각 속성은 유일한 값(원자값)을 갖고 있어야 하고, 속성들의 순서는 중요하지 않으며, 데이터는 삽입된 순서대로 정렬된다.

① 속성(Attribute)

- 데이터베이스를 구성하는 가장 작은 논리적 단위로, 개체의 특성과 상태 등을 기술하며, 파일 구조의 데이터 필드(항목)로 표현된다.
- 앞의 그림에서 〈학생〉 릴레이션의 구성요소에서 열로 나열된 '번호', '이름', '학과' 등의 필드(개체)를 속성이라 한다.
- 속성의 수를 디그리(Degree) 또는 차수라고 한다.
- 〈학생〉 릴레이션에서 디그리는 3(번호, 이름, 학과)이다.

② 도메인(Domain)

- 하나의 속성이 취할 수 있는 같은 타입의 원자(Atomic)값들의 집합이다.
- 〈학생〉 릴레이션의 구성요소에서 '번호'의 도메인은 1~3이다.

③ 튜플(Tuple)

- 릴레이션을 구성하는 각각의 행을 의미한다.
- 튜플의 수를 카디널리티(Cardinality) 또는 기수라고 한다.
- 〈학생〉 릴레이션에서 카디널리티는 3이 된다.

06 E-R 모델에서 관계형 모델로 전환(Mapping Rule)

- 데이터베이스 설계에서 개념적 모델인 E-R 모델을 논리적 모델인 관계형 모델로 전환하는 것을 알아보자.
- 아래의 예금 관계를 관계형 모델로 전환하는 방법을 맵핑룰★이라고 한다.

★ 맵핑룰(Mapping Rule)
데이터베이스 설계에서 개념적 모델인 E-R 모델을 논리적 모델인 관계형 모델로 전환하는 방법

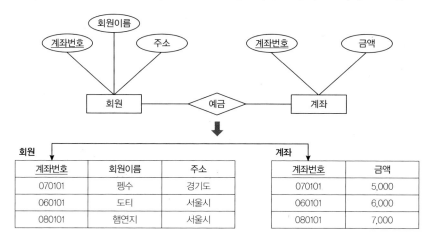

07 논리 데이터 모델에서 관계의 종류

① 정상 관계

- 엔티티 타입과 엔티티 타입이 독립적으로 분리되어 있으면서 상호 간에 한 가지 관계만 성립하는 형태이다.

- 위의 그림은 부서와 사원의 관계를 나타내는데, 부서는 사원을 포함하고 사원은 부서에 소속된다는 것을 표현한다. 이때 부서는 여러 명의 사원을 포함할 수 있다.

② 자기 참조 관계(Self Relationship, Recursive Relationship)
- 하나의 엔티티 타입 내에서 엔티티와 엔티티가 관계를 맺고 있는 형태이다.
- 부서, 부품, 메뉴 등과 같이 계층 구조 형태를 표현할 때 유용하다.

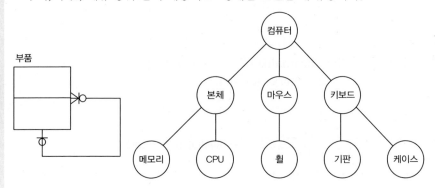

- 위의 그림은 부품은 다른 부품으로 조립된다는 규칙을 관계로 표현한 것이다. 예를 들어 컴퓨터는 본체, 마우스. 키보드로 조립되며, 본체는 다시 메모리, CPU 등으로 조립된다.
- 같은 엔티티 타입의 엔티티 간에 계층적으로 데이터가 구성될 때 자기 참조 관계로 표현한다.

③ 슈퍼 타입 서브 타입 관계(Super-Type Sub-Type Relationship)
- 공통 속성을 가지는 슈퍼 타입과 공통 부분을 제외하고, 두 개 이상의 엔티티 타입 간의 속성에 차이가 있을 때 별도의 서브 타입으로 존재할 수 있다. 이때 슈퍼 타입과 서브 타입의 관계 형식은 1:1이다.
- 서브 타입을 구분하는 형식에 따라, 슈퍼 타입의 특정 엔티티가 반드시 하나의 서브 타입에만 속해야 하는 배타적 관계(Exclusive Relationship)와 슈퍼 타입의 특정 엔티티가 두 개 이상의 서브 타입에 포함될 수 있는 포함 관계로 구분될 수 있다.

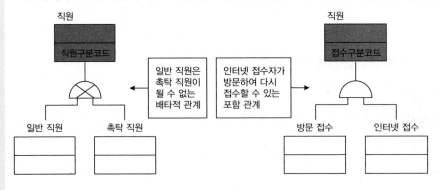

- 그림에서 왼쪽 모델은 배타적 관계의 표현으로. 직원은 반드시 일반 직원이나 촉탁 직원 중 하나에만 속할 수 있다. 오른쪽 모델의 경우는 포함 관계를 표현한 것으로 접수할 때 인터넷 접수를 한 사람이 다시 방문하여 방문 접수할 수 있는 경우를 표현한 관계이다.

④ 주 식별자/비 식별자 관계

- 주 식별자 관계 : 부모 엔티티 타입의 주 식별자가 자식 엔티티 타입의 주 식별자로 상속

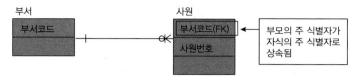

- 비 식별자 관계 : 부모 엔티티 타입의 주 식별자가 자식 엔티티 타입의 일반 속성으로 상속

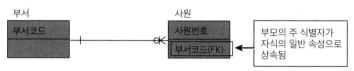

08 상관 모델링

① 상관 모형화 사용의 장점
- 데이터 모델과 프로세스 모델에 대한 품질을 향상시킬 수 있다.
- 업무 규칙에 좀 더 정확하고 상세하게 접근할 수 있다.
- 데이터 모델과 프로세스 모델에 동시에 접근하므로 데이터 모델링에서 분석된 엔티티 타입을 이용하지 않는 프로세스를 다시 도출하거나 프로세스를 이용하여 적절한 엔티티 타입이 도출되었는지, 관계나 속성은 모두 적절한지 검증할 수 있다.
- 분석 도구 : CRUD 매트릭스

② CRUD 매트릭스
- 2차원 테이블에 가로와 세로에 각각의 집합 단위를 표현하여 비교하여 데이터의 상태를 비교 분석하는 기법이다.
- 엔티티 타입과 프로세스에 대한 비교뿐만 아니라 2차원 테이블로 비교할 수 있는 경우에 모두 적용되는 방법이다.
- 단위 프로세스가 엔티티 타입에 영향을 주는 방법으로 신규, 조회, 수정, 삭제의 네 가지에 반드시 포함되어 있다.
- CRUD는 CREATE의 "C", READ의 "R", UPDATE의 "U", DELETE의 "D"를 의미한다.
- 시스템의 분석부터 테스트까지 영향을 미치기 때문에 분석 단계 말이나 설계 단계 말에 CRUD 매트릭스를 이용한 상관 모델링 작업을 반드시 수행하도록 한다.

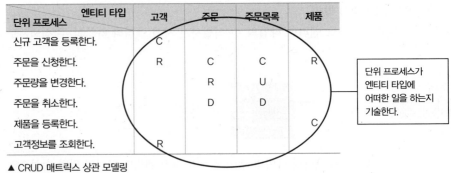

엔티티 타입 단위 프로세스	고객	주문	주문목록	제품
신규 고객을 등록한다.	C			
주문을 신청한다.	R	C	C	R
주문량을 변경한다.		R	U	
주문을 취소한다.		D	D	
제품을 등록한다.				C
고객정보를 조회한다.	R			

단위 프로세스가
엔티티 타입에
어떠한 일을 하는지
기술한다.

▲ CRUD 매트릭스 상관 모델링

더 알기 Tip

CRUD 점검사항

• 모든 엔티티 타입에 CRUD가 한 번 이상 표기되었는가?
• 모든 엔티티 타입에 "C"가 한 번 이상 존재하는가?
• 모든 엔티티 타입에 "R"이 한 번 이상 존재하는가?
• 모든 단위 프로세스는 하나 이상의 엔티티 타입에 표기되었는가?
• 두 개 이상의 단위 프로세스가 하나의 엔티티 타입을 생성하는가?

01 관계형 데이터베이스 설계 과정에서 무결성 제약 조건 중 두 릴레이션의 연관된 튜플들 사이의 일관성을 유지하는 데 사용한다. 주어진 속성들의 집합에 대한 릴레이션의 한 값이 반드시 다른 릴레이션에 대한 속성값으로 나타나도록 보장하는 무결성을 무엇이라고 하는지 쓰시오.

• 답 :

02 상관 모델링의 분석 도구로서 2차원 테이블의 가로/세로에 각각의 집합 단위를 표현하여 비교하며 데이터의 상태를 분석하는 기법은 무엇인지 쓰시오.

• 답 :

03 데이터베이스 설계에서 개념적 모델인 E-R 모델을 논리적 모델인 관계형 모델로 전환하는 방법을 무엇이라고 하는지 쓰시오.

• 답 :

04 두 개 이상의 엔티티 간에 발생하는 트랜잭션에 의해 발생하는 엔티티로, 트랜잭션 빈도에 따라 데이터가 발생하며 대부분 논리적 모델링에서 두 개 이상의 엔티티 관계가 N:M(다대다)일 때 발생하며 이러한 관계를 해소하려는 목적으로 인위적으로 만들어진 엔티티를 무엇이라고 하는지 쓰시오.

• 답 :

ANSWER 01 참조 무결성
02 CRUD 매트릭스
03 매핑룰(Mapping Rule)
04 교차 엔티티

01 정규화와 이상 현상

① 정규화(Normalize)

• 현실 세계의 개체를 컴퓨터 세계에 가장 정확하게 표현할 수 있는 데이터의 논리적 구조를 결정하는 과정이다.

• 데이터 종속성, 효율적인 데이터 처리, 데이터의 일관성 유지 등의 요구를 충족시키기 위함이다.

② 이상(Anomaly) 현상

• 릴레이션 설계가 잘못되면 데이터가 불필요하게 중복된다. 데이터 중복은 데이터 관리상의 여러 가지 치명적인 문제를 일으키고 릴레이션을 조작할 때 곤란한 현상을 발생시키는 현상을 의미한다.

• 이러한 종속성과 이상 현상을 제거하기 위하여 '정규화'를 통해 효율적인 릴레이션을 구현해야 한다.

02 이상의 종류

• 삽입 이상, 삭제 이상, 수정(갱신) 이상이 있다.

• 아래의 〈수강〉 릴레이션의 기본키는 (학번, 과목번호)의 복합 속성으로 구성되어 있다.

〈수강〉

학번	과목번호	성적	학년
100	C413	A	4
100	E412	A	4
200	C123	B	3
300	C312	A	2
300	C324	C	1
300	C413	A	2
400	C312	A	3
400	C324	A	4
400	C413	B	2
400	E412	C	1
500	C312	B	2

① 삽입 이상(Insertion Anomaly)

- 파일에 레코드를 추가할 시 불필요한 항목 값이 함께 입력되거나, 함께 삽입될 값이 없을 때 발생한다.
- 예를 들어 〈수강〉 릴레이션에 학번이 600이고, 학년이 2인 학생 값을 새롭게 삽입하려 할 때, 이 학생이 어떤 과목을 등록해서 과목번호를 확보하지 않는 한, 이 삽입은 성공할 수 없다.
- (학번, 과목번호)는 이 릴레이션의 기본키인데 기본키를 구성하는 (과목번호) 값이 없으면 기본키 값이 널(null) 값인 튜플을 삽입하는 것과 마찬가지가 되기 때문에 개체 무결성에 어긋난다. 이 값을 삽입해야 한다면 가상의 임시 과목번호를 함께 삽입해야 한다.
- 예와 같이 어떤 데이터를 삽입하려고 할 때 불필요하고 원하지 않는 데이터도 함께 삽입해야만 되고 그렇지 않으면 삽입되지 않는 현상을 삽입 이상이라고 한다.

② 삭제 이상(Deletion Anomaly)

- 튜플 삭제 시 의도와는 상관없이 관련 없는 데이터가 같이 연쇄 삭제(Triggered Deletion)되어 정보의 손실이 발생하는 현상을 의미한다.
- 예를 들어 〈수강〉 릴레이션에서 학번이 200인 학생이 과목 'C123'의 등록을 취소한다고 하자. 자연히 학번이 200인 튜플에서 과목번호 C123을 삭제해야 하는데 과목번호는 기본키에 포함되어 있으므로 과목번호만 삭제하지 못하고 튜플 전체를 삭제해야 한다. 그렇게 되면 결과적으로 이 튜플이 삭제될 경우 해당 학생이 3학년이고 성적이 B라는 정보까지 덩달아서 함께 삭제되는데, 이 튜플이 해당 학생의 학년 정보를 가지고 있는 유일한 튜플이기 때문에 이상이 발생하게 된다.
- 이처럼 한 튜플을 삭제함으로 인해서 유지해야 하는 정보까지 삭제되는 연쇄 삭제 현상이 일어나게 되어 정보 손실이 발생하는 현상을 삭제 이상이라고 한다.

③ 수정(갱신) 이상(Update Anomaly)

- 하나의 파일이 불필요한 중복을 포함하면서 수정되어 몇 개의 다른 논리적 항목들까지 수정되어야 할 때 발생한다.
- 예를 들어 〈수강〉 릴레이션에 학번이 400인 학생의 학년을 4에서 3으로 변경시킨다고 하자. 이 변경을 위해서는 이 릴레이션에 학번 400이 나타나 있는 튜플 4개 모두에 대해 학년의 값을 갱신시켜야 한다. 그렇게 하지 않고 일부 튜플만 변경시키게 되면 학번 400인 학생의 학년이 3과 4, 즉 두 가지 값을 갖게 되어 일관성이 없게 된다.
- 이처럼 중복된 튜플 중에 일부 튜플의 속성값만을 갱신시킴으로써 정보의 모순성(Inconsistency)이 생기는 현상을 수정 이상이라고 한다.

03 이상의 원인과 해결, 정규화

- 속성 간에 존재하는 여러 종속 관계를 하나의 릴레이션에 표현하기 때문에 이상이 발생한다.
- 이상이 발생하면 속성 간 종속 관계를 분석하여 여러 개의 릴레이션으로 분해(De-composition)하여 이를 해결하는데, 이 과정을 정규화(Normalization)라고 한다.

04 함수적 종속

- 개체를 구성하는 속성들이 어떤 기준값 속성에 의해 종속되는 현상을 의미한다.
- 개체를 구성하는 속성 간의 상호 관계로부터 도출되는 제약 조건이다.
- 개체 간의 의미를 표현하며, 품질이 좋은 데이터베이스 설계의 정형적 기준이다.
- 예를 들어 (이름)이 (학번)에 종속되어 있다는 것★은 (학번)이 결정되면 (이름) 값이 결정되기 때문에 (이름)은 하나의 (학번)에만 속한다는 뜻이다. 이때 기준값인 학번을 결정자(Determinant)라고 하고, 종속되는 이름을 종속자(Dependent)라고 한다.

★ 함수적 종속
학번이 101인 학생의 이름은 밍꼬이다. 이렇게 학번에 의해서 이름이 결정되는 현상을 함수적 종속이라고 한다.

학번	이름	성적	학년
101	밍꼬	A	4
102	발랄	A	4
203	헤이	B	3
304	지니	A	2
401	도티	C	1

05 함수적 종속성(FD, Functional Dependency)

- 데이터 항목 중 속성 Y가 속성 X에 함수적으로 종속된다는 의미는, 속성 X를 이용하여 속성 Y를 식별할 수 있다는 의미다.
- 속성 X는 각각의 데이터값들에 대하여 속성 Y의 값이 오직 하나만 연관되어 있을 때 '속성 Y는 속성 X에 함수적 종속'이라 하며 X→Y라고 표현한다. 이때 속성 X를 함수의 결정자라고 하고, 속성 Y를 함수의 종속자라고 한다.
- 다음은 "학번" 속성에 "이름", "나이"," 성별"이 종속되는 "학번→(이름, 나이, 성별)"을 도식화한 예제이다.

학번	이름	나이	성별
101	밍꼬	1	여
102	발랄	2	남
203	헤이	3	여
304	지니	4	남
401	도티	5	남

- 함수적 종속 다이어그램 표기법

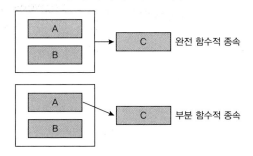

① 완전 함수 종속(Full Functional Dependency) 2022년 2회

- 릴레이션 R의 속성 C가 복합 속성★ {A, B}에 함수적으로 종속되면서 {A, B}의 어떤 진부분집합에도 함수적으로 종속되지 않으면, 완전하게 함수적으로 종속되었다고 한다.

★ 복합 속성
2개 이상의 속성으로 구성된 키

〈고객주문〉

고객번호	제품번호	제품명	주문량
A012	S–321	SD메모리	2
A012	M–789	메모리	1
A023	K–002	키보드	1
A123	K–012	헤드셋	2
A134	M–123	마우스	4
A134	S–321	SD메모리	2
A321	K–012	헤드셋	1
A567	M–123	마우스	2
A789	M–123	마우스	3
A789	S–567	스캐너	1

- 〈고객주문〉 테이블의 기본키는 '고객번호'와 '제품번호'가 조합된 (고객번호, 제품번호)이다.
- 〈고객주문〉 테이블에서 '주문량' 속성은 기본키인 '고객번호'와 '제품번호'를 모두 알아야 구분할 수 있다.
- 이런 경우 '주문량' 속성은 기본키에 완전 함수 종속되었다고 한다.

(고객번호, 제품번호) → 주문량

② 부분 함수 종속(Partial Functional Dependency) 2022년 2회

- (제품명)은 기본키인 (고객번호, 제품번호)를 모두 알아도 값을 구분할 수 있지만, 기본키의 일부인 (제품번호)만 알아도 (제품명)을 알 수 있다.
- 이의 경우 '제품명'은 기본키에 부분 함수 종속되었다고 표현한다.

제품번호 → 제품명

③ 이행적 함수 종속(Trasitive Functional Dependency) 2022년 2회

• 릴레이션에서 A, B, C 세 가지 속성 간의 종속이 A→B, B→C일 때, A→C가 성립되는 경우 이행적 함수 종속이라고 한다.
• 즉, A를 알면 B를 알 수 있고, B를 알면 C를 알 수 있을 때, A를 알면 C를 알 수 있는 경우를 말한다.

〈제품〉

제품번호	제품명	단가
S-321	SD메모리	25,000
M-789	메모리	28,000
K-002	키보드	5,000
K-012	헤드셋	10,000
M-123	마우스	6,000
S-567	스캐너	100,000

• 〈제품〉 테이블에서는 '제품번호'를 알면 '제품명'을 알 수 있다. 또 '제품명'을 알면 '단가'를 알 수 있다. 결국 '제품번호'를 알면 '단가'를 알 수 있다. 이 같은 경우를 이행적 함수 종속이라고 한다.

제품번호 → 제품명
제품명 → 단가
제품번호 → 단가

06 정규화(Normalization)

① 정규화의 개념

• 서로 독립적인 관계(Relationship)는 별개의 릴레이션으로 표현해야 한다. 이렇게 표현된 릴레이션이 어떤 특정의 제약 조건(Constraints)을 만족할 때 그 제약 조건을 요건으로 하는 정규형에 속한다고 말한다.
• 정규화란 함수적 종속성 등의 종속성 이론을 이용해 잘못 설계된 관계형 스키마를 더 작은 속 성의 세트로 쪼개어 바람직한 스키마로 만들어가는 과정이다. 정규형에는 제1정규형, 제2정규형, 제3정규형, BCNF형, 제4정규형, 제5정규형 등이 있다.

② 정규화의 목적

• 어떠한 릴레이션도 데이터베이스 내에서 표현할 수 있게 만든다.
• 정보의 중복을 배제하여 삽입, 갱신, 삭제 이상의 발생을 방지한다.
• 데이터를 삽입할 때 릴레이션을 재구성할 필요성을 줄인다.

07 정규화 과정의 정규화 형태

전체 릴레이션(정규화 또는 비정규화된)

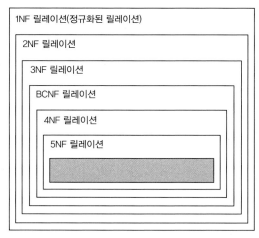

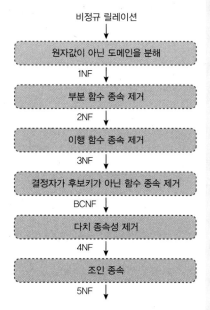

01 릴레이션 설계 오류로 인하여 데이터가 중복될 경우 여러 가지 치명적인 문제를 유발할 수 있다. 이렇게 릴레이션을 조작할 때 곤란한 현상을 발생시키는 현상을 무엇이라고 하는지 쓰시오.

• 답 :

02 3가지 이상 현상을 쓰시오.

• 답 :

03 데이터베이스에서 개체를 구성하는 속성들의 관계를 의미하는 함수적 종속에 대하여 약술하시오.

• 답 :

04 임의의 릴레이션 R에서 속성 또는 속성들의 집합 X에 대해 Y가 함수적으로 종속되면서, X의 부분 집합에 대하여서는 함수적으로 종속하지 않은 경우, Y는 X에 대하여 ( )성을 갖는다고 한다. 빈칸에 알맞은 답을 쓰시오.

• 답 :

05 한 릴레이션의 속성 X, Y, Z가 주어졌을 때 함수적 종속성 X → Y와 Y → Z가 성립되면 논리적 결과로 X → Z가 성립한다. 이 때의 종속성을 무엇이라고 하는지 쓰시오.

• 답 :

06 함수적 종속성 등의 종속성 이론을 이용하여 잘못 설계된 관계형 스키마를 더 작은 속성의 세트로 분할하여 바람직한 스키마로 만들어 가는 과정을 무엇이라고 하는지 쓰시오.

• 답 :

ANSWER **01** 이상 현상
02 삽입 이상, 갱신 이상, 삭제 이상
03 객체를 구성하는 기준값 속성에 의해 다른 속성이 종속되는 것을 의미한다.
04 완전 함수적 종속
05 이행 함수적 종속
06 정규화

01 다음 데이터 모델과 관련된 설명 중 빈칸 (   )에 가장 부합하는 용어를 쓰시오.

> (   )(은)는 개념적 설계 단계에서 사용되는 설계 기법으로, 데이터베이스를 구성하는 개체(Entity) 타입과 관계(Relationship) 타입 간의 구조 또는 개체를 구성하는 속성(Attribute) 등을 약속된 기호를 이용하여 표현함으로써 데이터베이스의 전반적인 구조를 이해하기 쉽도록 표현한 모델을 말하며, P. Chen 박사에 의해 최초로 제안되었다.

- 답 :

02 업무 프로세스와 데이터 간의 상관관계 분석을 위한 것으로 업무 프로세스와 엔티티 타입을 행과 열로 구분하여 행과 열이 만나는 교차점에 이용에 대한 상태를 표시한다. 일반적으로 생성, 조회, 변경, 삭제로 나누어 표현하는 검증 도구를 무엇이라 하는지 쓰시오.

- 답 :

03 다음이 설명하는 것은 무엇인지 쓰시오.

> 현실 세계의 정보를 컴퓨터 세계의 환경에 맞게 표현하기 위해 단순화 · 추상화하여 체계적으로 표현한 개념적인 도구로서 현실 세계를 데이터베이스에 표현하는 중간 과정, 즉 데이터베이스 설계 과정에서 데이터의 구조를 표현하기 위해 사용되는 도구이다.

- 답 :

04 개념 데이터 모델링을 표현하는 대표적인 모델링 도구는 무엇인지 쓰시오.
- 답 :

05 개체-관계 다이어그램에서 개체 타입을 표현하는 기호는 무엇인지 쓰시오.
- 답 :

06 이름 속성에서 성, 이름 등 '한 속성에서 유도된 다수의 속성'을 무엇이라고 하는지 쓰시오.

• 답 :

07 다음이 설명하는 것은 무엇인지 쓰시오.

> • 두 개 이상의 엔티티 간에 발생하는 트랜잭션에 의해 발생하는 엔티티이다.
> • 트랜잭션 빈도에 따라 데이터가 발생하고, 대부분 논리적 모델링에서 두 개 이상의 엔티티 관계가 N:M(다대 다)일 때 발생하며 이 관계를 해소하려는 목적으로 인위적으로 만들어진 엔티티이다.

• 답 :

08 릴레이션에서 카디널리티의 의미를 약술하시오.

• 답 :

CHAPTER 02

물리 데이터 설계와
데이터 프로시저 작성하기

 학습 방향

1. 논리 데이터 저장소 설계를 바탕으로 응용 소프트웨어가 사용하는 데이터 저장소의 특성을 반영한 물리 데이터 저장소 설계를 수행할 수 있다.

2. 논리 데이터 저장소 설계를 바탕으로 목표 시스템의 데이터 특성을 반영하여 최적화된 물리 데이터 저장소를 설계할 수 있다.

3. 응용 소프트웨어 설계와 물리 데이터 저장소 설계에 따라 데이터 저장소에 연결을 수행하는 프로시저를 작성할 수 있다.

4. 응용 소프트웨어 설계와 물리 데이터 저장소 설계에 따라 데이터 저장소로부터 데이터를 읽어오는 프로시저를 작성할 수 있다.

5. 응용 소프트웨어 설계와 물리 데이터 저장소 설계에 따라 데이터 변경 내용 또는 신규 입력된 데이터를 데이터 저장소에 저장하는 프로시저를 작성할 수 있다.

출제 빈도

Section 01	상		50%
Section 02	중		25%
Section 03	중		25%

물리 데이터 모델 설계

01 논리 데이터 모델 품질 검증 개념

- 데이터 모델이 업무 환경에서 요구하는 사항을 시스템적으로 얼마나 잘 구현할 수 있는지는 객관적으로 평가하기 어렵다.
- 좋은 데이터 모델 요건

완전성	업무에서 필요로 하는 모든 데이터가 데이터 모델에 정의되어 있어야 함
중복 배제	하나의 데이터베이스 내에 같은 사실은 반드시 한 번만 기록하여야 함
비즈니스 룰	업무 규칙을 데이터 모델에 표현하고 이를 모든 사용자가 공유할 수 있게 제공해야 함
데이터 재사용	데이터의 재사용성을 향상시키기 위해서는 데이터의 통합성과 독립성에 대해서 충분히 고려해야 함
안정성 및 확장성	정보 시스템을 구축하는 과정에서 데이터 구조의 안정성, 확장성, 유연성을 고려해야 함
간결성	아무리 효율적으로 데이터를 잘 관리할 수 있더라도 사용, 관리 측면에서 복잡하다면 잘 만들어진 데이터 모델이라고 할 수 없음
의사소통	많은 업무 규칙은 데이터 모델에 개체, 서브 타입, 속성, 관계 등의 형태로 최대한 자세하게 표현되어야 함
통합성	같은 데이터는 조직 전체에서 한 번만 정의하고 이를 여러 다른 영역에서 참조, 활용하여야 함

02 데이터 모델 품질 검증 기준

- 논리적 데이터베이스 구축 후에 데이터 품질의 좋고 나쁨을 검증하기 위한 기준이다.
- 정확성 : 데이터 모델이 표기법에 따라 정확하게 표현되고, 업무 영역 또는 요구사항을 정확하게 반영해야 함
- 완전성 : 데이터 모델의 구성요소를 정의하는 데 있어서 누락을 최소화하고, 요구사항 및 업무 영역 반영에 있어서 누락이 없어야 함
- 준거성 : 제반 준수 요건들을 누락 없이 정확하게 준수해야 함
- 최신성 : 현행 시스템의 최신 상태를 반영하고 있고, 이슈 사항들을 바로 반영해야 함
- 일관성 : 여러 영역에서 공통으로 사용되는 데이터 요소가 전사 수준에서 한 번만 정의되고 이를 여러 다른 영역에서 참조, 활용하면서 모델 표현상의 일관성을 유지해야 함
- 활용성 : 작성된 모델과 그 설명 내용이 이해관계자에게 의미를 충분하게 전달할 수 있으면서 업무 변화 시에 설계 변경이 최소화되도록 유연하게 설계해야 함

03 물리 데이터 모델링 변환 절차

```
                    분석          설계
            논리 데이터 모델링   ⇨   물리 데이터 모델링
                ER Model          Physical Model

                   Entity    →    Table
                Attribute    →    Column
              Primary UID    →    Primary Key
  Secondary(Alternate) UID   →    Unique Key
             Relationship    →    Foreign Key
      Business Constraints    →    Check Constraints
```

04 반정규화 2021년 1회, 2020년 1회

① 반정규화의 정의

- 정규화된 엔티티, 속성, 관계에 대해 시스템의 성능 향상과 개발(Development)과 운영(Maintenance)의 단순화를 위해 중복, 통합, 분리 등을 수행하는 데이터 모델링의 기법을 의미한다.
- 정규화를 통하여 정합성과 데이터 무결성이 보장되지만, 테이블의 개수가 증가함에 따라 테이블 간의 조인이 증가하여 조회 성능이 떨어질 수 있다.
- 즉, 반정규화란 DB의 성능 향상을 목적으로 정규화를 통해 분할된 테이블을 다시 합치는 과정을 의미한다.
- 반정규화는 중복성의 원리를 활용하여 데이터 조회 시 성능을 향상시키는 역할을 할 수 있다.

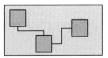
정규화된 데이터 모델

조회 성능 향상

테이블의 중복성
칼럼의 중복성
관계의 중복성

▲ 중복성의 원리

② 반정규화 예

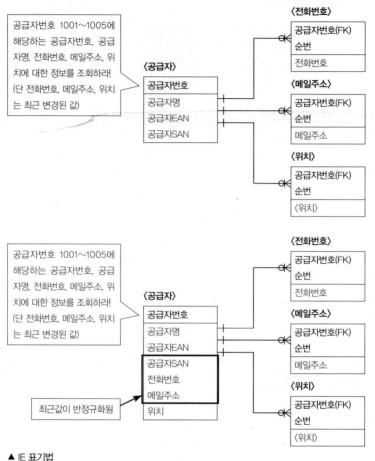

▲ IE 표기법

③ 반정규화된 데이터 구조의 장단점

장점	테이블의 단순화를 통하여 성능 향상과 관리 효율성이 높아진다.
단점	• 정합성, 데이터 무결성을 해칠 수 있다. • 이를 보완하기 위해 추가 비용이 발생한다.

05 반정규화의 적용 방법

① 반정규화의 대상을 조사한다.

- 범위 처리 빈도수 조사 : 자주 사용되는 테이블에 접근(Access)하는 프로세스의 수가 많고 항상 일정한 범위만을 조회하는 경우에 사용한다.
- 대량의 범위 처리 조사 : 대량의 데이터가 존재하고 넓은 범위의 데이터를 자주 처리하는데, 처리 범위를 줄이지 않으면 성능을 보장할 수 없는 경우에 사용한다.
- 통계성 프로세스 조사 : 통계성 프로세스에 의해 통계 정보가 있어야 하는 경우에 사용한다.
- 테이블 조인 개수 조사 : 테이블에 지나치게 많은 조인(JOIN)이 걸려 데이터 조회에 기술적 어려움이 존재하는 경우에 사용한다.

② 반정규화의 대상에 대해 다른 방법으로 처리할 수 있는지 검토한다.

- 뷰 테이블 적용 : 지나치게 많은 조인(JOIN)이 걸려 데이터 조회에 기술적 어려움이 존재하는 경우 뷰(VIEW)를 사용하여 해결할 수 있다.
- 클러스터링 적용 : 대량의 데이터 처리나 부분 처리 때문에 성능이 저하되는 경우 클러스터링을 적용하거나 인덱스를 조정함으로써 성능 저하 현상을 해결할 수 있다.
- 인덱스 적용 : 대량의 데이터는 Primary Key의 성격에 따라 인덱스를 적용하여 성능 저하 현상을 해결할 수 있다.
- 응용 애플리케이션 수정 : 응용 애플리케이션에서 로직을 구사하는 방법을 변경함으로써 성능을 향상시킬 수 있다.

③ 반정규화를 적용한다.

반정규화 이외의 다른 성능 향상 방안에 대한 고려가 충분히 이루어진 후 반정규화를 고려하게 되었다면 테이블 반정규화, 컬럼 반정규화, 관계 반정규화 기법을 적용한다.

06 반정규화의 기법

① 테이블 반정규화

- 테이블 병합
  - 1:1 관계 테이블 병합 : 1:1 관계를 통합하여 성능을 향상시킨다.
  - 1:M 관계 테이블 병합 : 1:M 관계를 통합하여 성능을 향상시킨다.
  - 슈퍼/서브타입 테이블 병합 : 슈퍼/서브를 통합하여 성능을 향상시킨다.
- 테이블 분할
  - 수직 분할 : 트랜잭션의 처리 유형을 파악하고 컬럼 단위의 테이블을 저장 장치의 I/O 분산 처리를 위하여 테이블을 1:1로 분리하여 성능을 향상시킨다.
  - 수평 분할 : 로우(Row) 단위로 집중 발생되는 트랜잭션을 분석하여 저장 장치의 I/O 및 데이터 접근의 효율성과 성능 향상을 위해 로우 단위로 테이블을 분할한다.
- 테이블 추가
  - 중복 테이블 추가 : 업무가 다르거나 서버가 분리된 경우 같은 테이블을 중복으로 추가하여 원격조인을 제거하는 방법을 통해 성능을 향상시킨다.
  - 통계 테이블 추가 : 합계, 평균 등 통계 계산을 미리 수행하여 계산해 두어 조회 시 성능을 향상한다.
  - 이력 테이블 추가 : 이력 테이블에 레코드를 중복 저장하여 성능을 향상시킨다.
  - 부분 테이블 추가 : 이용이 집중되는 컬럼을 별도 테이블로 분리하여 입출력 부담을 줄여 성능을 향상시킨다.

② 컬럼 반정규화

중복 컬럼 추가	조인 시 성능 저하를 예방하기 위해 중복된 컬럼을 추가하여 조인횟수를 감소시킨다.
파생 컬럼 추가	트랜잭션이 처리되는 시점에 계산 때문에 발생하는 성능 저하를 예방하기 위해 미리 계산된 값을 저장하는 파생 컬럼을 추가한다.
이력 테이블 컬럼 추가	대량의 이력 데이터를 처리할 때 임의의 날짜 조회나 최근 값 조회 시 발생하는 성능 저하를 예방하기 위해 최근값 여부, 시작일, 종료일 등의 기능성 컬럼을 추가한다.
PK에 의한 컬럼 추가	복합 의미가 있는 PK를 단일 속성으로 구성했을 때 발생하며, PK 안에 데이터가 존재하지만 성능 향상을 위해 일반 컬럼으로 추가한다.
응용 시스템 오작동을 위한 컬럼 추가	업무적으로는 의미가 없으나, 데이터를 처리할 때 오류로 인해 원래의 값으로 복구하길 원하는 경우 이전 데이터를 임시로 중복으로 보관하는 컬럼을 추가한다.

③ 관계 반정규화

중복 관계 추가	데이터 처리 시 여러 경로를 거쳐 조인할 수 있지만, 이때 발생할 수 있는 성능 저하를 방지하기 위해 추가적인 관계 설정을 통하여 성능을 향상할 수 있다.

⑦ 뷰(View)의 개념

- 사용자의 데이터 입력 양식, 보고서, 질의문을 제공하는 데이터베이스 응용을 통해 객체 속성의 값에 접근한다.
- 실제 테이블에서 유도되는 가상의 테이블이다. 즉 실제 저장된 내용을 사용자에게 보여주기 위한 가상의 테이블이다.
- 뷰는 객체의 이름과 그 뷰에서 사용되는 모든 속성의 리스트로 구성된다.

08 시스템 카탈로그의 개념

- 시스템 자신이 필요로 하는 스키마 및 여러 객체에 관한 정보를 포함하고 있는 시스템 데이터베이스이다.
- 데이터 사전(Data Dictionary)이라고도 한다.
- 기본 테이블, 뷰, 인덱스, 데이터베이스, 응용 계획, 패키지, 접근 권한 등의 정보를 저장한다.

① 시스템 카탈로그의 특징

- 카탈로그 자체도 일반 사용자 테이블, 즉 시스템 테이블로 구성한다.
- 시스템 카탈로그에 저장되는 내용을 메타 데이터(Metadata)라고도 한다.
- 일반 사용자도 SQL문을 이용해 시스템 테이블의 내용을 검색할 수 있으나, 이 카탈로그의 정보를 SQL의 UPDATE, DELETE, INSERT문으로 직접 갱신하는 것은 불가능하다.
- 사용자가 SQL문을 실행하면 시스템은 자동으로 관련 카탈로그 테이블을 갱신한다.

② 시스템 카탈로그에 저장되는 내용

- 릴레이션 이름과 각 릴레이션 속성의 이름, 릴레이션의 튜플 개수
- 속성의 도메인과 길이
- 데이터베이스에 정의된 뷰의 이름과 이 뷰에 대한 정의
- 무결성 제약 조건과 릴레이션에 정의된 인덱스 이름
- 권한이 부여된 사용자의 이름
- 사용자인증을 위한 비밀번호 또는 부가 정보
- 각 릴레이션에 저장된 메소드(클러스터링 또는 넌 클러스터링)
- 인덱스 정보(이름, 인덱스 릴레이션 이름, 인덱스가 정의된 속성, 인덱스의 형태 등)

01 정규화된 엔티티, 속성, 관계에 대해 시스템의 성능 향상과 개발(Development)과 운영(Maintenance)의 단순화를 위해 중복, 통합, 분리 등을 수행하는 데이터 모델링의 기법을 쓰시오.

• 답 :

02 반정규화 기법 중 테이블 분할 기법에서 트랜잭션의 처리 유형을 파악하고 컬럼 단위의 테이블을 저장 장치의 I/O 분산 처리를 위하여 테이블을 1:1로 분리하여 성능을 향상시키는 분할 기법을 무엇이라고 하는지 쓰시오.

• 답 :

03 컬럼 반정규화 기법 중 다음이 설명하는 단계는 무엇인지 쓰시오.

> 트랜잭션이 처리되는 시점에 계산 때문에 발생하는 성능 저하를 예방하기 위해, 미리 계산된 값을 저장하는 파생 컬럼을 추가한다.

• 답 :

04 다음이 설명하는 것은 무엇인지 쓰시오.

> • 사용자의 데이터 입력 양식, 보고서, 질의문을 제공하는 데이터베이스 응용을 통해 객체 속성의 값에 접근한다.
> • 실제 테이블에서 유도되는 가상의 테이블이다. 즉 실제 저장된 내용을 사용자에게 보여주기 위한 가상의 테이블이다.

• 답 :

ANSWER 01 반정규화
02 수직 분할
03 파생 컬럼 추가
04 뷰 또는 View

. SECTION .

02

데이터 조작 프로시저 개발

출제
빈도 상 중 하

빈출태그 데이터 저장소 연결 순서 • 데이터 프로시저의 구분 • PL/SQL • Stored Procedure • Trigger

기적의 3회독
☐ 1회 ☐ 2회 ☐ 3회

01 데이터 저장소

① 데이터 저장소의 정의

- 데이터 저장소를 생성한다.
- 데이터 저장소를 삭제한다.
- 생성된 데이터 저장소를 변경한다.
- 도구 : Data Control Language, Procedure, Function, Package, Trigger

② 데이터 저장소 연결 순서

- Java 환경에서 JDBC를 통해 데이터 저장소를 연결하는 순서는 다음과 같다.

드라이버 로딩	⇨	연결	⇨	쿼리 전달	⇨	결과 수신

드라이버 로딩	데이터베이스와 연결하기 위해서 DBMS에서 제공하는 Jar 파일 드라이버를 메모리에 적재한다.
연결	• 적재된 드라이버를 이용해서 데이터베이스에 연결한다. • String url = "jdbc:oracle:thin:@localhost:1521:ORCL"; • conn = DriverManager.getConnection(url, "scott", "tiger");
쿼리 전달	• Statement, Prepared Statement 객체를 생성하여 쿼리를 데이터베이스에 전달한다. • pstmt = conn.preparedStatement(sql);
결과 수신	• 앞서 전달한 쿼리를 수행한 결과를 수신한다. • ResultSet rs = pstmt.executeQuery();

- 데이터 저장소 연결 도구 : ODBC★/JDBC★, DB Connection, Driver, Result Set

★ ODBC(Open DataBase Connectivity)
다양한 데이터베이스를 직접 연결된 것처럼 접근하기 위한 API로, Database API Library에 연결해서 사용하며 C로 구현된다.

★ JDBC(Java DataBase Connectivity)
Java를 분산 컴퓨팅 환경에 적합한 데이터베이스 개발 언어로 바꿔주는 API이다.

더 알기 Tip

JDBC의 구성요소

Driver	• Driver Manager를 통하여 Driver를 관리하고 적절한 시기에 사용할 수 있도록 Mapping 시켜 주는 객체이다. • 종류 : JDBC/ODBC Bridge, Native API, Net Protocol, JDBC, API
Connection	전달받은 DB 연결 정보를 이용하여 실제 연결을 수행하는 객체이다.
Statement	String으로 입력받은 SQL 문장을 구문분석 후 DBMS에 전달하는 객체이다.
Data Source	2PC(two phase commit), Naming Service, Pooling 등의 지원을 도와주는 Resource 관리 객체이다.
Result Set	Select 사용 시 여러 Record 정보를 한꺼번에 받아 처리할 수 있게 하는 객체이다.

02 데이터 프로시저

① 데이터 조작 프로시저의 개념

- SQL을 이용하여 조작 대상 데이터 집합에서 검색, 입력, 수정, 삭제와 같은 조작을 효과적으로 할 수 있도록 고안된 언어이다.
- SQL을 이용해 생성된 데이터를 조작하는 프로그램으로 데이터베이스 내부에 저장되고 외부입력, 특정 시간 등의 일정한 조건이 되면 자동으로 수행된다.

② 데이터 조작 프로시저 작성

- 생성된 데이터 저장소에 데이터를 입력한다.
- 입력된 데이터를 수정한다.
- 저장된 데이터를 삭제한다.
- 도구 : CRUD Matrix★

★ CRUD Matrix
Create, Read, Update, Delete 등 객체에 발생하는 상태를 표 형태로 표현한 것이다.

③ 데이터 조작 프로시저 작성 순서

- 물리 데이터 모델을 바탕으로 설계된 내용대로 데이터베이스를 구축하고, 다음 순서대로 데이터 조작 프로시저를 작성한다.
  - 구축한 데이터 저장소에 연결 수행하며 데이터 저장소 오브젝트를 생성한다.
  - 데이터의 입력 및 변경(수정, 삭제) 수행한다.
  - 저장된 데이터를 검색하는 프로시저를 작성한다.

④ 데이터 검색 프로시저 작성

- 검색 조건에 맞는 데이터를 조회한다.
- 다양한 함수를 활용하여 데이터를 조회한다.
- 도구 : Dynamic SQL, Static SQL

⑤ 절차형 데이터 조작 프로시저 작성

★ PL/SQL
- 표준 SQL을 기본으로 Oracle에서 개발한 데이터 조작 언어이다. 자료 내부에 SQL 명령문만으로 처리하기에는 복잡한 자료의 저장이나 프로시저와 트리거 등을 작성하는 데 쓰인다.
- PL/SQL은 프로그램을 논리적인 블록으로 나누어서 블록 구조로 구성한다.

- PL/SQL★을 활용하여 프로시저를 작성한다.
- PL/SQL로 작성할 수 있는 저장형 프로시저 객체 유형을 정의한다.
- 정의한 객체를 생성한다.
- 생성하여 저장된 프로시저 객체를 활용한다.
- 절차형 데이터 조작 프로시저의 구분 : Stored Function, Stored Procedure, Stored Package, Trigger

⑱ PL/SQL

- SQL을 확장한 절차적 언어(Procedural Language)로 최근의 프로그래밍 언어의 특성을 수용한 SQL의 확장 기능이다.
- 관계형 데이터베이스에서 사용되는 Oracle의 표준 데이터 액세스 언어로, 프로시저 생성자를 SQL과 완벽하게 통합한다.
- 사용자 프로세스가 PL/SQL 블록을 보내면 서버 프로세서는 PL/SQL Engine에서 해당 블록을 받고 SQL과 Procedural을 나눈 후 SQL은 SQL Statement Executer로 보낸다.
- 블록 단위의 실행을 제공한다. 이를 위해 BEGIN과 END;를 사용한다. 그리고 마지막 라인에 /를 입력하면 해당 블록이 실행된다.
- 변수, 상수 등을 선언하여 SQL과 절차형 언어에서 사용하며 변수의 선언은 DECLARE절에서만 가능하다. BEGIN 섹션에서 새 값이 할당될 수 있다.
- IF문을 사용하여 조건에 따라 문장들을 분기하는 것이 가능하며 LOOP문을 사용하여 일련의 문장을 반복할 수 있다.
- 커서를 사용하여 여러 행을 검색 및 처리를 할 수 있다.

① PL/SQL의 장점

컴파일 불필요	컴파일(Compile) 없이 스크립트(Script) 생성 및 변경 후 실행 가능
모듈화 가능	• 블록 내에서 논리적으로 관련된 문장 그룹화 가능 • 복잡한 문제에 대해 나눠진 모듈 집합으로 구성
절차적 언어 사용	• 테이블과 레코드(Record)를 기반으로 하는 동적 변수 선언 가능 • 단일형 데이터 타입과 복합형 데이터 타입 선언 가능
에러 처리	예외처리(Exception) 처리 루틴(Routine)을 이용한 에러 처리 가능

② PL/SQL의 구성

선언부(Declare)	실행 부에서 참조하게 되는 변수, 상수, CURSOR, EXCEPTION을 선언한다.
실행부(Begin/End)	BEGIN과 END 사이에 표현되며, 데이터를 처리할 SQL문과 PL/SQL 블록으로 구성된다.
예외부(Exception)	실행부에서 에러가 발생했을 때 예외 사항을 작성한다.
종료부(End)	실행 종료를 처리한다.

③ PL/SQL Block의 종류

익명 블록		이름이 없는 PL/SQL Block을 말한다.
이름이 있는 블록		DB의 객체로 저장되는 저장형 블록이다.
	Procedure	반환값을 하나 이상 가질 수 있는 프로그램을 말한다.
	Function	반환값을 반드시 반환해야 하는 프로그램을 말한다.
	Package	하나 이상의 프로시저, 함수, 변수, 예외 등의 묶음을 말한다.
	Trigger	지정된 이벤트가 발생하면 자동으로 실행되는 PL/SQL 블록이다.

04 스토어드 프로시저(Stored Procedure)

① 스토어드 프로시저의 개념

- 클라이언트/서버형 데이터베이스 시스템 처리 속도의 고속화 기법이다.
- 클라이언트가 서버의 데이터베이스에 요구하는 SQL문 중에서 자주 사용하는 일련의 처리 절차를 미리 컴파일하여 바로 실행 가능한 모듈을 서버 측의 DBMS에 저장해 사용하는 것을 말한다.
- 지정된 작업을 수행할 수 있는 이름을 가지고 있는 PL/SQL 블록이다.
- 매개 변수를 받을 수 있고, 반복적으로 사용할 수 있는 객체(Object)이다.
- 일반적으로 연속 실행과 구현이 복잡한 트랜잭션을 수행하는 PL/SQL 블록을 데이터베이스에 저장하기 위해 생성한다.
- 작성한 PL/SQL을 저장하고 필요한 경우 호출한다.
- 배치 작업, 복잡한 트랜잭션을 수행하는 PL/SQL문을 DB에 저장할 수 있도록 기능 제공하며, CREATE OR REPLACE 구문을 사용한다.
- Parameter★
  - 실행 환경과 프로그램 사이에 값을 주고받는 역할을 한다.
  - 블록 안에서의 변수와 똑같이 일시적으로 값을 저장하는 역할을 한다.
- 장점
  - 스토어드 프로시저가 수행 속도 면에서 일반 SQL문보다 월등히 빠르다. 같은 작업을 여러 번 반복할 경우 다시 컴파일할 필요가 없어 수행속도가 빨라진다.
  - 네트워크상에 오가는 SQL문의 트래픽을 줄일 수 있다.
  - 보안 관리가 쉬우며 매개 변수를 사용할 수 있다.

★ Parameter의 타입
- IN : Program으로 값을 전달
- OUT : Program에서 실행 환경으로 값을 전달
- INOUT : 실행 환경에서 프로그램으로 값을 전달하고, 다시 프로그램에서 실행 환경으로 변경된 값을 전달

② 스토어드 프로시저의 종류

- System Stored Procedure
- User Defined Stored Procedure
- Extended Stored Procedure
- Remote Stored Procedure

05 트리거(Trigger)

- 특정 테이블에 삽입, 수정, 삭제 등의 데이터 변경 이벤트가 발생했을 때 DBMS에서 묵시적으로 수행되는 프로시저이다.
- 테이블과는 별도로 데이터베이스에 저장된다.
- 뷰(View)가 아닌 테이블에 관해서만 정의될 수 있다.
- DBMS_OUTPUT.PUT_LINE을 출력하기 위해 'set server output on'을 사용한다.
- trigger_event는 INSERT, UPDATE, DELETE 중에서 한 개 이상 올 수 있다.
- FOR EACH ROW 옵션이 있으면 Row Trigger가 된다.
- 트리거의 종류
  - 문장 트리거 : 전체 트랜잭션 작업에 대해 1번 발생하는 트리거(default)
  - 행 트리거 : 각 행에 대해서 트리거가 발생(for each row)

문법

트리거 생성
create[or replace] trigger 트리거명 before insert
after delete
update [of 컬럼…] on 테이블명
[for each row] 행 트리거
[when] 조건
begin
트리거의 내용
end;
 	
BEFORE : INSERT, UPDATE, DELETE 문이 실행되기 전 트리거가 실행된다.
AFTER : INSERT, UPDATE, DELETE 문이 실행된 후 트리거가 실행된다.
trigger_event : INSERT, UPDATE, DELETE 중에서 한 개 이상 올 수 있다.
FOR EACH ROW : 이 옵션이 있으면 행 트리거가 된다.

01 다음은 데이터 조작 프로시저 개발 단계 중 데이터 저장소 연결 순서이다. 빈칸에 알맞은 단계를 쓰시오.

> 드라이버 로딩 → 연결 → (   ) → 결과 수신

• 답 :

02 JDBC의 구성요소 중 String으로 입력받은 SQL 문장을 구문분석 후 DBMS에 전달하는 객체를 쓰시오.

• 답 :

03 절차형 데이터 조작 프로시저의 4가지 종류를 쓰시오.

• 답 :

04 다음이 설명하는 것의 알맞은 답을 쓰시오.

> • SQL을 확장한 절차적 언어(Procedural Language)로 최근의 프로그래밍 언어의 특성을 수용한, SQL의 확장 기능이다.
> • 관계형 데이터베이스에서 사용되는 Oracle의 표준 데이터 액세스 언어로, 프로시저 생성자를 SQL과 완벽하게 통합한다.

• 답 :

05 다음이 설명하는 것이 무엇인지 쓰시오.

> • 특정 테이블에 삽입, 수정, 삭제 등의 데이터 변경 이벤트가 발생 시 DBMS에서 묵시적으로 수행되는 프로시저이다.
> • 테이블과는 별도로 데이터베이스에 저장된다.
> • 뷰(View)가 아닌 테이블에 관해서만 정의될 수 있다.

• 답 :

ANSWER 04 PL/SQL
05 트리거(Trigger)

출제 빈도 상 중 하 빈출 태그 DDL · DML · DCL · TCL

기적의 3회독
☐ 1회 ☐ 2회 ☐ 3회

🎓 **기적의 Tip**

본 Section에서는 SQL에 대해 간단히 알아보세요.

★ **TCL(Transaction Control Language)**
• 트랜잭션의 DML 작업 단위를 제어하는 명령어이다.
• TCL에서는 기존 DCL의 Commit, Rollback과 함께 기록 지점을 설정하는 Savepoint로 구성된다.

01 SQL(Structured Query Language)의 개념

• 관계형 데이터베이스의 표준 질의어이다.
• SQL의 종류에는 DDL, DML, DCL이 있다.
• ORACLE에서는 DDL DML, DCL, TCL★로 구분한다.

02 DDL(Data Definition Language, 데이터 정의어)

• 데이터베이스의 정의/변경/삭제에 사용되는 언어이다.
• 논리적 데이터 구조와 물리적 데이터 구조를 정의한다.
• 논리적 데이터 구조와 물리적 데이터 구조 간의 사상을 정의한다.
• 번역한 결과가 데이터 사전에 저장된다.
• 종류

CREATE	스키마, 도메인, 테이블, 뷰 정의
ALTER	테이블 정의 변경
DROP	스키마, 도메인, 테이블, 뷰 삭제

CREATE 문법
CREATE TABLE 기본테이블 　　　　　　({열_이름 데이터_타입 [NOT NULL], [DEFAULT 값]} 　　　　　　[PRIMARY KEY(열 이름_리스트)] 　　　　　　[UNIQUE(열 이름_리스트,…)] 　　　　　　[FOREIGN KEY(열 이름_리스트)] 　　　　　　REFERENCES 참조테이블[(기본키_열 이름)] 　　　　　　[ON DELETE 옵션] 　　　　　　[ON UPDATE 옵션] 　　　　　　[CHECK(조건식)]); – { }는 중복 가능한 부분 – NOT NULL은 특정 열에 대해 널(Null) 값을 허용하지 않을 때 기술 – PRIMARY KEY는 기본 키를 구성하는 속성을 지정할 때 – FOREIGN KEY는 외래 키로 어떤 릴레이션의 기본 키를 참조하는지를 기술

03 DML(Data Manipulation Language, 데이터 조작어)

- 데이터의 검색/삽입/삭제/변경에 사용되는 언어이다.
- 사용자와 DBMS 간의 인터페이스를 제공한다.
- 종류

SELECT(검색)	SELECT … FROM …
INSERT(삽입)	INSERT INTO … VALUES
DELETE(삭제)	DELETE FROM …
UPDATE(갱신)	UPDATE … SET …

예 직원 테이블에서 '영업'부의 모든 튜플을 구하시오.

성명	부서	월급	거주지
홍수아	영업	900,000	지산동
김정은	영업	600,000	반포동

〈결과〉

```
SELECT *
    FROM 직원
    WHERE 부서 = '영업';
```

04 DCL(Data Control Language, 데이터 제어어)

- 데이터 제어 정의 및 기술에 사용되는 언어이다.
- 불법적인 사용자로부터 데이터를 보호한다.
- 무결성을 유지한다.
- 데이터 복구 및 병행 제어를 한다.
- 종류

GRANT	데이터베이스 사용자에게 사용 권한 부여
REVOKE	데이터베이스 사용자로부터 사용 권한 취소
ROLL	데이터베이스 사용자의 역할에 관한 권한 부여

05 TCL(Transaction Control Language, 트랜잭션 제어어)

- 트랜잭션 제어어는 트랜잭션의 DML 작업단위를 제어하는 명령어이다.
- 종류 : COMMIT, ROLLBACK★, SAVEPOINT 등이 있다.

★ COMMIT과 ROLLBACK
최근에는 Commit, Rollback을 TCL로 분리하여 정의하기도 합니다.

COMMIT	명령어로 수행된 결과를 실제 물리적 디스크로 저장하고, 명령어 수행을 성공적으로 완료하였음을 선언
ROLLBACK	명령어로 수행에 실패하였음을 알리고, 수행된 결과를 원상복귀시킴
SAVEPOINT	트랜잭션 작업 중간에 책갈피와 같이 SAVEPOINT를 저장

06 내장 SQL(Embedded SQL, 삽입 SQL)

- 응용 프로그램에 삽입되어 사용되는 SQL이다.
- 내장 SQL 실행문은 호스트 실행문이 나타나는 곳이면 어디든 사용할 수 있다.
- SQL 문장의 식별자로서 'EXEC SQL'을 앞에 붙여 다른 호스트 명령문과 구별한다.
- SQL문에 사용되는 호스트 변수는 콜론(:)을 앞에 붙인다.
- 내장 SQL문의 호스트 변수의 데이터 타입은 이에 대응하는 데이터베이스 필드의 SQL 데이터 타입과 일치해야 한다.

07 SQL*Plus 활용

★ SQL vs PL/SQL
vs SQL*PLUS
- **SQL** : 관계형 데이터베이스에 저장된 데이터에 접근하기 위한 표준언어
- **PL/SQL** : SQL문을 사용하여 프로그램을 작성할 수 있도록 확장해 놓은 오라클의 Procedural Language
- **SQL*Plus** : SQL 및 PL/SQL 문장을 실행할 수 있는 환경을 제공하는 오라클의 Tool

① SQL*Plus★

- 오라클(Oracle)에서 지원되는 SQL로서 SQL문을 실행시킬 수 있는 ORACLE의 툴이다.
- SQL문을 실행시키고 그 결과를 볼 수 있도록 제공하는 툴이다.
- SQL은 데이터베이스에서 자료를 검색하고 수정하고 삭제하는 데이터베이스 언어라면, SQL*Plus는 출력 형식을 지정하거나 편의상 환경 설정을 하는 명령어이다.

② 데이터 조작 프로시저 테스트

- Oracle DBMS는 모든 데이터 조작 프로시저에 대한 테스트 환경으로 SQL*Plus라는 도구를 제공하므로, 개발자는 데이터 조작 프로시저 테스트를 위해 해당 도구 활용을 위한 SQL*Plus 명령어에 대한 사전 지식이 필요하다.

③ SQL vs SQL*Plus

- SQL은 데이터를 조작하는 표준 언어이고, SQL*Plus는 이러한 SQL을 DBMS 서버에 전송하여 처리할 수 있도록 하는 Oracle에서 제공하는 도구다.

구분	SQL	SQL*Plus
기능	데이터베이스와 통신	SQL 명령어를 서버에 전달
표준	ANSI	Oracle사 개별
데이터 정의	가능	불가능
Buffer	SQL 버퍼 사용	SQL 버퍼 미사용
행 입력	여러 행 입력 가능	여러 행 입력 불가
종료 문자	';' 사용	';' 미사용
키워드 축약	불가능	가능

01 관계형 데이터베이스의 표준 질의어 SQL 4가지를 쓰시오.

• 답 :

02 다음과 같은 종류의 명령어 집합을 쓰시오.

CREATE	스키마, 도메인, 테이블, 뷰 정의
ALTER	테이블 정의 변경
DROP	스키마, 도메인, 테이블, 뷰 삭제

• 답 :

03 다음 SQL과 SQL*Plus에 관한 내용 중 틀린 것의 기호를 모두 쓰시오.

> (가) SQL은 데이터베이스와 통신한다.
> (나) SQL*Plus는 키워드 축약이 불가능하다.
> (다) SQL은 데이터 정의가 불가하다.
> (라) SQL의 표준은 Oracle사 개별 표준을 사용한다.
> (마) SQL*Plus는 종료 문자인 ';'를 사용하지 않는다.

• 답 :

01 스토어드 프로시저의 종류 4가지를 쓰시오.

• 답 :

02 다음이 설명하는 것은 무엇인지 쓰시오.

> • 시스템 자신이 필요로 하는 스키마 및 여러 객체에 관한 정보를 포함하고 있는 시스템 데이터베이스이다.
> • 데이터 사전(Data Dictionary)이라고도 한다.
> • 기본 테이블, 뷰, 인덱스, 데이터베이스, 응용 계획, 패키지, 접근 권한 등의 정보를 저장한다.

• 답 :

03 정규화된 데이터 모델에 대해 시스템의 성능 향상, 개발 과정의 편이성, 운영의 단순화를 목적으로 중복, 통합, 분리 등을 상황에 맞게 수행하는 의도적인 정규화 원칙에 위배되는 행위를 무엇이라고 하는지 쓰시오.

• 답 :

04 다음의 반정규화의 적용 순서를 순서대로 기호를 나열하시오.

> (가) 반정규화를 적용한다.
> (나) 반정규화의 대상을 조사한다.
> (다) 반정규화의 대상에 대해 다른 방법으로 처리할 수 있는지 검토한다.

• 답 :

05 데이터베이스 언어인 SQL, PL/SQL, SQL*PLUS의 정의를 간략히 서술하시오.

- SQL :
- PL/SQL :
- SQL*Plus :

06 SQL 명령어 중에서 데이터베이스 사용자로부터 사용 권한을 취소하는 명령어를 쓰시오.

- 답 :

07 SQL 명령어 중에서 DDL 명령어 3가지를 쓰고 각 기능을 간략히 설명하시오.

- CREATE :
- ALTER :
- DROP :

08 트리거에는 크게 두 가지 종류가 있다. 전체 트랜잭션 작업에 대해 한 번 발생하는 트리거의 명칭을 쓰시오.

- 답 :

09 다음의 트리거에 대한 설명이 맞으면 O, 틀리면 X를 쓰시오.

> ① 테이블과 같은 데이터베이스에 저장된다.
> ② 뷰(View)가 아닌 테이블에 관해서만 정의될 수 있다.
> ③ trigger_event는 INSERT, UPDATE, DELETE 중에서 한 개 이상 올 수 없다.

- ① :
- ② :
- ③ :

10 스토어드 프로시저(Stored Procedure)에는 실행 환경과 프로그램 사이에 값을 주고받는 역할을 하는 파라미터 (Parameter)가 있다. 이 파라미터의 타입 중 실행 환경에서 프로그램으로 값을 전달하고, 다시 프로그램에서 실행 환경 으로 변경된 값을 전달하는 파라미터를 쓰시오.

• 답 :

11 PL/SQL은 4가지로 구성된다. 4가지 구성을 모두 쓰시오.

• 답 :

12 절차형 데이터 조작 프로시저 4가지를 모두 쓰시오.

• 답 :

13 데이터 검색 프로시저를 작성하는 도구 2가지를 쓰시오.

• 답 :

데이터 조작
프로시저 최적화하기

1. 프로그래밍 언어와 도구에 대한 이해를 바탕으로 응용 소프트웨어 설계, 물리 데이터 저장소 설계와 운영 환경을 고려하여 데이터 조작 프로시저의 성능을 예측할 수 있다.
2. 업무 분석가에 의해 정의된 요구사항을 기준으로, 성능 측정 도구를 활용하여 데이터 조작 프로시저의 성능을 측정할 수 있다.
3. 실 데이터를 기반으로 테스트를 수행하여 데이터 조작 프로시저의 성능에 영향을 주는 병목을 파악할 수 있다.
4. 테스트 결과와 정의된 요구사항을 기준으로 데이터 조작 프로시저의 성능에 따른 이슈 발생 시 이에 대해 해결할 수 있다.

출제 빈도		
Section 01	중	20%
Section 02	상	40%
Section 03	상	40%

데이터 조작 프로시저 성능 개선

빈출 태그 마이그레이션 • TKPROF • 튜닝 • SQL의 처리 흐름 순서 • 옵티마이저

❶ 데이터 조작 프로시저 성능 개선의 정의

- 데이터베이스 시스템 운영 중에 다양한 응용 프로그램의 도입과 데이터의 대용량화로 인해 데이터베이스 시스템의 성능이 저하될 수 있으므로 데이터베이스 응용 프로그램, 데이터베이스 자체, 운영체제 등의 조정을 통하여 데이터베이스 시스템의 성능을 향상하는 작업을 말한다.
- DBMS, 애플리케이션, OS, N/W 등의 성능 관련 대상을 분석, 조정을 통하여 DB 성능을 향상하는 일련의 과정과 기법을 통칭한다.

❷ 데이터베이스 성능 관리의 주요 지표

수행시간 측면	I/O Time + CPU Time
시스템 자원 사용 측면	CPU, Memory 등의 사용량 관점의 관리
처리량 측면	TPS★ 관점의 관리

★ **TPS**
Transaction Per Second

❸ 성능 관련 주요 요소

요소	설명	사례
설계 관점 (모델링 관점)	• 데이터 모델링, 인덱스 설계 • 데이터 파일, 테이블 스페이스 설계 • 데이터베이스 용량 산정	반정규화, 분산 파일 배치
DBMS 관점	CPU, 메모리 I/O에 대한 관점	Buffer, Cache
SQL 관점	Join, Indexing, SQL Execution Plan	Hash, Join
H/W 관점	CPU, Memory, Network, Disk	System Resource 개선

04 로우 마이그레이션과 로우 체이닝

- 로우 마이그레이션(Row Migration) : 데이터 블록에서 수정이 발생할 때 수정된 데이터를 해당 데이터 블록에서 저장하지 못하고 다른 블록의 빈 곳을 찾아 데이터를 저장하는 방식으로 입출력 속도가 감소한다.
- 로우 체이닝(Row Chaining) : 로우 길이가 너무 길어서 데이터 블록 하나에 데이터가 모두 저장되지 않고 두 개 이상의 블록에 걸쳐 하나의 데이터를 저장하는 방식으로 데이터베이스 성능이 저하된다.

05 튜닝(Tuning)★

- 데이터베이스 시스템에서는 '최적화'라는 개념이다.
- 튜닝이 진행되면 업무의 최적화, 하드웨어적인 병목 현상 해결, SQL의 최적화 등 여러 가지 개선을 도모할 수 있다.
- 튜닝을 통해서 처리 속도의 향상 등 성능을 제고시키고 사용자가 필요한 때에 원하는 정보를 보다 원활하게 제공받을 수 있도록 할 수 있다.

★ **튜닝의 사전적 의미**
'조율' 또는 '조정'

06 쿼리(Query) 성능 측정

- SQL 실행 계획 분석, 수정을 통해 최소의 시간으로 원하는 결과를 얻도록 프로시저를 수정하는 사전 작업이다.
- Oracle에서 쿼리 성능을 측정하는 방법으로는 EXPLAIN PLAN이 주로 사용된다.

07 옵티마이저(Optimizer)

- 사용자가 질의한 SQL문에 대해 최적의 실행 방법을 결정하는 임무를 수행한다.
- 최적의 실행 방법을 실행 계획(Execution Plan)이라고 한다.
- 옵티마이저의 역할은 다양한 실행 방법 중에서 최적의 실행 방법을 결정하는 것★이다.
  - 규칙 기반 옵티마이저(RBO, Rule Based Optimizer)
  - 비용 기반 옵티마이저(CBO, Cost Based Optimizer)
- 관계형 데이터베이스는 옵티마이저가 결정한 실행 방법대로 실행 엔진이 데이터를 처리하여 결과 데이터를 사용자에게 전달한다.

★ **최적의 실행 방법 결정**
어떤 방법으로 처리하는 것이 최소 일량으로 같은 일을 처리할 수 있을지 결정하는 것이다.

08 SQL 성능 최적화를 위한 유틸리티 활용

- Oracle DBMS의 경우 SQL 성능을 최적화하기 위해 TKPROF 및 EXPLAIN PLAN 등의 도구를 제공하고 있다.
- 만약 SQL문이 적절히 작성되지 않았다면 전반적인 처리 효율성이 떨어질 수 있고, 이때 처리 성능의 통계치 정보를 파악하기 위해 TKPROF 도구를 활용한다.
- EXPLAIN PLAN은 SQL이 사용하는 액세스 경로를 파악하기 위해 활용할 수 있는 도구이다.

09 실행계획(EXPLAIN PLAN) 기반 쿼리 성능 측정

Oracle에서 SQL문의 성능 개선을 할 수 있도록 SQL문을 분석 및 해석하여 실행계획을 수립하고, 연관 테이블(plan-table)에 저장하도록 지원하는 도구이다.

10 SQL Trace

- 실행되는 SQL문의 실행통계를 세션별로 모아서 Trace 파일을 만든다.
- 세션과 인스턴스 레벨에서 SQL 문장들을 분석할 수 있다.
- 생성된 파일의 확장자는 .TRC★이다.
- 인스턴스 레벨로 Trace를 수행시키면 전체적인 수행능력이 20~30% 정도 감소하므로, 될 수 있으면 세션 레벨로 Trace 파일을 생성해야 한다.
- SQL Trace에서 제공하는 정보
  - parse, execute, fetch count : 오라클의 SQL 처리 작업에서 parse, execute, fetch 작업이 처리된 횟수
  - 수행된 CPU 프로세스 시간과 경과된(Elapsed) 질의 시간들 : SQL문을 실행하는 데 소비된 CPU 시간과 실질적인 경과 시간
  - 물리적(Disk)/논리적(Memory) 읽기를 수행한 횟수 : 질의어 parse, execute, fetch 부분들에 대해 디스크에 있는 데이터 파일들로부터 읽은 데이터 블록들의 전체 개수
  - 처리된 행(Row) 수 : 결과 set을 생성하기 위해 오라클에 의해 처리된 행의 전체 개수
  - 라이브러리 Cache miss : 분석된 문장이 사용되기 위해 라이브러리 캐시 안으로 로드되어야 하는 횟수

★ .TRC 파일
직접 읽기 불편하고, TKPROF 유틸리티를 이용하면 쉽게 분석할 수 있다.

⑪ TKPROF

- SQL Trace를 통해 생성된 Trace 파일을 분석하여 사용자가 읽을 수 있는 형태로 변환시켜 주는 Oracle 제공 도구이다.
- SQL Trace에 의해 생성된 파일의 확장자인 .TRC 파일은 직접 읽기 불편하고, TKPROF 유틸리티를 이용하면 쉽게 분석할 수 있다.
- 실행되는 SQL 문장에 대해 분석 정보를 제공하여 사용자(프로그래머)가 특정 SQL 문장을 어떻게 사용해야 할 것인지에 대한 지침을 제공해 주는 도구로서, EXPLAIN PLAN과 함께 사용하는 것이 좋다.
- Trace 결과로 파악할 수 있는 분석 정보
  - Parse, Execute, Fetch 수
  - CPU 시간/지난 시간
  - 물리적/논리적 Reads
  - 처리된 로우 수
  - 라이브러리 캐시 Misses
  - 구문 분석이 발생할 때의 사용자
  - 커밋(Commit)/롤백(Rollback)

⑫ SQL 성능 개선 절차

① 문제 있는 SQL 식별

문제 있는 SQL을 식별하기 위해 애플리케이션의 성능을 관리, 관찰하기 위한 APM (Application Performance Management) 등을 활용한다.

> **더 알기 Tip**
>
> **APM(Application Performance Management)**
> - APM의 정의
>   - 부하량과 접속자 파악 및 장애진단 등을 목적으로 하는 성능 모니터링 도구를 이용하여 운영 중인 시스템의 가용성을 높여 안정적인 시스템 운영을 지원하는 도구이다.
>   - Resource, End to End 두 가지 유형으로 분류할 수 있다.
>   - 애플리케이션 수행 시 CPU, 메모리, 네트워크, 디스크 등의 리소스 모니터링을 지원한다.
> - APM의 종류
>   - 오픈소스 : Nagios, Zabbix, Cacti, VisualVM
>   - 상용 제품 : 제니퍼, 파로스, 시스 마스터

② 옵티마이저(Optimizer) 통계 확인

- SQL을 가장 빠르고 효율적으로 수행할 최적의 처리 경로를 생성해 주는 데이터베이스 핵심 모음이다.
- 사용자가 질의한 SQL문을 처리할 수 있는 실행계획을 탐색하고 각 실행계획에 대한 비용을 추정하여 최적의 실행계획을 수립하는 DBMS의 핵심 엔진이다.

③ SQL문 재구성

- 범위가 아닌 특정 값 지정으로 범위를 줄여 처리속도를 빠르게 한다.
- 옵티마이저가 비정상적인 실행계획을 수립할 경우, 힌트로서 옵티마이저의 접근 경로 및 조인(Join) 순서를 제어한다.
- 인덱스 설정 컬럼은 Having 사용 시 인덱스를 사용하지 않는다.
- 인덱스 컬럼만 질의 대상으로 설정하여 옵티마이저가 최적의 경로를 찾도록 한다.

④ 인덱스(Index) 재구성

- 성능에 중요한 액세스 경로를 고려하여 인덱스(Index)를 생성한다.
- 실행계획을 검토하여 기존 인덱스의 열 순서를 변경/추가한다.
- 인덱스 추가 시 정상적으로 처리되고 있던 다른 SQL에 심각한 영향을 줄 수 있으므로 주요 SQL 질의 결과를 함께 검토한다.

⑤ 실행계획 유지관리

데이터베이스 버전 업그레이드, 데이터 전환 등 시스템 환경의 변경 사항 발생 시에도 실행계획이 유지되고 있는지 관리한다.

⑬ SQL 처리 흐름

① 구문분석 단계

- 이미 사용된 문장이라면 구문분석(Parsing) 작업을 하지 않고, 처음 사용되었다면 구문분석 작업이 필요하므로 사용자가 요청한 SQL문의 공유 풀 영역을 검색하여 확인한다.
- 작성된 SQL문이 문법에 따라 정상적으로 작성되었는지를 분석하고, SQL 내에 포함된 테이블, 뷰 등이 데이터베이스에 존재하는 오브젝트인지를 확인한다.
- 옵티마이저는 SQL문을 가장 빠르게 데이터를 검색해 줄 수 있는 실행계획을 찾는다.

② 실행 단계

- 메모리 영역의 데이터베이스 버퍼 캐시 영역을 검색하여 해당 테이블의 데이터가 다른 사용자의 다른 SQL문에 의해 이미 데이터 버퍼 캐시 영역에 존재하는지를 검색한다.
- 데이터 버퍼 캐시 영역에 대상 데이터가 존재하면 캐시 영역의 데이터를 그대로 추출하고, 그렇지 않는 경우 정의된 테이블의 해당 데이터 파일로부터 테이블을 읽어서 데이터 버퍼 캐시 영역에 저장한다.
- DML 문장의 경우 데이터 버퍼 캐시 영역에서 새로운 데이터로 변경, 삭제, 입력처리가 진행된다.

③ 추출 단계

- 서버 프로세스는 데이터 버퍼 캐시 영역에서 관련 테이블 데이터를 읽어서 사용자가 요청한 클라이언트로 추출한 자료를 전송한다.
- SELECT문을 실행하는 경우에만 추출 단계가 실행되고, UPDATE, INSERT, DELETE문 실행 시에는 추출 단계가 실행되지 않는다.

이론을 확인하는 문제

01 SQL의 처리 흐름 순서를 쓰시오.

- 답 :   →   →

02 다음 설명에 해당하는 Oracle 도구를 쓰시오.

- SQL Trace를 통해 생성된 Trace 파일을 분석하여 사용자가 읽을 수 있는 형태로 변환시켜 주는 Oracle 제공 도구이다.
- SQL Trace에 의해 생성된 파일의 확장자인 .TRC 파일은 직접 읽기 불편하고, TKPROF 유틸리티를 이용하면 쉽게 분석할 수 있다.

- 답 :

03 다음 데이터베이스의 옵티마이저(Optimizer)와 관련된 설명이다. 빈칸 ①~②에 가장 부합하는 용어를 쓰시오.

- 옵티마이저는 SQL을 가장 빠르고 효율적으로 수행할 최적의 처리경로를 생성해 주는 DBMS 내부의 핵심엔진이다.
- 옵티마이저의 유형으로는 (①   )(와)과 (②   )(이)가 있다. (①   )(은)는 통계 정보가 없는 상태에서 사전 등록된 규칙에 따라 질의 실행 계획을 선택하는 옵티마이저로 규칙 기반 옵티마이저라고 하며 사용자가 원하는 처리경로로 유도하기가 쉽다. (②   )(은)는 통계 정보로부터 모든 접근 경로를 고려한 질의실행 계획을 선택하는 옵티마이저로 비용 기반 옵티마이저라고 한다. (②   )(은)는 옵티마이저의 이해도가 낮아도 성능보장이 가능하다.

- ① :
- ② :

04 다음 설명에 해당하는 용어를 쓰시오.

- 부하량과 접속자 파악 및 장애진단 등을 목적으로 하는 성능 모니터링 도구를 이용하여 운영 중인 시스템의 가용성을 높여 안정적인 시스템 운영을 지원하는 도구이다.
- Resource, End to End 두 가지 유형으로 분류할 수 있다.
- 애플리케이션 수행 시 CPU, 메모리, 네트워크, 디스크 등의 리소스 모니터링을 지원한다.

- 답 :

ANSWER 01 구분분석 단계 → 실행 단계 → 추출 단계 **02** TKPROF
03 ① RBO 또는 Rule Based Optimizer ② CBO 또는 Cost Based Optimizer **04** APM(Application Performance Management)

인덱스(Index)의 개념

01 인덱스(Index) 2021년 3회

- 물리 데이터베이스 설계에서 성능 향상을 위해 테이블의 컬럼과 레코드를 빠르게 식별할 수 있도록 컬럼값과 그 값을 포함하는 레코드의 논리적인 주소를 별도의 저장 구조를 만들어 저장하는 것이다.
- 인덱스를 이용하면 테이블에 존재하는 데이터 검색 속도를 빠르게 할 수 있다.
- 검색 키(Search Key) : 한 파일에서 레코드를 찾는 데 사용되는 속성이나 속성들의 집합이다.

search–key	pointer

★ 인덱스 엔트리(Index entry)
= 인덱스 레코드(Index record)

- 인덱스 파일은 인덱스 엔트리(index entry)★라고 하는 레코드로 구성된다.
- **예** 학번 테이블의 주소는 실제 저장되어 있는 물리적 위치 주소를 의미한다. 물리적 주소에 저장된 자료를 쉽고 빠르게 검색하기 위해 인덱스 테이블을 생성한다.

〈인덱스 테이블〉

학번(key)	주소(포인터)
20081414	103
20081415	101
20081416	102

〈학번 테이블〉

주소	학번(key)	학년	반	과정
101	20081414	1	2	문과
102	20081415	1	3	이과
103	20081416	1	4	이과

02 인덱스의 두 가지 기본 종류

- 순서 인덱스(Ordered Index) : 검색키가 값에 대해 정렬된 순서로 되어 있다.
- 해시 인덱스(Hash Index) : 검색키가 버킷의 범위 안에서 값이 일정하게 분배되어 있다. 값이 할당되는 버킷은 '해시 함수'에 의해 결정된다.

03 클러스터링의 개념

- 비슷한 종류의 무엇인가를 묶는다는 개념이다.
- 특정 컬럼값이 동일한 레코드에서 값에 의한 데이터 조회 시 빠른 속도로 접근하도록 동일한 장소에 저장하는 방법을 말한다.
- 클러스터 인덱스가 생성되어 여러 레코드에 대해 데이터를 가져올 때 랜덤 접근 방법을 최소화하여 접근 효율성을 높여준다.

구분	클러스터드 인덱스	넌 클러스터드 인덱스
정렬 방식	인덱스 키 값의 순서에 따라 정렬되어 있으며 데이터 삽입, 삭제 시 데이터 재정렬해야 함	키 값만 정렬되어 있으며 실제 데이터는 정렬되지 않음
검색 속도	실제 데이터가 순서대로 저장되어 있어 원하는 데이터를 빠르게 찾을 수 있음	인덱스 검색 후 실제 데이터 위치를 확인하여 클러스터드 인덱스에 비해 속도가 느림
인덱스 생성	한 개의 릴레이션에 하나의 인덱스만 생성할 수 있음	한 개의 릴레이션에 최대 249개까지 생성 가능
리프 페이지	실제 데이터	실제 데이터 주소
조회성	적은 양이든 많은 양이든 유리	비교적 적은 양의 데이터가 유리
사용 용도	조회가 많을 때 유리	삽입, 삭제, 갱신이 많을 때 유리

04 밀집 인덱스와 희소 인덱스

① 밀집 인덱스(Dense index)

- 파일에 있는 모든 검색키 값에 대해 인덱스 레코드가 나타난다.
- 각 레코드의 키 값에 대해서 인덱스에 엔트리를 유지하는 인덱스이다.
- 데이터 파일의 각 레코드의 탐색키 값이 인덱스 엔트리에 포함된다.

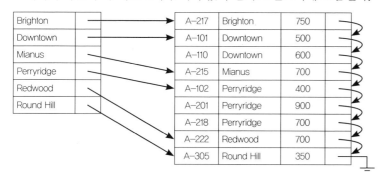

② 희소 인덱스(Sparse index)

- 인덱스 레코드는 검색키 값에 대해 단지 몇 개만 나타난다.
- 레코드가 검색키에 의해 연속적으로 순서되어 있을 때 적절하다.
- 일부 키 값에 대해서만 인덱스에 엔트리를 유지하는 인덱스이다.
- 일반적으로 각 블록마다 한 개의 탐색 키 값이 인덱스 엔트리에 포함된다.

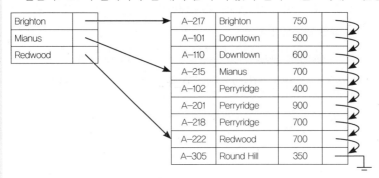

③ 비교

구분	밀집 인덱스	희소 인덱스
엔트리	각 레코드마다 엔트리를 갖는다.	각 데이터 블록마다 엔트리를 갖는다.
엔트리 수	밀집 인덱스 내의 엔트리 수는 희소 인덱스 내의 엔트리 수에 블록당 평균 레코드 수를 곱한 것이다.	레코드의 길이가 블록 크기보다 훨씬 작은 일반적인 경우에는 희소 인덱스의 엔트리 수가 밀집 인덱스의 엔트리 수보다 훨씬 적다.
디스크 접근 수	질의에서 인덱스가 정의된 애트리뷰트만 검색(예를 들어 COUNT 질의)하는 경우에는 데이터 파일을 접근할 필요 없이 인덱스만 접근해서 질의를 수행할 수 있으므로 밀집 인덱스가 희소 인덱스보다 유리하다.	희소 인덱스는 일반적으로 밀집 인덱스에 비해 인덱스 단계 수가 1 정도 적으므로 인덱스 탐색 시 디스크 접근 수가 1만큼 적을 수 있다.
선택성	좋다.	나쁘다.

> **더 알기 Tip**
>
> **선택성(Selectivity)**
>
> - 클러스터드 인덱스에서 선택성은 중요한 이슈이다.
> - 클러스터드 인덱스의 경우 관계가 있거나 자주 사용되는 튜플들을 묶어서(CLUSTERED) 검색하게 되는데, 이때 하나의 클러스터드 인덱스에 대상이 되는 튜플들이 많아진다면(예를 들어 10,000명의 튜플을 성별로 CLUSTERED했다고 가정하면) 이 인덱스는 선택성이 매우 낮아지게 된다. 클러스터링을 지정할 때는 이처럼 선택성이 낮은 속성을 기준으로 하지 않는 것이(예를 들면 학번 같은) 데이터베이스 검색 성능 향상에 도움이 된다.

④ 다단계 인덱스

- 인덱스 자체가 크다면 인덱스를 탐색하는 시간도 오래 걸릴 수 있다. 이를 줄이기 위해 단일 단계 인덱스를 디스크상의 하나의 순서 파일로 간주하고, 단일 단계 인덱스에 대해서 다시 인덱스를 정의할 수 있다.
- 다단계 인덱스는 가장 상위 단계의 모든 인덱스 엔트리들이 한 블록에 들어갈 수 있을 때까지 이 과정을 반복한다.
- 가장 상위 인덱스는 '마스터 인덱스'이다(하나의 블록으로 이루어져 있어서 주 메모리에 상주할 수 있음).
- B+트리를 사용한다.

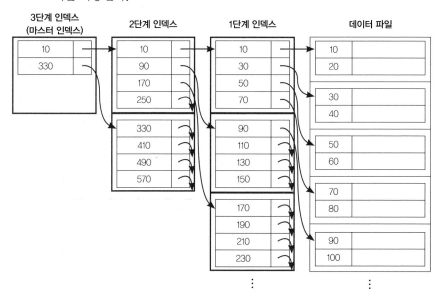

05 동시성 제어

① 정의

- 여러 명의 사용자가 동시에 데이터베이스 하나에 접근할 때 발생하는 여러 가지 문제점을 해결하기 위한 제어 방법이다.
- 다중 사용자 환경에서는 여러 개의 트랜잭션이 섞여서 동시에 실행된다.
- 여러 트랜잭션이 동시에 실행되더라도 트랜잭션이 하나씩 순차적으로 실행된 결과와 동일한 경우를 직렬 가능(Serializable)한 상태라고 한다.
- 데이터의 무결성 및 일관성 보장을 목표로 한다.

② 목적

- 공유도를 최대한으로 한다.
- 응답 시간을 빠르게 한다.
- 시스템 활용도를 높게 한다.

③ 필요성

- 트랜잭션의 순차 실행의 결과와 동시 처리된 트랜잭션의 결과가 동일해야 한다.
- 직렬화의 가능성을 보장해야 한다.
- 여러 사용자가 공유된 데이터베이스에 동시 접근 시 여러 문제가 발생한다(갱신 분실, 불일치, 연쇄 복귀).
- 여러 개의 트랜잭션이 동시에 수행되면 CPU와 디스크의 활용률이 높아져 트랜잭션 처리량이 높아진다.
- 짧은 트랜잭션은 긴 트랜잭션이 모두 완료될 때까지 기다릴 필요가 없으므로 반응시간이 향상된다.
- 트랜잭션의 직렬성이 보장된다.
- 공유도 최대, 응답 시간 최소, 시스템 활용이 최대 보장된다.

④ 동시성 제어를 하지 않았을 때의 문제점

갱신 분실(Lost update)	• 2개 이상의 트랜잭션이 같은 데이터를 공유하여 갱신할 때 생기는 문제이다. • 일련의 갱신 작업 시 일부 갱신 사실이 반영되지 않는다.
오손 판독(Dirtyread)	애플리케이션이 아직 영구적인 저장소에 커밋(COMMIT)되기 전에 데이터베이스로부터 데이터를 읽을 때 발생한다.
반복 불능 읽기 (Unrepeatable Read)	데이터를 읽고 있는 중에 동시 실행하고 있는 다른 트랜잭션이 데이터를 수정할 경우 반복할 수 없는 읽기 문제가 발생한다.
팬텀(Phantom)	• 기존에 존재하지 않았던 새로운 데이터가 추가된 경우에 발생한다. • 직렬 가능성(Serializable)★으로 해결할 수 있다.

★ 직렬 가능성
- 트랜잭션이 연속적으로 실행됨을 보증한다.
- 각각의 트랜잭션이 독립적으로 작동함을 의미한다(ACID).
- 엄청난 성능 저하를 초래한다.

더 알기 Tip

트랜잭션의 특성 : ACID

- **원자성(Atomicity)**
  - 완전하게 수행이 완료되지 않으면 전혀 수행되지 않아야 한다.
  - 연산은 Commit, Rollback을 이용하여 적용 또는 취소로 한꺼번에 완료되어야 한다.
  - 중간에 하나의 오류가 발생되더라도 취소가 되어야 한다.
  - 예 은행 ATM 이용 시 출금액 입력 후 트랜잭션 발생에 오류가 생기면 작업은 취소되고 다시 시도를 요구한다.

- **일관성(Consistency)**
  - 시스템의 고정 요소는 트랜잭션 수행 전후가 같아야 한다.
  - 트랜잭션 결과는 일관성을 유지해야 한다.
  - 트랜잭션 처리 전과 후의 데이터베이스 상태는 같아야 한다. 처리 후라고 해서 구조나 형식이 변경되어서는 안 된다.

- **격리성(Isolation)**
  - 트랜잭션 실행 시 다른 트랜잭션의 간섭을 받지 않아야 한다.
  - 예 은행 계좌에 100원이 있을 경우 A, B 사람이 동시에 한 계좌에서 100원을 인출하려고 시도하면 먼저 요구한 트랜잭션을 판별하여 순위를 결정하고 우선권을 가진 트랜잭션을 먼저 처리할 때 우선권이 없는 트랜잭션이 끼어들 수 없도록 한다. 즉, 100원이 있는 계좌에서 200원이 출금되는 현상이 발생하는 것을 방지한다.

- **영속성(Durability)**
  - 트랜잭션의 완료 결과가 데이터베이스에 영구히 기억되어야 한다.
  - 예 은행 계좌에서 100원 중 10원을 인출했을 때 계좌에는 90원이 남아 있어야 한다.

⑤ 동시성 제어 기법

2PL(2 Phase Locking) 기법 (2단계 Locking 기법)	• 요청 단계 및 반납 단계로 구성 • 직렬성 보장, 교착 상태(Dead Lock) 발생 가능
타임스탬프 순서 기법	• 트랜잭션의 타임스탬프에 따라 순서를 부여하는 기법 • 시간표가 적은 트랜잭션이 철회, 연쇄복귀(Cascading Rollback)의 부작용이 발생할 수 있음
추후 검증 기법	• 트랜잭션은 판독, 검증, 기록의 3단계 • 임시 지역변수 실행, 검증이 성공하면 실재 DB에 반영하고 검증이 실패하면 복귀(연쇄 복귀 방지)

더 알기 Tip

기아 현상(Starvation)
- 로킹을 사용할 때 발생하는 교착 상태 외에 또 다른 문제점이다.
- 어떤 트랜잭션이 무한정 수행되지 않는 반면 시스템에 있는 다른 트랜잭션들은 정상적으로 수행될 때 발생한다.
- 기아 현상을 해결하기 위해 선착 처리(First-come first-served)★ 큐를 사용한다.

★ 선착 처리
트랜잭션들이 어떤 항목에 락을 요청한 순서에 따라 그 항목에 로크(Lock)를 걸 수 있는 방법이다.

06 로킹(Locking)

① 로킹의 개념

로킹이란 트랜잭션이 사용하는 모든 데이터 항목에 대해 Lock을 지정해 두고, 해당 로크(Lock)를 획득한 경우에만 사용 가능하도록 하는 방법이다.

② 로킹의 종류

- 이진 로크 : 로크가 걸린 상태(Locked:1) 또는 로크가 해제된 상태(Unlocked:0)의 두 가지 상태만 존재한다.
- 배타적 로크 : 객체를 로크한 트랜잭션에 대해서만 액세스가 예약된다.
- 공유적 로크 : 트랜잭션들이 같은 데이터 항목을 공통적으로 읽어들일 때 존재한다.
- DML 로크 : Select, Insert, Update, Delete 등을 사용하여 특정 행에 대한 잠금을 의미한다. 특정 테이블 내의 모든 행에 대해 설정되는 테이블 수준의 잠금이다.
- DDL 로크 : Create, Alter 등을 사용하여 객체 구조의 정의를 보호한다.
- 내부 잠금 : 공유 데이터 구조, 객체, 파일들에 대해 다중 사용자 접근을 관할하기 위해 사용된다. 종류에는 래치(Latch)★와 인큐★가 있다.
- 분산 잠금 : 오퍼레이션에서 다양한 노드들에 있는 자원들이 서로 일관성을 보장하기 위해 사용한다.
- PCM(Parallel Cache Management) 잠금 : 버퍼 캐시 내부의 하나 이상의 캐시 데이터 블록을 여러 데이터베이스 인스턴스들에서 사용할 수 있도록 보호하는 방식이다.
- 사용자 잠금과 사용자 정의 잠금

★ 래치
짧은 시간 동안 유지되는 로크

★ 인큐
테이블의 행을 갱신하는 일들에 사용되며 요구가 큐에 줄을 서서 자원을 기다리는 방식

③ Locking의 문제

- 분실 갱신 : 애플리케이션 개발자가 모든 항목을 동시에 갱신하는 것이 쉽다고 판단하여 특정 항목이 갱신되어도 전체 항목을 갱신하도록 개발하였기 때문에 발생한다. 도구들은 질의한 레코드들에 대해 잠금을 설정하여 갱신될 때까지 이를 유지하여 분실 갱신이 발생하지 않도록 막아준다.
- 블로킹 : 한 세션이 자원에 대하여 잠금을 가지는 상태에서 다른 세션이 그 자원을 요청하는 경우에 발생한다. 새로 자원을 요청한 세션은 블로킹되어 잠금을 소유한 세션이 잠금을 해제할 때까지 차단된다.
- 교착 상태(Dead lock)가 발생할 수 있다.

07 2단계 로킹(Two-Phase locking)

★ 비관적 잠금과 낙관적 잠금
- 비관적 잠금 : 어떤 값을 변경하기 직전에 동작하기 시작한다. 대부분 충돌을 일으킨다는 가정하에 실행된다.
- 낙관적 잠금 : 대부분 충돌을 일으키지 않는다는 가정하에 트랜잭션이 완료될 때까지 제한없이 실행된다.

- 완벽한 직렬성을 보장하기 위해 로킹(locking)기법을 보다 강화한 방법★이다.
- 2가지 단계로 이루어져 있으며, 확장 단계 후 수축 단계를 실행하게 되고 서로 중복되거나 겹칠 수 없다.
  - 확장 단계(Growing Phase) : 항목들에 대한 새로운 로크를 획득할 수 있지만 해제할 수 없다.
  - 수축 단계(Shrinking Phase) : 이미 보유하고 있는 로크들을 해제할 수 있지만 어떤 새로운 로크를 획득할 수 없다.
- 교착 상태가 발생할 수 있다.

01 데이터베이스 병행 제어(동시성 제어)의 2단계 로킹에서 로킹 방법 2가지를 쓰시오.

• 답 :

02 데이터베이스 병행 제어(동시성 제어) 기법인 Locking의 종류 중 로크가 걸린 상태(Locked:1) 또는 로크가 해제된 상태(Unlocked:0)의 두 가지 상태만 존재하는 로크는 무엇인지 쓰시오.

• 답 :

03 데이터베이스 병행 제어(동시성 제어) 기법의 3가지 종류를 쓰시오.

• 답 :

04 다음에서 설명하는 것이 무엇인지 쓰시오.

> 비슷한 종류의 무엇인가를 묶는다는 개념으로, 특정 컬럼값이 동일한 레코드에서 값에 의한 데이터 조회 시 빠른 속도로 접근하도록 동일한 장소에 저장하는 방법을 말한다.

• 답 :

05 로킹을 사용할 때 발생하는 교착 상태 외에 또 다른 문제점으로 어떤 트랜잭션이 무한정 수행되지 않는 반면 다른 트랜잭션들은 정상적으로 수행되는 현상을 무엇이라고 하는지 쓰시오.

• 답 :

06 2단계 로킹 기법은 구현되는 2가지 단계를 쓰시오.

• 답 :

ANSWER **01** 확장 단계(Growing Phase), 수축 단계(Shrinking Phase)
02 이진 로크
03 2PL 기법, 타임스탬프 순서 기법, 추후 검증 기법
04 데이터베이스 클러스터링
05 기아 현상
06 확장 단계, 수축 단계

. SECTION .

03

데이터베이스 파티셔닝

출제
빈도 상 중 하

빈출 태그 파티셔닝

기적의 3회독
□ 1회 □ 2회 □ 3회

01 DB 파티셔닝(Partitioning)

- 서비스의 규모가 확대되면 DB에 저장하는 데이터의 규모 또한 대용량화되어, DB 시스템의 용량(storage)의 한계와 성능(performance)의 저하가 유발된다.
- 이와 같이 VLDB(Very Large DBMS)같은 단일 DBMS에 너무 큰 테이블이 존재하면 용량과 성능 측면에서 문제점이 발생한다.
- 큰 table이나 index를 관리하기 쉽도록 Partition이라는 작은 단위로 물리적 분할하는 것★을 의미한다.
- 이를 해결하기 위해서 테이블을 '파티션(Partition)'★하는 '파티셔닝(Partitioning)' 기법이 나타나게 되었다.
- 소프트웨어적으로 데이터베이스를 분산 처리하여 성능이 저하되는 것을 방지하고 관리를 보다 수월하게 할 수 있다.

★ 물리적인 데이터 분할
물리적인 데이터 분할이 있더라도, DB에 접근하는 애플리케이션은 이를 인식하지 못한다.

★ 파티션(Partition)
작은 단위로 나누어 관리하는 것을 의미한다.

02 DB 파티셔닝의 목적

성능 (Performance)	• DML과 Query의 성능을 향상시킨다. • 주로 대용량 Data 기록 환경에서 성능 향상을 가져온다. • 레코드 Full Scan 시 데이터 검색 범위를 줄여 성능 향상을 가져온다. • 잦은 입력(Insert) 쿼리가 발생하는 OLTP 시스템에서 삽입 작업을 작은 Partition들로 분산시켜 병행성을 높일 수 있다.
가용성 (Availability)	• 물리적인 파티셔닝으로 인해 전체 데이터의 훼손 가능성이 줄어들고 데이터 가용성이 향상된다. • 각 분할 영역(partition별)을 독립적으로 백업하고 복구할 수 있다. • 테이블의 partition 단위로 Disk I/O를 분산하여 경합을 줄이기 때문에 UPDATE 성능을 향상시킨다.
관리 용이성 (Manageability)	큰 테이블을 제거하여 관리의 용이성을 증대시킨다.

03 DB 파티셔닝의 장단점

장점	관리적 측면	• partition 단위 백업, 추가, 삭제, 변경이 용이해진다. • 전체 데이터를 손실할 가능성이 줄어들어 데이터 가용성이 향상된다. • partition별로 백업 및 복구가 가능하다. • partition 단위로 I/O 분산이 가능하여 UPDATE 성능을 향상시킨다.
	성능적 측면	• partition 단위로 조회 및 DML을 수행함으로써 레코드 Full Scan에서 데이터 Access의 범위를 줄여 성능 향상을 가져온다. • 필요한 데이터만 빠르게 조회할 수 있기 때문에 쿼리 자체가 가볍다.
단점		• table 간 JOIN에 대한 비용이 증가한다. • table과 index를 별도로 파티셔닝할 수 없으므로 함께 파티셔닝해야 한다.

04 DB 파티셔닝의 종류

① 수평(Horizontal) 파티셔닝
- 하나의 테이블의 각 행을 다른 테이블에 분산시키는 것이다.
- 샤딩(Sharding)★과 동일한 개념이다.
- 스키마가 같은 데이터를 두 개 이상의 테이블에 나누어 저장하는 것을 말한다.
- 퍼포먼스, 가용성을 위해 KEY 기반으로 여러 곳에 분산 저장한다.
- 일반적으로 분산 저장 기술에서 파티셔닝은 수평 분할을 의미한다.
- 보통 수평 분할을 한다고 했을 때는 하나의 데이터베이스 안에서 이루어지는 경우를 지칭한다.

> ★ 샤딩(Sharding)
> • 관계형 데이터베이스에서 대량의 데이터를 처리하기 위해서 데이터를 파티셔닝하는 기술이다.
> • 데이터베이스를 샤딩하게 되면 기존에 하나로 구성될 스키마를 다수의 복제본으로 구성하고 각각의 샤드에 어떤 데이터가 저장될지를 샤드키를 기준으로 분리한다.

ID	Name
1	Shaun
2	Tao
3	Ray
4	Jesse
5	Robin

ID	Name
1	Shaun
2	Tao
3	Ray

ID	Name
4	Jesse
5	Robin

더 알기 Tip

수평 파티셔닝의 장단점

장점	• 데이터 레코드 개수를 기준으로 분할하여 파티셔닝한다. • 데이터 레코드 개수가 줄어들어 index의 수도 줄어들어 자연스럽게 성능이 향상된다.
단점	• 서버 간의 연결과정이 많아진다. • 데이터를 찾는 과정이 기존보다 복잡하기 때문에 latency가 증가하게 된다. • 하나의 서버가 고장나게 되면 데이터의 무결성이 깨질 수 있다.

② 수직(Vertical) 파티셔닝★

- 테이블의 일부 컬럼을 분할하는 형태로 분할한다.
- 모든 컬럼들 중 특정 컬럼들을 분할하여 별도로 저장하는 형태를 의미한다.
- 스키마(Schema)를 나누고 데이터가 따라 옮겨가는 것을 말한다.
- 하나의 엔티티를 2개 이상으로 분리하는 작업이다.

> **더 알기 Tip**
>
> **수직 파티셔닝의 장점**
> - 자주 사용하는 컬럼 등을 분리하여 성능을 향상시킬 수 있다.
> - 임의 테이블의 전체 레코드를 조회하면 모든 컬럼이 메모리에 적재되는데, 수직 파티셔닝을 하게 되면 메모리에 적재되는 컬럼 수가 줄어들어 I/O 측면에서 많은 수의 ROW를 메모리에 적재할 수 있다.
> - 같은 타입의 데이터가 저장되기 때문에 저장 시 데이터 압축률을 높일 수 있다.

05 DB 파티셔닝의 분할 기준

- 데이터베이스 관리 시스템은 분할에 대해 각종 기준(분할 기법)을 제공하고 있다.
- 분할은 '분할 키(Partitioning Key)'를 사용한다.

① 범위 분할(Range Partitioning)

- 연속적인 숫자나 날짜 기준으로 Partitioning한다.
- 손쉬운 관리 기법을 제공하여 관리 시간을 단축할 수 있다.
- **예** 우편번호, 일별, 월별, 분기별 등의 데이터에 적합하다.

② 목록 분할(List Partitioning)

- 특정 Partition에 저장될 Data에 대한 명시적 제어가 가능하다.
- 분포도가 비슷하고 많은 SQL에서 해당 컬럼의 조건이 많이 들어오는 경우에 유용하다.
- Multi-Column Partition Key를 제공하기 힘들다.
- **예** [한국, 일본, 중국 → 아시아] [노르웨이, 스웨덴, 핀란드 → 북유럽]

③ 해시 분할(Hash Partitioning)

- Partition Key의 Hash값에 의한 Partitioning한다(균등한 데이터 분할 가능).
- Select 시 조건과 무관하게 병렬 Degree를 제공한다(질의 성능 향상).
- 특정 Data가 어느 Hash Partition에 있는지 판단이 불가능하다.
- Hash Partition은 파티션을 위한 범위가 없는 데이터에 적합하다.

④ 합성 분할(Composite Partitioning)

- Composite Partition은 Partition의 Sub-Partitioning을 말한다.
- 큰 파티션에 대한 I/O 요청을 여러 Partition으로 분산할 수 있다.
- Range Partitioning할 수 있는 Column이 있지만, Partitioning 결과 생성된 Partition이 너무 커서 효과적으로 관리할 수 없을 때 유용하다.
- Range-List, Range-Hash

01 DB 파티셔닝(Partitioning)의 분할 기준 중에서 연속적인 숫자나 날짜 기준으로 Partitioning하는 방식으로 손쉬운 관리 기법을 제공하여 관리 시간을 단축할 수 있는 분할 기법을 쓰시오.

• 답 :

02 DB 파티셔닝 기법 중에서 다음에 해당하는 기법은 무엇인지 쓰시오.

> • 하나의 테이블의 각 행을 다른 테이블에 분산시키는 것이다.
> • 샤딩(Sharding)과 동일한 개념이다.
> • 스키마가 같은 데이터를 두 개 이상의 테이블에 나누어 저장하는 것을 말한다.
> • 퍼포먼스, 가용성을 위해 KEY 기반으로 여러 곳에 분산 저장한다.
> • 일반적으로 분산 저장 기술에서 파티셔닝은 수평 분할을 의미한다.

• 답 :

03 DB 파티셔닝의 목적 3가지를 쓰시오.

• 답 :

04 DB 파티셔닝의 단점 2가지를 쓰시오.

• 답 :

05 다음이 설명하는 파티셔닝 분할 기준은 무엇인지 쓰시오.

> • 큰 파티션에 대한 I/O 요청을 여러 Partition으로 분산할 수 있다.
> • Range Partitioning할 수 있는 Column이 있지만, Partitioning 결과 생성된 Partition이 너무 커서 효과적으로 관리할 수 없을 때 유용하다.

• 답 :

ANSWER **01** 범위 분할(range partitioning)
02 수평(horizontal) 파티셔닝
03 성능(Performance), 가용성(Availability), 관리용이성(Manageability)
04 비용 증가, table과 index를 별도로 파티셔닝할 수 없다(함께 파티셔닝해야 한다).
05 합성 분할(Composite Partitioning)

01 다음은 DB 마이그레이션에 관한 보기이다. 빈칸에 알맞은 답을 쓰시오.

(①)	데이터 블록에서 수정이 발생할 때 수정된 데이터를 해당 데이터 블록에서 저장하지 못하고 다른 블록의 빈 곳을 찾아 데이터를 저장하는 방식으로 입출력 속도가 감소한다.
(②)	로우 길이가 너무 길어서 데이터 블록 하나에 데이터가 모두 저장되지 않고, 두 개 이상의 블록에 걸쳐 하나의 로우가 저장되어 데이터베이스 성능이 저하된다.

• ① :

• ② :

02 데이터베이스 튜닝에 대하여 약술하시오.

• 답 :

03 SQL 성능을 최적화하기 위한 유틸리티 중에서 SQL이 사용하는 액세스 경로를 파악하기 위해 활용하는 도구를 쓰시오.

• 답 :

04 SQL 성능 개선 절차 중 다음 보기에 해당하는 작업 단계는 무엇인지 쓰시오.

> • 범위가 아닌 특정 값 지정으로 범위를 줄여 처리속도가 빠르게 한다.
> • 옵티마이저가 비정상적인 실행계획을 수립할 경우, 힌트로서 옵티마이저의 접근 경로 및 조인(Join) 순서를 제어한다.
> • 인덱스 설정 컬럼은 Having 사용 시 인덱스를 사용하지 않는다.
> • 인덱스 컬럼만 질의 대상으로 설정하여 옵티마이저가 최적의 경로를 찾도록 한다.

• 답 :

05 물리 데이터베이스 설계에서 성능 향상을 위해 테이블의 컬럼과 레코드를 빠르게 식별할 수 있도록 컬럼값과 그 값을 포함하는 레코드의 논리적인 주소를 별도의 저장 구조를 만들어 저장하는 것을 무엇이라고 하는지 쓰시오.

• 답 :

06 인덱스의 두 가지 기본 종류 중에서 검색키가 버킷의 범위 안에서 값이 일정하게 분배되어 있고, 값이 할당되는 버킷은 해시 함수에 의해 결정되는 인덱스는 무엇인지 쓰시오.

• 답 :

07 특정 컬럼값이 동일한 레코드에서 값에 의한 데이터 조회 시 빠른 속도로 접근하도록 동일한 장소에 저장하는 방법으로 다음과 같은 특징을 갖는 것은 무엇인지 쓰시오.

- 정렬 방식 : 키 값만 정렬되어 있으며 실제 데이터는 정렬되지 않는다.
- 검색 속도 : 인덱스 검색 후 실제 데이터 위치를 확인하여 클러스터드 인덱스에 비해 속도가 느리다.
- 사용 용도 : 삽입, 삭제, 갱신이 많을 때 유리하다.

• 답 :

08 다음이 설명하는 인덱스의 형태를 쓰시오.

- 인덱스 레코드는 검색키 값에 대해 단지 몇 개만 나타난다.
- 레코드가 검색키에 의해 연속적으로 순서되어 있을 때 적절하다.
- 일부 키 값에 대해서만 인덱스에 엔트리를 유지하는 인덱스이다.
- 일반적으로 각 블록마다 한 개의 탐색 키 값이 인덱스 엔트리에 포함된다.

• 답 :

09 다음이 설명문에서 빈칸에 알맞는 클러스터드 인덱스의 특성을 쓰시오.

클러스터드 인덱스의 경우 관계가 있거나 자주 사용되는 튜플들을 묶어서(CLUSTERED) 검색하게 되는데 이때 하나의 클러스터드 인덱스에 대상이 되는 튜플들이 많아진다면(예를 들어 10,000명의 튜플을 성별로 CLUSTERED했다고 가정하면) 이 인덱스는 (   )(이)가 매우 낮아지게 된다. 클러스터링을 지정할 때는 이처럼 (   )(이)가 낮은 속성을 기준으로 하지 않는 것이(예를 들면 학번 같은) 데이터베이스 검색 성능 향상에 도움이 된다.

• 답 :

10 데이터베이스의 동시성 제어 목적 3가지를 쓰시오.

• 답 :

11 동시성 제어를 하지 않을 때의 문제점으로 다음과 같은 문제점을 유발하는 것은 무엇인지 쓰시오.

기존에 존재하지 않았던 새로운 데이터가 추가된 경우, 직렬 가능성(Serializable)으로 해결할 수 있다. 직렬 가능성은 트랜잭션이 연속적으로 실행됨을 보증하고 각각의 트랜잭션이 독립적으로 작동함을 의미하며(ACID) 엄청난 성능 저하를 초래한다.

• 답 :

12 데이터베이스에서 자료 교환의 단위인 트랜잭션은 4가지 특성을 가지고 있다. 이 4가지 특성을 쓰시오.
• 답 :

13 데이터베이스의 병행 제어를 목적으로 사용하는 로킹(Locking)의 종류 중에서 트랜잭션들이 같은 데이터 항목을 공통적으로 읽어들일 때 존재하는 로킹을 쓰시오.

• 답 :

14 다음이 설명하는 데이터베이스 최적화 기법을 쓰시오.

> - 서비스의 규모가 확대되면 DB에 저장하는 데이터의 규모 또한 대용량화되어, DB 시스템의 용량(storage)의 한계와 성능(performance)의 저하가 유발된다.
> - 이와 같이 VLDB(Very Large DBMS)같은 단일 DBMS에 너무 큰 테이블이 존재하면 용량과 성능 측면에서 문제점이 발생한다.
> - 큰 table이나 index를 관리하기 쉽도록 Partition이라는 작은 단위로 물리적 분할하는 것을 의미한다.

- 답 :

15 DB 파티셔닝 분할 기준 중 균등한 데이터 분할이 가능하며, 질의 성능 향상 등의 장점이 있지만 특정 Data가 어느 Hash Partition에 있는지 판단이 불가능한 분할 방식은 무엇인지 쓰시오.
- 답 :

16 데이터베이스 클러스터링에 대하여 간략히 서술하시오.
- 답 :

17 수직 파티셔닝의 장점을 약술하시오.
- 답 :

18 다음이 설명하는 기술은 무엇인지 쓰시오.

> - 관계형 데이터베이스에서 대량의 데이터를 처리하기 위해서 데이터를 파티셔닝하는 기술이다.
> - 기존에 하나로 구성될 스키마를 다수의 복제본으로 구성하고 각각의 샤드에 어떤 데이터가 저장될지를 샤드키를 기준으로 분리한다.

- 답 :

19 완벽한 직렬성을 보장하기 위해 로킹(locking) 기법을 보다 강화한 방법으로, 확장 단계와 수축 단계로 구분하는 방법은 무엇인지 쓰시오.
- 답 :

PART 03

통합 구현

PART 03 소개

모듈 간의 분산이 이루어진 경우를 포함하여 단위 모듈 간의 데이터 관계를 분석하고,

이를 기반으로 한 메커니즘 모듈 간의 효율적인 연계를 구현하여 검증할 수 있다.

CHAPTER 01

연계 데이터 구성하기

학습 방향

1. 개발하고자 하는 응용 소프트웨어와 관련된 외부 및 내부 모듈 간의 데이터 연계 요구사항을 분석할 수 있다.

출제 빈도

| Section 01 | 중 | ████████████████ | 50% |
| Section 02 | 중 | ████████████████ | 50% |

통합 구현

🎓 기적의 Tip

통합 구현은 단위 모듈을 연계하여 통합하는 단계입니다. 전체적인 흐름을 파악하고 연계 시스템의 구성을 이해하도록 하세요.

★ 단위 모듈
소프트웨어 구현에 필요한 다양한 동작 중 한 가지 동작을 수행하는 기능을 모듈로 구현한 것을 의미한다.

01 통합 구현의 정의

• 단위 모듈★ 간 연계와 통합을 통하여 사용자의 요구사항을 수용하고, 새로운 서비스 추가를 위한 절차이다.
• 시스템 아키텍처 구성, 송수신 방식과 송수신 모듈 구현 방법 등에 따라 다양하다.
• 구축하고자 하는 실제 환경과 사용자 요구사항에 따라 알맞은 통합 구현 방법을 설계하도록 한다.

02 연계 시스템 구성

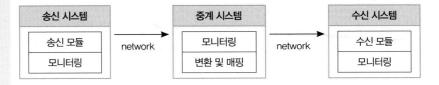

① 송신 시스템
• 전송하고자 하는 데이터를 생성하여 필요에 따라 변환 후 송신하는 송신 모듈과 데이터 생성 및 송신 상태를 모니터링하는 기능으로 구성된다.
  – 송신 모듈 : 내부 연계 시에도 필수 요소에 해당하며 일반적으로 연계 솔루션이 적용될 때는 데이터 생성 처리만 구현한다.
  – 모니터링 : 송신 시스템 내의 처리 과정 및 송신 상태 등을 확인할 수 있도록 구현한다.

② 중계 시스템
• 송/수신 시스템 간의 연계 시에 적용되는 아키텍처이다.
• 송/수신 구간을 분리하여 보안성이 강화된다.
• 인터넷 망(Internet)과 인트라넷 망(Intranet)을 연결할 수도 있다.
• 중계 모듈 : 송신된 데이터의 오류 처리 및 수신 시스템의 데이터 형식으로 변환 또는 매핑 등을 수행한다.

③ 수신 시스템
• 수신 모듈과 모니터링으로 구성된다.
  – 수신 모듈 : 수신받은 데이터를 정제(Cleansing)하고, 응용 애플리케이션이나 데이터베이스의 테이블에 적합하도록 변환하여 반영하는 기능을 수행한다.
  – 모니터링 : 연계 데이터의 수신 현황 및 오류 처리, 데이터 반영을 모니터링하는 기능을 수행한다.

④ 연계 데이터
- 의미를 내포한 속성, 길이, 타입 등 실제 송수신되는 데이터이다.
- 송수신되는 연계 데이터 형식 : 데이터베이스(DB, Database)의 테이블, 컬럼, 파일
- 파일 형식 : TXT, XML, CSV★ 등

⑤ 네트워크
- 각 시스템을 연결해 주는 통신망이다.
- 유선/무선, ISP(Internet Service Provider) 사업자의 공중망, 사설망 등의 물리적인 망과 송수신 규약을 위한 프로토콜(Protocol)을 의미한다.

03 연계 요구사항 분석

① 정의
- 통합 구현을 위하여 연계 시스템과 관련된 요구사항을 분석하는 과정을 의미한다.
- 연계에 관한 요구사항은 연계 데이터 및 환경 구성을 위해서 성능과 데이터 발생빈도 및 유형과 보안 등의 다양한 관점으로 분석하도록 한다.

② 절차
HW/SW/네트워크 확인 → 코드/테이블 정의서 확인 → 점검표 작성 → 인터뷰/설문 조사 시행 → 요구사항 분석서 작성

③ 기법
- 사용자 인터뷰
- 핵심 그룹 면담
- 점검표, 설문지 및 설문 조사
- 체크리스트
- 델파이 기법★
- 연계 솔루션 비교★

④ 분석 시 참고 문서
- 시스템 구성도 : 송/수신 시스템의 네트워크, 하드웨어 및 시스템 소프트웨어의 구성
- 응용 애플리케이션 구성 : 애플리케이션의 메뉴 구성, 화면 설계서, 사용자 인터페이스 정의서, 데이터 발생 시점, 발생 주기, 발생 패턴
- 엔티티 관계도, 공통코드 정의서 : 데이터 모델링 기술서, 테이블 간의 연관도, 정의된 테이블 정의서, 공통 코드와 공통 코드에 관한 설명서

04 연계 모듈 구현 시 환경 구축 절차

- 연계 메커니즘 정의서 또는 연계 아키텍처 설계서를 확인 및 점검한다.
- 송신 시스템의 연계 모듈 구현 환경을 구축한다.
- 수신 시스템의 연계 모듈 구현 환경을 구축한다.
- 송/수신 시스템의 연계 응용 프로그램을 구현한다.

★ CSV
(Comma Separated Value)
쉼표를 기준으로 항목을 구분하여 저장한 데이터로 데이터베이스나 스프레드시트 데이터를 보존하거나 다른 소프트웨어에 데이터를 주고받을 때 사용하는 파일 형식이다.

★ 델파이 기법
전문가의 경험적 지식을 통한 분석 기법으로 업무 전문가 등 각 분야 전문가로 구성되어 있다.

★ 연계 솔루션 비교
다양한 연계 방식과 연계 솔루션별(EAI, ESB, Open API 등) 연계 시의 성능, 보안, 데이터 처리, 모니터링 등의 장단점을 비교한다.

01 애플리케이션 개발 단계 중 다음에 해당하는 것은 무엇인지 쓰시오.

> 단위 모듈 간 연계와 통합을 통하여 사용자의 요구사항을 수용하고, 새로운 서비스 추가를 위한 절차이다.

· 답 :

02 통합 구현을 위해서는 연계 시스템의 구성을 선행 분석하여야 한다. 연계(인터페이스) 구성 3단계를 쓰시오.

· 답 :

03 통합 구현 시 연계되는 데이터의 형식 3가지(①)와 연계 파일 형식 3가지(②)를 쓰시오.

· ① :
· ② :

04 다음은 연계 요구사항 분석 절차이다. 빈칸에 알맞은 절차를 쓰시오.

> HW/SW/네트워크 확인 → (   ) → 점검표 작성 → 인터뷰/설문 조사 시행 → 요구사항 분석서 작성

· 답 :

ANSWER **01** 통합 구현
02 송신 시스템, 중계 시스템, 수신 시스템
03 ① 테이블, 컬럼, 파일 ② TXT, XML, CSV
04 코드/테이블 정의서 확인

· SECTION ·

02

연계 데이터 식별 및 표준화

출제
빈도 상 중 하

빈출 태그 연계 데이터 식별 및 표준화 절차 • 연계 데이터 코드 변환 및 매핑(Mapping)

기적의 3회독
☐ 1회 ☐ 2회 ☐ 3회

01 연계 데이터 식별

• 연계 데이터 구성을 위하여 연계 데이터를 구분하여 식별하고 이렇게 식별된 연계 데이터를 표준화하여 연계(인터페이스) 정의서를 작성한다.

• 대내외 시스템 연계를 위해 송신 시스템과 수신 시스템 데이터에 대한 상세 식별 정보를 확인한다.

02 연계 데이터 표준화

① 정의

• 연계 데이터 중 코드화된 정보는 송신 시스템과 수신 시스템에서 상호 교환 가능하도록 코드 매핑 정보를 제공하거나 송/수신 시스템 간 다른 코드 정보를 표준화한다.

• 인터페이스 설계 단계에서 송/수신 시스템 사이에 전송되는 표준 항목과 업무 처리 데이터, 공통 코드 정보 등을 누락 없이 식별하고 인터페이스 명세서★를 작성한다.

★ **인터페이스 명세서**
공통부, 개별부, 종료부로 구성된다.

② 절차

• 범위 및 항목 정의★ → 연계 코드 변환 및 매핑 → 변경된 데이터 구분 방식 정의 → 데이터 표현 방법 정의 → 정의서 및 명세서 작성

• 데이터 형식은 크게 데이터베이스 테이블과 데이터베이스 파일로 구분되며 데이터베이스 파일은 다시 태그, 콤마 등 구분자에 의해 구분한다.

★ **범위 및 항목 정의**
송/수신 시스템 연계 항목이 서로 다를 경우 일반적으로 수신 시스템 기준으로 정의한다.

03 연계 데이터 식별 및 표준화 절차

① 정의

• 연계 데이터 구성을 위하여 연계 데이터를 분류 식별하고, 식별된 연계 데이터를 표준화하는 과정이다. 이 수행 결과로 연계(인터페이스) 정의서를 작성한다.

• 연계 범위 및 항목 정의 → 연계 데이터 코드 변환 및 매핑(Mapping) → 연계 데이터 식별자와 변경 구분 추가 → 연계 데이터 표현 방법 정의 → 연계(인터페이스) 정의서 및 명세서

② 절차

- 연계 범위 및 항목 정의
  - 시스템 간에 연계하려는 정보를 상세화하며 범위와 항목을 정의한다. 상세화하는 방법은 연계 필요 정보를 정보 그룹에서 그룹을 구성하는 단위 항목으로 확인한다.
  - 송신/수신 시스템에서 연계대상 항목의 데이터 타입 및 길이, 코드화 여부 등을 확인★한다.
  - 송신/수신 시스템의 연계 항목이 다를 경우, 수신 시스템 기준으로 적용 및 변환한다.

★ 연계대상 확인
송신 시스템의 '테이블 정의서', 수신 시스템의 '테이블 정의서'를 참고한다.

- 연계 데이터 코드 변환 및 매핑(Mapping)
  - 연계대상 정보에서 코드로 관리되는 항목을 변환한다.
  - 송신 시스템 코드를 수신 시스템 코드로 매핑해주는 방법과 송수신 시스템에서 사용되는 코드를 통합하여 표준화한 후 전환하는 방법이 있다.
- 연계 데이터 식별자(PK, Primary Key)와 변경 구분 추가
  - 송신 시스템의 식별키 항목을 추가하여 송신된 정보가 수신 시스템의 어떤 데이터에 해당하는지 구분한다.
  - 송신 정보를 수신 시스템의 테이블에 추가, 수정, 삭제할 데이터인지 식별해주는 구분 정보를 추가★한다.
  - 인터페이스 테이블 또는 파일에 관리 정보를 추가하여 연계되는 정보의 송수신 여부, 송수신 일시, 오류 코드 등을 확인하고 감시한다.

★ 구분 정보 추가
변경 구분 송신 데이터를 수신 시스템에 반영하기 위해서 구분 정보를 추가한다.

- 연계 데이터 표현 방법 정의
  - 연계하고자 하는 연계대상 범위와 항목, 연계 데이터 코드 매핑 방식 등을 정의하여 연계 데이터를 테이블이나 파일 등의 형식으로 구성한다.
  - 구성된 연계 데이터는 연계 데이터를 생성하는 시점, 연계 주기, 적용되는 연계 솔루션의 지원 기능 등에 다르게 표현될 수 있다.
  - 연계 데이터 표현 방법을 상세화한다.
- DB : 테이블, 파일 형식
- 파일 : 파일 형식에 따라 태그(Tag), 항목 분리자(델리 미터, Delimiter) 사용
- 연계(인터페이스) 정의서 및 명세서
  - 연계 항목, 연계 데이터 타입, 길이 등을 구성하고 형식을 정의하여 결과물인 연계(인터페이스) 정의서★를 작성한다.
  - 연계(인터페이스) 정의서에는 송/수신 시스템 간의 인터페이스 현황을 작성한다.
  - 연계(인터페이스) 정의서에 작성한 인터페이스 ID별로 송수신하는 데이터 타입, 길이 등 인터페이스 항목을 상세하게 작성한다.

★ 연계(인터페이스) 정의서
송신 시스템과 수신 시스템 간의 인터페이스 현황을 작성한다.

I/F번호	송신		수신		인터페이스 방식	인터페이스 주기
	시스템명	인터페이스ID/명	시스템명	인터페이스ID/명		
001	네아로 로그인	NEARO	NAVER	NEARO00	API	요구 시
–	–	–	–	–	–	–

▲ 인터페이스 정의서 양식

I/F번호						I/F번호					
송신	I/F ID					송신	I/F ID				
	I/F명						I/F명				
주기 및 방식						DB 및 파일 형식					
송신						수신					
한글명	영문명	Type	길이	PK	Code 여부	한글명	영문명	Type	길이	PK	Code 여부
처리내용											

▲ 인터페이스 명세서 양식

이론을 확인하는 문제

연계 데이터 식별 및 표준화 절차 중 빈칸에 알맞은 단계를 쓰시오.

> 연계 범위 및 항목 정의 → (   ) → 연계 데이터 식별자와 변경 구분 추가 → 연계 데이터 표현 방법
> 정의 → 연계(인터페이스) 정의서 및 명세서

• 답 :

ANSWER 연계 데이터 코드 변환 및 매핑(Mapping)

01 통합 구현 부분 중 전송하고자 하는 데이터를 생성하여 필요에 따라 변환 후 송신하는 송신 모듈과 데이터 생성 및 송신 상태를 모니터링하는 기능으로 구성된 것을 무엇이라고 하는지 쓰시오.

• 답 :

02 통합 구현 시 연계 데이터 표현 방법을 정의하는 단계에서 연계 데이터 표현 방법을 상세화해야 한다. 파일의 경우 연계 데이터 표현 방법을 어떻게 정의해야 하는지 약술하시오.

• 답 :

03 통합 구현 시 연계 데이터의 표준화에 대하여 약술하시오.

• 답 :

04 연계 데이터 코드 변환 및 매핑 단계의 2가지 방식을 쓰시오.

• 답 :

05 연계 시스템 구성 중 중계 시스템 내의 중계 모듈의 역할을 쓰시오.

• 답 :

06 다음은 연계모듈 구현 환경 구축 절차이다. 순서에 맞게 기호를 나열하시오.

가. 연계 메커니즘 정의서 또는 연계 아키텍처 설계서를 확인 및 점검한다.
나. 송신 시스템의 연계 모듈 구현 환경을 구축한다.
다. 수신 시스템의 연계 모듈 구현 환경을 구축한다.
라. 송/수신 시스템의 연계 응용 프로그램을 구현한다.

• 답 :

CHAPTER 02

연계 메커니즘 구성하기

학습 방향

1. 개발하고자 하는 응용 소프트웨어와 연계 대상 모듈 간의 특성을 고려하여 효율적인 데이터 송수신 방법을 정의할 수 있다.
2. 개발하고자 하는 응용 소프트웨어와 연계 대상 모듈 간의 데이터 연계 요구 사항을 고려하여 연계 주기를 정의할 수 있다.

출제 빈도

Section 01	하		30%
Section 02	상		70%

연계 메커니즘

출제
빈도 상 중 하   **빈출 태그** 직접 연계 • 간접 연계 • SOAP • SOA • 연계 방식별 장단점

기적의 3회독
☐ 1회 ☐ 2회 ☐ 3회

🎓 **기적의 Tip**

통합 구현은 단위 모듈을 연계하여 통합하는 단계입니다. 전체적인 흐름을 파악하고 연계 시스템의 구성을 이해하도록 하세요.

01 연계 시스템의 구분

송신 시스템	데이터베이스, 애플리케이션으로부터 연계 데이터를 인터페이스 테이블이나 파일로 변환하여 송신하는 역할을 한다.
중계 서버	• 데이터 송수신 현황을 감시하는 연계 서버를 배치한다. • 성능보다 보안이 더 중요하거나 송신/수신 시스템이 위치한 네트워크가 다른 경우 설계하는 아키텍처 방식이다.
수신 시스템	수신한 인터페이스 테이블 또는 파일의 데이터를 변환하여 운영 중인 데이터베이스에 적용한다.

02 연계 방식의 종류

① 직접 연계

★ **DB Link 문법**
• PUBLIC : 공용 데이터베이스 링크를 생성할 수 있다.
• link_name : 데이터베이스 링크의 이름을 지정한다.
• service_name : 네트워크 접속에 사용할 오라클 데이터베이스 네트워크 서비스명을 지정한다.
• username, password : 오라클 사용자명과 비밀번호를 지정한다.

★ **JDBC(Java Database Connectivity)**
자바에서 데이터베이스에 접속할 수 있도록 도와주는 자바 API이다.

DB Link ★	• 한 데이터베이스에서 네트워크상의 다른 데이터베이스에 접속하기 위한 설정을 해주는 오라클 객체이다. • 데이터베이스에서 제공하는 객체 이용하여 수신 시스템 DB에 송신 시스템에서 접근 가능한 DB Link 객체를 생성한 후 송신 시스템에서 DB Link명으로 직접 참조하여 연계한다. • 예 테이블명 @DBLink명 송수신 서버 사용 여부 : X
DB Connection Pool (WAS, Web Application Server)	• 수신 시스템 WAS에서 송신 시스템 DB로 연결되는 Connection Pool을 생성하고 프로그램 소스에서 WAS에 설정된 Connection Pool명을 참고하여 구현한다. • 예 송신 시스템 데이터 소스 송수신 서버 사용 여부 : X
JDBC ★	• 수신 시스템의 Batch, Online 프로그램에서 JDBC 드라이버를 이용하여 송신 시스템의 DB와 연결을 생성한다. • 예 JDBC:DBMS 제품명:DBMS 설치 서버 IP: Port:DB Instance명 송수신 서버 사용 여부 : X
화면 링크	• 웹 애플리케이션 화면에서 하이퍼링크(Hyper Link)를 사용한다. • 예 〈a herf="url"〉 LINK 이름〈/a〉 송수신 서버 사용 여부 : X
API/Open API	• 송신 시스템의 DB와 연결하여 데이터를 제공하는 인터페이스 프로그램이다. • 예 제공하는 컴포넌트 이름, 데이터 처리 메소드 이름(파라미터 1〜N) 송수신 서버 사용 여부 : △

② 간접 연계

EAI★ 2021년 1회	• 실제 송수신 처리와 진행 현황을 모니터링 및 통제하는 EAI 서버, 송수신 시스템에 설치되는 어댑터(Client)를 이용한다. • ⓐ 메타빌드, 비즈 마스터(Biz Master) 등 　송수신 서버 사용 여부 : ○
Web Service/ESB	• 웹 서비스가 설명된 WSDL과 SOAP 프로토콜을 이용한 시스템을 연계한다. • 미들웨어인 ESB에서 서비스(컴포넌트) 간 연동을 위한 변환 처리로 다중 플랫폼(Platform)을 지원한다. • ⓐ WSDL, UDDI, SOAP★, Service, ESB(Enterprise Service Bus) 　송수신 서버 사용 여부 : ○
Socket	• 소켓(Socket)을 생성하여 포트를 할당하고, 클라이언트(Client)의 요청을 연결하여 통신하는 네트워크 프로그램의 기반 기술이다. • ⓐ TcpServer.listen(); 　송수신 서버 사용 여부 : ○

★ EAI(Enterprise Application Integration, 기업 애플리케이션 통합)
기업 내 필요한 각종 애플리케이션 간에 상호 연동이 가능하도록 통합하는 솔루션으로, 송수신 데이터의 처리 및 현황을 감시하고 통제하는 도구이다.

★ SOAP(Simple Object Access Protocol)
HTTP, HTTPS, SMTP 등을 통해 XML 기반의 메시지를 컴퓨터 네트워크상에서 교환하는 프로토콜이다.

> **더 알기 Tip**
>
> ### REST(Representational State Transfer)
>
> • HTTP 프로토콜로 데이터를 전달하는 프레임워크이다.
> • WWW와 같은 분산 하이퍼미디어 시스템을 위한 소프트웨어 아키텍처의 한 형식이다.
> • REST 6가지 제약 조건★의 시스템을 RESTful이라고 한다.
> • 웹에 최적화되어 있고, 데이터 포맷이 JSON이기 때문에 브라우저들 간에 호환성이 좋다.
>
> ### SOAP(Simple Object Access Protocol) 2020년 2회
>
> • 웹에서 HTTP, HTTPS, SMTP 등을 통해 XML 기반의 메시지를 컴퓨터 네트워크상에서 교환하는 프로토콜이다.
> • XML을 이용해서 분산 처리 환경에서 정보 교환을 쉽게 할 수 있도록 도와준다.
> • HTTP를 이용하기 때문에 다른 RPC에 비해 Proxy와 방화벽에 제약을 받지 않고 쉽게 통신이 가능하다.
> • HTTP뿐만 아니라 다른 전송 프로토콜도 이용할 수 있다.
> • 플랫폼과 프로그래밍 언어에 독립적이다.
>
> ### SOA(서비스 지향 아키텍처, Service Oriented Architecture)
>
> 대규모 컴퓨터 시스템을 구축할 때의 개념으로 업무상의 일 처리에 해당하는 소프트웨어 기능을 서비스로 판단하여 그 서비스를 네트워크상에 연동하여 시스템 전체를 구축해 나가는 방법론이다.
>
> ### ROA(자원 지향 아키텍처, Resource Oriented Architecture)
>
> • 소프트웨어 공학에서 리소스 지향 아키텍처(ROA)는 "RESTful" 인터페이스 자원의 형태로 소프트웨어를 설계 및 개발을 위한 소프트웨어 아키텍처와 프로그래밍 패러다임의 스타일이다.
> • 이러한 리소스는 다른 용도로 재사용 될 수 있는 소프트웨어 구성요소(부호의 개별 조각 및 / 또는 데이터 구조)이다.
> • 설계 원칙과 지침은 소프트웨어 개발 및 시스템 통합의 단계에서 사용된다.

★ REST 6가지 제약 조건
• Uniform Interface(유니폼 인터페이스)
• Stateless(상태정보 유지 안 함)
• Cacheable(캐시 가능)
• Self-descriptiveness(자체 표현 구조)
• Client-Server Architecture
• Layered System(계층화)

03 연계 방식별 비교

방식	매개체	장점	단점
직접 연계	X	• 연계 및 통합 구현이 단순하고 쉽다. • 소요 비용 및 기간이 짧고 중간 매개체가 없어 데이터 연계 처리 성능이 좋다.	• 시스템 간 결합도가 높아 시스템 변경에 민감하다. • 보안을 위한 암/복호화 처리, 비즈니스 로직 적용 등이 불가능하다. • 연계 및 통합 가능한 환경이 제한적이다.
간접 연계	O	• 서로 다른 네트워크나 프로토콜(Protocol) 등 다양한 환경에서 연계 및 통합을 할 수 있다. • 시스템 간 인터페이스 변경 시에도 장애나 오류 없이 서비스할 수 있다. • 보안이나 업무 처리를 위한 로직을 자유롭게 반영할 수 있다.	• 연계 아키텍처 및 메커니즘이 복잡하고, 중간 매개체로 인해 성능 저하 가능성이 있다. • 개발 및 적용을 위한 테스트 기간이 상대적으로 길다.

04 연계 메커니즘별 구현 주체, 산출물

① 송신

연계 메커니즘	관리 및 구현 주체	산출물
연계 데이터 생성 및 추출	응용 시스템 별도 구현	연계 프로그램, Log 테이블(파일)
코드 매핑 및 데이터 변환		연계 프로그램, Log 테이블(파일), 코드 매핑 테이블
인터페이스 테이블 또는 파일 생성		연계 프로그램, Log 테이블(파일), 인터페이스테이블(파일)
전송	연계 솔루션	연계 프로그램, Log 테이블(파일), 연계 서버 및 Adapter
연계 서버 또는 송신 Adapter		
로그 기록	응용 시스템 별도 구현, 연계 솔루션	

② 수신

연계 메커니즘	관리 및 구현 주체	산출물
연계 서버 및 수신 Adapter	연계 솔루션	연계 프로그램, Log 테이블(파일), 연계 서버 및 Adapter
인터페이스 테이블 또는 파일 생성		
코드 매핑 및 데이터 변환	응용 시스템 별도 구현	연계 프로그램, Log 테이블(파일), 코드 매핑 테이블
운영 DB에 연계 데이터 반영		연계 프로그램, Log 테이블(파일)
로그 기록	응용 시스템 별도 구현, 연계 솔루션	연계 프로그램, Log 테이블(파일), 연계 서버 및 Adapter

01 연계 메커니즘별 구현 주체 중 송신 시스템에서 연계 데이터 생성 및 추출의 산출물을 두 가지 쓰시오.

• 답 :

02 연계 메커니즘별 구현 주체 중 수신 시스템에서 연계 서버 및 수신 어댑터, 인터페이스 테이블 또는 파일 생성의 관리 및 주체는 무엇인지 쓰시오.

• 답 :

03 보기의 장점을 가지는 연계 방식은 무엇인지 쓰시오.

> • 연계 및 통합 구현이 단순하고 쉽다.
> • 소요 비용 및 기간이 짧다.
> • 중간 매개체가 없어 데이터 연계 처리 성능이 좋다.

• 답 :

연계 장애 및 오류 처리 구현

빈출 태그 연계 장애 오류 처리 방안 • 암호화키 형태 분류 • 블록 암호화 • 스트림 암호화 • 암호화 기술 분류

01 연계 장애 및 오류 유형

연계 시스템 오류	연계 서버의 실행 여부를 비롯하여 송수신, 전송 형식 변환 등 서버의 기능과 관련된 장애 및 오류
송신 시스템의 연계 프로그램 또는 수신 시스템의 연계 프로그램 오류	데이터 추출을 위한 DB 접근 시 권한 불충분, 데이터 변환 시 예외처리 (Exception) 미처리 등 연계 프로그램 구현상의 오류
연계 데이터 자체 오류	송신 시스템에서 추출된 연계 데이터가 유효하지 않은 값으로 인한 오류

02 연계 장애 오류 처리 방안

★ 서버의 기능과 관련된 장애 및 오류
연계 서버의 실행 여부를 비롯하여 송수신, 전송 형식 변환 등

★ 송신 시스템 연계 프로그램 구현상의 오류
데이터 추출을 위한 DB 접근 시 권한 불충분, 데이터 변환 시 예외(Exception) 미처리 등

★ 수신 시스템 연계 프로그램 구현상의 오류
운영 DB에 반영하기 위한 DB 접근 권한 불충분, 데이터 변환 및 반영 시 예외(Exception) 미처리 등

오류 유형	내용	처리 방안	예시
연계 서버	서버의 기능과 관련된 장애 및 오류★	연계 서버(엔진)의 로그를 확인하여 원인 분석 후 처리	미가동, 송수신 시스템의 아이피 및 포트 접속이 불가한 경우
연계 데이터	연계 데이터가 유효하지 않은 값으로 인한 오류	송신 시스템 연계 프로그램에서 기록하는 Log를 확인하여 데이터 보정 후 재전송	유효하지 않은 일자의 경우
송신 시스템 연계 프로그램	송신 시스템 연계 프로그램 구현상의 오류★	송수신 시스템 연계 프로그램에서 기록하는 로그(Log)를 확인하여 원인 분석 후 결과에 따른 처리, 처리 이후 데이터 전송이나 반영 재작업	등록되지 않은 코드로 매핑이 불가한 경우
수신 시스템 연계 프로그램	수신 시스템 연계 프로그램 구현상의 오류★		등록된 데이터가 존재하지 않는 경우

03 연계 구간별 오류 발생 시점과 오류 기록

구간	오류 발생 시점	오류 기록 테이블	오류 로그 기록 주체
송신 시스템	• 데이터 생성 및 추출 • 코드 매핑 및 데이터 전환 • 연계 테이블 등록	• 연계 프로그램에서 정의한 로그 및 오류 로그 테이블 • 연계 테이블의 일부 관리 용도 항목	별도 구현한 송신용 연계 프로그램
연계 서버	• 송신 시스템 연계 테이블의 연계 데이터 Load 및 전송 형식으로 변환 시 • 송수신 시 • 수신한 전송 형식을 수신 시스템 연계 테이블 형식으로 변환 및 Load 시	연계 서버에서 설정된 로그 및 오류 로그 테이블	연계 서버 또는 중계 서버
수신 시스템	• 연계 테이블의 연계 데이터 Load • 코드 매핑 및 데이터 변환 • 운영 DB에 반영	• 연계 프로그램에서 정의한 로그 및 오류 로그 테이블 • 연계 테이블의 일부 관리 용도 항목	별도 구현한 수신용 연계 프로그램

04 연계 장애 및 오류의 확인과 처리 절차

장애 및 오류 현황 모니터링 화면을 이용한 확인 → 장애 및 오류 구간별 로그(Log) 확인 및 원인 분석 → 로그 장애(오류) 조치 → 필요한 시 재작업(전송 또는 반영 재처리)

05 연계 데이터 보안

• 송/수신 시스템 간 데이터 전송 시에 연계 데이터는 보안에 취약해지게 되며, 이런 보안 취약점에 대하여 보안을 적용하도록 한다.
• 연계 데이터 보안은 전송 구간에 암호화를 적용하여 구현한다.

06 암호화키 형태 분류

구분	비대칭키(공개키) 암호화	대칭키(비밀키) 암호화
개념	암/복호화 키가 다르다.	암/복호화 키가 같다.
암호화키	공개	비밀
복호화키	비밀	비밀
비밀키 전송	불필요	필요
목적	대칭키 교환	데이터 암호화
키 개수	2N	N(N-1)/2
암호화 속도	상대적으로 저속이다.	상대적으로 고속이다.
알고리즘	RSA, ECC, Rabin, Schnorr, Diffie-Hellman, El Gamal, DSA, KCDSA, Knapsack	DES, 3DES, SEED, AES, IDEA, blowfish, RC4, RC5, RC6, ARIA
장점	• 대칭키 암호 시스템보다 확장 가능성이 좋다. • 인증과 부인 방지 기능을 제공한다. • 범용적으로 사용이 가능하다.	• 키 크기가 상대적으로 작다. • 암호 알고리즘 내부 구조가 단순하여 시스템 개발환경에 적용이 쉽다. • 비대칭키에 비해 암/복호화 속도가 빠르다.
단점	• 대칭키 시스템보다 더 큰 길이의 키를 사용해야 한다. • 고도의 수학적 연산으로 인하여 암호화 처리 시간 길고, 공개키 배포에 대한 신뢰성 문제가 존재하여 PKI와 같은 공개키 관리 구조가 필요하다.	• 교환 당사자 간에 동일한 키를 공유해야 하므로 키 관리가 어렵다. • 키 변경이 자주 있을 경우 불편하며, 중재자가 필요하다.

기적의 Tip

암호화 분류의 좀 더 상세한 내용은 소프트웨어 개발 보안 구축의 소프트웨어 개발 보안 구현하기에서 공부하세요.

07 암호화 정보 단위별 분류

구분	설명	알고리즘
블록 암호화	• 평문을 블록 단위로 분리하고, 블록마다 암호화 과정을 통하여 고정된 크기의 블록 단위의 암호문을 생성하는 방식이다. • 대칭키(비밀키), 비대칭키(공개키) 암호화 방식 모두 적용할 수 있어 복합 암호화 방식이라고도 한다.	DES, SEED, ARIA, AES
스트림 암호화	• 대칭키 암호의 구조 중 하나로, 유사난수를 연속적(스트림)으로 생성하여 암호화하려는 자료와 결합하는 구조를 가진다. • 하드웨어 구현이 간편하며 속도가 빠르므로 무선 통신 등의 환경에 주로 사용된다.	LFSR, SEAL, RC4

08 암호화 기술 분류

구분	설명	알고리즘
해시★	• 해시 함수의 일종으로, 해시값으로부터 원래의 입력값과의 관계를 찾기 어려운 성질을 이용한 암호화 방식이다. • 임의 길이 메시지를 고정 길이 출력값으로 변환하여 암호화하는 방식이다.	MD5, SHA-1, 2
SPN	• 샤논의 "여러 개 함수를 중첩하면 개별 함수로 구성된 암호화보다 안전하다"는 이론에 근거한 암호화 방식이다. • 전치와 치환을 이용하여 관용 암호 방식으로 문제를 해결하는 방식이다.	AES, ARIA
파이스텔 (Feistel)	• 블록 암호화 방식의 일종이며, 특정 계산 함수의 반복으로 이루어진다. • N비트 블록을 둘로 나누고 R번 라운드만큼 반복 연산하는 암호화 방식이다.	DES, SEED
인수분해	두 큰 소수 p와 q의 곱으로부터 p, q를 추출하기가 어렵다는 점을 이용한 암호화 방식이다.	RSA
타원 곡선	타원 기반 안정성과 효율성을 이용한 암호화 방식이다.	ECC
이산대수	이산대수 계산은 어렵지만 그 역/지수함수 계산은 빠르게 수행할 수 있다는 특징을 이용한 암호화 방식이다.	Diffie-Hellman, DSA

★ 해시 함수가 가져야 하는 성질
• 역상 저항성(preimage resistance)
• 제2 역상 저항성(second preimage resistance)
• 충돌 저항성(collision resistance)

더 알기 Tip

해시함수 비교

알고리즘	출력 비트 수	내부 상태 크기	블록 크기	Length size	Word size	라운드 수
MD4	128	128	512	64	32	48
MD5	128	128	512	64	32	64
SHA-0	160	160	512	64	32	80
SHA-1	160	160	512	64	32	80
SHA-256/224	256/224	256	512	64	32	64
SHA-512/384	512/384	512	1,024	128	64	80
Tiger(2)-192/160/128	192/160/128	192	512	64	64	24

01 이산대수 계산은 어렵지만 그 역/지수함수 계산은 빠르게 수행할 수 있다는 특징을 이용한 암호화 방식 알고리즘 2가지를 쓰시오.

- 답 :

02 다음 보기 중 스트림 암호화 방식 알고리즘만 찾아 쓰시오.

DES, LFSR, SEED, ARIA, AES, SEAL, RC4

- 답 :

03 평문을 블록 단위로 분리하고, 블록마다 암호화 과정을 통하여 고정된 크기의 블록 단위의 암호문을 생성하는 방식이다. 대칭키(비밀키), 비대칭키(공개키) 암호화 방식을 모두 적용할 수 있어서 복합 암호화 방식이라고도 하는 암호화 방식을 쓰시오.

- 답 :

04 다음은 암호화키 형태별 분류표이다. 빈칸에 알맞은 답을 쓰시오.

구분	비대칭키(공개키) 암호화	대칭키(비밀키) 암호화
개념	암/복호화 키가 다르다.	암/복호화 키가 같다.
암호화키	(①)	(②)
복호화키	비밀	비밀
비밀키 전송	불필요	필요
목적	대칭키 교환	데이터 암호화
키 개수	2N	N(N−1)/2
암호화 속도	상대적으로 저속이다.	상대적으로 고속이다.
알고리즘	RSA, ECC	DES, 3DES, SEED, AES, IDEA

- ① :
- ② :

01 다음은 연계 방식의 분류 표이다. 빈칸에 알맞은 연계 방식을 쓰시오.

(①)	• 실제 송수신 처리와 진행 현황을 모니터링 및 통제하는 EAI 서버, 송수신 시스템에 설치되는 Adapter(Client)를 이용한다. • **예** 메타빌드, 비즈 마스터(Biz Master) 등 　송수신 서버 사용 여부 : ○
(②)	• 웹 서비스가 설명된 WSDL과 SOAP 프로토콜을 이용한 시스템을 연계한다. • 미들웨어인 ESB에서 서비스(컴포넌트) 간 연동을 위한 변환 처리로 다중 플랫폼(Platform)을 지원한다. • **예** WSDL, UDDI, SOAP, ESB(Enterprise Service Bus) 　송수신 서버 사용 여부 : ○
(③)	• 소켓(Socket)을 생성하여 포트를 할당하고, 클라이언트(Client)의 요청을 연결하여 통신하는 네트워크 프로그램의 기반 기술이다. • **예** TcpServer.listen( ); 　송수신 서버 사용 여부 : ○

- ① :
- ② :
- ③ :

02 모듈 연계 방식 중 직접 연결 방식의 종류를 3가지 쓰시오.

- 답 :

03 모듈 직접 연계 방식에서 JDBC에 대하여 간략히 서술하시오.

- 답 :

04 다음은 연계 장애 및 오류의 확인과 처리 절차이다. 빈칸에 알맞은 절차를 쓰시오.

장애 및 오류 현황 모니터링 화면을 이용한 확인 → (   ) → 로그 장애(오류) 조치 → 필요한 시 재작업(전송 또는 반영 재처리)

- 답 :

05 암호화의 정보 단위별 분류에서 블록 암호화 방식에 해당하는 알고리즘 3가지를 쓰시오.

- 답 :

06 연계 구간별 오류 발생 지점과 오류 기록에서 연계 서버 구간에서의 오류 로그 기록 주체를 쓰시오.

- 답 :

07 직접 연계 방식 중 DB Link에 대하여 약술하시오.

- 답 :

08 DB Link에서 공영 데이터베이스 링크를 생성할 수 있는 명령어를 쓰시오.

- 답 :

09 기업 내 필요한 각종 애플리케이션 간에 상호 연동이 가능하도록 통합하는 솔루션을 쓰시오.

• 답 :

10 다음이 설명하는 프로토콜명을 쓰시오.

> • 웹에서 HTTP, HTTPS, SMTP 등을 통해 XML 기반의 메시지를 컴퓨터 네트워크상에서 교환하는 프로토콜이다.
> • XML을 이용해서 분산 처리 환경에서 정보 교환을 쉽게 할 수 있도록 도와준다.

• 답 :

11 다음이 설명하는 방법론을 쓰시오.

> 대규모 컴퓨터 시스템을 구축할 때의 개념으로 업무상의 일 처리에 해당하는 소프트웨어 기능을 서비스로 판단하여 그 서비스를 네트워크상에 연동하여 시스템 전체를 구축해 나가는 방법론이다.

• 답 :

12 해시 암호화 기술 중 MD5의 출력 비트수와 내부 상태 크기는 동일하다. MD5의 출력 비트 수와 내부 상태 크기를 쓰시오.

• 답 :

13 연계 메커니즘에는 송신 시스템, 수신 시스템, 중계 서버가 존재한다. 각각의 역할에 대하여 간략히 서술하시오.

• 송신 시스템 :

• 수신 시스템 :

• 중계 서버 :

14 다음이 설명하는 언어를 쓰시오.

• 비즈니스 서비스를 기술하여 비즈니스들끼리 전자적으로 서로 접근하는 방법을 제공하기 위해 사용된다.
• 확장성 생성 언어(XML) 기반의 언어이다.
• UDDI의 기초가 된다.
• 인터넷 웹 서비스를 제공하기 위해 SOAP, XML 스키마와 결합해 사용한다.

• 답 :

CHAPTER **03**

내/외부 연계 모듈
구현하기

학습 방향

1. 구성된 연계 메커니즘에 대한 명세서를 참조하여 연계 모듈 구현을 위한 논리적,
   물리적 환경을 준비할 수 있다.
2. 구성된 연계 메커니즘에 대한 명세서를 참조하여 외부 시스템과 연계 모듈을 구현
   할 수 있다.

출제 빈도

Section 01	중		50%
Section 02	중		50%

내/외부 연계 모듈 구현

빈출 태그 EAI・EAI 유형・EAI 구성요소・ESB・EAI/ESB 비교・XML・Web Service

01 모듈 연계

• 송/수신 시스템과 중계 시스템 사이의 연계 방식인 연계 메커니즘을 바탕으로 구현된 연계 시스템 환경과 모듈 구현 환경을 의미한다.
• 시스템 인터페이스를 목적으로 '내부 모듈-외부 모듈' 또는 '내부 모듈-내부 모듈' 간 인터페이스를 위한 관계를 설정하는 방식으로 EAI와 ESB 방식이 있다.

2021년 1회

02 EAI(Enterprise Application Integration, 기업 애플리케이션 통합)

① 정의

• 기업 내부에서 운영되는 각종 플랫폼 및 애플리케이션 간의 정보 전달, 연계, 통합을 가능하게 해주는 솔루션이다.
• 각 비즈니스 간 통합 및 연계성을 증대시켜 효율성을 높일 수 있다.
• 각 시스템 간의 확정성을 높여 줄 수 있다.
• 타 시스템에서 필요한 정보를 취득하여 다양한 서비스를 사용자에게 제공할 수 있다.

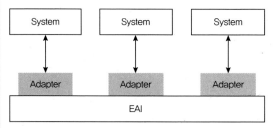

② 유형 2020년 3회

Point-to-Point	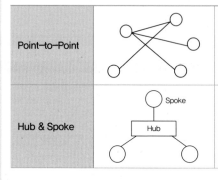	• 애플리케이션을 중간 미들웨어 없이 Point to Point로 연결하는 기본적인 통합 방식이다. • 별도로 솔루션(미들웨어)을 구매하지 않고 구축할 수 있다. • 상대적으로 저렴하게 구축할 수 있지만, 변경 및 재사용이 어렵다.
Hub & Spoke		• 단일 접점인 허브 시스템을 통해 데이터를 전송하는 중앙 집중형 방식으로 확장 및 유지보수가 수월하다. • 중앙 허브에 장애가 생기면 시스템 전체에 영향을 준다.

Message Bus (ESB 방식)		• 애플리케이션 사이에 미들웨어를 배치하여 처리하는 방식으로 확장성이 뛰어나다. • 대용량 데이터 처리에 유리하다.
Hybrid		• Hub & Spoke와 Message Bus의 혼합 방식이다. • 데이터 병목 현상을 최소화할 수 있으며 한 가지 방식으로 EAI를 구현할 수 있다. • 그룹 내 : Hub & Spoke, 그룹 간 : Message Bus

③ 구성요소

Platform	데이터의 안전한 전달 기능, 미들웨어 기능, 실행 환경 제공
Application Adapter	• 다양한 패키지 및 In-House 애플리케이션을 위한 재사용성 높은 인터페이스 지원(DB, CRM, ERP, DW 등 연결) • 각기 다른 애플리케이션과 메시지 통로 사이에서 데이터를 입출력하는 도구
Data Broker	애플리케이션 간 통합을 위해 데이터 포맷과 데이터 코드를 변환을 담당
Business Work flow	미리 정의한 업무 프로세스에 따라 애플리케이션 간 데이터 전달 및 연동을 처리하는 소프트웨어 모듈

03 ESB(Enterprise Service Bus)

① 정의

- Web Service, Intelligent Routing, Transformation 기술을 기반으로 SOA★를 지원하는 미들웨어 플랫폼이다.
- 애플리케이션 간의 데이터 변환 및 연계 지원 등을 제공하는 인터페이스 제공 솔루션이다.
- 애플리케이션 간의 통합 관점으로 EAI와 유사하다고 볼 수 있으나 애플리케이션보다는 서비스 중심으로 통합을 지향하는 아키텍처 또는 기술을 의미한다.
- 범용적으로 사용하기 위해서는 애플리케이션과의 결합도를 약하게 유지해야 한다.
- 웹 서비스 중심으로 표준화된 데이터, 버스를 통해 이 기종 애플리케이션을 유연 (Loosely-Coupled)하게 통합하는 핵심 플랫폼(기술)이다.
- 관리 및 보안이 쉽고 높은 수준의 품질 지원이 가능하다.

② 도입 효과

- 애플리케이션 통합 및 협업 지원
- 실시간 기업(RTE★, Real-Time Enterprise) 기반 제공
- 공통 서비스 환경 제공

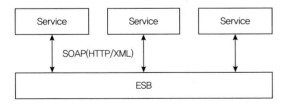

★ SOA(Service Oriented Architecture)
일 처리에 해당하는 소프트웨어 기능을 서비스로 판단하고 그 서비스를 네트워크상에 연동하여 시스템 전체를 구축해 나가는 방법론이다.

★ RTE(Real-Time Enterprise)
• 회사의 주요 경영정보를 통합관리하는 실시간 기업의 기업경영 시스템이다.
• 전사적 자원관리(ERP), 판매망관리(SCM), 고객관리(CRM) 등 부문별 전산화를 넘어 회사 전 부문의 정보를 하나로 통합하여 경영자의 빠른 의사결정을 위한 시스템이다.

③ ESB의 기술 요소
- 서비스 통합 : XML, SOAP, WSDL
- 웹 서비스 보안 프로토콜 : XKMS, XACML, XML 전자서명
- SOA 지원 : ebXML, BPEL, BPM, BPMN

> **더 알기 Tip**
>
> **웹 서비스 보안 프로토콜**
>
> - SAML(인증/권한 관리) : 이기종 시스템 간 권한 확인 가능, 인증 및 권한정보를 명세, 보안 토큰
> - XKMS(키 관리) : 부인 방지, 개방형 표준화, 기존 PKI 연동 용이, 구현 단순성 및 응용 개발 용이성
> - XACML(접근 제어) : 정보 접근을 위한 XML 명세, UDDI 및 WSDL 항목 접근 제어

04 EAI/ESB 비교

구분	EAI	ESB
목적	애플리케이션 통합	애플리케이션 및 프로세스 통합
개념	미들웨어(Hub)를 이용하여 비즈니스 관련 로직을 중심으로 기업 내 애플리케이션을 통합 연계	미들웨어(Bus)를 이용하여 서비스 중심으로 서비스를 지원하기 위한 관련 시스템의 유기적 연계
방식	Native Adapter	웹 서비스, JMS, IIOP 등
표준	벤더 종속적 기술 사용	표준 기술 사용(웹 서비스, XML 등)
통합 범위	기업 내 이기종 애플리케이션	기업 내외 애플리케이션
경제성(TCO)	대상 시스템별로 Adapter 구매 또는 지속적인 개발 비용 투입이 요구됨	비즈니스 로직(서비스) 단위의 재사용으로 통합 비용 절감
확장성	지원 adapter 내 확장 가능하여 확장성이 높음	매우 높음(서비스 오케스트레이션)
활용	E-Biz 인프라	SOA 인프라 구현 핵심 플랫폼
Architecture	중앙집중식(1:1)	버스 형태의 느슨한 연결 구조(1:N)

05 XML(Extensible Markup Language) 2020년 1회

- 레바논 출신의 유리 루빈스키가 기존 HTML이 장애인을 위한 점자 출력이 불가능하다는 단점을 지적하면서 대두되어 W3C에서 개발된 기술이다.
- XML은 SGML★의 단순화된 집합으로, 다른 많은 종류의 데이터를 기술하는 데 사용할 수 있다.
- 구조적인 데이터를 위한 것이며 모듈식이다.
- 인터넷에 연결된 시스템끼리 데이터를 쉽게 주고받을 수 있게 하여 HTML의 한계를 극복할 목적으로 만들어졌다.
- 트리 형태의 구조로 구성되어 있으며 사용자가 직접 Tag를 정의할 수 있다.
- 시작, 종료 태그의 요소 이름은 같아야 하며 모든 태그는 종료 태그를 가져야 한다.
- 속성값은 반드시 " "로 묶어 주어야 하며 대소문자를 구분한다.
- XML 기반의 언어 : RDF, RSS★, Atom, MathML, XHTML, SVG

★ SGML(Standard Generalized Markup Language)
문서용 마크업 언어를 정의하기 위한 메타언어이다. 다양한 응용이 가능하도록 다양한 마크업 구문을 제공한다.

★ RSS(Rich Site Summary)
뉴스나 블로그 사이트에서 주로 사용하는 콘텐츠 표현 방식이다.

06 웹 서비스(Web Service)

① 정의

- 네트워크에 분산된 정보를 표준화된 서비스 형태로 공유하는 기술로서, 서비스 지향 아키텍처(SOA) 개념을 실현하는 대표적인 기술이다.
- SOAP, WSDL★, UDDI★ 등 표준 기술을 이용하여 네트워크에 연결된 다른 컴퓨터 간 상호작용을 위한 서비스 또는 플랫폼을 의미한다.
- 기존 웹 환경과 호환 가능한 상호운용성, 시스템 구조의 유연성, XML을 기반으로 한 단순성, 사용의 편리성, 시스템 간 통합 환경 제공, 분산 시스템 간 SW 통합 자동화를 통하여 IT 개발/운영비용 절감 등의 특징을 갖는다.

★ WSDL(Web Services Description Language)
- XML로 기술된 웹 서비스 기술 언어 또는 기술된 정의 파일의 총칭이다.
- 서비스 제공 장소, 서비스 메시지 포맷, 프로토콜 등 웹 서비스의 구체적 내용이 기술된다.

★ UDDI(Universal Description, Discovery, and Integration)
인터넷상에서 전 세계의 비즈니스 업체 목록에 자신의 목록을 등록하기 위한 XML 기반의 레지스트리이다.

② 필요성

- SOAP, UDDI, XML 등의 연계 기술의 발달 및 표준화가 정착되었다.
- 복잡한 기업 환경으로 인하여 혼재된 시스템★ 간 연계, 데이터 공유가 필요해졌다.
- e-Commerce의 유행으로 데이터 공유 및 변환 작업 지원이 필요해졌다.

③ 구성

SOAP	• Simple Object Access Protocol • 서비스를 실제로 이용하기 위한 객체 간의 통신 규약이다. • HTTP, HTTP, SMTP 등의 프로토콜을 이용하여 XML을 교환한다. • 프락시와 방화벽의 영향 없이 통신할 수 있다. • 주요 요소 : Envelope, Header, Body
WSDL 2021년 1회	• Web Service Description Language • 웹 서비스명, 제공 위치, 메시지 포맷, 프로토콜 정보 등 웹 서비스에 대한 상세 정보를 기술한 파일이다. • 독립적이며 단순한 XML 형식으로 구현한다. • UDDI의 기초가 된다. • 인터넷 웹 서비스를 제공하기 위해 SOAP, XML 스키마와 결합하여 사용한다.
UDDI	• Universal Description Discovery and Integration • WSDL을 등록하여 인터넷에서 전 세계 비즈니스 목록에 자신을 등재하기 위한 확장성 생성 언어(XML) 기반의 규격화된 레지스트리이다.

④ 웹 서비스 방식의 환경 구축 절차

- 송/수신 파일 경로 및 파일명을 정의한다.
- 송신 연계 응용 프로그램을 구현한다.
- 파일을 전송한다(SOAP 대신 REST★ 프로토콜로 대체할 수 있음).
- 수신 DB에 반영 서비스를 호출한다.
- 수신 연계 응용 프로그램을 구현한다.

01 WSDL을 등록하여 인터넷에서 전 세계 비즈니스 목록에 자신을 등재하기 위한 확장성 생성 언어(XML) 기반의 규격화된 레지스트리 이름을 쓰시오.

· 답 :

02 다음 설명에 해당하는 웹 서비스의 명칭을 쓰시오.

> · 서비스를 실제로 이용하기 위한 객체 간의 통신 규약이다.
> · HTTP, HTTP, SMTP 등의 프로토콜을 이용하여 XML을 교환한다.
> · 프락시와 방화벽의 영향 없이 통신할 수 있다.
> · 주요 요소 : Envelope, Header, Body

· 답 :

03 XML 기반의 언어 3가지를 쓰시오.

· 답 :

04 다음의 설명에 알맞은 용어를 쓰시오.

> · Web Service, Intelligent Routing, Transformation 기술을 기반으로 SOA를 지원하는 미들웨어 플랫폼이다.
> · 애플리케이션 간의 데이터 변환 및 연계 지원을 등을 제공하는 인터페이스 제공 솔루션이다.

· 답 :

05 EAI 유형 중 단일 접점인 허브 시스템을 통해 데이터를 전송하는 중앙-집중형 방식으로 확장 및 유지보수가 수월하며 중앙 허브에 장애가 생기면 시스템 전체에 영향을 줄 수 있는 유형을 쓰시오.

· 답 :

ANSWER **01** UDDI
02 SOAP
03 RDF, RSS, Atom, MathML, XHTML, SVG
04 ESB(Enterprise Service Bus)
05 Hub & Spoke

연계(인터페이스) 테스트

출제
빈도 상 중 하 | **빈출 태그** 연계 테스트 • 테스트 구간

기적의 3회독
☐ 1회 ☐ 2회 ☐ 3회

🎓 기적의 Tip

연계 테스트는 연계가 정상적으로 작동하는지를 테스트하는 단계로 큰 틀에서의 개념과 연계 테스트 구간별 테스트 확인사항을 기억하도록 하세요.

★ **연계 시스템의 구성요소**
송신 모듈, 수신 모듈, 연계 서버와 엔진, 모니터링 현황

01 연계 테스트

- 구축된 연계 시스템과 연계 시스템의 구성요소★가 정상적으로 동작하는지 확인하는 활동이다.
- 연계 테스트, 데이터가 발생하고 활용되는 응용 애플리케이션 기능과의 통합, 흐름을 테스트하는 통합 테스트로 단계적으로 수행한다.

02 연계 테스트 구간

- 구간을 상세화하여 송수신 시스템 간, 연계 테이블 간의 테스트를 수행하고 정상적으로 데이터가 송수신되면 송신 시스템의 운영 DB에서 연계 데이터를 추출 및 생성하여 수신 시스템의 운영 DB에 반영하는 테스트이며, 순차적으로 진행한다.
- 연계 테스트는 송신 시스템의 운영 DB에서 연계 데이터를 추출 및 생성하여 수신 시스템의 운영 DB에 반영하는 구간의 테스트를 의미한다.

구분	테스트 확인사항	위치	테스트 구간		
			단위	연계	통합
송신 시스템	데이터 발행과 DB 저장	운영 응용 애플리케이션			
	연계 데이터 추출 생성	연계 응용 프로그램			
	연계 테이블 생성				
중계 서버	연계 테이블 간 송수신	연계 서버 또는 중계 서버			
	연계 테이블 생성				
수신 시스템	연계 테이블에서 연계 데이터 로드	연계 응용 프로그램			
	운영 DB 반영				
	반영된 데이터 검색, 활용	운영 응용 애플리케이션			

03 연계 테스트 케이스 작성 및 명세화

- 연계 테스트 구간에서의 데이터 및 프로세스 흐름에 따라 테스트 케이스(Test case)를 작성한다.
- 연계 테스트 케이스는 연계 테이블 단위로 작성한다.
- 테스트 케이스(Test case) 작성 시 가장 핵심적인 사항은 테스트 항목의 도출이다.
- 테스트할 대상 및 기능 등이 충분히(완전하게), 누락 없이, 일관성 있게, 구체적으로 식별되어야 한다.
- 연계 테스트 환경은 실제 운영 환경과 같거나 유사하게 구축한다.
- 송신/수신용 연계 응용 프로그램의 기능 위주 결함을 확인하는 단위 테스트 케이스(Test case)로 작성한다.

단위 시험 ID	TT-IF-DD-001	단위 시험명			
테스트 일시	2024.05.30	시험자명			
		확인자명			
설명	테스트 케이스에 관한 상세 내용 기술				
관련 프로그램 ID	테스트에 관련된 연계 응용 프로그램 및 수신용 연계 응용 프로그램 ID 기술				
케이스 ID	시험 항목 및 처리 절차	입력 데이터	예상 결과	검증법	결과

▲ 연계 테스트 케이스 양식

04 연계 테스트 환경 구축

- 연계 테스트 환경은 실제 운영 환경과 같게 또는 유사하게 구축한다.
- 연계 서버(엔진), 송/수신용 어댑터(Adapter) 또는 에이전트(Agent) 설치를 비롯하여 송수신 운영 DB, 송수신 운영 DB에서 연계 데이터 추출 및 반영에 필요한 테이블, 데이터와 송수신용 연계 응용 프로그램들을 설치 및 준비한다.
- 테스트 수행 전 연계 테스트 일정, 절차, 방법, 소요시간, 테스트 환경, 환경 구축 기간 등을 협의하여 계획을 수립하고 테스트 환경을 구축한다.

⑤ 연계 테스트 수행

- 연계 테스트 수행은 연계 응용 프로그램을 실행하여 연계 테스트 케이스의 시험 항목 및 처리 절차 등을 실제로 진행하는 것이다.
- 송수신용 연계 응용 프로그램의 단위 테스트를 먼저 수행하고 단위 테스트의 수행을 완료한 후 연계 테스트 케이스에 따라 데이터 추출, 데이터 송수신, 데이터 반영 과정 등의 연계 테스트를 수행한다.

⑥ 연계 테스트 수행 결과 검증

- 연계 테스트 케이스의 시험 항목 및 처리 절차를 수행한 결과가 예상 결과와 같은지 검증을 수행한다.
- 테스트 결과를 검증하는 방법
  - 운영 DB 테이블의 건수를 카운트(Count)하는 방법
  - 실제 테이블이나 파일을 열어서 데이터를 확인하는 방법
  - 파일 생성 위치의 파일 생성 여부와 파일 크기를 확인하는 방법
  - 연계 서버(또는 연계 엔진)에서 제공하는 모니터링 화면의 내용을 확인하는 방법
  - 시스템에서 기록하는 로그를 확인하는 방법

01 연계 테스트 구간은 송신/중계/수신 시스템으로 구분하여 테스트를 진행하게 된다. 중계 서버 단계에서는 어떤 테스트를 수행하는지 쓰시오.

• 답 :

02 연계 테스트 케이스를 작성할 때 연계 테스트 케이스 작성 단위를 쓰시오.

• 답 :

03 연계 서버(엔진), 송/수신용 어댑터(Adapter) 또는 에이전트(Agent) 설치를 비롯하여 송수신 운영 DB, 송수신 운영 DB에서 연계 데이터 추출 및 반영에 필요한 테이블, 데이터와 송수신용 연계 응용 프로그램들을 설치 및 준비해야 하는 연계 테스트 단계는 무엇인지 쓰시오.

• 답 :

04 연계 테스트 수행 결과 검증 단계에서 테스트 결과를 검증하는 방법으로 알맞은 것을 모두 골라 쓰시오.

> 가. 운영 DB 테이블의 건수를 카운트(Count)하는 방법
> 나. 실제 테이블이나 파일을 열어서 데이터를 확인하는 방법
> 다. 파일 생성 위치의 파일 생성 여부와 파일 크기를 확인하는 방법
> 라. 연계 서버(또는 연계 엔진)에서 제공하는 모니터링 화면의 내용을 확인하는 방법
> 마. 시스템에서 기록하는 로그를 확인하는 방법

• 답 :

ANSWER **01** 단위 테스트
02 연계 테이블
03 연계 테스트 환경 구축 단계
04 가, 나, 다, 라, 마

01 다음이 설명하는 연계 솔루션은 무엇인지 쓰시오.

> • 기업 내부에서 운영되는 각종 플랫폼 및 애플리케이션 간의 정보 전달, 연계, 통합을 가능하게 해주는 솔루션이다.
> • 각 비즈니스 간 통합 및 연계성을 증대시켜 효율성을 높일 수 있다.
> • 각 시스템 간의 확정성을 높여 줄 수 있다.
> • 타 시스템에서 필요한 정보를 취득하여 다양한 서비스를 사용자에게 제공할 수 있다.

• 답 :

02 EAI 유형 중 애플리케이션을 중간 미들웨어 없이 연결하며 별도로 솔루션(미들웨어)을 구매하지 않고 구축할 수 있으며, 상대적으로 저렴하게 구축할 수 있지만 변경 및 재사용이 어려운 유형은 무엇인지 쓰시오.

• 답 :

03 EAI 구성요소 중 애플리케이션 간 통합을 위해 데이터 포맷과 데이터 코드를 변환을 담당하는 것은 무엇인지 쓰시오.

• 답 :

04 이것은 문서용 마크업 언어를 정의하기 위한 메타언어이다. 다양한 응용이 가능하도록 다양한 마크업 구문을 제공하는 언어를 쓰시오.

• 답 :

05 다음이 설명하는 연계 구현 기술을 쓰시오.

> • 네트워크에 분산된 정보를 표준화된 서비스 형태로 공유하는 기술로서, 서비스 지향 아키텍처(SOA) 개념을
> 실현하는 대표적인 기술이다.
> • SOAP, WSDL, UDDI 등 표준기술을 이용하여 네트워크에 연결된 다른 컴퓨터 간 상호작용을 위한 서비스
> 또는 플랫폼을 의미한다.

• 답 :

06 EAI 연계 유형 중 ESB 방식의 특징에 대하여 약술하시오.

• 답 :

07 EAI의 구성요소 4가지를 쓰시오.

• 답 :

08 ESB의 기술 요소 중 웹 서비스 보안 요소 3가지를 쓰시오.

• 답 :

PART 04

서버 프로그램 구현

애플리케이션 설계를 기반으로 개발에 필요한 환경을 구성하고, 프로그래밍 언어와 도구를 활용하여 공통 모듈, 업무 프로그램과 배치 프로그램을 구현할 수 있다.

개발 환경 구축하기

1. 응용 소프트웨어 개발에 필요한 하드웨어 및 소프트웨어의 필요 사항을 검토하고, 이에 따라 개발 환경에 필요한 준비를 수행할 수 있다.
2. 응용 소프트웨어 개발에 필요한 하드웨어 및 소프트웨어를 설치하고 설정하여 개발 환경을 구축할 수 있다.
3. 사전에 수립된 형상관리 방침에 따라 운영 정책에 부합하는 형상관리 환경을 구축할 수 있다.

Section 01	하	████████░░░░░░░░░░░░	20%
Section 02	중	████████████████░░░░	80%

개발 환경 도구

01 개발 환경 구축

- 개발 환경 구축은 고객이 요청한 시스템의 구현을 진행하기 위한 준비 단계로 구현 시스템이 운영될 환경과 같은 환경을 구축해야 한다. 이때 구현될 목표 시스템의 요구사항에 대한 명확한 이해가 필요하다.
- 목표 시스템의 요구사항에 대한 분석을 통해 목표 시스템의 환경을 명확히 한 후 개발 도구를 선정하는 작업을 진행하게 된다.
- 목표 시스템의 요구사항은 프로젝트의 분석 및 설계 시의 산출물★을 분석하여 파악할 수 있으며, 이에 맞는 개발 환경을 준비한다.

★ 프로젝트 분석 및 설계 산출물
제안 요청서, 제안서, 사업 수행 계획서, 요구사항 정의서, 시스템 아키텍처, 애플리케이션 아키텍처 등

02 개발 도구 선정 과정

- 서버 프로그램의 개발 환경을 준비할 때 시스템의 하드웨어 사양을 고려하여 적합한 개발 도구(소프트웨어)를 선정하여야 한다.
- 다음과 같은 과정을 통해 개발 도구를 선정하여 서버 프로그램의 개발 환경을 준비한다.

목표 시스템의 환경 분석	구현 도구 선정	빌드 도구 선정	형상관리 도구 선정	테스트 도구 선정
요구사항 분석 설계 및 모델링	개발언어 및 H/W 사양을 고려하여 선정	프로그램의 배포 및 라이브러리 관리를 위해 선정	개발 인원을 고려하여 선정	프로젝트 검증을 위해 선정

03 구현 도구의 선정

★ IDE(Integrated Development Environment, 통합 개발 환경)
- 구현 도구
- 개발 과정에서 사용되는 도구들의 집합
- 코딩, 디버깅, 컴파일, 빌드 등 프로그램 개발과 관련된 일련의 모든 작업들을 통합하여 제공해 주는 소프트웨어

- 구현 및 개발 도구(Implementation and Development Tool)는 프로젝트 진행 시 개발자가 가장 많이 사용하게 되는 도구로 코드 작성 및 디버깅을 지원하는 도구이자 환경이다.
- 목표 시스템 구축에 적합한 개발언어를 선정 후 풍부한 지능과 플러그인(Plug-in)을 보유하고 있는 통합 개발 환경(IDE★, Integrated Development Environment)을 선정한다.

- 대표적인 통합 개발 도구로는 Eclipse, Visual Studio, X code, IntelliJ IDEA, NetBeans 등이 있다.
- 개발언어의 주요 선정 기준

적정성	개발하고자 하는 목표 시스템이나 응용 프로그램의 목적에 부합해야 한다.
효율성	프로그래밍의 효율성이 고려되어야 한다.
이식성	일반적인 PC 및 OS에 개발 환경이 설치 가능해야 한다.
친밀성	프로그래머가 그 언어를 이해하고 사용할 수 있어야 한다.
범용성	광범위한 분야에 사용되고 있으며 다양한 과거 개발 실적이나 사례가 존재해야 한다.

04 빌드 도구와 형상관리 도구의 선정

- 팀 단위 프로젝트의 진행 시 팀 내의 개발자들의 원활한 협업을 하기 위해 개발한 결과물들은 빌드 도구와 형상관리 도구를 통해 관리된다.
- 빌드★ 도구(Build Tool)는 개발자가 작성한 소스코드 파일을 컴파일, 테스팅, 정적 분석 등을 진행하여 실행 가능한 소프트웨어로 자동 생성하는 도구이다. 프로젝트 진행 시 사용되는 라이브러리들에 대한 버전을 자동으로 동기화하여 추가 관리한다.
  - 빌드 도구는 프로젝트 팀원의 빌드 도구의 친밀도와 숙련도, 형상관리 도구와 통합 개발 도구와의 호환성을 고려하여 선정한다.
  - 대표적인 빌드 도구로는 Gradle, Maven, Ant 등이 있다.

Gradle	Maven	Ant
이미 구현된 Goal★ 수행		프로젝트 특화된 Target★ 수행
프로젝트 전체 정보를 정의		빌드 프로세스만 정의
Multi 프로젝트 빌드 지원	빌드 생명 주기, 표준화된 디렉터리 레이아웃	매우 복잡한 빌드 스크립트
스크립트 규모가 작고 읽기 쉬움	재사용 가능한 플러그인 및 저장소	스크립트의 재사용 불가

- 형상관리 도구(Configuration Management Tool)는 프로젝트와 관련된 모든 변경사항을 관리하는 도구이다.
  - 형상관리 도구를 선정할 때는 목표 시스템 환경과 통합 개발 도구와의 호환성을 고려하여 선정한다.
  - 대표적인 형상관리 도구로는 CVS(Concurrent Version System), SVN(Subversion), Git, Perforce(P4D) 등이 있다.

05 테스트 도구의 선정

- 테스트 도구(Test Tool)는 단순하고 반복적인 테스트 작업을 위해 코드의 분석, 테스트 케이스 작성, 테스트에 대한 리포팅 및 분석 등을 통해 테스트 효율성을 향상시키는 도구이다. 대표적인 테스트 도구에는 xUnit, Spring Test 등이 있다.

★ 빌드(Build)
소스코드 파일을 실행 가능한 소프트웨어 산출물로 만드는 일련의 과정

★ 빌드(Build) 과정
- 전처리(preprocessing)
- 컴파일(Compile)
- 패키징(packaging)
- 테스팅(testing)
- 배포(distribution)

★ Goal
플러그인에서 실행할 수 있는 각각의 기능

★ Target
최소한의 실행 단위로, 특정 작업

- 프로젝트 검증에 적합한 테스트 활동은 계획, 분석/설계, 수행의 단계로 진행되며 각 활동에 적합한 테스트 도구가 존재한다. 테스트 도구를 선정할 때에는 통합 개발 도구와 호환이 가능한 테스트 자동화 도구를 선정하도록 한다.
- 테스트 활용에 따른 도구 분류 _{2020년 2회}

테스트 활동	테스트 도구	설명
테스트 계획	요구사항 관리	고객 요구사항 정의 및 변경사항 관리
테스트 분석 및 설계	테스트 케이스 생성	테스트 기법에 따른 테스트 데이터 및 테스트 케이스 작성
	커버리지 분석	대상 시스템에 대한 테스트 완료 범위 척도
테스트 수행	테스트 자동화	기능 테스트 등 테스트 도구를 활용하여 자동화를 통한 테스트의 효율성을 높일 수 있음(xUnit, STAF, NTAF 등)
	정적 분석★	원시 코드를 분석하여 잠재적인 오류를 분석하며, 코딩 표준, 런타임 오류 등을 검증
	동적 분석★	프로그램 수행 중 발행하는 오류의 검출을 통한 오류 검출(Avalanche, Valgrind 등)
	성능 테스트	가상 사용자를 인위적으로 생성하여 시스템 처리 능력 측정(JMeter, AB, OpenSTA 등)
	모니터링	시스템 자원(CPU, Memory 등) 상태 확인 및 분석 지원 도구(Nagios, Zenoss 등)
테스트 통제	형상관리	테스트 수행에 필요한 다양한 도구 및 데이터 관리
	테스트 관리	전반적인 테스트 계획 및 활동에 대한 관리
	결함 추적/관리	테스트에서 발생한 결함 관리 및 협업 지원

★ 정적 분석 도구
- 결함 예방/발견
- 코딩 표준
- 코드 복잡도

★ 동적 분석 도구
- 메모리 릭(Leak)
- 동기화 오류

이론을 확인하는 문제

다음은 테스트 수행 중 사용되는 테스트 도구에 대한 설명이다. 빈칸 ①∼②에 알맞은 용어를 쓰시오.

테스트 수행 활동 시 사용되는 오류 검출 도구에는 두 가지의 테스트 도구가 있다. (①)(은)는 원시 코드를 분석하여 잠재적인 오류를 분석하며 코팅 표준, 런타임 오류 등을 검증할 수 있고, (②)(은)는 프로그램 수행 중 발생하는 오류를 검출하는 테스트 도구이다.

- ① :
- ② :

ANSWER ① 정적 분석 ② 동적 분석

. SECTION .

02

개발 환경 구축

출제
빈도 상 중 하

빈출 태그 서버 • 클라이언트 • WAS • 형상관리

기적의 3회독
1회 2회 3회

01 개발 하드웨어 환경

- 일반적으로 사용되는 시스템 환경은 프로그램 개발을 위한 개발 환경, 테스트를 위한 테스트 환경, 실제 시스템이 운영되는 운영 환경과 백업 환경 등으로 분류할 수 있다.
- 개발 하드웨어 환경은 운영 환경과 유사한 구조로 구성하는 것이 원칙이며, 개발용 하드웨어 환경을 구축하기 위해서는 다음과 같은 하드웨어 구성을 고려하여야 한다.

① 클라이언트(Client) 환경 구성

- 서버 시스템에서 제공하는 서비스를 활용하기 위해 사용자와의 인터페이스(Interface)를 제공하는 하드웨어이다.
- 일반적으로 PC(Client/Server 화면), 웹 브라우저★ 화면, 핸드폰(모바일 앱)이 클라이언트로 활용된다.
- 웹 서비스상에서는 서버에서 전송한 데이터가 웹을 통해서 클라이언트에 도착 후 최종적으로 웹 브라우저로 전달된다. 웹 브라우저에는 데이터를 해석해 주는 파서와 데이터를 화면에 표현해 주는 렌더링 엔진이 포함되어 있다.

★ 웹 브라우저
월드 와이드 웹(WWW)에서 정보를 검색, 표현하고 탐색하기 위한 소프트웨어이다.

② 서버(Server) 환경 구성

- 서버 활용 목적에 따라 애플리케이션 서버, 데이터베이스 서버, 파일 서버 등으로 나눌 수 있다.
- 웹 서비스를 제공하기 위해서 애플리케이션 서버를 웹 서버와 웹 애플리케이션 서버로 분리하여 구성하기도 한다.

웹(Web) 서버	클라이언트(웹 브라우저 화면)에서 요청하는 서비스의 속도를 향상시키기 위해 정적 파일(HTML, CSS, 이미지 등)들을 제공하는 웹 서버 애플리케이션이 설치되는 하드웨어
웹 애플리케이션 (Application) 서버	동적 웹 서비스를 제공하기 위해 Tomcat, Undertow, IIS 등 미들웨어인 WAS(Web Application Server)와 서비스에 관련된 애플리케이션이 설치되는 하드웨어
데이터베이스 (Database) 서버	MySql, Oracle, MS-SQL 등 데이터베이스가 설치되는 하드웨어
파일(File) 서버	서비스 제공을 위해 파일을 저장하고, 공유하기 위한 파일 저장 하드웨어

③ 서버와 운영체제(플랫폼)

- 클라이언트 서버 모델(Client-Server Model)
  - 클라이언트 서버 모델은 네트워크상에서 서비스 요청자인 클라이언트와 서비스 자원의 제공자인 서버 간에 작업을 분리해 주는 분산 애플리케이션 구조이자 네트워크 아키텍처이다.
  - 대부분 Server에서 데이터를 처리하고 클라이언트는 UI를 담당한다.
  - 구조가 간단하여 속도가 좋은 특징이 있으나 배포가 어렵다는 단점이 있다.

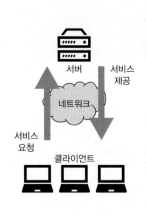

	서버
	(Server)
		• 네트워크를 통해서 요청되는 서비스를 제공하는 역할을
		  하는 컴퓨터 또는 프로그램
		• 서버 역할에 적합한 운영체제를 설치해야 한다.
		• 다중 사용자용(Multi-User)
		• 운영체제의 종류
		  – 윈도우 서버(Windows Server) 계열
		  – 유닉스(UNIX) 계열 : 솔라리스(Solaris, HP-UX), OS/2
		  – 리눅스(Linux) 계열 : 레드햇(Redhat), 페도라(Fedora),
		    우분투(Ubuntu)

	클라이언트
	(Client)
		• 네트워크를 통해서 서비스를 요청하는 역할을 하는 컴퓨
		  터 또는 프로그램
		• 클라이언트 역할에 적합한 운영체제를 설치해야 한다.
		• 단일 사용자용(Single-User)
		  – 운영체제의 종류
		  – 윈도우 계열 : Windows 10, 7, XP
		  – 애플 계열 : MacOS

• 웹 서버

	웹 문서	• Markup Language
		  – HTML, XML, SGML, WML, VML
		  – CSS
		• Script Language
		  – JavaScript, VBscript
		• Embedded Control
		  – ActiveX, Applet

	웹 서버 (Web Server)	• 웹 문서를 사용자에게 제공하는 프로그램 • 웹 서버에서 웹 문서를 제공하기 위해서는 웹 서버 프로 그램을 설치해야 한다. • Apache, IIS(Internet Information Services)

• 웹 프로그래밍

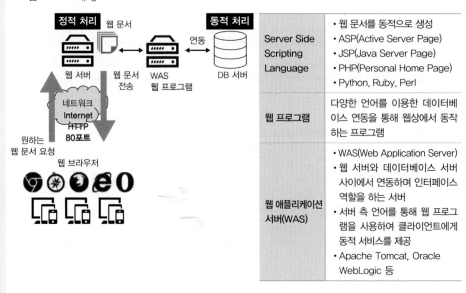

	Server Side Scripting Language	• 웹 문서를 동적으로 생성 • ASP(Active Server Page) • JSP(Java Server Page) • PHP(Personal Home Page) • Python, Ruby, Perl
	웹 프로그램	다양한 언어를 이용한 데이터베 이스 연동을 통해 웹상에서 동작 하는 프로그램

	웹 애플리케이션
	서버(WAS)
		• WAS(Web Application Server)
		• 웹 서버와 데이터베이스 서버
		  사이에서 연동하며 인터페이스
		  역할을 하는 서버
		• 서버 측 언어를 통해 웹 프로그
		  램을 사용하여 클라이언트에게
		  동적 서비스를 제공
		• Apache Tomcat, Oracle
		  WebLogic 등

- WAS는 일종의 미들웨어로 웹 클라이언트(보통 웹 브라우저)의 요청 중 웹 애플리케이션이 동작하도록 지원한다.
- WAS도 보통 자체적으로 웹 서버 기능을 내장하고 있다.
- 현재는 WAS가 가지고 있는 웹 서버도 정적인 콘텐츠를 처리하는 데 있어서 성능상 큰 차이가 없으나 규모가 커질수록 웹 서버와 WAS를 분리한다.

④ 응용 서버 플랫폼
- LAMP : 리눅스 운영체제에서 웹 프로그램 개발을 위해 구축해야 하는 소프트웨어를 묶어 놓은 것을 의미한다.
  - 운영체제 → Linux
  - 웹 서버 → Apache
  - 데이터베이스 → MySQL
  - 언어 → PHP
- WAMP : 윈도우 운영체제에서 웹 프로그램 개발을 위해 구축해야 하는 소프트웨어를 묶어 놓은 것을 의미한다.
  - 운영체제 → Windows
  - 웹 서버 → Apache
  - 데이터베이스 → MySQL
  - 언어 → PHP

⑤ 미들웨어(MiddleWare)
- 클라이언트와 데이터베이스 사이에서 매개체 역할을 하는 소프트웨어로 데이터 관리, 애플리케이션 서비스, 메시징, 인증 및 API 관리를 주로 처리한다.
- 클라이언트 쪽에 비즈니스 로직이 많을 경우, 클라이언트 관리(배포 등)로 인해 비용이 많이 발생하는 문제가 있다.
- 비즈니스 로직을 동작하는 미들웨어 서버를 통해 클라이언트는 입력과 출력만 담당하도록 지원할 수 있다.

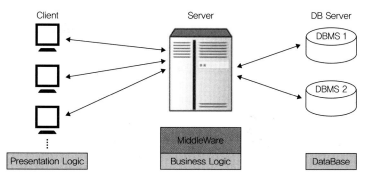

더 알기 Tip

클라우드 컴퓨팅★ 서비스 모델 2023년 3회

IaaS	• Infrastructure as a Service(인프라 기본 서비스) • 서비스를 개발할 수 있는 안정적인 환경과 그 환경을 이용하는 응용 프로그램을 개발할 수 있는 API까지 제공하는 서비스
PaaS	• Platform as a Service(플랫폼 기반 서비스) • 서버, 스토리지 자원을 쉽고 편하게 이용하게 쉽게 서비스 형태로 제공하여 다른 유형의 기반이 되는 기술
SaaS	• SaaS(Software as a Service(소프트웨어 기반 서비스) • 주문형 소프트웨어라고도 하며 사용자는 시스템이 무엇으로 이루어져 있고 어떻게 동작하는지 알 필요가 없이 단말기 등에서 필요하면 언제든지 제공받을 수 있음

02 개발 소프트웨어 환경

개발 소프트웨어 환경도 개발 하드웨어 환경과 마찬가지로 운영 환경과 동일한 구조로 구성한다.

① 시스템 소프트웨어

운영체제 (OS, Operation System)	• 하드웨어 운영을 위한 시스템 소프트웨어로, Windows/Linux/UNIX 등의 환경으로 구성 • 일반적으로 상세 소프트웨어 명세는 하드웨어를 제공하는 벤더(Vender)에서 제공 • 🄰 Windows, Linux, UNIX(HPUX, Solaris, AIX) 등
JVM (Java Virtual Machine)	• 스택 기반의 자바 가상머신으로 Java와 운영체제 사이에서 중개자 역할을 수행하여 Java가 운영체제에 상관없이 재사용 가능하게 지원 • Java 관련 응용 프로그램을 실행하기 위한 인터프리터 환경 • 적용 버전을 개발 표준에서 명시하여 프로젝트에 참여하는 모든 개발자가 동일한 버전을 적용
Web Server	• 정적 웹 서비스를 수행하는 미들웨어로서, 웹 브라우저 화면에서 요청하는 정적 파일 제공 • 클라이언트(Client)가 요청하는 HTML 문서나 각종 리소스(Resource) 전달 • 🄰 Apache★, Nginx★, Microsoft IIS(Internet Information Server), GWS (Google Web Server) 등
WAS (Web Application Server)	• 클라이언트의 요청 중 웹 애플리케이션을 동작하도록 지원하는 미들웨어 • 웹 서버와 JSP/Servlet 애플리케이션 수행을 위한 엔진으로 구성 • 🄰 Tomcat, Undertow, JEUS, Weblogic, Websphere 등
DBMS (Database Management System)	• 다수의 사용자가 데이터베이스에 접근 가능하게 하며 데이터의 저장과 관리를 위한 데이터베이스 소프트웨어 • 🄰 Oracle, SQL Server, MySQL, MariaDB, DB2, Sybase 등

② 개발 소프트웨어

요구사항 관리 도구	• 목표 시스템의 기능과 제약 조건 등 고객의 요구사항을 수집, 분석, 추적을 쉽게 할 수 있게 지원하는 도구 • 🄰 JFeature, JRequisite, OSRMT, Trello 등
설계/모델링 도구	• 기능을 논리적으로 결정하기 위해 통합 모델링 언어(UML, Unified Modeling Language) 지원, Database 설계 지원 등 설계 및 모델링을 지원하는 도구 • 🄰 ArgoUML, DB Designer, StarUML 등

구현 도구	• 문제 해결 방법을 소프트웨어 언어를 통해 구현 및 개발을 지원하는 도구 • **예** Eclipse, IntelliJ, Visual Studio 등
테스트 도구	• 구현 및 개발된 모듈들에 대하여 요구사항에 적합하게 구현되어 있는지 테스트를 지원하는 도구 • **예** JUnit, CppUnit, JMeter SpringTest 등
형상관리 도구	• 산출물의 변경사항을 버전별로 관리하여 목표 시스템의 품질 향상을 지원하는 도구 • **예** CVS(Concurrent Versions System), SVN(Apache Subversion), Git 등

03 형상관리 2020년 3회/2회

① 형상관리(SCM, Software Configuration Management)의 정의

- 형상관리란 소프트웨어의 개발 과정에서 발생하는 산출물의 변경 사항을 버전 관리하기 위한 일련의 활동이다.
- 형상관리는 다음과 같은 특성을 갖는다.
  - 소프트웨어 변경사항을 파악하고 제어하며, 적절히 변경되고 있는지 확인한 후 해당 담당자에게 통보하는 작업이다.
  - 형상관리는 프로젝트 생명주기의 모든 단계에서 수행하는 활동이며, 유지보수 단계에서도 수행되는 활동이다.
  - 형상관리의 수행으로 소프트웨어 개발의 전체 비용을 줄이고, 개발 과정에서 나타나는 여러 가지 문제점 발생 요인이 최소화되도록 보증하는 것을 목적으로 하는 품질보증을 위한 중요한 활동이다.

② 형상관리의 주요 활동

일반적으로 형상★ 식별, 버전 관리, 형상 통제(변경 통제), 형상 감사, 상태 보고 등의 활동으로 이루어져 있다.

형상 식별	• 형상관리 대상을 구분하고 고유한 관리 목록 번호 부여 • 계층(Tree) 구조로 구분하여 수정 및 추적이 쉽도록 베이스라인★의 기준을 정하는 활동
버전 관리	진화 그래프 등을 통해 SCI의 버전 부여 및 갱신(버전 제어)
형상 통제 (변경 통제)	• 변경 제어 또는 변경 관리 • SCI에 대한 접근 및 동기화 제어 • 식별된 형상항목의 변경 요구를 검토, 승인하여 적절히 통제함으로써 현재의 베이스라인에 잘 반영될 수 있도록 조정하는 작업 • 형상통제위원회(CCB) 승인을 통한 적절한 형상 통제가 가능
형상 감사	• SCI 무결성을 평가하여 공식적으로 승인 • 베이스라인의 무결성을 평가하기 위해 확인, 검증 과정을 통해 공식적으로 승인하는 작업
상태 보고	• 개발자와 유지보수 담당자에게 변경사항 공지(형상 기록) • 베이스라인의 현재 상태 및 변경 항목들이 제대로 반영되는지 여부를 보고하는 절차 • 형상의 식별, 통제, 감사 작업의 결과를 기록 및 관리하고 보고서를 작성하는 작업

★ **형상(Configuration)**
형상은 소프트웨어가 동작하게 되는 그 자체를 말하며 구현되는 소스코드, 설계서, 요구사항 정의서, 제품 설명서, 유지보수 문서 등의 문서 등을 형상이라고 한다. 이러한 형상을 구성하는 단위를 형상 항목(SCI, Software Configuration Item)이라고 한다.

★ **베이스라인(기준선, Baseline)**
변경을 통제하게 도와주는 기준선은 정식으로 검토 및 합의된 명세서나 제품 개발의 바탕으로서, 정식의 변경 통제 절차를 통해서만 변경 가능하다.

③ 형상 항목
- 소프트웨어 공학 기반 표준과 절차 : 방법론, WBS, 개발 표준
- 소프트웨어 프로젝트 계획서
- 소프트웨어 요구사항 명세서
- 소프트웨어 아키텍처, 실행 가능한 프로토타입
- 소프트웨어 화면, 프로그램 설계서
- 데이터베이스 기술서 : 스키마, 파일 구조, 초기 내용
- 소스코드 목록 및 소스코드
- 실행 프로그램
- 테스트 계획, 절차, 결과
- 시스템 사용 및 운영과 설치에 필요한 매뉴얼
- 유지 보수 문서 : 변경 요청서, 변경 처리 보고서 등

이론을 확인하는 문제

01 다음 〈보기〉에서 미들웨어 솔루션의 유형에 해당하는 것을 모두 골라 쓰시오.

WAS, Web Server, RPC, ORB

• 답 :

02 웹 서버와 데이터베이스 서버 사이에서 연동하며 인터페이스 역할을 하는 서버로 서버측 언어를 통해 웹 프로그램을 사용하여 클라이언트에게 동적 서비스를 제공하는 미들웨어를 무엇이라 하는지 쓰시오.

• 답 :

03 변경 요청, 변경 심사, 변경 실시, 변경 확인 등으로 세분화할 수 있으며, 형상 목록의 변경 요구를 검토 및 승인하여 현재의 소프트웨어 기준선에 반영될 수 있도록 통제하는 일련의 과정을 무엇이라 하는지 쓰시오.

• 답 :

ANSWER 01 WAS, RPC, ORB
02 WAS
03 형상 통제

01 다음에서 공통으로 설명하는 용어를 쓰시오.

> • 분산 환경에서 멀티벤더(multi vender)의 자원을 연결하여 이용하게 하는 소프트웨어로서 각종 애플리케이션에 대한 표준 인터페이스를 제공하는 개념이다.
> • 복잡한 여러 기종의 컴퓨팅 환경에서 응용 프로그램과 운영체제의 차이를 보완해 주고, 서버와 클라이언트들을 중간에서 연결해 주는 소프트웨어이다.

• 답 :

02 다음의 빈칸에 알맞는 용어를 쓰시오.

> 소프트웨어 개발 과정에서 변경에 대비하기 위한 (　　　　)(은)는 반드시 필요하다. 소프트웨어 (　　　　)(이)란 소프트웨어의 개발 과정에서 발생하는 산출물의 변경 사항을 버전 관리하기 위한 일련의 활동을 말한다. 소프트웨어 리사이클 기간 동안 개발되는 제품의 무결성을 유지하고 소프트웨어의 식별, 편성 및 수정을 통제하는 프로세스를 제공한다. 실수의 최소화와 생산성의 최대화가 (　　　　)의 궁극적인 목표라고 할 수 있다.

• 답 :

03 다음은 형상관리 활동 과정을 나타낸 내용이다. 빈칸에 알맞은 용어를 쓰시오.

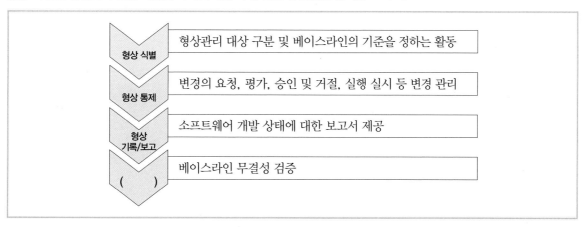

• 답 :

04 다음 〈보기〉에서 형상관리 도구에 해당하는 것을 모두 골라 쓰시오.

〈보기〉

CVS, jUnit, Maven, Subversion, Git

• 답 :

05 다음에서 설명하는 개발을 위해 사용되는 소프트웨어 도구의 명칭을 쓰시오.

(   )(은)는 프로그램을 개발할 때 가장 많이 사용되는 도구로서 코드의 작성 및 편집, 디버깅 등과 같은 다양한 작업이 가능하며 Eclipse, Visual Studio Code, IntelliJ, NetBeans 등 다양한 소프트웨어 도구들이 사용되고 있다. 구현해야 할 소프트웨어가 어떤 프로그래밍 언어로 개발되는지에 따라 선택하여 사용한다.

• 답 :

06 다음은 프로젝트 검증에 적합한 테스트 도구 중 테스트 수행 활동에 해당하는 도구와 관련 설명이다. 빈칸 ①~②에 알맞은 테스트 도구를 쓰시오.

테스트 도구	설명
테스트 자동화	기능 테스트 등 테스트 도구를 활용하여 자동화를 통한 테스트의 효율성을 높일 수 있음(xUnit, STAF, NTAF 등)
(①)	코딩 표준, 런타임 오류 등을 검증
(②)	대상 시스템 시뮬레이션을 통한 오류 검출(Avalanche, Valgrind 등)
성능 테스트	가상 사용자를 인위적으로 생성하여 시스템 처리 능력 측정(JMeter, AB, OpenSTA 등)
모니터링	시스템 자원(CPU, Memory 등) 상태 확인 및 분석 지원 도구(Nagios, Zenoss 등)
형상관리	테스트 수행에 필요한 다양한 도구 및 데이터 관리
테스트 관리	전반적인 테스트 계획 및 활동에 대한 관리
결함 추적/관리	테스트에서 발생한 결함 관리 및 협업 지원

• ① :
• ② :

CHAPTER 02

공통 모듈 구현하기

 학습 방향

1. 공통 모듈의 상세 설계를 기반으로 프로그래밍 언어와 도구를 활용하여 업무 프로세스 및 서비스의 구현에 필요한 공통 모듈을 작성할 수 있다.
2. 소프트웨어 측정 지표 중 모듈 간의 결합도는 줄이고 개별 모듈들의 내부 응집도를 높인 공통 모듈을 구현할 수 있다.
3. 개발된 공통 모듈의 내부 기능과 제공하는 인터페이스에 대해 테스트할 수 있는 테스트 케이스를 작성하고 단위 테스트를 수행하기 위한 테스트 조건을 명세화할 수 있다.

 출제 빈도

| Section 01 | 중 | ███████████████████ | 50% |
| Section 02 | 중 | ███████████████████ | 50% |

출제
빈도　상　중　하　　**빈출 태그**　모듈 · 모듈화 · Fan-in · Fan-out · 응집도 · 결합도

기적의 3회독
☐ 1회 ☐ 2회 ☐ 3회

🎓 **기적의 Tip**

모듈화와 관련된 본 섹션은 학습 난이도가 높지는 않으나 필기와 실기에서 꾸준히 출제되고 있는 부분입니다. 모듈화의 기본 개념과 모듈의 평가 지표인 응집도와 결합도의 유형 및 순서를 정확히 암기하세요.

01 모듈과 모듈화

① 모듈과 모듈화

- 모듈(Module)은 하나의 프로그램을 몇 개의 작은 부분으로 분할한 단위이다. 즉, 독립적으로 재활용될 수 있는 소프트웨어의 부분을 말한다. 모듈의 독립성은 응집도와 결합도에 의해 측정된다.
- 모듈화(Modularity)는 시스템을 분해하고 추상화하여 소프트웨어 성능을 향상시키고 시스템의 디버깅, 테스트, 유지보수 등을 편리하게 하는 설계 과정이다.
- 모듈화의 특징은 다음과 같다.
  - 모듈의 이름으로 호출하여 다수가 이용할 수 있다.
  - 변수의 선언을 효율적으로 하여 기억장치를 유용하게 사용할 수 있다.
  - 모듈마다 사용할 변수를 정의하지 않고 상속하여 사용할 수 있다.
  - 시스템 개발 시 재사용으로 인해 개발 기간과 노동력을 절감할 수 있다.
  - 시스템 개발 비용을 절감할 수 있다.
  - 프로그램의 신뢰도를 향상시킬 수 있다.
  - 유지보수가 용이하며 오류로 인한 파급효과를 최소화시킬 수 있다.
- 효과적인 모듈화는 소프트웨어 구조를 평가하여 응집도는 강하게 하고, 결합도는 약하게 개선하며 복잡도와 중복을 피하도록 설계한다.
- 시스템 복잡도를 줄이기 위해서는 높은 Fan-out를 가진 구조를 최소화하고 구조의 깊이가 증가할수록 Fan-in을 최대화하도록 한다.

② 소프트웨어 구조

- 소프트웨어 구조는 소프트웨어의 구성요소인 모듈 간의 관계를 계층적 구성을 나타낸 것이다.
- 소프트웨어 구조에서 사용되는 용어 　2022년 2회, 2020년 1회

Fan-In(팬인)	주어진 한 모듈을 제어하는 상위 모듈 수
Fan-Out(팬아웃)	주어진 한 모듈이 제어하는 하위 모듈 수
Depth	최상위 모듈에서 주어진 모듈까지의 깊이
Width	같은 등급(Level)의 모듈 수
Superordinate	다른 모듈을 제어하는 모듈
Subordinate	어떤 모듈에 의해 제어되는 모듈

Fan-In과 Fan-Out

- Fan-In은 들어오는 개수, Fan-Out은 나가는 개수로 이해하면 된다.
- 아래의 소프트웨어 구조도에서 모듈 F의 Fan-In과 Fan-Out을 계산해보자.

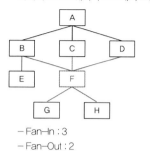

- Fan-In : 3
- Fan-Out : 2

02 소프트웨어 모듈 응집도 _{2020년 1회}

① 응집도

- 응집도(Cohesion)는 모듈 안의 요소들이 서로 기능적으로 관련되어 있는 정도를 말한다.
- 모듈 내부 요소는 명령어, 명령어의 모임, 호출문, 특정 작업수행 코드 등이다.

② 응집도의 유형 _{2021년 2회}

응집도는 모듈 요소의 응집 정도에 따라 7가지 유형으로 구분되며 응집도가 강할수록 높은 품질의 모듈이다. 즉, 기능적 응집도의 경우 가장 강한 응집도에 해당하며 품질 또한 높다.

기능적 응집도 (Functional Cohesion)	모듈 내부의 모든 기능 요소들이 한 문제와 연관되어 수행되는 경우	응집도 강함
순차적 응집도 (Sequential Cohesion)	한 모듈 내부의 한 기능 요소에 의한 출력 자료가 다음 기능 요소의 입력 자료로 제공되는 경우	
통신적 응집도 (Communication Cohesion)	동일한 입력과 출력을 사용하는 소작업들이 모인 경우	
절차적 응집도 (Procedural Cohesion)	모듈이 다수의 관련 기능을 가질 때 모듈 내부의 기능 요소들이 그 기능을 순차적으로 수행할 경우	
시간적 응집도 (Temporal Cohesion)	특정 시간에 처리되는 여러 기능을 모아 한 개의 모듈로 작성할 경우	
논리적 응집도 (Logical Cohesion)	유사한 성격을 갖거나 특정 형태로 분류되는 처리 요소들로 하나의 모듈이 형성되는 경우	
우연적 응집도 (Coincidental Cohesion)	모듈 내부의 각 기능 요소들이 서로 관련이 없는 요소로만 구성된 경우	응집도 약함

03 소프트웨어 모듈 결합도 _{2020년 1회}

① 결합도

- 결합도(Coupling)는 두 모듈 간의 상호 의존도를 말한다.
- 구조적 설계에서 기능 수행 시 모듈 간 최소한의 상호작용을 하여 하나의 기능만을 수행하는 정도를 표현한다.
- 모듈 간의 결합도를 약하게 하면 모듈 독립성이 향상되어 시스템을 구현하고 유지보수 작업이 쉽다.
- 자료 결합도가 설계 품질이 가장 좋다.

② 결합도의 유형 _{2021년 3회/1회}

- 결합도는 모듈 간 결합 정도에 따라 6가지 유형으로 구분되며 결집도가 낮을수록 높은 품질의 모듈이다. 즉, 자료 결합도의 경우 가장 약한 결합도에 해당하며 품질 또한 높다.

유형	설명	
자료 결합도 (Data Coupling)	모듈 간의 인터페이스가 자료 요소로만 구성된 경우	결합도 약함
스탬프 결합도 (Stamp Coupling)	• 두 모듈이 동일한 자료구조를 조회하는 경우 • 자료구조의 어떠한 변화 즉 포맷이나 구조의 변화는 그것을 조회하는 모든 모듈 및 변화되는 필드를 실제로 조회하지 않는 모듈에까지도 영향을 미치게 됨	
제어 결합도 (Control Coupling)	• 어떤 모듈이 다른 모듈의 내부 논리 조작을 제어하기 위한 목적으로 제어신호를 이용하여 통신하는 경우 • 하위 모듈에서 상위 모듈로 제어신호가 이동하여 상위 모듈에게 처리 명령을 부여하는 권리 전도현상이 발생함	
외부 결합도 (External Coupling)	어떤 모듈에서 외부로 선언한 변수(데이터)를 다른 모듈에서 참조할 경우	
공통 결합도 (Common Coupling)	여러 모듈이 공통 자료 영역을 사용하는 경우	
내용 결합도 (Content Coupling)	가장 강한 결합도를 가지고 있으며, 한 모듈이 다른 모듈의 내부 기능 및 그 내부 자료를 조회하도록 설계되었을 경우 • 한 모듈에서 다른 모듈의 내부로 제어 이동 • 한 모듈이 다른 모듈 내부 자료의 조회 또는 변경 • 두 모듈이 동일한 문자(Literals)의 공유	결합도 강함

재사용과 공통 모듈

출제 빈도 상 중 하   **빈출 태그** 소프트웨어 재사용 • 공통 모듈

기적의 3회독
☐ 1회   ☐ 2회   ☐ 3회

01 소프트웨어 재사용(Software Reusability)의 개념

- 소프트웨어 재사용(Software Reusability)*은 이미 개발되어 그 기능, 성능 및 품질을 인정받았던 소프트웨어의 전체 또는 일부분을 다시 사용하여 새로운 시스템을 개발하는 기법이다.
- 재사용을 통해 유사한 정보 시스템 개발 시간 및 비용을 절감하여 생산성을 증가시킬 수 있다.
- 재사용될 공통 모듈에 대해서는 관련 프로젝트 문서가 사전에 공유되어야 한다.
- 모듈의 크기가 작고 일반적으로 설계된 모듈일수록 재사용률이 높다.
- 재사용 범위에 따른 분류

함수와 객체	클래스(Class)나 함수(Function) 단위로 구현된 소스코드를 재사용
컴포넌트*	컴포넌트의 인터페이스를 통해 통신하여 컴포넌트 단위로 재사용
애플리케이션	공통된 기능을 제공하도록 구현된 애플리케이션과의 통신으로 기능을 공유하여 재사용

- 재사용 방식의 발전 방향
  - 시스템 개발의 생산성과 성능, 효과적인 유지보수 지원을 위한 재사용성 극대화를 위해 발전해 왔으며 궁극적으로 프레임워크가 등장하게 되었다.
  - 소스 재사용 → 재사용 메소드 → 재사용 객체 → 디자인 패턴 → 프레임워크*

02 공통 모듈(Common Module)

① 공통 모듈의 개념
- 공통 모듈은 시스템 구축 시 여러 하위 시스템에서 재사용되는 독립된 모듈이다.
- 시스템 구축 시 각 서브 시스템에서 공통으로 자주 사용하는 기능들을 하나의 패키지로 묶어 공통 모듈로 개발을 진행하면 개발 생산성을 높일 수 있다.
- 공통 모듈을 재사용하면 서브 시스템의 기능에 대한 정합성이 보장되고 중복 개발을 줄일 수 있으며 유지보수가 편리하다는 장점이 있다. 또한 공통 모듈을 재사용을 통해 모듈 간 표준화가 보장되며 소프트웨어의 품질도 상향시킬 수 있다.

★ **재사용의 장점**
- 개발 시간 및 비용 감소
- 품질 향상
- 생산성 향상
- 신뢰성 향상
- 구축 방법에 대한 지식의 공유
- 프로젝트 실패 위험 감소

★ **컴포넌트의 4가지 특징**
- 독립적인 동작
- 구현, 명세화, 패키지화, 배포 가능
- 하나 이상의 클래스들로 구성
- 인터페이스를 통해서만 접근 가능

★ **프레임워크(Framework)**
소프트웨어 개발에 도움을 주는 재사용 가능한 디자인 패턴 및 소스코드의 집합

② 공통 모듈 명세 작성 원칙

정확성	실제 시스템 구현 시 필요한지 여부를 알 수 있도록 정확하게 작성
명확성	해당 기능에 대한 일관된 이해와 하나로 해석될 수 있도록 작성
완전성	시스템의 구현 시 요구사항과 필요한 모든 것을 기술
일관성	공통 기능 사이에 충돌이 발생하지 않도록 작성
추적성	해당 기능에 대한 유의사항의 출처와 관련 시스템 등 유기적 관계에 대한 식별이 가능하도록 작성

③ 공통 모듈의 구현 형태

클래스	공통 모듈이 존재할 수 있는 가장 기본적인 형태
라이브러리	클래스의 묶음으로 클라이언트 소프트웨어가 일방적으로 호출함
컴포넌트	라이브러리가 체계화된 형태의 소프트웨어
프레임워크	여러 기능을 하는 클래스/컴포넌트들이 서로 유기적인 관계를 맺은 형태로, 클라이언트 소프트웨어가 호출하기도 하고 호출을 당하기도 함

④ 공통 모듈 구현 순서

• 공통 모듈의 상세 설계를 기반으로 작성해야 할 공통 모듈을 확인 후, 공통 모듈의 상세 설계 산출물을 기반으로 공통 모듈을 구현한다.

• 공통 모듈 상세 설계를 기반으로 한 공통 모듈 구현 순서

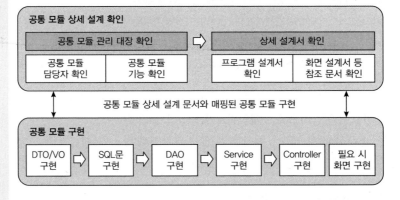

01 다음 〈보기〉의 소프트웨어 모듈의 응집도(Cohesion)의 유형들을 높은 응집도에서 낮은 응집도 순으로 쓰시오.

〈보기〉

우연적, 논리적, 기능적, 절차적, 시간적

• 답 :   →   →   →

02 다음 〈보기〉의 소프트웨어 모듈의 결합도(Cohesion)의 유형들을 낮은 결합도에서 높은 결합도 순으로 나열한 것이다. 빈칸 ①, ②에 알맞은 결합도를 쓰시오.

〈보기〉

(낮음) (①   ) → 스탬프 → 제어 → 외부 → (②   ) → 내용 (높음)

• ① :
• ② :

03 공통 모듈은 여러 서브 프로그램에서 공통적으로 사용할 수 있는 모듈을 의미한다. 공통 모듈을 구현할 때에는 공통 모듈 명세 기법을 준수해야 한다. 다음 〈보기〉에서 명세 기법에 해당하는 것을 모두 골라 쓰시오.

〈보기〉

정확성, 공통성, 독립성, 명확성, 완전성, 일관성, 추적성

• 답 :

04 다음 소프트웨어 구조도에서 Fan-out이 2 이상인 모듈을 쓰시오.

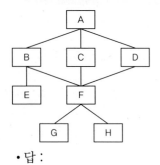

• 답 :

05 다음은 두 정수를 입력받아 작은 값을 출력하는 C프로그램이다. main 함수와 min 함수 간의 결합도와 min 함수의 응집도를 쓰시오.

```c
#include <stdio.h>
int min(int num1, int num2) {
    return (num1 < num2) ? num1 : num2;
}
void main( ) {
    int x, y;
    scanf("%d %d", &x, &b);
    int mixVal = min(x, y);
    printf("%d", mixVal);
}
```

• main 함수와 min 함수 간의 결합도 :
• min 함수의 응집도 :

06 다음은 모듈 작성 시 주의사항이다. 옳은 내용을 모두 골라 쓰시오.

> ㉠ 결합도는 최대화하고 응집도는 최소화한다.
> ㉡ 적절한 크기로 작성한다.
> ㉢ 모듈의 내용이 다른 곳에도 적용이 가능하도록 표준화한다.
> ㉣ 보기 좋고 이해하기 쉽게 작성한다.

• 답 :

CHAPTER **03**

서버 프로그램 구현하기

학습 방향

1. 업무 프로세스 맵과 세부 업무 프로세스를 확인할 수 있다.

2. 세부 업무 프로세스를 기반으로 프로그래밍 언어와 도구를 활용하여 서비스의 구현에 필요한 업무 프로그램을 구현할 수 있다.

3. 개발하고자 하는 목표 시스템의 잠재적 보안 취약성이 제거될 수 있도록 서버 프로그램을 구현할 수 있다.

4. 개발된 업무 프로그램의 내부 기능과 제공하는 인터페이스에 대해 테스트를 수행할 수 있다.

5. 애플리케이션 설계를 기반으로 프로그래밍 언어와 도구를 활용하여 배치 프로그램 구현 기술에 부합하는 배치 프로그램을 구현할 수 있다.

출제 빈도

Section 01	하	10%
Section 02	상	60%
Section 03	중	30%

소프트웨어 프로세스

기적의 3회독

☐ 1회 ☐ 2회 ☐ 3회

01 프로세스의 이해

★ 프로세스의 3요소
• 절차와 방법
• 도구와 장비
• 인원

- 프로세스(Process)★는 주어진 목적을 위해 수행되는 일련의 절차이다.
- 프로세스는 개인이나 조직에서 정보 자원의 입력을 통해 가치 있는 산출물을 제공하는 모든 관련 활동들을 모아놓은 것이다.
- 프로세스는 절차, 인력, 기술을 통합하는 역할을 하며 각 순서와 활동이 명확하게 정의되어 있다.
- 소프트웨어 프로세스(Software process)는 소프트웨어 개발 프로세스라고도 하며, 소프트웨어 개발에 필요한 과정만이 아니라 그와 관련된 인원, 방법, 도구들이 통합되는 수단이다. 이를 통해 원하는 산출물을 개발 및 유지할 수 있다.
- 소프트웨어 프로세스를 통해 프로젝트의 높은 품질을 보장받을 수 있으며 비용 절감과 일정 단축을 달성하는 중요한 수단이다.
- 소프트웨어 프로세스에는 개발 프로세스와 관리 프로세스가 있다.
  - 개발 프로세스는 수행해야 할 개발과 품질 보증 작업들이 해당하며 이를 위해 소프트웨어 형상 관리 프로세스를 사용한다.
  - 관리 프로세스는 비용, 품질, 기타 목표를 맞추기 위한 계획 및 제어 작업을 말한다.

02 프로세스 모델

- 소프트웨어 프로세스 모델이란 소프트웨어 개발 생명 주기로 프로젝트 수행에 필요한 각 작업을 서로 연결하여 순차적인 단계로 소프트웨어 개발 프로세스를 정의한 것이다.

★ 소프트웨어 방법론
• 프로세스의 구체적인 구현으로 정의된 작업들을 어떤 순서로 어떻게 하는지에 중점을 두어 다루는 것을 말한다.
• 종류 : 구조적 분석, 설계 방법론, 객체지향 방법론, 컴포넌트, 애자일 방법론

- 소프트웨어 프로세스 모델★은 단계적인 작업을 정의한 것으로 무엇을 하는가에 중점을 둔다.
- 소프트웨어 프로세스 모델은 목적 프로젝트를 위해 적합한 프로세스를 개발하기 위한 일반적인 가이드라인을 제시한다.
- 소프트웨어 프로세스 모델은 소프트웨어 개발에 대한 전체적인 흐름을 체계화한 개념으로 고품질의 소프트웨어 생산을 목적으로 한다.

- 소프트웨어 프로세스 모델의 종류는 폭포수 모델(Waterfall Model), 프로토타이핑 모델(Rapid Prototyping Model), 점증적 모델(Incremental Model), 나선형 모델(Spiral Model), 혼합형 모델(Hybrid Model) 등이 있다.
- 프로세스 모델의 구성 항목은 다음과 같다.

고객	제품/서비스 또는 출력의 대상이 되는 개인이나 조직
프로세스	입력을 가치 있는 산출물로 변환시켜 출력하는 활동들
공급자	입력을 제공하는 개인이나 조직
입력	공급자에 의해 제공되는 정보 자원
출력	프로세스를 통해 고객에게 제공되는 가치 있는 제품/서비스

03 프로세스의 구성요소

프로세스 책임자 (Owner)	프로세스의 성과와 운영을 책임지는 구성원으로, 프로세스를 설계하고 지속적으로 유지하는 사람이다. 예 레벨(Level) 0의 자료 흐름도, 다이어그램
프로세스 맵(Map)	상위 프로세스와 하위 프로세스의 체계를 도식화하여 전체 업무의 청사진을 표현한다.
프로세스 Task 정의서	기대하는 결과물을 산출하기 위해 Task들이 어떻게 운영되어야 하는지에 대한 문서이다.
프로세스 성과 지표	프로세스의 과정과 결과를 고객 입장에서 정량적으로 표현한 성과 측정 지표이다.
프로세스 조직	프로세스를 성공적으로 수행하기 위해 개인들의 업무를 유기적으로 수행하는 구성원이다.
경영자의 리더십 (Leadership)	경영자는 프로세스의 중요성을 인식하고 기업의 경영 방침을 확고하게 해야 한다.

이론을 확인하는 문제

다음은 업무 프로세스 확인과 관련된 설명이다. 빈칸에 알맞은 프로세스 구성요소의 종류를 쓰시오.

업무 프로세스를 확인하기 위해서는 애플리케이션 설계 단계에서 작성한 프로그램 관리 대장을 통해 작성해야 할 업무 프로그램들을 확인하고 프로그램 설계서와 (   )(을)를 확인한다. 가장 먼저 프로그램 관리 대장을 확인한다. 다음으로 프로그램 관리 대장에서 확인한 프로세스에 대한 업무 프로세스 체계를 (   )(을)를 통해 확인한다. (   )(은)는 상위 프로세스와 하위 프로세스의 체계를 도식화하여 전체 업무의 청사진을 표현한다.

- 답 :

ANSWER 업무 프로세스 맵 또는 프로세스 맵

. SECTION .

02

서버 프로그램

출제
빈도 상 중 하

빈출 태그 프레임워크 • DAO • DTO • VO

기적의 3회독
1회 2회 3회

01 프레임워크(Framework)에 대한 개념

- 프레임워크(Framework)란 틀, 규칙, 법칙을 의미하는 '프레임(Frame)'과 작업을 의미하는 '워크(Work)'의 합성어로 작업에 대한 규칙을 정하는 일이다.
- 랄프 존슨(Ralph Johnson)은 프레임워크를 '소프트웨어의 구체적인 부분에 해당하는 설계와 구현을 재사용이 가능하게끔 일련의 협업화된 형태로 클래스들을 제공하는 것'이라고 정의하였다.
- 소프트웨어 프레임워크(애플리케이션 프레임워크, Application Framework)는 프로그래밍에서 특정 운영체제를 위한 응용 프로그램 표준 구조를 구현하는 클래스와 라이브러리의 모임이다.
- 효율적인 정보 시스템 개발을 위한 코드 라이브러리, 애플리케이션 인터페이스(Application Interface), 설정 정보 등의 집합으로서 재사용이 가능하도록 공통적인 개발 환경인 기본 뼈대를 제공해 주는 것이다.
- 광의적으로 정보 시스템의 개발 및 운영을 지원하는 도구 및 가이드 등을 포함한다.
- 프레임워크는 목적에 따라 효율적으로 구조를 마련해 놓은 개발 방식이다.

02 프레임워크의 특징

모듈화 (modularity)	프레임워크는 인터페이스에 의한 캡슐화를 통해서 모듈화를 강화하고 설계와 구현의 변경에 따르는 영향을 극소화하여 소프트웨어의 품질을 향상시킨다.
재사용성 (reusability)	• 프레임워크가 제공하는 인터페이스는 반복적으로 사용할 수 있는 컴포넌트를 정의할 수 있게 하여 재사용성을 높여 준다. • 프레임워크 컴포넌트를 재사용하는 것은 소프트웨어의 품질을 향상시킬 뿐만 아니라 개발자의 생산성도 높여 준다.
확장성 (extensibility)	• 프레임워크는 다형성(polymorphism)을 통해 애플리케이션이 프레임워크의 인터페이스를 확장할 수 있게 한다. • 프레임워크 확장성은 애플리케이션 서비스와 특성을 변경하고 프레임워크를 애플리케이션의 가변성으로부터 분리함으로써 재사용성의 이점을 얻게 한다.
제어의 역흐름 (inversion of control)	프레임워크 코드가 전체 애플리케이션의 처리 흐름을 제어하여 특정한 이벤트가 발생할 때 다형성(Polymorphism)을 통해 애플리케이션이 확장한 메소드를 호출함으로써 제어가 프레임워크로부터 애플리케이션으로 거꾸로 흐르게 한다.

- 웹 서버 프레임워크의 주요 종류
  - 웹 서버 프레임워크는 동적인 웹 페이지나 웹 서비스를 개발하는 과정에서 DB 연동, 템플릿 지원, 코드 재사용 등을 지원하는 것을 목적으로 하는 프레임워크이다.

– 웹 애플리케이션 구축 아키텍처는 대부분 MVC(모델-뷰-컨트롤러) 모델을 이용하여 사용자 인터페이스를 백 엔드로 분리하여 개발한다.

기반	프레임워크	설명
CLI	ASP.NET	MS가 개발한 동적인 웹 사이트, 웹 애플리케이션, 웹 서비스 개발을 지원하는 웹 애플리케이션 프레임워크
PHP	CodeIgniter (코드이그나이터)	간편한 인터페이스와 논리적인 구조로 서버 지원을 최소화한 프레임워크
	Laravel(라라벨)	오픈소스 웹 프레임워크이며 MVC 아키텍처와 모듈 방식의 패키징 시스템으로 가장 대중적인 PHP 프레임워크
Java	Spring(스프링)	자바 플랫폼을 위한 오픈소스 애플리케이션 프레임워크로 공공기관의 웹 서비스 개발 시 사용을 권장하는 전자정부 표준 프레임워크
	struts(스트럿츠)	자바 기반의 JSP만을 위한 오픈소스 프레임워크
JavaScript	Vue.js	반응형 및 구성 가능한 뷰 구성요소를 제공하여 단순한 사용자 인터페이스를 구축하는 데 사용되는 프레임워크
	React.js	페이스북에서 개발하는 대화형 사용자 인터페이스를 구축하는 선언적이고 동적이며 유연한 프레임워크
	Angualr.js	데이터 중심적, 테스트 주도적, 선언적 HTML의 특징을 가지고 사용자 환경에서 쉽고 빠르게 HTML 어휘를 확장 가능한 프레임워크
Python	Django(장고)	고도의 데이터베이스 기반 웹 사이트를 작성하는 데 용이하며 강력한 라이브러리를 제공하지만 모바일 환경 구현이 어려운 프레임워크
Ruby	Ruby on Rails (루비 온 레일즈)	데이터베이스를 이용한 웹 애플리케이션을 개발할 때 반복되는 코드를 대폭 줄여 개발 시간이 단축 가능한 오픈소스 프레임워크

03 데이터 저장 계층 또는 영속 계층(Persistence Layer)

• DAO/DTO/VO는 영속 계층(Persistence Layer)에서 사용되는 특정 패턴을 통해 구현되는 Java Bean★이다.
• 영속 계층의 객체 종류

DAO (Data Access Object)	• DAO는 데이터베이스의 데이터를 접근(Access)하는 트랜잭션 객체로 데이터를 조회하거나 조작하는 기능을 전담 • 데이터베이스에 연결하여 입력, 수정, 삭제, 조회 등의 작업을 하는 클래스 • 애플리케이션 호출을 데이터 저장 부분(Persistence Layer★)에 매핑함으로써 DAO는 데이터베이스의 세부 내용을 노출하지 않고 특정 데이터 조작 기능을 제공
DTO (Data Transfer Object)	• DTO는 프로세스 사이에서 데이터를 전송하는 객체를 의미하는 계층 간 데이터 교환을 위한 자바 빈즈 • 많은 프로세스 간의 커뮤니케이션이 원격 인터페이스(⑩ 웹 서비스)에 의해 이루어지기 때문에 전송될 데이터를 모으는 DTO를 이용해서 한 번만 호출하게 함 • DTO는 스스로의 데이터를 저장 및 회수하는 기능을 제외하고 아무 기능도 가지고 있지 않다는 것이 DAO와의 차이임 • 순수한 데이터 객체이며 속성과 그 속성에 접근하기 위한 Getter와 Setter 메소드만 가진 클래스(필수사항 : 속성은 private 접근, public Getter/Setter 메소드)
VO (Value Object)	• VO는 간단한 독립체(Entity)를 의미하는 작은 객체를 의미 • 가변 클래스인 DTO와 다르게 Getter 기능(Read Only 속성)만 제공하는 불변 클래스를 만들어서 사용

★ Java Bean(자바 빈)
데이터를 표현하는 것을 목적으로 하는 Java의 재사용 가능한 클래스로 반복적인 작업을 효율적으로 하기 위해 생성하여 사용한다.
• 디폴트 생성자가 반드시 존재
• 직렬화 가능
• Getter와 Setter 메소드 제공

★ Persistence Layer(퍼시스턴스 계층)
데이터 저장 계층 또는 영속 계층으로 영구 저장소인 데이터베이스에 데이터를 영구 처리하는 계층

04 소프트웨어(SW) 개발 보안

- 소프트웨어 개발 보안이란 SW 개발 과정에서 개발자의 실수, 논리적 오류 등으로 인해 SW에 내포될 수 있는 보안 취약점(vulnerability)의 원인, 즉 보안 취약점(weakness)을 최소화하고, 사이버 보안 위협에 대응할 수 있는 안전한 SW를 개발하기 위한 일련의 보안 활동이다.
- 소프트웨어 개발 보안 가이드의 구성(Java 시큐어 코딩 가이드의 점검 항목)

입력 데이터 검증 및 표현	• 프로그램 입력값에 대한 검증 누락 또는 부적절한 검증, 데이터의 잘못된 형식 지정으로 인해 발생할 수 있는 보안 약점 • SQL 삽입, 자원 삽입, 크로스 사이트 스크립트 등 26개
보안 기능	• 보안 기능(인증, 접근 제어, 기밀성, 암호화, 권한 관리 등)을 적절하지 않게 구현 시 발생할 수 있는 보안 약점 • 부적절한 인가, 중요 정보 평문 저장(또는 전송) 등 24개
시간 및 상태	• 동시 또는 거의 동시 수행을 지원하는 병렬 시스템, 하나 이상의 프로세스가 동작하는 환경에서 시간 및 상태를 부적절하게 관리하여 발생할 수 있는 보안 약점 • 경쟁 조건, 제어문을 사용하지 않는 재귀 함수 등 7개
에러 처리	• 에러를 처리하지 않거나, 불충분하게 처리하여 에러 정보에 중요 정보(시스템 등)가 포함될 때 발생할 수 있는 보안 약점 • 취약한 패스워드 요구 조건, 오류 메시지를 통한 정보 노출 등 4개
코드 오류	• 타입 변환 오류, 자원(메모리 등)의 부적절한 반환 등과 같이 개발자가 범할 수 있는 코딩 오류로 인해 유발되는 보안 약점 • 널 포인터 역참조, 부적절한 자원 해제 등 7개
캡슐화	• 중요한 데이터 또는 기능성을 불충분하게 캡슐화하였을 때 인가되지 않는 사용자에게 데이터 누출이 가능해지는 보안 약점 • 제거되지 않고 남은 디버그 코드, 시스템 데이터 정보 노출 등 8개
API 오용	• 의도된 사용에 반하는 방법으로 API를 사용하거나, 보안에 취약한 API를 사용하여 발생할 수 있는 보안 약점 • DNS Lookup에 의존한 보안 결정, 널 매개 변수 미조사 등 7개

※ 출처 : 행정자치부(2012.09.), 전자정부 SW 개발 · 운영자를 위한 Java 시큐어 코딩 가이드

05 서버 프로그램 구현 절차

세부 업무 프로세스를 기반으로 업무 프로그램을 서버 영역(Back End)과 화면 영역(Front End)으로 구분하여 구현한다. 단, 순서에 상관없이 구현해도 된다.

① 업무 프로그램을 구현하기 위한 I/O 오브젝트(DTO/VO)를 정의한다.
② 업무 프로그램을 구현하기 위한 Data를 준비한다.
③ 업무 프로그램을 구현하기 위한 SQL을 작성한다.
④ 데이터 접근 객체(DAO, Data Access Object)를 구현한다.
⑤ Java 시큐어 코딩 가이드에 의한 보안 취약성을 제거하는 코드를 구현한다.
⑥ 컨트롤러(Controller) 클래스를 구현한다.

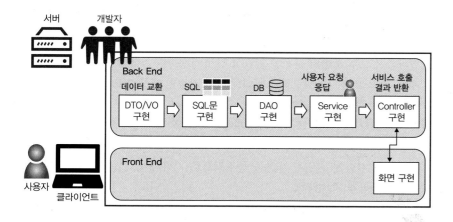

06 서버 프로그램 테스트

① 소프트웨어 테스트

소프트웨어 테스트란 구현된 애플리케이션이나 시스템이 사용자의 요구사항을 만족시키는지 확인하기 위하여 기능 및 비기능 요소의 결함을 찾아내는 활동이다.

② 소프트웨어 테스트의 원칙 2020년 1회

- 개발자가 자신이 개발한 프로그램 및 소스코드를 테스팅하지 않는다.
  - 일반적으로 개발자가 자신이 개발한 소스코드를 자신이 테스팅을 할 경우 결함을 발견하는 것이 쉬운 일이 아니다.
- 효율적인 결함 제거 법칙 사용(낚시의 법칙, 파레토의 법칙)
  - 효율적으로 결함을 발견, 가시화, 제거, 예방의 순서로 하여 정량적으로 관리할 수 있어야 한다.
  - 낚시의 법칙 : 낚시를 즐겨하는 사람들은 특정 자리에서 물고기가 잘 잡힌다는 사실을 경험적으로 알고 있다. 소프트웨어 제품의 결함도 특정 기능, 모듈, 라이브러리에서 결함이 많이 발견된다는 것이 소프트웨어 테스트에서의 낚시의 법칙이다.
  - 파레토의 법칙 : 소프트웨어 제품에서 발견되는 전체 결함의 80%는 소프트웨어 제품의 전체 기능 중 20%에 집중되어 있다.
- 완벽한 소프트웨어 테스팅은 불가능하다.
  - 단순한 애플리케이션이라도 테스트 케이스의 수는 무한대로 발생되기 때문에 완벽한 테스트는 불가능하다.
- 테스트는 계획 단계부터 해야 한다.
  - 소프트웨어 테스트는 결함의 발견이 목적이긴 하지만 개발 초기 이전인 계획 단계에서부터 할 수 있다면 결함을 예방할 수 있다.
- 살충제 패러독스(Pesticide Paradox)
  - 동일한 테스트 케이스로만 반복 실행하면 더 이상 새로운 결함을 발견할 수 없으므로 주기적으로 테스트 케이스를 점검하고 개선해야 한다.
- 오류-부재의 궤변(Absence of Errors Fallacy)
  - 사용자의 요구사항을 만족하지 못한다면 오류를 발견하고 제거해도 품질이 높다고 말할 수 없다.

③ 소프트웨어 테스트의 명세

- 테스트가 완료되면 테스트 계획과 테스트 케이스 설계부터 단계별 테스트 시나리오, 테스트 결과까지 모두 포함된 문서를 일관성 있게 작성한다.
- 테스트 계획, 소요 비용, 테스트 결과에 의해 판단 가능한 대상 소프트웨어의 품질 상태를 포함한 요약 문서를 작성한다.
- 품질 상태는 품질 지표인 테스트 성공률, 발생한 결함의 수와 결함의 중요도, 테스트 커버리지 등이 포함된다.
- 테스트 결과서는 결함에 관련된 내용을 중점적으로 기록하며, 결함의 내용, 결함의 재현 순서를 상세하게 기록한다.
- 단계별 테스트 종료 시 테스트 실행 절차를 리뷰하고 결과에 대한 평가를 수행하며, 그 결과에 따라 실행 절차를 최적화하여 다음 테스트에 적용한다.

이론을 확인하는 문제

다음은 SAO(서비스 지향 아키텍처)의 영속 계층의 객체의 종류에 대한 설명이다. 빈칸 ①~②에 알맞은 용어를 쓰시오.

(①)	데이터베이스의 데이터를 접근하는 트랜잭션 객체로 데이터를 조회하거나 조작하는 기능을 전담하는 클래스
(②)	프로세스 사이에서 데이터를 전송하는 객체를 의미하는 계층 간 데이터 교환을 위한 클래스
(③)	간단한 독립체를 의미하는 작은 불변의 클래스

- ① :
- ② :
- ③ :

ANSWER ① DAO ② DTO ③ VO

. SECTION .

03

배치 프로그램

출제
빈도 상 중 하

빈출 태그 배치 • 배치 스케줄러 • 크론 표현식

기적의 3회독
☐ 1회 ☐ 2회 ☐ 3회

01 개념

- 배치(Batch)란 ETL* 과정을 일정한 시간과 순서, 조건에 따라 수행하는 작업을 의미하며, 배치 프로그램(Batch Program)은 특정 시간에 일련의 대량 작업을 일괄 처리하는 프로그램을 말한다.
- 배치 프로그램은 대량의 데이터를 대상으로 특정 시간에 실행되는 일괄적 처리 방식이 특징이다.
- 배치 프로그램을 통해 업무의 효율성을 높이고 비효율적인 시스템의 과부하를 줄일 수 있다.
- 배치 프로그램은 사람의 개입 없이 주기적으로 특정 동작을 수행하도록 하는 프로그램으로 회원의 휴면계정 관리, 업데이트 알림, 요금 청구, 급여 정산 등의 기능을 구현할 수 있다.
- 배치 프로그램은 자동으로 수행되는 주기에 따라 정해진 시점에 실행되는 일반적인 '정기 배치', 사용자의 수행 요청 시 바로 실행되는 '주문형(On-Demand) 배치', 설정 조건이 충족되면 자동 실행되는 '이벤트성 배치'로 구분할 수 있다.

> ★ ETL
> 데이터를 추출(Extract)하거나 변환(Transformation), 적재(Load)하는 작업을 의미한다.

02 필수 요소

대용량 데이터	대용량의 데이터를 처리할 수 있어야 함
자동화	심각한 오류 상황 외에는 사용자의 개입 없이 동작해야 함
견고함	유효하지 않은 데이터의 경우에도 처리하여 비정상적인 동작 중단이 발생하지 않아야 함
안정성	어떤 문제가 생겼는지, 언제 발생했는지 등을 추적할 수 있어야 함
성능	주어진 시간 내에 처리를 완료할 수 있어야 하고, 동시에 실행하고 있는 다른 애플리케이션을 방해하지 말아야 함

★ 스케줄러(Scheduler)
일반적으로 특정 작업(Job)을 특정 시간마다 실행되도록 도와주는 프로그램을 의미한다.

★ 스프링 배치의 핵심 기능
• 스프링 프레임워크 기반
• 자체 제공 컴포넌트
• 견고함과 안전성

★ 스프링 프레임워크
(Spring Framework)
자바 플랫폼을 위한 오픈소스 애플리케이션 프레임워크로 동적인 웹 사이트를 개발하기 위한 프레임워크이다.

★ 컴포넌트(Component)
프로그래밍의 한 부분을 의미하며 재사용이 가능한 최소 단위이다. 모듈(Module)이 특정 기능을 온전히 수행할 수 있도록 만들어졌다면 그 모듈 내에서도 재사용이 가능한 단위가 컴포넌트이다.

03 배치 스케줄러★

① 개념

• 배치 스케줄러(Batch Scheduler)는 배치 프로그램이 특정 시간에 실행될 수 있도록 지원해주는 도구이다.
• 배치 프로그램을 주기적으로 동작하게 해주는 스케줄러는 대표적으로 스프링 배치(Spring Batch)와 쿼츠 스케줄러(Quartz Scheduler)가 있다.

② 종류

• 스프링 배치(Spring Batch)★
– 스프링 배치는 2007년에 Accenture와 Spring Source사가 공동 개발한 오픈소스 프레임워크이다. 배치 처리를 위해 만들어진 프레임워크로 가볍고, 빠르고, 실행 도중 문제가 발생하면 그 지점부터 재시작(Restartability)할 수 있다.
– 스프링 프레임워크★ 기반으로 DI(Dependency Injection, 의존성 개입), AOP(Aspect Oriented Programming, 관점 지향 프로그래밍), 서비스 추상화의 스프링 프레임워크의 3대 요소를 모두 사용할 수 있는 대용량 처리를 제공하는 스케줄러이다.
– 스프링 배치를 통해 Job과 Step을 기준으로 배치를 쉽게 수행하고, 대용량 데이터는 Chunk 지향 처리를 통해 편리하게 ETL 작업을 수행할 수 있다.
– 스프링 배치는 배치 실행에 관련한 모든 정보를 DB에 저장하고 참조하며 Job을 순차적으로 처리한다.
– 스프링 배치의 주요 컴포넌트★

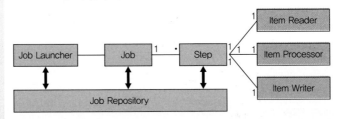

컴포넌트	설명
Job Repository	Job Execution 관련 메타 데이터를 저장하는 기반 컴포넌트
Job Launcher	Job Execution을 실행하는 기반 컴포넌트
Job	배치 실행 단위를 의미하는 애플리케이션 컴포넌트
JPA(Java Persistence API)	페이징 기능을 제공
Step	Job의 각 단계를 의미하며 Job은 일련의 연속된 Step으로 구성
Item	Data Source로부터 읽거나 Data Source로 저장하는 각 레코드를 의미
Chunk	특정 크기를 갖는 아이템 목록을 의미
Item Reader	데이터 소스로부터 아이템을 읽어 들이는 컴포넌트
Item Processor	Item Reader로 읽어 들인 아이템을 Item Writer를 사용해 저장하기 전에 처리하는 컴포넌트
Item Writer	Item Chunk를 데이터 소스에 저장하는 컴포넌트

- 쿼트 스케줄러(Quartz Scheduler)
  - 쿼트 스케줄러는 스프링 프레임워크를 기반으로 하는 응용 애플리케이션의 배치 처리를 위한 스케줄러로 실행 작업(JobDetail)과 실행 스케줄을 정의하는 트리거(Trigger)를 분리하여 유연성을 제공하는 오픈 소스 기반 라이브러리이다.
  - 원하는 시간에 원하는 기능을 실행해 주는 쿼트 스케줄러는 기능을 안정적으로 실행할 수 있고 실행할 시간을 매우 유연하게 지정할 수 있다는 것이 큰 장점이다.
  - 쿼트 스케줄러의 구성요소

Scheduler	Quartz 실행 환경을 관리하는 핵심 개체
Job	사용자가 수행할 작업을 정의하는 인터페이스로서 Trigger 개체를 이용하여 스케줄 가능
JobDetail	작업명과 작업 그룹과 같은 수행할 Job에 대한 상세 정보를 정의하는 개체
Trigger	정의한 Job 개체의 실행 스케줄을 정의하는 개체로서 Scheduler 개체에게 Job 수행 주기를 알려주는 개체

  - 스프링 스케줄러 구현은 쿼트 스케줄링 객체를 사용하는 방법과 xml 설정을 통해 구현하는 방법과 어노테이션(@)을 사용하는 방법이 있다. 어노테이션(Annotation)을 사용하는 방법에서는 주기적으로 실행할 메소드에 @Scheduled 어노테이션을 통해 배치 간격을 설정한다. cron 속성을 설정하거나, fixedDelay★ 속성 또는 fixedRate★ 속성을 밀리세컨드(밀리초, ms)로 설정한다.

③ 크론 표현식(UNIX Cron Expression)
- 크론은 유닉스 계열의 운영체제에서 작업 스케줄링 프로세스로, 유닉스와 리눅스의 스케줄링 작업뿐만 아니라 서버 프로그램의 배치 스케줄러를 개발할 때도 크론 표현식을 사용한다. Spring Scheduler 구현 시 리눅스의 스케줄러 도구인 크론탭(crontab)과 유사한 cron의 표현식을 사용한다.
- 크론 표현식(Cron Expression)은 7개의 단위로 구분된 문자열로 스케줄러의 정규 표현식이다. 각 단위는 공백(" ")으로 구분되며 초, 분, 시 등으로 세분화되어 스케줄러를 실행시키기 위해 작업이 실행되는 시간 및 주기 등을 설정하는 데 사용한다.
- 형식은 전체 7개의 필드로 구성되어 있고 년도를 의미하는 마지막 필드는 옵션 필드로 생략할 수 있다.

형식	초	분	시	일	월	요일	년도

★ fixedDelay
이전에 실행된 Job의 종료시간을 기준으로 지정된 시간(ms)만큼 지난 후 Job을 실행

★ fixedRate
이전에 실행된 Job의 시작시간을 기준으로 지정된 시간(ms)만큼 지난 후 Job을 실행

기적의 Tip

배치 프로그램과 관련된 학습에서 중점을 두어 학습해야 할 부분은 크론 표현식을 통해 배치 프로그램의 실행 빈도를 파악하는 부분입니다. 필답형 정보처리 실기시험의 문항의 경우 주어진 스케줄러의 정규 표현식의 의미를 약술하는 문제가 출제될 가능성이 있습니다. 교재의 주어진 표현식의 예를 정확히 파악하세요.

• 크론 각 필드의 허용값은 다음과 같다.

필드명	허용값의 범위	허용된 특수문자★
초(Seconds)	0~59	, − * /
분(Minutes)	0~59	, − * /
시(Hours)	0~23	, − * /
일(Day−of−Month)	1~31	, − * ? / L W
월(Months)	1~12 또는 JAN~DEC	, − * /
요일(Day−of−Week)	0~6 또는 SUN~SAT	, − * ? / L #
년도(Year)(생략 가능)	1970~2099	, − * /

• 크론 표현식의 예
 − "0 0/5 * ?" : 매 5분 간격으로 실행
 − "10 0/5 * ?" : 10초 후, 5분 간격으로 실행
 − "0 0 2 * * ?" : 매일 오전 2시에 실행
 − "0 0 2 ? * WED" : 매주 수요일 오전 2시에 실행
 − "0 5 10 ? * MON−FRI" : 주중 오전 10:5에 실행
 − "0 30 10−12 ? * WED,SAT" : 매주 수요일과 토요일 10:30, 11:30, 12:30에 실행
 − "0 0/30 7−9 15,25 * ?" : 매월 15일, 25일 오전 7시부터 오전 10시 사이에 30분 간격으로 실행

이론을 확인하는 문제

다음은 배치 프로그램의 필수 요소에 대한 설명이다. 올바른 설명의 항목을 모두 골라 쓰시오.

> ㉠ 자동화는 심각한 오류 상황 외에는 사용자의 개입 없이 동작해야 한다.
> ㉡ 안정성은 어떤 문제가 생겼는지, 언제 발생했는지 등을 추적할 수 있어야 한다.
> ㉢ 대용량 데이터는 대용량의 데이터를 처리할 수 있어야 한다.
> ㉣ 무결성은 주어진 시간 내에 처리를 완료할 수 있어야 하고, 동시에 동작하고 있는 다른 애플리케이션을 방해하지 말아야 한다.

• 답 :

ANSWER ㉠, ㉡, ㉢

01 다음은 애플리케이션 개발 모델에 대한 설명이다. 빈칸 ①~③에 알맞은 용어를 쓰시오.

> 대표적인 소프트웨어 아키텍처(애플리케이션 개발 모델) 유형으로는 MVC 구조, C/S 구조 다층 구조, 저장소 구조 등이 있다. 이 중 MVC 구조는 구현하려는 전체 애플리케이션을 (①), (②), (③)(으)로 구분하여 사용자 인터페이스와 비즈니스 로직을 상호 분리하여 개발하는 구조이다.
> - (①)(은)는 자신의 상태가 바뀔 때마다 컨트롤러와 뷰에게 알려준다. 모델의 상태 변화 통보에 따라 뷰는 최신 결과를 보여주며 컨트롤러는 적절한 명령을 추가하거나 변경한다.
> - (②)(은)는 모델로부터 정보를 얻어와서 사용자에게 출력물을 보여준다.
> - (③)(은)는 모델과 뷰에게 명령을 보낼 수 있다. 모델에 명령을 보내면 모델의 상태가 바뀐다. 뷰에 명령을 보내면 모델에 의한 뷰 표시 방법을 변경할 수 있다.
>
> MVC 구조는 GUI(그래픽 사용자 인터페이스)를 사용하는 애플리케이션 개발 모델에서 많이 사용하며, 사용자 인터페이스와 비즈니스 논리를 상호 독립적으로 구성요소를 변경할 수 있는 장점을 제공한다.

- ① :
- ② :
- ③ :

02 MVC 구조는 구현하려는 전체 애플리케이션을 Model(모델), View(뷰), Controller(컨트롤러)로 구분하여 사용자 인터페이스와 비즈니스 로직을 상호 분리하여 개발하는 구조이다. MVC 구조의 구성요소 중 Model(모델)의 역할을 간략하게 쓰시오.

- 답 :

03 서버 프로그램 구현에서 특정 타입의 데이터베이스에 추상 인터페이스를 제공하는 객체로 세부 내용 노출 없이 데이터 조작을 하는 데이터 접근 객체를 무엇이라 하는지 영문 약어로 쓰시오.

- 답 :

04 소프트웨어 테스트의 원칙 중 살충제 패러독스(Pesticide Paradox)에 대해 간단히 서술하시오.

- 답 :

05 다음에서 공통으로 설명하는 프레임워크 기술이 무엇인지 쓰시오.

> • 자바 엔터프라이즈 애플리케이션(Java Enterprise Application) 개발에 사용되는 프레임워크이다.
> • 자바 객체가 생성되고 동작하는 방식에 대한 틀을 제공하고 애플리케이션 코드를 어떻게 작성하는지에 대한 설계 원칙과 기준도 제시한다.
> • IoC(Inversion of Control)/DI(Dependency Injection)로 불리는 객체의 생명주기와 의존 관계에 대한 프로그래밍 모델을 지원한다.
> • 대한민국 전자정부 표준 프레임워크로 선정되어 활용되고 있다.

• 답 :

06 '골조', '뼈대'를 의미하는 용어로 비슷한 유형의 응용 프로그램들을 위해 재사용이 가능한 아키텍처와 협력하는 소프트웨어 산출물의 통합된 집합으로, 특정 클래스의 재사용뿐만 아니라 응용 프로그램을 위한 핵심 아키텍처를 제공하여 설계의 재사용을 지원하는 것을 의미하는 용어를 쓰시오.

• 답 :

07 일괄 처리 작업이 설정된 주기에 맞추어 자동으로 수행되도록 지원해 주는 도구가 무엇인지 쓰시오.

• 답 :

08 다음은 배치 프로그램의 필수 요소와 해당 설명이다. 빈칸 ①, ②에 알맞은 요소명을 쓰시오.

요소	설명
(①)	대용량의 데이터를 처리할 수 있어야 함
(②)	심각한 오류 상황 외에는 사용자의 개입 없이 동작해야 함
견고함	유효하지 않은 데이터의 경우에도 처리하여 비정상적인 동작 중단이 발생하지 않아야 함
안정성	어떤 문제가 생겼는지, 언제 발생했는지 등을 추적할 수 있어야 함
성능	주어진 시간 내에 처리를 완료할 수 있어야 하고, 동시에 실행하고 있는 다른 애플리케이션을 방해하지 말아야 함

• ① :
• ② :

09 다음은 주기적으로 본사의 ERP에 매출실적을 추가하는 작업에 대하여 Spring Scheduler의 어노테이션(Annotation)을 사용하여 구현한 배치 프로그램의 일부이다. 배치 프로그램이 수행되는 주기를 쓰시오.

```
@Scheduled(cron="0 30 0 1 * *")
public void autoInsertScheduler( ) {
    try {
        bsalesdao.insertSales( );
    } catch(Exception e) {
        e.printStackTrace( );
    }
}
```

• 답 :

10 다음은 배치 프로그램 테스트에 대한 설명이다. 빈칸 ①, ②에 알맞은 실행 주기를 쓰시오.

귀하는 배치 설계서를 확인하여 업무종료된 데이터를 입력하면 삭제된 목록 리스트를 작업 로그로 출력하는 배치 프로그램을 구현하였다. 업무종료가 된 사용자 정보를 대상으로 삭제 작업을 진행하는 배치 프로그램을 구현하기 위한 스케줄러 클래스 내의 실행 메소드에 @Scheduled(cron="0 0 1 * * ?")와 같이 @Scheduled 어노테이션(Annotation) 구문을 지정하여 (①)에 배치 스케줄이 실행되게 구현하였다.
개발된 배치 프로그램의 테스트를 위해서 먼저, 배치 프로그램의 배치 스케줄(Schedule) 주기를 @Scheduled(cron="0/10 * * * * *")와 같이 수정하였고, 실행 스케줄을 (②) 주기로 간격으로 변경하여 결과 로그를 분석할 수 있었다. 로그 분석 시 로그에 실패가 출력되어 디버깅을 통해 오류를 확인하고 수정 후 최종적으로 결과 로그를 검증한 후 데이터가 목적에 맞게 처리되었는지 확인하기 위해 참조 테이블의 데이터를 배치 프로그램 실행의 이전 데이터와 이후 결과 데이터를 확인하여 테스트를 무사히 종료하였다.

• ① :
• ② :

PART 05

인터페이스 구현

PART 05 소개

모듈 간의 분산이 이루어진 경우를 포함하여 단위 모듈 간의 데이터 관계를 분석하고

이를 기반으로 한 메커니즘을 통해 모듈 간의 효율적인 연계를 구현하고 검증할 수 있다.

CHAPTER 01

인터페이스 설계와 기능 구현하기

 학습 방향

1. 인터페이스 설계서를 기반으로 외부 및 내부 모듈 간 공통으로 제공되는 기능과 각 데이터의 인터페이스를 확인할 수 있다.
2. 개발하고자 하는 응용 소프트웨어와 연계대상 모듈 간의 세부 설계서를 확인하여 일관되고 정형화된 인터페이스 기능 구현을 정의할 수 있다.

출제 빈도

Section 01	하	20%
Section 02	상	20%
Section 03	상	40%
Section 04	상	20%

인터페이스 설계서 확인

출제
빈도 상 중 **하**

빈출 태그 인터페이스 정의서 • XML

기적의 3회독
☐ 1회 ☐ 2회 ☐ 3회

🎓 기적의 Tip

인터페이스 설계 내용은 매
회 1문제씩 문제가 출제되고
있습니다. 구체적인 수행 방
법론보다는 본문의 주요 기
술 용어를 중심으로 학습하
세요.

🔢 01 인터페이스의 개념

- 애플리케이션 개발 단계에 정의된 내/외부 모듈 및 컴포넌트 간의 데이터 교환과 데이터 처리를 위한 기능을 의미한다.
- 인터페이스 설계서를 통하여 내/외부 모듈 간의 상세 인터페이스 기능을 확인한다.

🔢 02 인터페이스 설계서(정의서)

- 다른 기종 시스템이나 컴포넌트 간 데이터 교환 및 처리를 위한 목적으로 각 시스템의 교환 데이터 및 업무, 송수신 주체 등이 정의된 문서이다.
- 시스템이 갖는 인터페이스 목록과 세부 인터페이스를 명세하는 설계문서이다.
- 시스템의 인터페이스 현황을 한눈에 확인하기 위하여, 이 기종의 시스템 간의 데이터 교환과 처리를 위하여 사용되는 데이터뿐 아니라 업무, 그리고 송수신 시스템 등에 관한 상세 내용을 기술한 문서이다.
- 정적, 동적 모형을 통한 설계서, 일반적 형태의 설계서로 구분된다.

정적, 동적 모형을 통한 설계서	• 시각적인 다이어그램을 이용하여 정적, 동적 모형으로 각 시스템의 구성요소를 표현한 문서이다. • 각 인터페이스가 어느 부분에 속하는지 분석할 수 있다. • 교환 트랜잭션의 종류를 분석할 수 있다.
데이터 정의를 통한 설계서	• 개별 인터페이스의 상세 데이터 명세, 시스템 인터페이스 목록, 각 기능의 세부 인터페이스 정보를 정의한 문서이다. • 시스템 인터페이스 설계서 : 시스템 인터페이스 목록을 만들고 각 인터페이스 목록에 대한 상세 데이터 명세를 정의하는 것 • 상세 기능별 인터페이스 명세서 : 각 기능의 세부 인터페이스 정보를 정의한 문서

① 인터페이스 목록

- 시스템의 인터페이스 목록을 나열한 문서이다.
- 인터페이스 번호, 인터페이스가 되는 시스템의 정보, 관련 요구사항 ID 등으로 구성된다.

② 인터페이스 명세서

인터페이스 목록에 있는 각 인터페이스의 상세 정보를 표현하며, 각 인터페이스 번호당 인터페이스되는 데이터, 데이터 형식, 송수신 시스템의 정보 등으로 구성된다.

③ 인터페이스 설계서 양식

- 재개정 이력

날짜	버전	작성자	승인자	내용

- 인터페이스 정의서

시스템명		서브 시스템명			
단계명		작성 일자		버전	

- 인터페이스 목록

송신				전달			수신				관련 요구 사항 ID	비고
인터 페이스 번호	일련 번호	송신 시스 템명	프로 그램 ID	처리 형태	인터 페이스 방식	발생 빈도	상대 담당자 확인	프로 그램 ID	수신 시스 템명	수신 번호		

- 인터페이스 명세서

인터 페이스 번호	데이터 송신 시스템					송신 프로 그램 ID	데이터 수신 시스템					수신 프로 그램 ID
	시스 템명	데이터 저장소명	속성 명	데이터 타입	길이		데이터 저장소명	속성 명	데이터 타입	길이	시스 템명	

03 상세 기능 인터페이스 정의서

- 인터페이스의 각 세부 기능의 개요, 세부 기능이 동작하기 전에 필요한 사전 조건, 사후 조건 및 인터페이스 파라미터(데이터), 호출 이후 결과를 확인하기 위한 반환값 등을 정의한 문서이다.
- 상세 기능 인터페이스 정의서 양식

인터페이스 ID	TT_I_9901	인터페이스명	카드결제 인터페이스
오퍼레이션명	Request_G_CARD		
오퍼레이션 개요	카드결제 시 PG사를 통하여 결제를 진행한다.		
사전 조건	PG사 모듈이 설치되어 있어야 한다.		
사후 조건	카드결제 후 DB에 결제 정보를 입력한다.		
파라미터	결제일시, 결제자명, 상품명		
반환값	정상 승인, 비정상 처리		

기적의 Tip

- 모듈 연계에 대한 내용은 통합 구현 파트에서 자세하게 공부했습니다.
- 모듈 연계 방식인 EAI와 ESB는 통합 구현 파트의 연계 메커니즘 섹션에서 자세히 살펴보았습니다.

04 모듈 연계

시스템 인터페이스를 목적으로 내부 모듈–외부 모듈 또는 내부 모듈–내부 모듈 간 인터페이스를 위한 관계를 설정하는 것으로 EAI와 ESB 방식이 있다.

더 알기 Tip

ESB의 특징과 구성요소 • 소프트웨어 구성요소를 그래픽으로 모형화하였다.

특징	• 다양한 시스템과 연동하기 위한 멀티 프로토콜 지원 • 느슨한 결합(loosely coupled) • 소프트웨어 컴포넌트를 조합하여 서비스를 조립하는 BPM 지원 • 이벤트/표준 지향적
구성요소	• 어댑터 형태의 레거시 연동 컴포넌트 • 메시지의 변환, 가공 • BPM★ • 통합 개발환경 • 컨트롤과 모니터링

★ BPM(business process management)
기업의 업무 흐름을 한눈에 볼 수 있도록 만들어 인력과 시스템을 적절하게 투입하고 통제하는 기업의 업무 프로세스를 관리하는 경영 방법이다.

05 내/외부 모듈 간 인터페이스 데이터 표준 확인 2020년 1회

① 인터페이스 데이터 표준 확인

- 내/외부 모듈 간 데이터를 교환 시 데이터 표준을 정의하고 이를 관리하여야 한다.
- 인터페이스 데이터 표준이란 내/외부 모듈 간 교환되는 데이터 사이의 형식과 표준을 정의하는 것이다.
- 기존 데이터 중 공통 영역을 추출하여 정의하는 경우와 인터페이스를 위해 다른 한쪽의 데이터 형식을 변환하는 경우가 있다.
- JSON★, DB, XML★ 등 다양한 표준으로 인터페이스 모듈을 표현할 수 있다.

> **더 알기 Tip**
>
> **XML**
>
> - 다른 목적의 마크업 언어를 만드는 데 사용되는 다목적 마크업 언어이다.
> - 다른 시스템끼리 다양한 종류의 데이터를 손쉽게 교환할 수 있다.
> - 새로운 태그를 만들어 추가해도 계속해서 동작하므로 확장성이 좋다.
> - 데이터를 보여주지 않고, 데이터를 전달하고 저장하는 것만을 목적으로 한다.
> - 텍스트 데이터 형식의 언어로 모든 XML 문서는 유니코드 문자로만 이루어진다.
> - XML 기반의 언어 : XHTML, SVG, RDF, RSS, Atom, MathML
> - 표준성, 분리성, 단순성, 호환성, 수용성, 확장성, 정보검색의 정확성 등의 특징을 가진다.
> - XML의 주요 특징
>
> | | |
> |---|---|
> | **XML 선언** | • XML 문서는 자신에 대한 정보 일부를 선언하는 것으로 시작한다.
• 예 〈?xml version="1.0" encoding="UTF-8" ?〉 |
> | **유니코드 문자** | XML 문서는 문자로 이루어져 있으며, 거의 모든 올바른 유니코드 문자는 XML 문서에 나타날 수 있다. |
> | **엘리먼트
(Element)** | • 문서의 논리 요소로서 시작 태그로 시작하여 짝이 되는 끝 태그로 끝나거나 빈 엘리먼트 태그만으로 이루어진다.
• 자식 엘리먼트를 포함할 수 있다.
• 예 〈Greeting〉〈child〉Hello world〈/child〉〈/Greeting〉 |
> | **어트리뷰트
(Attribute)** | • 엘리먼트 태그 속에 위치하는 속성 정보이다.
• 예 〈step number="3"〉Connect A to B〈/step〉 number는 step 엘리먼트의 속성 |
> | **마크업
(Mark up)과
내용(Content)** | • XML 문서를 구성하는 문자들은 마크업과 내용으로 구분되며, 간단한 문법 규칙으로 이루어진다.
• 마크업으로 구성된 문자열은 '〈'로 시작하여 '〉'로 끝나거나 '&'로 시작하여 문자 ';'로 끝나며, 마크업이 아닌 문자열은 내용이다.
• 태그(Tag) : '〈'로 시작하여 '〉'로 끝나는 마크업 구조 |
> | **XML 파서
(Parser)** | 파서는 마크업을 분석하고 필요한 정보를 추출하여 애플리케이션에 넘긴다. |

② 인터페이스 데이터 표준 작성

상호 인터페이스해야 할 모듈의 데이터 표준과 함께 인터페이스 데이터 표준을 같이 정의하고 산출물에 표현한다.

★ **JSON(Java Script Object Notation)**

- 데이터 통신을 이용한 인터페이스 구현 방법이다.
- 속성–값의 쌍(Attribute–Value Pairs)인 데이터 객체 전달을 위해 사람이 읽을 수 있는 텍스트를 사용하는 개방형 표준 포맷으로 비동기 처리에 쓰이는 AJAX(Asynchronous JavaScript and XML)에서 XML을 대체하는 주요 데이터 포맷이다.

★ **XML(eXtensible Markup Language)**

- 데이터 통신을 이용해 인터페이스 구현에 사용되는 다목적 마크업 언어이다.
- HTML(웹 페이지 기본 형식) 문법과 웹 브라우저와 호환 문제와 SGML(Stand Generalized Markup Language)의 복잡성을 해결하기 위해 개발되었다.

06 송, 수신측 모듈의 데이터 표준

일반적으로 업무적인 테이블 정의서 내용과 같으나 인터페이스가 필요한 부분은 별도로 표기하여 인터페이스에 사용될 것임을 알려 준다.

07 모듈 간 인터페이스 데이터 표준 확인 순서

- 식별된 데이터 인터페이스를 통해 인터페이스 데이터 표준을 확인한다.
- 인터페이스 데이터 항목을 식별한다.
- 인터페이스 표준을 검토하여 최종적인 인터페이스 데이터 표준을 확인한다.

더 알기 Tip

웹에서 사용되는 Script 언어의 종류

- HTML(HyperText Markup Language) : 현재도 사용되지만 기능의 제약이 많아 최근엔 부분적으로 쓰인다. 개발이 빠르고 관리도 쉽다.
- ASP(Active Server Page) : MS사에서 개발한 언어로서 Windows Server 플랫폼만 지원한다.
- PHP(Personal Hypertext Preprocessor) : 1994년 Rasmus Lerdorf라는 사람에 의해 처음으로 고안이 되었으며 현재 세계에서 가장 많이 사용하는 웹 서버인 아파치 웹 서버에 모듈 형태로 장착되어 쓰이고 있다. 유닉스뿐만 아니라 윈도우에서도 사용할 수 있고, ASP와 마찬가지로 서버측 스크립트이다.
- JSP(Java Server Page) : Java를 기반으로 하는 SUN사에서 개발한 언어로, 주로 은행이나 중요 회사에 많이 쓰이며 보완성이 뛰어나다. 코딩이 어렵고 ASP보다 코드량이 1.5배가량 많다. 리눅스와 윈도우 모두 가능하며 DBMS도 다양하게 지원한다.

01 애플리케이션 개발 과정 중 다음의 기능을 수행하는 것은 무엇인지 쓰시오.

> 애플리케이션 개발 단계에 정의된 내/외부 모듈 및 컴포넌트 간의 데이터 교환과 데이터 처리를 위한 기능을 의미한다.

• 답 :

02 인터페이스 설계서(정의서)는 일반적으로 두 가지 형태의 설계서로 구분된다. 다음이 설명하는 설계서는 무엇인지 쓰시오.

> • 시스템 인터페이스 목록, 각 기능의 세부 인터페이스 정보를 정의한 문서
> • 시스템 인터페이스 설계서 : 시스템 인터페이스 목록을 만들고 각 인터페이스 목록에 대한 상세 데이터 명세를 정의하는 것
> • 상세 기능별 인터페이스 명세서 : 각 기능의 세부 인터페이스 정보를 정의한 문서

• 답 :

03 내/외부 모듈 간 인터페이스 데이터 표준의 종류 3가지를 쓰시오.
• 답 :

04 다음 보기에 해당하는 인터페이스 표준을 쓰시오.

> • 이종의 시스템 간 다양한 종류의 데이터를 손쉽게 교환할 수 있다.
> • 데이터를 보여주지 않고, 데이터를 전달하고 저장하는 것만을 목적으로 한다.
> • 텍스트 데이터 형식의 언어로 유니코드 문자로만 이루어진다.
> • 표준성, 분리성, 단순성, 호환성, 수용성, 확장성, 정보검색의 정확성 등의 특징을 가진다.
> • 사용자가 직접 태그를 정의할 수 있기 때문에 다양한 종류의 데이터를 표현할 수 있다.
> • 데이터를 계층구조로 구성할 수 있어 유연한 데이터 처리가 가능하다.
> • 대부분의 프로그래밍 언어에서 지원되며, 다양한 운영체제에서도 동작한다.
> • 암호화 기능을 지원하여 보안성이 높고 텍스트 기반의 파일 형식이기 때문에 이식성이 높다.

• 답 :

ANSWER **01** 인터페이스
02 데이터 정의를 통한 인터페이스 설계서
03 JSON, DB, XML
04 XML

🎓 **기적의 Tip**

본문의 내용 중 인터페이스에 사용되는 기술과 표준에 중점을 두고 학습하세요.

01 인터페이스 구현

- 송수신 시스템 간의 데이터 교환 및 처리를 실현해 주는 작업이다.
- 대표적으로 데이터 통신을 이용한 방법과 인터페이스 엔티티를 이용한 방법이 있다.

① 데이터 통신을 이용한 인터페이스 구현

- 애플리케이션 영역에서 인터페이스 형식에 맞춘 데이터 포맷을 인터페이스 대상으로 전송하고 이를 수신측에서 구문분석하여 해석하는 방법이다.
- 주로 JSON이나 XML 형식의 데이터 포맷을 사용해 인터페이스를 구현한다.

더 알기 Tip

JSON 자료형

구분	예시	설명
Number	정수 : 1, 2, 3, −100	기본자료형, 8진수, 16진수는 지원하지 않는다.
	실수(고정 소수점) : 4.5, 0.56	
	실수(부동 소수점) : 3e4, 3.5e12	
String	"6664", "dumok", "문자", "\", "extudy\"	• 큰따옴표로 묶어야 한다. • \는 특수 기호 문자를 표현하기 위해 사용한다(\, 탭 등).
Object	{"house-4": 60, "name1": "값5", "name1": true}	객체의 이름은 값 쌍의 집합으로 중괄호({ })를 사용하고, 이름은 문자열이기 때문에 반드시 큰따옴표(" ")로 표현하며, 값은 기본자료형으로 표현한다.
Array	[100, {"v": 30}, [50, "고기"]]	• 배열은 대괄호([ ])로 표현한다. • 각 요소는 기본자료형이거나 배열, 객체이다. • 각 요소는 쉼표(,)로 구분한다.

더 알기 Tip

JSON 사용 예시

```
{
    "이름": "신회장",
    "나이": 65,
    "성별": "남성",
```

```
        "주소": "서울시 부산구 대구동",

        "특기": ["삽질", "호미질"],

        "가족관계": {"#": 3, "아내": "제니", "아들": "김지훈"},

        "회사": "서울시 화성구 인천동"

    }
```

② 인터페이스 엔티티를 이용한 인터페이스 구현

인터페이스가 필요한 시스템 사이에 별도의 인터페이스 엔티티를 두어 상호 연계하는
방식이다.

02 모듈 간 세부 설계서

- 모듈의 구성요소와 세부적인 동작 등을 정의한 설계서이다.
- 하나의 독립적인 기능을 수행하는 모듈의 구성요소와 세부적인 동작을 정의한 설계
  서이다.
- 컴포넌트★의 구성요소와 동작을 표현하는 컴포넌트 명세서와 컴포넌트 간의 상호작
  용을 정의한 인터페이스 명세서가 있다.
- 대표적으로 컴포넌트 설계서, 인터페이스 명세서가 있다.

★ 컴포넌트
기능을 수행하기 위해 독립적으로
개발되어 보급되는, 다른 컴포넌트
와 조립되어 응용시스템을 구축하
기 위해 사용되는 소프트웨어이다.

① 컴포넌트 명세서

- 컴포넌트의 개요 및 내부 클래스의 동작, 인터페이스를 통해 외부와 통신하는 명세
  등을 정의한 명세서이다.
- 실제 코드 수준의 클래스 명칭, 설계 수준의 논리적 클래스 명칭을 사용할 수 있다.

컴포넌트 ID	DD-COM-001		컴포넌트명	인사
컴포넌트 개요★	사내 직원의 인사 관련 정보			
내부 클래스				
ID	클래스명★		설명★	
DD-CLASS-002	기본 인사 정보		직원의 기본 인사 정보	
DD-CLASS-003	발령 이력		직원의 발령 이력 정보	
인터페이스 클래스★				
ID	인터페이스명	오퍼레이션명	구분	
IF-DD-001	인사 관련 정보 인터페이스	조회	조회 대상	
		전송	전송 행위	
		확인	결과 확인	

★ 컴포넌트 개요
컴포넌트의 목적을 작성한다.

★ 클래스명과 설명
컴포넌트의 주요 기능을 작성한다.

★ 인터페이스 클래스
인터페이스의 주요 기능을 작성
한다.

② 인터페이스 명세서

- 컴포넌트 명세서에 명시된 인터페이스 클래스의 세부적인 조건과 기능을 정의한 명세서이다.
- 인터페이스의 명칭, 설명, 사전/사후 조건, 인터페이스 데이터와 인터페이스 후 성공 여부를 반환받는 값이 정의된다.

인터페이스 ID	IF-DD-001	인터페이스명	인사 관련 정보 인터페이스
오퍼레이션명	인터페이스 대상 조회		
오퍼레이션 개요	관련 인터페이스 정보를 선택한다.		
사전조건	인사 변경 정보가 있는 경우에만 선택한다.		
사후조건	전송 후 상대 시스템에 결과를 전달한다.		
파라미터	인사 정보(인사, 이동, 승진), 발령 정보(발령일, 직급, 지사명)		
반환값	성공/실패		

03 인터페이스 구현

- 인터페이스 구현 방법에는 인터페이스 개체를 사용하여 인터페이스를 구현하는 방법과 데이터 통신을 사용하는 방법이 있다.
- 인터페이스 개체를 사용하는 인터페이스 구현

송신 시스템의 인터페이스 테이블	• 이벤트 발생 시 인터페이스 테이블에 인터페이스 내용이 기록되도록 구현한다. • 송신 관련 정보를 관리하기 위한 항목과 송신 시스템에서 필요한 항목을 구현한다. • DB 관계(DB Connection)가 수신측 인터페이스 테이블과 연계되도록 구현한다. • 트리거(Trigger), 프로시저(Procedure), 배치 작업(Batch Job) 등을 통해서 수신 테이블로 데이터를 전송하도록 구현한다.
수신 시스템의 인터페이스 테이블	• 수신 관련 정보를 관리하기 위한 항목과 수신 시스템에서 필요한 항목을 구현한다. • 수신측 시스템에서는 인터페이스 데이터를 읽은 후 사전에 정의된 데이터 트랜잭션을 진행할 수 있도록 구현한다. • 데이터를 읽을 때나 해당 트랜잭션이 진행될 때 오류가 발생하면 오류 코드 컬럼에 정의된 오류 코드와 오류 내용을 입력하도록 구현한다.

- 데이터 통신을 사용하는 인터페이스 구현

인터페이스 객체 생성 구현	인터페이스 객체를 생성하기 위해서 데이터베이스에 있는 정보를 SQL을 통하여 선택한 한 뒤 이를 JSON으로 생성한다.
전송 결과를 수신측에서 반환받도록 구현	• 송신측에서 JSON으로 작성된 인터페이스 객체를 AJAX★ 기술을 이용하여 수신측에 송신한다. • 수신측에서는 JSON 인터페이스 객체를 수신받고 이를 구문분석 후 처리한다. • 수신측의 처리 결과값은 송신측에 True/False값을 전달하여 인터페이스 성공 여부를 확인하고 전달한다.

★ AJAX(Asynchronous Javascript And Xml)
- Java Script를 사용한 비동기 통신 기술로 클라이언트와 서버 간에 XML 데이터를 주고받는 기술이다.
- 브라우저가 가지고 있는 XML Http Request 객체를 이용해서 전체 페이지를 새로 고치지 않고도 페이지 일부만을 위한 데이터를 로드하는 기법이다.

더 알기 Tip

AJAX의 장단점 2023년 1회, 2020년 2회

장점	• 웹 페이지의 속도가 향상된다. • 서버의 처리가 완료될 때까지 기다리지 않고 처리할 수 있다. • 서버에서 Data만 전송하면 되므로 전체적인 코딩의 양이 줄어든다. • 기존 웹에서는 불가능했던 다양한 UI를 가능하게 해준다.
단점	• 히스토리 관리가 되지 않는다. • 페이지 이동이 없는 통신으로 인해 보안상의 문제가 있다. • 연속으로 데이터를 요청하면 서버 부하가 증가할 수 있다. • XML Http Request를 통해 통신하는 경우, 사용자에게 아무런 진행 정보가 제공되지 않아 요청 이 완료되지 않았음에도 사용자가 페이지를 떠나거나 오작동할 우려가 발생하게 된다. • AJAX를 쓸 수 없는 브라우저에 대한 문제 이슈가 있다. • HTTP 클라이언트의 기능이 한정되어 있다. • 지원하는 Charset이 한정되어 있다. • Script로 작성되므로 디버깅이 쉽지 않다. • Cross-Domain 문제로 동일 출처 정책으로 인하여 다른 도메인과는 통신할 수 없다.

04 인터페이스 예외처리 방안

인터페이스를 구현하고 동작하다 보면 환경, 입력값 등 다양한 이유로 예외처리가 되는 경우가 발생하며, 인터페이스 구현 방법에 따라 예외처리 방법이 다르다.

① 데이터 통신을 사용한 인터페이스에서 예외처리 방법

• AJAX 방식을 사용하여 JSON 객체를 전달하므로 AJAX 방식의 예외처리 방식에 따라 JSON 객체 인터페이스 송수신 시 구현하도록 한다.

• 송신측에서 인터페이스 객체를 예외처리하는 방법
  – AJAX 호출 후 반환값을 받아 어떻게 처리할지를 호출하는 부분에서 정의한다.
  – 반환 사례는 크게 성공과 실패 두 가지로 구분한다.
  – 실패 시 예외처리가 일어나며, 예외처리 반환 메시지에 따라 세부적으로 예외처리 기능이 분류된다.

• 수신측에서 인터페이스 객체를 예외처리하는 방법
  – 수신측에서 전달받은 JSON 객체를 처리할 때 try~catch 구문을 이용하여 예외를 처리한 뒤 이를 송신측에 전달한다.
  – 예외 결과를 별도로 Response에 Set하지 않아도 에러 발생 시 에러 결과가 반환된다.

jQuery

정의	• HTML 내에서 클라이언트 사이드 스크립트 언어를 단순화하도록 설계된 브라우저 호환성이 있는 Java Script 라이브러리이다. • 2006년 뉴욕시 바 캠프(Barcamp NYC)에서 존 레식에 의해 공식적으로 소개되었다. • 현재 가장 인기 있는 Java Script 라이브러리이며 표준에 가까운 점유율을 자랑한다. • 'write less, do more.' 모토로 초보자도 어렵지 않게 이해할 수 있을 만큼 쉽다.
기능	• DOM★ 요소 선택기의 파생 프로젝트이다. • DOM을 탐색 및 수정한다. • CSS 셀렉터에 기반한 DOM 조작, 노드 요소 및 노드 속성(아이디 및 클래스)을 셀렉터 생성을 위한 기준으로 사용한다. • 이벤트, 특수효과 및 애니메이션, AJAX, JSON 파싱, 플러그인을 통한 확장성을 제공한다. • inArray( ), each( ) 함수 등 유틸리티, 호환성 메소드 • 멀티브라우저를 지원(크로스 브라우저와는 다른 개념)한다(지원 브라우저 : 파이어폭스, 구글 크롬, 사파리, 오페라).

★ **DOM(Document Object Model, 문서 객체 모델)**
• 객체 지향 모델로서 구조화된 문서를 표현하는 형식이다.
• 플랫폼/언어 중립적으로 구조화된 문서를 표현하는 W3C의 공식 표준 모델이다.

② 인터페이스 엔티티를 사용한 인터페이스에서 예외처리 방법

• 인터페이스 테이블을 통하여 인터페이스 기능상 문제에서 예외상황이 발생하였을 경우 예외처리 메시지와 함께 예외처리가 발생한 원인을 인터페이스 이력에 같이 기록한다.

• 송신 인터페이스 테이블에서 예외처리 방법
  – 예외 유형에 따른 예외 코드를 입력하고 세부 예외 원인을 송신 인터페이스 테이블에 같이 입력한다. 해당 행위는 송신 인터페이스 테이블을 동작하는 객체에 정의한다.
  – 예외 발생 시 프로시저, 트리거 등 데이터를 이동하는 주체에 예외 유형을 정의하고 예외 원인을 송신 인터페이스 테이블에 업데이트한다.

• 수신 인터페이스 테이블에서 예외처리 방법
  – 전송 완료된 데이터를 읽을 때 데이터가 없거나 잘못된 값을 읽어 들일 때 예외가 발생할 수 있다.
  – 예외 발생 시 사전에 정의된 예외 코드를 입력하고 예외 발생 사유를 함께 기록한다.
  – 수신 정보를 활용할 때 예외 발생 시, 수신 인터페이스 테이블에 별도의 예외사항을 기록하도록 한다.

01 인터페이스 구현 단계에서 모듈 간 세부 설계서 중 다음의 설명에 해당하는 것은 무엇인지 쓰시오.

> • 컴포넌트 명세서에 명시된 인터페이스 클래스의 세부적인 조건과 기능을 정의한 명세서이다.
> • 인터페이스의 명칭, 설명, 사전/사후 조건, 인터페이스 데이터와 인터페이스 후 성공 여부를 반환받는 값이 정의된다.

• 답 :

02 자바스크립트 언어를 간편하게 사용할 수 있도록 단순화시킨 오픈 소스 기반의 자바스크립트 라이브러리로, 2006년 뉴욕시 바 캠프에서 존 레식에 의해 정식 공개된 것은 무엇인지 쓰시오.

• 답 :

03 객체지향 모델로서 구조화된 문서를 표현하는 형식으로 플랫폼/언어 중립적으로 구조화된 문서를 표현하는 W3C의 공식 표준 모델은 무엇인지 쓰시오.

• 답 :

04 다음은 인터페이스 예외처리 방안 중 수신측에서 인터페이스 객체를 예외처리하는 방법에 관한 설명이다. 빈칸에 알맞은 답을 채우시오.

> • 수신측에서 전달받은 JSON 객체를 처리할 때 (   ) 구문을 이용하여 예외 처리한 뒤 이를 송신측에 전송한다.
> • 별도 예외 결과를 Response에 Set하지 않아도 에러 발생 시 에러 결과가 반환된다.

• 답 :

05 다음 AJAX의 장점에 관한 내용 중 잘못된 보기의 기호를 쓰시오.

> a. 웹 페이지의 속도가 향상된다.
> b. 서버의 처리가 완료될 때까지 기다리려야 한다.
> c. 서버에서 Data만 전송하면 되므로 전체적인 코딩의 양이 줄어든다.
> d. 기존 웹에서는 불가능했던 다양한 UI를 가능하게 해준다.
> e. 히스토리 관리가 쉽다.
> f. 페이지 이동 없는 통신으로 보안상 이점이 있다.
> g. 연속으로 데이터를 요청하면 서버 부하가 증가할 수 있다.

• 답 :

인터페이스 보안 구현

01 인터페이스 보안과 정보 보안

① 인터페이스 보안의 개념

인터페이스는 시스템 모듈 간 통신, 정보 교환의 통로로 쓰이므로 데이터 변조 및 탈취 등의 위협에 노출되기 쉬워 충분한 보안 기능을 갖춰야 한다.

② 정보 보안의 3요소(CIA)

- 기밀성(Confidentiality)
  - 인가된 사용자만 정보 자산에 접근할 수 있다.
  - 일반적인 보안의 의미와 가장 가깝다.
  - 방화벽, 암호 등이 대표적인 예이다.
  - 신분 위장(Masquerading) 등과 같은 공격 때문에 위협받을 수 있다.
- 무결성(Integrity, 완전성)
  - 시스템 내의 정보는 오직 인가된 사용자가 인가된 방법으로만 수정할 수 있다.
  - 변경, 가장, 재전송 등과 같은 공격 때문에 위협받을 수 있다.
- 가용성(Availability) ^{2020년 4회}
  - 사용자가 필요할 때 데이터에 접근할 수 있는 능력을 말한다.
  - 인가된 사용자가 조직의 정보 자산에 적시에 접근하여 업무를 수행할 수 있도록 유지하는 것을 목표로 한다.
  - 가용성을 유지하기 위해 데이터 백업, 위협요소 제거 등의 기술을 사용할 수 있다.
  - 서비스 거부(Denial of Service) 등과 같은 공격 때문에 위협받을 수 있다.

③ 정보 보안의 목표

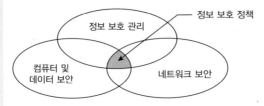

④ 인터페이스 보안 취약점

인터페이스 통신 시 데이터 탈취 위협의 종류

스니핑(Sniffing) 2020년 4회	• 송수신 중 인터페이스 데이터 내용을 중간에 감청(도청)하여 기밀성을 훼손하는 기법이다. • 공격 대상에게 직접 공격을 하지 않고 데이터만 몰래 들여다보는 수동적 공격 기법이다. • 수동적인 해킹 기법으로 패킷 분석기와 같은 스니퍼를 통하여 진행한다.
스푸핑(Spoofing)	• 공격 대상을 직접 속이는 것이 아니라 수동적 해킹 기법이다. • Spoof(눈속임)에서 파생된 용어로 직접 시스템에 침입을 시도하는 것이 아니라 피해자가 공격자의 악의적인 눈속임을 통하여 잘못된 정보나 연결을 신뢰하게 만들어 공격 대상을 직접 속이는 해킹 기법이다.

02 시큐어 코딩 가이드

- 보안에 안전할 수 있는 프로그램 코드를 적용하여 프로그램을 코딩하는 것을 의미한다.
- 대표적인 웹 애플리케이션의 보안 취약점★ 발표 사례인 OWASP(Open Web Application Security Project) TOP 10을 참고하여 KISA(한국인터넷진흥원)에서 발표한 보안 약점 가이드이다.
- 애플리케이션의 보안 취약점과 대응 방안이 구체적으로 서술된 문서이다.
- 입력 데이터 검증 및 표현, 보안 기능, 시간 및 상태, 에러 처리, 코드 오류, 캡슐화, API 오용 등의 유형으로 분류한다.

① 입력 데이터 검증 및 표현

- 프로그램에 입력되는 데이터로 인해 여러 가지 보안 약점이 발생할 수 있다.
- 종류

SQL 삽입
(SQL Injection)
	• DB와 연동된 웹 애플리케이션에서 입력된 데이터에 대한 유효성 검증을 하지 않을 경우, 공격자가 입력 폼 및 URL 입력란에 SQL문을 삽입하여 DB로부터 정보를 열람하거나 조작할 수 있는 보안 취약점이다.
	• DB에 컴파일된 SQL 쿼리문을 전달함으로써 방지할 수 있다.
	
	안전하지 않은 코드 예 Java
	<pre>1: try
	2: {
	3: String tableName = props.getProperty("jdbc.tableName");
	4: String name = props.getProperty("jdbc.name");
	5: String query = "SELECT * FROM " + tableName + " WHERE Name =" + name;
	6: stmt = con.prepareStatement(query);
	7: rs = stmt.executeQuery( );
	8: ......
	9: }
	10: catch (SQLException sqle) { }
	11: finally { }</pre>

★ **CWE(Common Weakness Enumeration)**
SW 보안 약점은 7개의 큰 항목과 47개의 세부 항목으로 구분한다.

★ **보안 약점(Weakness)**
SW 결함의 한 종류로 보안 취약점을 유발하는 원인이다.

★ **보안 취약점(Vulnerability)**
해커가 시스템 접근 권한 획득 등 직접 이용할 수 있는 SW상의 결함을 의미한다.

기적의 Tip

시큐어 코딩 가이드 7가지는 시험에 출제될 가능성이 큰 부분입니다. 예시 코드의 경우 어렵겠지만 보완 전/후 코드를 비교하여 각 코드가 어떠한 보안에 해당하는지 분류할 수 있도록 학습하세요.

안전한 코드 예★

``
1: try
2: {
3:   String tableName = props.getProperty("jdbc.tableName");
4:   String name = props.getProperty("jdbc.name");
5:   String query = "SELECT * FROM ? WHERE Name = ? ";
6:   stmt = con.prepareStatement(query);
7:   stmt.setString(1, tableName);
8:   stmt.setString(2, name);
9:   rs = stmt.executeQuery( );
10:   ......
11: }
12: catch (SQLExcep)
``

경로 조작 및 자원 삽입	• 검증되지 않은 외부 입력값이 시스템 자원 접근 경로를 조작하거나 시스템 자원에 삽입되어 공격할 수 있는 보안 약점이다. • 외부 입력값이 자원의 식별자로 사용될 경우 검증을 거치거나 사전에 정의된 리스트에서 선택함으로써 방지할 수 있다.
크로스 사이트 스크립트(XSS)	• 검증되지 않은 외부 입력값에 의해 사용자 브라우저에서 악의적인 스크립트가 실행될 수 있는 보안 약점이다. • 외부 입력값에 스크립트가 삽입되지 못하도록 문자열 치환 함수를 사용하거나 JSTL이나 크로스 사이트 스크립트 방지 라이브러리를 사용함으로써 방지할 수 있다. 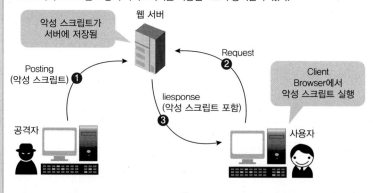 **안전하지 않은 코드 예 HTML★** ``` 1: <%@page contentType="text/html" pageEncoding="UTF-8"%> 2: <html> 3: <head> 4: <meta http-equiv="Content-Type" content="text/html; charset=UTF-8"> 5: </head> 6: <body> 7: <h1>XSS Sample</h1> 8: <% 9: <!- 외부로부터 이름을 받는다 --> 10: String name = request.getParameter("name"); 11: %> 12: <!-- 외부로부터 받은 이름이 그대로 출력됨-> 13: <p>NAME:<%=name%></p> 14: </body> 15: </html> ```

안전한 코드 예★

```
1: <%@page contentType="text/html" pageEncoding="UTF-8"%>
2: <html>
3: <head>
4: <meta http-equiv="Content-Type" content="text/html;
   charset=UTF-8">
5: </head>
6: <body>
7: <h1>XSS Sample</h1>
8: <%
9: <!-- 외부로부터 이름을 받는다-->
10: String name = request.getParameter("name");
11:
12: <!--외부의 입력값에 대한 검증을 수행한다. -->
13: if ( name != null )
14: {
15:    name = name.replaceAll("<","&lt;");
16:    name = name.replaceAll(">","&gt;");
17:    name = name.replaceAll("&","&amp;");
18:    name = name.replaceAll("₩","&quot;);
19: }
20: else
21: {
22: return;
```

★ 미리 정의된 인자값의 배열을 만들고, 외부의 입력에 따라 적절하게 인자값을 선택하도록 하면 외부의 부적절한 입력이 명령어로 사용될 가능성이 배제된다.

| 운영체제 명령어 삽입 |

- 검증되지 않은 외부 입력값이 운영체제 명령어에 삽입되어 공격할 수 있는 보안 약점이다.
- 외부에서 서버 내부로 시스템 명령어를 전달시키지 않도록 하거나 외부 입력값은 검증 후 시스템 명령어로 사용함으로써 방지할 수 있다.

안전하지 않은 코드 예 Java★

```
1: .....
2: props.load(in);
3: String version = props.getProperty("dir_type");
4: String cmd = new String("cmd.exe /K ₩"rmanDB.bat ₩"");
5: Runtime.getRuntime( ).exec(cmd + " c:₩₩prog_cmd₩₩" +
   version);
6: .....
```

★ 외부 문자열에서 replaceAll( ) 메소드를 사용해서 '〈', '〉' 등의 HTML 스크립트 문자열을 < > & " 형태로 변경하여 악의적 스크립트 실행 위험을 줄이도록 한다.

안전한 코드 예★

```
1: .....
2: props.load(in);
3: String version[] = {"1.0", "1.1"};
4: int versionSelection = Integer.parseInt(props.
   getProperty("version"));
5: String cmd = new String("cmd.exe /K ₩"rmanDB.bat ₩"");
6: String vs = " ";
7: if (versionSelection == 0)
8: vs = version[0];
9: else if (versionSelection == 1)
10: vs = version[1];
11: else
12: vs = version[1];
13: Runtime.getRuntime( ).exec(cmd + " c:₩₩prog_cmd₩₩" +
    vs);
14: .....
```

★ cmd.exe 명령어를 사용하여 rmanDB.bat 배치 명령어를 수행하고 외부에 전달되는 dir_type 값이 manDB.bat의 인자값으로서 명령어 스트링의 생성에 사용된다. 만약 외부 공격자가 의도치 않은 문자열을 전달하면 dir_type이 의도한 값이 아닌 경우 비정상적인 처리가 수행될 수 있다.

- 서버측에서 실행될 수 있는 검증되지 않은 형식의 파일(asp, jsp, php 등)이 업로드되어 발생할 수 있는 보안 약점이다.
- 공격자가 스크립트 파일을 업로드하고, 이 파일을 이용하여 내부 명령어를 실행하거나 외부와 연결하여 시스템을 제어할 수 있는 약점이다.

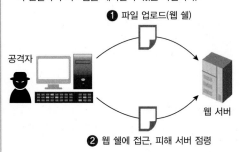

❶ 파일 업로드(웹 쉘)

공격자

웹 서버

❷ 웹 쉘에 접근, 피해 서버 점령

- 업로드 파일의 형식, 크기를 제한하고 업로드 디렉터리를 웹 서버의 다큐멘트 외부에 설정한다.
- 화이트 리스트 방식으로 허용된 확장자만 업로드를 승인하고, 확장자 또한 대소문자 구분 없이 처리하도록 코딩한다.
- 공격자의 웹을 통한 직접 접근을 차단하며, 파일 실행 여부를 설정할 수 있다면 실행 속성을 제거하도록 한다.

안전하지 않은 코드 예 Java

```
1: ....
2: public void upload(HttpServletRequest request) throws
   ServletException
3: {
4: MultipartHttpServletRequest mRequest = (MultipartH-
   ttpServletRequest) request;
5: String next = (String) mRequest.getFileNames( ).next( );
6: MultipartFile file = mRequest.getFile(next);
7:
8: // MultipartFile로부터 파일을 얻는다.
9: String fileName = file.getOriginalFilename( );
10:
11: // upload 파일에 대한 확장자나 크기의 유효성을 체크하지 않았다.
12: File uploadDir = new File("/app/webapp/data/upload/no-
   tice");
13: String uploadFilePath = uploadDir.getAbsolutePath( )+"/"
   + fileName;
14:
15: /* 이하 file upload 루틴*/
16: ....
17: }
```

안전한 코드 예

```
1: -----
2: public void upload(HttpServletRequest request) throws
   ServletException
3: {
4: MultipartHttpServletRequest mRequest = (MultipartH-
   ttpServletRequest) request;
5: String next = (String) mRequest.getFileNames( ).next( );
6: MultipartFile file = mRequest.getFile(next);
7: if ( file == null )
8: return ;
9:
```

위험한 형식
파일 업로드

```
10: // 업로드 파일의 크기를 제한한다.
11: int size = file.getSize( );
12: if ( size > MAX_FILE_SIZE ) throw new Servlet
    Exception("Error");
13:
14: // MultipartFile로부터 파일을 얻는다.
15: String fileName = file.getOriginalFilename(   ).toLower-
    Case( );
16:
17: // 화이트리스트 방식으로 업로드 파일의 확장자를 체크하도록 한다.
18: if ( fileName != null )
19: {
20: if(fileName.endsWith(".doc")||fileName.endsWith(".hwp")
    || fileName.endsWith(".pdf") || fileName.endsWith
    (".xls") )
```

- 검증되지 않은 외부 입력값이 URL 주소로 사용되어 악의적인 사이트에 자동으로 접속될 수 있는 보안 악점이다.
- 자동 연결이 허용되는 URL 리스트에 있는 사이트 주소만 사용함으로써 방지할 수 있다.

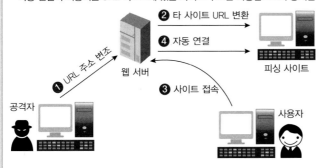

신뢰되지 않는 URL 주소로 자동 접속 연결

★ 공격자가 아래 링크를 공격 대상에 접근하도록 하여 피싱 사이트로 유도한다. (⟨a href= "http://bank.example.com/redirect?url=http://attacker.example.net"⟩Click⟨/a⟩)

안전하지 않은 코드 예 Java ★

```
1: .....
2: protected void doGet(HttpServletRequest request,
   HttpServletResponse response)
3: throws ServletException, IOException
4: {
5: String query = request.getQueryString( );
6: if (query.contains("url"))
7: {
8: String url = request.getParameter("url");
9: response.sendRedirect(url);
10: }
11: .....
```

안전한 코드 예

```
1: protected void doGet(HttpServletRequest request,
   HttpServletResponse response) throws
   ServletException, IOException
2: {
3: // 다른 페이지 이동하는 URL 리스트를 생성한다.
4: String allowURL[] = { "http://url1.com", "http://url2.
   com", "http://url3.com" };
5: // 입력받는 url은 미리 정해진 URL의 order로 받는다.
6: String nurl = request.getParameter("nurl");
```

```
7: try
8: {
9: Integer n = Integer.parseInt(nurl);
10: if ( n >= 0 && n < 3)
11: response.sendRedirect(allowURL[n]);
12: }
13: catch (NumberFormatException nfe)
14: {
15: // 사용자 입력값이 숫자가 아닐 경우 적절히 에러를 처리하도록 한다.
16: }
17: }
```

XQuery 삽입

- XQuery를 사용하여 XML 데이터에 대한 동적 쿼리 생성 시 검증되지 않은 외부 입력값이 쿼리문 구조 변경에 사용될 수 있는 보안 약점이다.
- XQuery에 사용되는 외부 입력값에 대하여 특수문자 및 쿼리 예약어 필터링을 통해 방지할 수 있다.

안전하지 않은 코드 예 Java

```
1: .....
2: // 외부로부터 입력을 받는다.
3: String name = props.getProperty("name");
4: Hashtable env = new Hashtable( );
5: env.put(Context.INITIAL_CONTEXT_FACTORY, "com.sun.jndi.
   ldap.LdapCtxFactory");
6: env.put(Context.PROVIDER_URL, "ldap://localhost:389/
   o=rootDir");
7: javax.naming.directory.DirContext ctx = new Initial
   DirContext(env);
8: javax.xml.xquery.XQDataSource xqds = (javax.xml.xquery.
   XQDataSource) ctx.lookup("xqj/personnel");
9: javax.xml.xquery.XQConnection conn = xqds.getConnection( );
10:
11: String es = "doc('users.xml')/userlist/user[uname='" +
    name + "']";
12: // 입력값을 Xquery의 인자로 사용하였다.
13: XQPreparedExpression expr = conn.prepareExpression(es);
14: XQResultSequence result = expr.executeQuery( );
15: while (result.next( ))
16: {
17: String str = result.getAtomicValue( );
18: if (str.indexOf('>') < 0)
19: {
20: System.out.println(str);
21: }
22: .....
```

안전한 코드 예

```
1: .....
2: // 외부로부터 입력을 받는다.
3: String name = props.getProperty("name");
4: Hashtable env = new Hashtable( );
5: env.put(Context.INITIAL_CONTEXT_FACTORY, "com.sun.jndi.
   ldap.LdapCtxFactory");
6: env.put(Context.PROVIDER_URL, "ldap://localhost:389/
   o=rootDir");
```

| | ```
7: javax.naming.directory.DirContext ctx = new Initial
   DirContext(env);
8: javax.xml.xquery.XQDataSource xqds = (javax.xml.xquery.
   XQDataSource) ctx.lookup("xqj/personnel");
9: javax.xml.xquery.XQConnection conn = xqds.getConnection( );
10:
11: String es = "doc('users.xml')/userlist/user[uname=
    '$xpathname']";
12: // 입력값이 Xquery의 인자로 사용
13: XQPreparedExpression expr = conn.prepareExpression(es);
14: expr.bindString(new QName("xpathname"), name, null);
15: XQResultSequence result = expr.executeQuery( );
16: while (result.next( ))
17: {
18: String str = result.getAtomicValue( );
19: if (str.indexOf('>') < 0)
20: {
21: System.out.println(str);
22: }
23: }
``` |
| XPath 삽입 | • 검증되지 않은 외부 입력값으로 XPath 쿼리문을 생성하여 쿼리문의 의미나 구조가 변경될 수 있는 보안 약점이다.
• XPath 쿼리에 사용되는 외부 입력값에 대하여 특수문자 및 쿼리 예약어 필터링을 통해 방지할 수 있다. |
| LDAP 삽입 | • 외부 입력값이 올바르게 처리되지 못하여 LDAP(Lightweight Directory Access Protocol) 쿼리문의 구성 변경에 사용될 수 있는 보안 약점이다.
• DN(Distinguished Name)과 필터에 사용되는 외부 입력값에 특수문자를 제거함으로써 방지할 수 있다. |

② 보안 기능

• 인증, 접근제어, 기밀성, 암호화, 권한 관리 등의 보안 기능을 부적절하게 구현하여 여러 가지 보안 약점이 발생할 수 있다.

• 종류

적절한 인증 없는 중요 기능 허용	• 적절한 인증 없이 중요 정보를 읽거나 변경할 때 발생하는 보안 약점이다. • 인증 과정 없이 서버에 접근하지 못하도록 하고 중요 정보는 재인증을 거치도록 함으로써 방지할 수 있다.
부적절한 인가	• 접근 가능한 실행 경로에 대한 접근제어 검사를 완전하게 하지 않아 정보가 유출되는 보안 약점이다. • 노출되는 실행 경로를 최소화하고 사용자의 권한에 따라 접근제어 리스트(Access Control List)를 관리함으로써 방지할 수 있다.
중요한 자원에 대한 잘못된 권한 설정	• 보안 또는 설정 파일과 같이 중요한 자원에 대해 읽기나 쓰기 권한을 잘못 설정하여 발생하는 보안 약점이다. • 중요한 자원은 관리자만 읽고 쓰기가 가능하게 하고 사용자의 권한을 검사함으로써 방지할 수 있다.
취약한 암호화 알고리즘 사용	• 취약하거나 위험한 암호화 알고리즘을 사용하여 패스워드가 유출되는 보안 약점이다. • 잘 알려진 안전한 암호화 알고리즘을 사용함으로써 방지할 수 있다.
중요 정보 평문 저장	• 개인정보, 금융정보, 패스워드 등의 중요 정보를 암호화하지 않고 평문으로 저장하여 중요 정보가 노출되는 보안 약점이다. • 중요 정보를 암호화하여 저장하고 중요 정보 접근 시 사용자의 권한을 검사함으로써 방지할 수 있다.
```

중요 정보 평문 전송	• 중요 정보를 암호화하지 않고 평문으로 전송하여 중요 정보가 노출되는 보안 약점이다. • 중요 정보를 암호화하여 전송하거나 보안 채널을 사용함으로써 방지할 수 있다.
하드 코드된 비밀번호	• 프로그램 코드 내에 데이터를 직접 입력하는 하드 코드된 패스워드를 포함시켜 사용하여 관리자의 정보가 노출되는 보안 약점이다. • 패스워드는 암호화하여 별도의 파일에 저장하여 사용하고 디폴트 패스워드 대신 사용자 입력 패스워드를 사용함으로써 방지할 수 있다.
충분하지 않은 키 길이 사용	• 길이가 짧은 키로 암호화 및 복호화를 함으로써 짧은 시간 안에 키를 찾아낼 수 있는 보안 약점이다. • RSA 알고리즘은 2,048bit 이상, 대칭 암호화 알고리즘은 128bit 이상의 키를 사용함으로써 방지할 수 있다.
적절하지 않은 난수값 사용	• 적절하지 않은 난수값을 사용하여 난수가 예측 가능해질 수 있는 보안 약점이다. • 난수값을 결정하는 현재 시각 기반 등으로 시드값을 매번 변경함으로써 방지할 수 있다.

③ 시간 및 상태

• 동시 수행을 지원하는 병렬 시스템이나 여러 개의 프로세스가 동작하는 멀티 프로세스 환경에서 시간 및 상태를 부적절하게 사용하여 여러 가지 보안 약점이 발생할 수 있다.

• 종류

경쟁 조건 : 검사 시점과 사용 시점(TOCTOU)	• 자원을 검사하는 시점(TOC, Time Of Check)과 사용하는 시점(TOU, Time Of Use)이 달라서 발생하는 보안 약점이다. • 여러 프로세스가 공유자원 접근 시 동기화 구문으로 한 번에 하나의 프로세스만 접근하게 함으로써 방지할 수 있다.
종료되지 않는 반복문 또는 재귀함수	• 종료 조건이 없는 반복문이나 재귀함수를 사용하여 무한 반복하며 자원 고갈이 발생하는 보안 약점이다. • 재귀 호출 횟수를 제한함으로써 방지할 수 있다.

④ 에러 처리

• 발생한 에러를 처리하지 않거나 완전하게 처리하지 않아 에러 정보에 중요 정보가 포함되어 여러 가지 보안 약점이 발생할 수 있다.

• 종류

에러 메시지를 통한 정보 노출	• 에러 메시지에 실행 환경이나 사용자 관련 등 민감한 정보가 포함되어 외부에 노출되는 보안 약점이다. • 에러 메시지는 최소의 정보만 포함되게 하고 정해진 사용자에게만 보여주게 함으로써 방지할 수 있다.
에러 상황 대응 부재	• 에러가 발생할 수 있는 에러 상황에 대해 예외처리를 하지 않아 프로그램이 동작하지 않거나 제대로 동작하지 않는 보안 약점이다. • 에러가 발생할 수 있는 부분에 적절한 예외처리를 함으로써 방지할 수 있다.
부적절한 예외처리	• 프로그램 수행 중에 함수의 결과값에 대해 적절하게 처리하지 않거나 예외상황에 대해 조건을 적절하게 검사하지 않아 발생하는 보안 약점이다. • 값을 반환하는 함수의 결과값을 검사하고 광범위한 예외처리가 아니라 구체적인 예외처리를 함으로써 방지할 수 있다.

⑤ 코드 오류

- 개발자가 흔히 실수하는 프로그램 오류들로 인해 여러 가지 보안 약점이 발생할 수 있다.
- 종류

Null Pointer (널 포인터) 역참조	• 일반적으로 객체가 Null이 될 수 없다는 가정을 위반하여 공격자가 의도적으로 Null Pointer 역참조를 발생시켜 공격에 사용하는 보안 약점이다. • Null이 될 수 있는 레퍼런스는 참조하기 전에 Null 값 여부를 검사한 후 사용함으로써 방지할 수 있다.
부적절한 자원 해제	• 오픈 파일 디스크립터, 힙 메모리, 소켓 등의 유한한 자원을 할당받아 사용한 후 프로그램 에러로 반환하지 않아 발생하는 보안 약점이다. • 자원을 할당받아 사용한 후에는 반드시 자원을 해제하고 반환함으로써 방지할 수 있다.
해제된 자원 사용	• 해제된 자원을 참조하여 의도하지 않은 값이나 코드를 실행하게 되어 의도하지 않은 결과가 발생하는 보안 약점이다. • 동적으로 할당된 메모리를 해제한 후 그 메모리를 참조하던 포인터를 참조 추적, 형(Type) 변환, 수식의 피연산자 등으로 사용하여 해제된 메모리의 접근을 막음으로써 방지할 수 있다.
초기화되지 않은 변수 사용	• 초기화되지 않은 변수를 사용하면 임의의 값이 사용되어 의도하지 않은 결과가 발생하는 보안 약점이다. • 모든 변수는 사용하기 전에 반드시 적절한 초기화 값을 할당함으로써 방지할 수 있다.

⑥ 캡슐화

- 중요한 데이터나 기능성을 잘못 캡슐화하거나 잘못 사용하면 여러 가지 보안 약점이 발생할 수 있다.
- 종류

잘못된 세션에 의한 데이터 정보 노출	• 다중 스레드 환경에서 정보를 저장하는 멤버변수가 포함되어 서로 다른 세션에서 데이터를 공유하여 발생하는 보안 약점이다. • 싱글톤(Singleton) 패턴 사용 시 변수 범위를 제한함으로써 방지할 수 있다.
제거되지 않고 남은 디버그 코드	• 개발 완료 후에 디버그 코드가 제거되지 않은 채로 배포되어 발생하는 보안 약점이다. • 소프트웨어가 배포되기 전에 디버그 코드를 삭제함으로써 방지할 수 있다.
시스템 데이터 정보 노출	• 시스템, 관리자, DB 정보 등의 시스템 데이터 정보가 공개되어 발생하는 보안 약점이다. • 예외상황 발생 시 시스템 메시지 등의 시스템 데이터 정보가 화면에 출력되지 않게 함으로써 방지할 수 있다.
public 메소드로부터 반환된 private 배열	• private 선언된 배열을 public 선언된 메소드를 통해 반환하여 그 배열의 사례가 외부에 공개되어 발생하는 보안 약점이다. • private 선언된 배열을 public 선언된 메소드를 통해 반환하지 않게 함으로써 방지할 수 있다.
private 배열에 public 데이터 할당	• public 선언된 메소드의 인자가 private 선언된 배열에 저장되어 그 배열을 외부에서 접근할 수 있게 되는 보안 약점이다. • public 선언된 메소드의 인자를 private 선언된 배열에 저장되지 않도록 함으로써 방지할 수 있다.

⑦ API 오용

- 서비스에서 제공되는 사용법에 반하는 방법으로 API를 사용하거나 보안에 취약한 API를 사용하여 여러 가지 보안 약점이 발생할 수 있다.
- 종류

DNS lookup에 의존한 보안 결정	• 도메인명에 의존하여 인증이나 접근 통제 등의 보안 결정을 하면 공격자가 DNS 엔트리를 속여 동일 도메인에 속한 서버인 것처럼 위장하는 보안 약점이다. • 보안 결정 시 도메인명을 이용한 DNS lookup에 의존하지 않도록 함으로써 방지할 수 있다.
취약한 API 사용	• 보안 문제로 금지된 함수 또는 오용될 가능성이 있는 API 등의 취약한 API를 사용하여 발생하는 보안 약점이다. • 보안 문제로 금지된 함수는 안전한 대체 함수를 사용함으로써 방지할 수 있다.

이론을 확인하는 문제

01 인터페이스 구현 단계에서 고려해야 할 정보 보안의 3요소를 쓰시오.

- 답 :

02 시큐어 코딩 가이드 7가지를 쓰시오.

- 답 :

03 시큐어 코딩 가이드 중에서 자원을 검사하는 시점(TOC)과 사용하는 시점(TOU)이 달라서 발생하는 보안 약점과 종료 조건이 없는 반복문이나 재귀함수를 사용하여 무한 반복하며 자원 고갈이 발생하는 보안 약점을 무엇이라고 하는지 쓰시오.

- 답 :

04 보안 취약점(Vulnerability)에 관해서 서술하시오.

- 답 :

인터페이스 보안 기능 적용

01 인터페이스 각 구간 구현 현황 분석

• 인터페이스 각 구간의 보안 취약점을 분석한다.
• 분석된 보안 취약점을 근거로 아래와 같이 단계별 인터페이스 보안 기능을 적용한다.
  – 데이터베이스 보안 기능 적용
  – 애플리케이션 보안 기능 적용
  – 네트워크 구간에 대한 보안 기능 적용

구분	데이터베이스 영역	애플리케이션 영역	네트워크 영역
송신 데이터 선택	데이터베이스에서 송신 데이터를 선택한다.	APP 데이터를 애플리케이션 영역에서 선택한다.	애플리케이션과 데이터베이스 간 DB Connection을 진행한다.
송신 객체 생성	–	JSON, XML 등 객체를 생성한다.	–
인터페이스 송신	–	생성된 객체를 수신측으로 송신한다.	–
인터페이스 수신	–	생성된 객체를 수신하고 구문분석한다.	송신측과 수신측의 네트워크를 연결한다.
데이터 처리 결과 전송	선택된 데이터를 처리하고 최종결과를 반환한다.	구문분석한 데이터를 처리하고 최종결과를 반환한다.	애플리케이션과 데이터베이스 간 DB Connection을 진행한다.

02 인터페이스 각 구간 보안 취약점 분석

단계	영역	보안 취약점
송신 데이터 선택	애플리케이션	• 송신 데이터 선택, 객체 접근, 권한 탈취가 가능하다. • 객체 선택 시 SQL 검증이 필요하다.
	데이터베이스	불완전한 입력값으로 인한 SQL Injection 취약점이 발생할 수 있다.
	네트워크	DB 정보 전달 시 탈취 가능성, 악의적 서버 변조가 가능하다.
송신 객체 생성	애플리케이션	• 생성 객체 접근 권한 탈취가 가능하다. • 객체 생성 시 악의적인 코드 삽입이 가능하다.
인터페이스 송신	애플리케이션	송신 시점에서 악의적인 사이트로 전달(수신 변조)할 수 있다.
	네트워크	송수신 네트워크 통신 명세 탈취 및 위변조를 할 수 있다.
인터페이스 수신	애플리케이션	• 구문분석 시 악의적 파서를 만들어 공격할 수 있다. • 수신 객체 접근 권한 탈취가 가능하다.

기적의 Tip

오류 제어 방식 2023년 2회
• FEC(전진 오류 수정) : 데이터 전송 과정에서 오류가 발생하면 수신측에서 오류를 검출하여 스스로 수정하는 전송 오류 제어 방식으로, 역채널이 필요 없으며 연속적인 데이터의 흐름이 가능하다.
• BEC(후진 오류 수정) : 데이터 전송 과정에서 오류가 발생하면 송신측에 재전송을 요구하는 전송 오류 제어 방식으로, 역채널이 필요하다.
• CRC(순환 중복 검사) : 집단 오류에 대한 신뢰성 있는 오류 검출을 위해 다항식 코드를 사용하여 오류 검출 방식이다.
• Parity Check(패리티 검사) : 데이터 블록에 1비트의 오류 검출 비트를 추가하여 오류를 검출하는 오류 검출 방식이다.
• Hamming Code(해밍 코드 검사) : 자기 정정 부호로서 오류를 검출하여 1비트의 오류를 수정하는 오류 검출 방식이다.

데이터 처리 결과 전송	애플리케이션	데이터 처리 객체 접근 권한 탈취가 가능하다. 악의적 데이터 삽입 및 위변조를 할 수 있다.
	데이터베이스	• 프로시저에 악의적 입력값 삽입이 가능하다(SQL Injection). • 에러 처리 미흡으로 강제적 내부 오류 발생 시 인지가 어려울 수 있다.
	네트워크	DB 정보 전달 시 탈취 가능성, 악의적으로 반환값 변조가 가능하다.

🎓 **기적의 Tip**

L2TP(Layer 2 Tunneling Protocol) 2023년 1회

• PPTP(Point-to-Point Tunneling Protocol)와 L2F(Layer2 Forwarding Protocol)의 기능을 결합한 VPN에 이용되는 데이터 링크 계층의 암호화 프로토콜이다.
• 주요 특징 : 헤드 압축을 지원, 터널 인증을 지원, IPsec을 이용하여 암호화 한다.
• 장점 : 속도가 빠르며 PPTP보다 안전하며 설치가 간단하다.
• 단점 : 암호화가 없기에 보안에 취약하며 특정 UDP 포트를 사용하므로 방화벽 설정에 따라 통신이 불가능할 수 있다.

★ **IPSec AH(Authentication Header)**

IP 데이터그램에 대한 메시지 체크섬(Checksum*)을 활용한 데이터 인증과 비연결형 무결성을 보장해주는 프로토콜이다.
*Checksum : 데이터의 정확성을 검사하기 위한 용도로 사용되는 합계로 이를 이용하여 오류를 검출하는 도구로 사용된다.

03 보안 적용

① 분석 정보를 통한 인터페이스 보안 기능 적용

• 분석한 인터페이스 구현 현황과 각 구간의 인터페이스 기능 및 보안 취약점의 분석 내용을 근거로 하여 보안 기능을 적용한다.
• 네트워크 영역, 애플리케이션 영역, 데이터베이스 영역으로 구분하여 적용한다.

② 네트워크 보안 적용

• 인터페이스 송/수신 간 중간자에 의한 데이터 탈취 또는 위변조를 방지하기 위해서 네트워크 트래픽에 대한 암호화 적용이 요구된다.
• 네트워크 구간의 암호화를 위해서는 인터페이스 아키텍처에 따라서 다양한 방식으로 보안 기능을 적용한다.
• 네트워크 구간 보안 기능 적용 시 고려사항

단계	고려사항	보안 기능 적용
Transport Layer Network 보안	상대방 인증을 적용한다.	IPSec AH(Authentication Header)★ 적용, IKE(Internet Key Exchange) 프로토콜을 적용한다.
	데이터 기밀성 보장이 필요하다.	IPSec ESP(Encapsulation Security Payload)를 적용한다.
	End-to-End 보안을 적용한다.	IPSec Transport Mode를 적용한다.
Application Layer Network 보안	서버만 공개키 인증서를 가지고 통신(위험 분산)한다.	SSL(Secure Socket Layer)의 서버 인증 상태를 운영한다.
	연결 단위 외 메시지 단위로도 인증 및 암호화가 필요하다.	S-HTTP를 적용하여 메시지를 암호화한다(상호 인증 필요, 성능 일부 저하됨).

③ 애플리케이션 보안 적용

• 애플리케이션 구현 코드상의 보안 취약점을 발견하고 보완하는 방향으로 애플리케이션 보안 기능을 적용한다.
• 시큐어 코딩 가이드를 참조하여 보안 기능을 적용한다.

보안 요구사항	보안 기능 적용
비인가자 접근 권한 관리	• public, private, protected 권한 관리 등의 객체 접근 권한을 고려하여 구현한다. • 변수를 직접 접근할 수 없게 하고 접근 권한을 가진 함수(메소드)만 접근할 수 있게 한다.
악의적 코드 삽입 금지	특수문자를 통한 SQL 변조 시도 등 악의적인 공격 패턴을 입력하지 못하도록 사전에 방지한다.
악의적 시도 시 에러 처리	악의적 공격 시도 시 사용자 정의 예외처리를 적용하고 에러 처리내용이 외부에서 조회되지 않도록 권한을 관리한다.

④ 데이터베이스 보안 적용

- 데이터베이스의 기밀성 유지를 위하여 중요하고 민감한 데이터는 암호화 기법을 활용하여 암호화하도록 한다.
- 데이터베이스의 접근 권한 및 SQL, 프로시저, 트리거 등 데이터베이스 동작 객체의 보안 취약점을 보완하도록 한다.
- 민감하고 중요한 데이터는 암호화와 익명화 등을 통하여 데이터 자체 보안 방법도 고려해야 한다.
- 중요도가 높거나 민감한 정보를 통신 채널을 통하여 전송 시에는 반드시 암 · 복호화 과정을 거치도록 한다.
- IPSec★, SSL/TLS★ 등의 보안 채널을 활용하여 전송한다.

비인가자 접근 관리	데이터베이스, 스키마, 엔티티의 접근 권한을 관리(접근 권한 객체 관리 수준은 성능과 보안성을 고려하여 관리)하도록 한다.
악의적 코드 삽입 금지	프로시저(Procedure), 트리거(Trigger), 배치(Batch) 등 데이터베이스 객체의 동작상에 악의적인 코드가 삽입되지 않도록 동작 간 보안 처리를 한다.
민감 데이터 관리	개인정보나 업무상 민감 데이터는 암/복호화나 익명화 처리를 통해 데이터베이스에서 관리한다.
악의적 시도 시 에러 처리	공격 패턴에 대한 사용자 정의 예외처리를 적용하고 처리 내용이 외부에서 조회되지 않도록 권한을 관리한다.

- 데이터베이스 암호화 알고리즘

대칭키 알고리즘	ARIA 128/129/256, SEED
해시 알고리즘	SHA★-256/384/512, HAS-160
비대칭키 알고리즘	RSA★, ECDSA, ECC

- 데이터베이스 암호화 기법

구분	API 방식	Filter(Plug-in) 방식	Hybrid 방식
개념	애플리케이션 레벨에서 암호 모듈(API)을 적용하는 방식이다.	데이터베이스 레벨의 확장성 프로시저 기능을 이용하여 DBMS에 Plugin 또는 Snap-in 모듈 형식으로 작성하는 방식이다.	API/Filter 방식을 결합하거나, Filter 방식에 추가로 SQL문에 대한 최적화를 대행해주는 어플라이언스★를 제공하는 방식이다.
암호화/보안 방식	별도의 API 개발/통합	DB 내 설치/연동	어플라이언스/DB 내 설치
서버 성능 부하	애플리케이션 서버에서 암호화/복호화, 정책 관리, 키 관리를 하므로 부하가 발생한다.	DB 서버에 암호화, 복호화, 정책 관리 키 관리를 하므로 부하가 발생한다.	DB와 어플라이언스에서 부하가 분산된다.
시스템 통합 용이성	애플리케이션 개발 및 통합 기간이 필요하다.	애플리케이션 변경이 필요치 않아 용이성이 높다.	
관리 편의성	애플리케이션 변경 및 암호화 필드를 변경하는 유지보수가 필요해진다.	관리자용 GUI를 이용하여 DB 통합 관리가 가능하여 편의성이 높다.	

★ IPsec
(Internet Protocol Security)
통신 세션의 각 IP 패킷을 암호화하고 인증하는 안전한 인터넷 프로토콜(IP) 통신을 위한 프로토콜이다.

★ TLS
(Transport Layer Security)
- 공개키 기반의 국제 인터넷 표준화 기구에서 표준으로 지정한 인터넷에서 정보를 암호화해서 수신하는 프로토콜이다. 넷스케이프 커뮤니케이션사가 개발한 SSL(Secure Socket Later)에 기반한 기술이다.
- 정식 명칭은 TLS이지만 SSL이라는 용어가 많이 사용되고 있다.

★ SHA(Secure Hash Algorithm)
- 1993년에 미국 NIST에 의해 개발되었고 가장 많이 사용되고 있는 방식이다.
- SHA-1은 DSA에서 사용하게 되어 있으며 많은 인터넷 응용에서 default 해시 알고리즘으로 사용된다.
- SHA-256, SHA-384, SHA-512는 AES의 키 길이인 128, 192, 256bit에 대응하도록 출력 길이를 늘인 해시 알고리즘이다.

★ RSA(Rivest Shamir Adleman)
- 소인수 분해의 어려움에 기초를 둔 알고리즘이다.
- 1978년 MIT에 의해 제안되었다.
- 전자문서에 대한 인증 및 부인 방지에 활용된다.

★ 어플라이언스(appliance)
각종 기업용 SW를 서버와 스토리지 등에 HW에 최적화하여 통합한 장비이다. 별도의 OS나 SW를 설치하지 않아도 전원을 켜면 곧바로 사용할 수 있다.

04 소프트웨어 연계 테스트

① 연계 테스트 개념
- 내/외부 연계 모듈 구현 중 송/수신 시스템 간 구성요소가 정상적으로 동작하는지 확인하는 활동이다.
- 연계 테스트 케이스 작성, 연계 테스트 환경 구축, 연계 테스트 수행, 연계 테스트 수행 결과 검증 순으로 진행된다.

② 연계 테스트 케이스(Testcase)
- 송/수신 시스템에서 데이터와 프로세스의 흐름을 분석하여 확인사항을 도출하는 과정이다.
- 송/수신 시스템 각각에서 연계 응용 프로그램의 단위 테스트 케이스와 연계 테스트 케이스를 작성한다.
- 송/수신용 연계 응용 프로그램의 단위 테스트 케이스 작성 : 송신 시스템에서 연계 테스트 추출이 제대로 되었는지, 연계 데이터가 수신 시스템에 맞게 코드 변환이 제대로 되었는지 확인하여 작성한다.
- 연계 통합 테스트 케이스 작성 : 송/수신용 연계 응용 프로그램의 기능 위주 결함을 확인하는 통합 테스트 케이스로 작성한다.

③ 연계 테스트 분류
- 소프트웨어 연계 테스트 구간 : 송신 시스템에서 연계 서버 또는 중계 서버를 거치고 수신 시스템까지 데이터가 정상 전달되는지 테스트한다.
- 소프트웨어 연계 단위 테스트
  - 송신 시스템에서 연계 데이터를 추출 및 생성하고 이를 연계 테이블로 생성한다.
  - 연계 서버 또는 중계 서버가 있는 경우 연계 테이블 간 송/수신을 한다.
  - 연계 자체만을 테스트한다.
- 소프트웨어 연계 통합 테스트 : 연계 테스트보다 큰 통합 기능 테스트의 일부로서 연계 통합 테스트를 수행한다.

④ 연계 테스트 수행 순서

| 연계 테스트 케이스 작성 | → | 연계 테스트 환경 구축 | → | 연계 테스트 수행 | → | 연계 테스트 수행 결과 검증 |

01 인터페이스 보안 기능을 적용해야 하는 3영역을 쓰시오.

- 답 :

02 인터페이스 보안 중 네트워크 보안 적용 단계에서 상대방 인증을 적용하거나, 데이터 기밀성 보장이 필요하며, 보안 기능으로 IPSec AH, IKE(Internet Key Exchange) 프로토콜을 적용해야 하는 단계를 쓰시오.

- 답 :

03 데이터베이스 암호화 알고리즘 중 비대칭키 암호화 알고리즘 2가지를 쓰시오.

- 답 :

04 데이터베이스 암호화 기법 3가지를 쓰시오.

- 답 :

05 IP 데이터그램에 대한 메시지 체크섬(Checksum)을 활용한 데이터 인증과 비연결형 무결성을 보장해 주는 프로토콜은 무엇인지 쓰시오.

- 답 :

06 송/수신 시스템에서 데이터와 프로세스의 흐름을 분석하여 확인 사항을 도출하는 과정은 무엇인지 쓰시오.

- 답 :

07 각종 기업용 SW를 서버와 스토리지 등을 HW에 최적화하여 통합한 장비로 별도의 OS나 HW를 설치하지 않아도 전원을 켜면 바로 사용할 수 있는 것을 무엇이라고 하는지 쓰시오.

- 답 :

ANSWER **01** 데이터베이스 영역, 애플리케이션 영역, 네트워크 영역
02 Transport Layer Network 보안
03 RSA, ECDSA, ECC
04 API 방식, Filter(Plug-in) 방식, Hybrid 방식
05 IPSec AH(Authentication Header)
06 연계 테스트 케이스(Testcase)
07 어플라이언스

01 내/외부 모듈 간 인터페이스 데이터 표준 확인 단계에서 우선 인터페이스 표준을 확인해야 한다. 다음이 설명하는 표준 인터페이스를 쓰시오.

> • 데이터 통신을 이용해 인터페이스 구현에 사용되는 다목적 마크업 언어이다.
> • HTML(웹 페이지 기본 형식) 문법과 웹 브라우저와의 호환 문제와 SGML(Stand Generalized Markup Language)의 복잡성을 해결하기 위해 개발되었다.
> • 태그(Tag)와 속성을 사용자가 정의할 수 있으며 문서의 내용과 이를 표현하는 방식이 독립적이다.
> • HTML과는 달리 DTD(Document Type Definition)가 고정되어 있지 않으므로 논리적 구조를 표현할 수 있는 유연성을 가진다.
> • 기존 HTML 단점을 보완하여 문서의 구조적인 특성들을 고려하여 문서들을 상호 교환할 수 있도록 설계된 프로그래밍 언어이다.

• 답 :

02 이 문서는 다른 기종 시스템이나 컴포넌트 간 데이터 교환 및 처리를 위한 목적으로 각 시스템의 교환 데이터 및 업무, 송수신 주체 등이 정의된 문서이다. 정적/동적 모형을 통한 설계서, 일반적 형태의 설계서로 구분되는 문서의 이름을 쓰시오.

• 답 :

03 XML(eXtensible Markup Language)의 파서(Parser)에 대하여 서술하시오.

• 답 :

04 Java를 기반으로 하는 SUN사에서 개발한 언어로, 주로 은행이나 중요 회사에 많이 쓰이며 보완성이 뛰어나다. 코딩이 어렵고 ASP보다 코드량이 1.5배 가량 많다. 동작 가능한 곳은 리눅스와 윈도즈 모두 가능하며 DBMS도 다양하게 지원하는 웹 Script 언어는 무엇인지 쓰시오.

• 답 :

05 기업의 업무 흐름을 한눈에 볼 수 있도록 만들어 인력과 시스템을 적절하게 투입하고 통제하는 기업의 업무 프로세스를 관리하는 경영 방법은 무엇인지 쓰시오.

• 답 :

06 인터페이스 설계서(정의서)는 시스템의 인터페이스 현황을 한눈에 확인하기 위하여 한 시스템이 갖는 인터페이스 목록 및 각 인터페이스의 상세 데이터 명세와 각 기능의 세부 인터페이스 정보를 정의한 문서이다. 다음 빈칸에 알맞은 인터페이스 설계서 구성을 쓰시오.

> - (①) : 시스템에서 가지고 있는 인터페이스 목록을 보여 준다. 인터페이스 번호 및 인터페이스되는 시스템의 정보 및 관련 요구사항 ID(요구사항 정의서의 요구 ID)를 리스트(목록) 형태로 보여 준다.
> - (②) : 인터페이스 목록에 있는 각 인터페이스의 상세 정보를 보여 준다. 각 인터페이스 번호당 인터페이스 되는 데이터, 데이터 형식, 송수신 시스템의 정보 등을 구체화한다.

- ① :
- ② :

07 하나의 독립적인 기능을 수행하는 모듈의 구성요소와 세부적인 동작을 정의한 설계서를 말하며 그 중 대표적인 설계서로서 컴포넌트의 구성요소와 동작을 정의한 컴포넌트 명세서와 컴포넌트와 컴포넌트 간 상호작용을 정의한 인터페이스 명세서가 있는 설계서를 무엇이라고 하는지 쓰시오.

- 답 :

08 다음은 연계 테스트 수행 절차이다. 빈칸에 알맞은 절차를 쓰시오.

연계 테스트 케이스 작성	→	( )	→	연계 테스트 수행	→	연계 테스트 수행 결과 검증

- 답 :

09 다음은 데이터베이스 인터페이스 시 사용되는 암호화 기법이다. 빈칸에 알맞은 방식을 쓰시오.

구분	( )	Filter(Plug-in) 방식	Hybrid 방식
개념	APP 레벨에서 암호 모듈을 적용하는 APP 수정 방식	DB 레벨의 확장성 프로시저 기능을 이용, DBMS에 plug-in 또는 snap-in 모듈로 동작하는 방식	( )과 Filter 방식을 결합하거나, Filter 방식에 추가적으로 SQL 문에 대한 최적화를 대행해 주는 어플라이언스를 제공하는 방식
암호화/보안 방식	별도의 개발, 통합	DB 내 설치, 연동	어플라이언스, DB 내 설치
서버 성능 부하	APP 서버에 암/복호화, 정책 관리, 키 관리 부하 발생	DB 서버에 암/복호화, 정책 관리, 키 관리 부하 발생	DB와 어플라이언스에서 부하 발생
시스템 통합 용이성	APP 개발 통합 기간 필요	APP 변경 불필요	APP 변경 불필요
관리 편의성	APP 변경 및 암호화 필드 변경에 따른 유지 보수 필요	관리자용 GUI 이용, 다수 DB 통합 관리 가능, 편의성 높음	관리자용 GUI 이용, 다수 DB 통합 관리 가능, 편의성 높음

- 답 :

10 다음 데이터베이스 암호화 알고리즘 분류표에서 잘못 분류된 암호화 알고리즘을 찾아 쓰시오.

대칭키 알고리즘	ECC, ARIA 128/129/256
해시 알고리즘	SHA-256/384/512, HAS-160
비대칭키 알고리즘	RSA, ECDSA, SEED

• 답 :

11 다음 중 시큐어코딩 가이드의 '캡슐화' 항목의 보안 약점이 아닌 것을 모두 찾아 기호를 쓰시오.

> (가) 잘못된 세션에 의한 데이터 정보 노출
> (나) Null Pointer(널 포인터) 역참조
> (다) 부적절한 자원 해제
> (라) 해제된 자원 사용
> (마) 제거되지 않고 남은 디버그 코드
> (바) 시스템 데이터 정보 노출

• 답 :

12 다음은 시큐어코딩 가이드의 '코드 오류' 항목 중 보안 약점의 한 종류이다. 다음이 설명하는 보안 약점의 종류를 쓰시오.

> • 오픈 파일 디스크립터, 힙 메모리, 소켓 등의 유한한 자원을 할당받아 사용한 후 프로그램 에러로 반환하지 않아 발생하는 보안 약점이다.
> • 자원을 할당받아 사용한 후에는 반드시 자원을 해제하고 반환함으로써 방지할 수 있다.

• 답 :

13 다음은 시큐어코딩 가이드 중 어떤 보안 약점에 관한 내용인지 쓰시오.

> - 인증, 접근제어, 기밀성, 암호화, 권한 관리 등의 보안 기능을 부적절하게 구현하여 여러 가지 보안 약점이 발생할 수 있다.
> - 이러한 보안 약점을 방지하기 위한 보안 점검 항목들이다.
> - 적절한 인증 없는 중요 기능 허용, 부적절한 인가, 중요한 자원에 대한 잘못된 권한 설정, 취약한 암호화 알고리즘 사용, 중요 정보 평문 저장, 중요 정보 평문 전송, 하드 코드된 비밀번호, 충분하지 않은 키 길이 사용, 적절하지 않은 난수값 사용 등의 내용을 포함한다.

- 답 :

14 다음 코드는 시큐어 코딩 가이드 중 입력 데이터 검증 및 표현의 보안 약점 예시 코드이다. 다음 코드는 어떠한 보안 약점에 관한 코드인지 쓰시오.

안전하지 않은 코드 예 Java

```
1: try
2: {
3:     String tableName = props.getProperty("jdbc.tableName");
4:     String name = props.getProperty("jdbc.name");
5:     String query = "SELECT * FROM " + tableName + " WHERE Name =" + name;
6:     stmt = con.prepareStatement(query);
7:     rs = stmt.executeQuery( );
8:     ......
9: }
10: catch (SQLException sqle) { }
11: finally { }
```

안전한 코드 예

```
1: try
2: {
3:     String tableName = props.getProperty("jdbc.tableName");
4:     String name = props.getProperty("jdbc.name");
5:     String query = "SELECT * FROM ? WHERE Name = ? ";
6:     stmt = con.prepareStatement(query);
7:     stmt.setString(1, tableName);
8:     stmt.setString(2, name);
9:     rs = stmt.executeQuery( );
10:     ......
11: }
12: catch (SQLExcep)
```

- 답 :

15 눈속임에서 파생된 용어로 직접 시스템에 침입을 시도하는 것이 아니라 피해자가 공격자의 악의적인 눈속임을 통하여 잘못된 정보나 연결을 신뢰하게 만들어 공격 대상을 직접 속이는 해킹 기법은 무엇인지 쓰시오.

· 답 :

16 정보 보안의 3요소 중 다음 설명에 해당하는 요소를 쓰시오.

> · 사용자가 필요할 때 데이터에 접근할 수 있는 능력을 말한다.
> · 인가된 사용자가 조직의 정보 자산에 적시에 접근하여 업무를 수행할 수 있도록 유지하는 것을 목표로 한다.
> · 가용성을 유지하기 위해 데이터 백업, 위협 요소 제거 등의 기술을 사용할 수 있다.
> · 서비스 거부(Denial of Service) 등과 같은 공격에 의해 위협받을 수 있다.

· 답 :

17 객체지향 모델로서 구조화된 문서를 표현하는 형식으로 플랫폼/언어 중립적으로 구조화된 문서를 표현하는 W3C의 공식 표준 모델은 무엇인지 쓰시오.

· 답 :

18 다음은 데이터 통신을 사용한 인터페이스에서 예외처리 방법 중 송신측과 수신측 객체를 예외처리하는 방법이다. 잘못 분류된 내용을 모두 찾아 해당 기호를 쓰시오.

• 송신측에서 인터페이스 객체를 예외처리하는 방법
 (가) AJAX 호출 후 반환 값을 받아 어떻게 처리할지를 호출하는 부분에서 정의한다.
 (나) 반환 사례는 크게 성공과 실패 두 가지로 구분한다.
 (다) 별도 예외 결과를 Response에 Set하지 않아도 에러 발생 시 에러 결과가 반환된다.
• 수신측에서 인터페이스 객체를 예외처리하는 방법
 (라) 수신측에서 전달받은 JSON 객체를 처리할 때 try~catch 구문을 이용하여 예외를 처리한 뒤 이를 송신 측에 전달한다.
 (마) 실패 시 예외처리가 일어나며, 예외처리 반환 메시지에 따라 세부적으로 예외처리 기능이 분류된다.

• 답 :

19 다음은 AJAX의 단점을 나열한 것이다. 빈칸에 알맞은 답을 쓰시오.

• XML Http Request를 통해 통신하는 경우, 사용자에게 아무런 진행 정보가 제공되지 않아 요청이 완료되지 않았음에도 사용자가 페이지를 떠나거나 오작동할 우려가 발생하게 된다.
• AJAX를 쓸 수 없는 브라우저에 대한 문제 이슈가 있다.
• HTTP 클라이언트의 기능이 한정되어 있다.
• 지원하는 (①)(이)가 한정되어 있다.
• Script로 작성되므로 디버깅이 용이하지 않다.
• (②) 문제로 동일 출처 정책으로 인하여 다른 도메인과는 통신이 불가능하다.

• ① :
• ② :

20 모듈 간 세부 설계서인 컴포넌트 명세서와 인터페이스 명세서에 대하여 각각 약술하시오.

- 컴포넌트 명세서 :
- 인터페이스 명세서 :

21 다음은 JSON 자료형 중 Object에 대한 성명이다. 빈칸에 알맞은 답을 쓰시오.

객체의 이름은 값 쌍의 집합으로 (   )(을)를 사용하고, 이름은 문자열이기 때문에 반드시 따옴표(" ")로 표현하며, 값은 기본자료형으로 표현한다.

- 답 :

22 다음이 설명하는 인터페이스 연계 포맷은 무엇인지 쓰시오.

- 속성-값 쌍(Attribute-Value Pairs)으로 이루어진 데이터 오브젝트를 전달하기 위해 사용하는 개방형 표준 포맷이다.
- AJAX(Asynchronous Javascript and XML)에서 많이 사용되고 XML을 대체하는 주요 데이터 포맷이다.
- 언어 독립형 데이터 포맷으로 다양한 프로그래밍 언어에서 사용되고 있다.

- 답 :

23 하이퍼텍스트 표기 언어(HTML)만으로 어려운 다양한 작업을 웹 페이지에서 구현하여 이용자가 웹 페이지와 자유롭게 상호작용할 수 있도록 하는 기술명을 쓰시오.

- 답 :

인터페이스 구현 검증하기

학습 방향

1. 구현된 인터페이스 명세서를 참조하여 구현 검증에 필요한 감시 및 도구를 준비할 수 있다.
2. 인터페이스 구현 검증을 위하여 외부 시스템과의 연계 모듈 상태를 확인할 수 있다.

출제 빈도

Section 01	하	10%
Section 02	중	45%
Section 03	중	45%

01 인터페이스 구현 검증 도구의 정의

- 구현된 인터페이스의 동작을 검증하기 위해 인터페이스 구현 및 감시 도구를 통해서 인터페이스 동작 상태를 검증하고 모니터링할 수 있다.
- 인터페이스 구현을 검증하기 위해서는 인터페이스 단위 기능 및 시나리오에 기반한 통합 테스트가 필요하다.
- 테스트 자동화 도구를 통하여 단위 및 통합 테스트의 효율성을 높일 수 있다.

02 인터페이스 구현 검증 도구의 종류

인터페이스 구현 검증을 위해서 단위 기능 및 시나리오에 기반한 통합 테스트가 필요하며, 테스트 자동화 도구를 이용하여 단위 및 통합 테스트의 효율성을 높일 수 있다.

Watir	Ruby 기반 웹 애플리케이션 테스트 프레임워크이며 모든 언어 기반의 웹 애플리케이션 테스트와 브라우저 호환성을 테스트할 수 있다.
xUnit 2022년 1회	• java(JUnit), C++(Cppunit), .Net(Nunit) 등 다양한 언어를 지원하는 단위 테스트 프레임워크이다. • 함수, 클래스 등 다른 구성단위의 테스트를 도와준다.
FitNesse	• 웹 기반 테스트 케이스 설계/실행/결과 확인 등을 지원하는 테스트 프레임워크이다. • 테스트 케이스 테이블을 작성하면 자동으로 빠르고 쉽게 작성한 테스트를 수행할 수 있다.
STAF	• 서비스 호출, 컴포넌트 재사용 등 다양한 환경을 지원하는 테스트 프레임워크이다. • 데몬을 사용하여 테스트 대상 분산 환경에서 대상 프로그램을 통해서 테스트를 수행하고 통합하는 자동화 검증 도구이다.
NTAF Naver	테스트 자동화 프레임워크이며, STAF와 FitNesse를 통합한다.
Selenium	• 다양한 브라우저/개발 언어를 지원하는 웹 애플리케이션 테스트 프레임워크이다. • 테스트를 위한 스크립트 언어 습득 없이 기능 테스트 작성을 위한 플레이백 도구를 제공한다.

★ APM
(Application Performance
Management)
애플리케이션 모니터링 툴

★ 스카우터(SCOUTER)
대표적인 인터페이스 감시 도구이며, 애플리케이션에 대한 모니터링 및 DB Agent를 통해 오픈소스 DB 모니터링 기능, 인터페이스 감시 기능을 제공한다.

03 인터페이스 구현 감시 도구

- APM★을 사용하여 동작 상태를 감시할 수 있다.
- 데이터베이스, 웹 애플리케이션의 트랜잭션과 변수값, 호출 함수, 로그 및 시스템 부하 등 종합적인 정보를 조회하고 분석할 수 있다.
- 스카우터(SCOUTER)★, 제니퍼 등이 있다.

04 인터페이스 구현 검증 시 필요한 설계 산출물

- 모듈 세부 설계서(컴포넌트 명세서, 인터페이스 명세서), 인터페이스 정의서, 동적/정적 모형 설계도, 식별된 인터페이스 기능 목록, 인터페이스 데이터 표준 정의서 등이 있다.
- 데이터 전송 주기, 전송 포맷 등을 확인하여 송/수신 시스템에 데이터가 정확하게 전송되었는지 인터페이스 명세서를 중심으로 확인한다.
- 인터페이스 구현 검증을 위해 인터페이스 단위 테스트 케이스나 통합 테스트 케이스를 활용한다.

05 인터페이스 명세서를 통한 구현 검증 절차

① 인터페이스 명세서를 참조하여 구현 검증 감시 및 도구를 준비한다.

- 인터페이스 명세서를 통한 구현 검증에 필요한 요건을 분석한다.
- 작성된 인터페이스 명세서의 세부 기능을 참조하여 구현 검증 및 감시에 필요한 기능을 분석한다.
- 각 기능의 특징에 맞게 구현 검증의 요건을 도출한다.

② 송신측에서 인터페이스 대상을 선택하고 전송한다.

검증 요건	입력한 대상과 생성된 인터페이스 객체의 정보가 일치하는지 확인
감시 요건	• 데이터베이스 SQL 모니터링 • 조회 트랜잭션 모니터링 • JSON 생성 객체 모니터링

③ 인터페이스 객체를 전송한다.

검증 요건	• 암호화된 통신으로 올바르게 수신측에 전달되었는지 확인 • 전달된 정보가 수신된 정보와 일치하는지 확인 • 파싱된 정보가 송신된 정보와 일치하는지 확인
감시 요건	• 통신 암호화 모니터링 • 패킷 정보 모니터링 • 연결된 트랜잭션 변수 모니터링

④ 수신 후 수신측 트랜잭션과 결과를 반환한다.

- 구현 검증 및 감시에 필요한 도구의 요건을 확인하고 시장조사와 솔루션 검토를 통하여 적합한 감시 및 검증에 필요한 도구를 선택하여 구매한다.
- 시장에 오픈소스 감시 도구도 다수 있으므로 기능을 분석하여 도입을 검토한다.

검증 요건	수신된 데이터와 연관된 이후 트랜잭션의 결과값 일치 확인
감시 요건	• 객체 입력, 출력값 모니터링 • 객체 동작 성공, 실패 여부 모니터링

01 인터페이스 검증 도구 중에서 Ruby 기반 웹 애플리케이션 테스트 프레임워크이며 모든 언어 기반의 웹 애플리케이션 테스트와 브라우저 호환성을 테스트할 수 있는 도구를 쓰시오.

· 답 :

02 대표적인 인터페이스 감시 도구이며, 애플리케이션에 대한 모니터링 및 DB Agent를 통해 오픈소스 DB 모니터링 기능, 인터페이스 감시 기능을 제공하는 도구를 쓰시오.

· 답 :

03 다양한 브라우저/개발 언어를 지원하는 웹 애플리케이션 테스트 프레임워크 중 테스트를 위한 스크립트 언어 습득 없이, 기능 테스트 작성을 위한 플레이백 도구를 제공하는 인터페이스 검증 도구는 무엇인지 쓰시오.

· 답 :

04 다음 보기 중 인터페이스 구현 검증 도구가 아닌 것을 모두 골라 쓰시오.

> Watir, xUnit, APM, FitNesse, STAPH, AJAX

· 답 :

05 인터페이스 구현 검증 시 활용하는 설계 산출물 2가지를 쓰시오.

· 답 :

06 모듈 세부 설계서의 2가지 구성을 쓰시오.

· 답 :

01 검증과 확인

- 연계 모듈 상태 확인
  - 외부 시스템과 연계 모듈의 동작 상태를 확인하다.
  - 외부 시스템과 연계 모듈의 동작 상태를 감시(Monitoring)한다.
- 검증과 확인의 내용

검증 (Verification)	요구사항 명세서의 내용이 분석 및 설계에 반영되었는지, 분석 및 설계의 내용이 프로그램에 구현되었는지 단계별로 확인하는 작업을 의미한다.
확인 (Validation)	• "올바른 제품을 생성하고 있는가?" • 개발된 애플리케이션을 실행하여 사용자의 요구사항대로 구현되었는지 확인하는 과정을 의미한다. • 최종 단계에서 사용자의 시각으로 검토한다.

- 검증과 확인의 목표
  - 품질 향상을 위해서 소프트웨어 시스템의 목적에 대한 적합성과 신뢰성 확보하고 소프트웨어가 의도대로 사용되는지 확인하는 것이다.
  - 증명과 검증이 완료되었다고 하여도 소프트웨어에 결점이 전혀 없는 것은 아니다.
  - 구현 과정을 끝낸 구현 대상 애플리케이션에 대한 증명과 검증을 통하여 품질을 향상시킨다.
  - 개발 생명주기 전 단계에 걸쳐서 산출물의 정합성 검토를 통하여 품질을 향상시킨다.

02 모니터링 도구

- 외부 시스템과 연계 모듈의 동작 상태를 감시하는 도구이다.
- 외부 모듈이 서비스를 제공하는 동안 정상적으로 동작하는지 감시 도구를 통하여 확인한다.
- 인터페이스 구현 기술에 따라서 인터페이스 검증 및 감시 도구의 요건이 달라진다.
- 인터페이스 동작 여부나 에러 발생 여부 등은 감시 도구에서 제공해 주는 리포트를 활용한다.
- 모니터링을 위한 관리 작업 시행 순서 : 성능 및 상태 측정 → 성능, 상태에 대한 분석 작업 시행 → 시스템 구성요소 조정 및 검증 시행

- 모니터링 활동
  - 정보 시스템을 구성하는 자원에 대한 데이터 수집 및 분석 후 그 결과를 검증하는 활동을 포함한다.
  - 시스템 및 조직의 목표, 투자비용 대비 효과를 고려하여 성능관리 활동을 수행한다.
  - 인터페이스 관련 모니터링의 주요 활동 : 장비 성능 관리, 세션 성능 관리, 회선 성능 관리, 응답시간 관리
- 성능지표 관리
  - 정보 시스템의 서비스 품질을 결정하는 속성 중 하나이다.
  - 성능을 나타내는 지표로는 응답시간, 시간당 처리량, 자원 사용량, 효율성 등이 있다.
  - 응답시간을 낮추고 시간당 처리량, 자원 사용량 효율성을 높인다.
- 네트워크 측 모니터링 주요 활동 : 구성관리, 장애 관리, 성능관리, 보안 관리, 계정 관리
- 네트워크 측 모니터링 대상 범위 : 이용률, 에러율 등 성능 자료를 계산하고 일정 수준의 서비스를 지속해서 제공하기 위한 기능을 제공해야 한다.

이론을 확인하는 문제

01 인터페이스 검증과 테스트 단계에서 다음의 내용에 해당하는 단계는 무엇인지 쓰시오.

- "올바른 제품을 생성하고 있는가?"
- 개발된 애플리케이션을 실행하여 사용자의 요구사항대로 구현되었는지 확인하는 과정을 의미한다.
- 최종 단계에서 사용자의 시각으로 검토한다.

- 답 :

02 다음은 인터페이스 검증 및 테스트 단계에서 모니터링을 위한 관리 작업 시행 순서이다. 빈칸에 알맞은 단계를 쓰시오.

(   ) → 성능, 상태에 대한 분석 작업 시행 → 시스템 구성요소 조정 및 검증 시행

- 답 :

ANSWER **01** 확인(Validation) 단계
02 성능 및 상태 측정

인터페이스 오류 처리 및 보고서 작성

01 장애 및 오류 확인

- 시스템 운영자가 장애 및 오류 모니터링 도구를 활용하여 오류 발생 원인과 발생 현황을 1차로 확인한다.
- 시스템에서 제공되는 장애 및 오류 현황 모니터링 도구를 통해 확인이 힘든 경우 엔진이나 응용 프로그램에 기록하는 장애 및 오류 Log 테이블 내용을 2차 확인하여 원인을 파악한다.
- 중요한 오류인 경우가 많으므로 오류 처리 보고서를 작성하여 관리 조직에 보고하도록 한다.

02 장애 및 오류 처리 절차

- 분석된 결과에 따른 대응 조치를 수행한다.
- 장애 및 오류로 인하여 인터페이스 데이터의 전송이 완전하지 않거나 운영 DB에 반영되지 않았을 경우 데이터의 전송 재작업 여부를 결정한다.
- 인터페이스 오류 처리 순서 : 사용자 화면에서 오류 발생 → 인터페이스 오류 로그 생성 → 인터페이스 관련 테이블에 오류 사항 기록

더 알기 Tip

인터페이스 오류 사항 기록 예

송신일	변경구분	발령번호	사번	발령내용	----	처리일	처리상태	오류코드	오류내용
24.04.04	입력	D1234	DA001	전보발령	----	24.04.30	실패	E-001	수신 DB 장애

03 오류 처리 보고서

- 인터페이스에서 오류가 발생하면 관련 사항을 조직에서 정의된 보고체계를 통하여 인터페이스 오류 처리 보고서를 작성하고 즉각 보고한다.
- 정해진 형식은 없으므로 조직 상황에 맞는 보고서를 작성하도록 한다.
- 인터페이스 오류 발생 시 상황 인지 및 조치사항을 시간경과에 따라 작성한다.

• 인터페이스에 대한 오류 보고는 조치가 완료된 후에 보고하면 이미 시기가 늦은 경우가 많으므로 시기에 따라 조직에서 정의한 프로세스에 의하여 보고한다.

오류 처리 보고서 양식

장애(발생/진행/완료)보고서

2024.04.03. 담당 : ○○○ 부장

장애(발생/진행/완료)보고서		보고서 번호	
장애 발생 일시		장애환경	
장애 조치 일시		종료여부	
장애 종료 일시		장애등급	
장애 내용 및 증상			
장애 원인			
조치사항			
재발방지 계획 및 의견			

04 인터페이스 오류 처리 보고 시기에 따른 보고서 특징

구분	특징	보고 내용
최초 발생 보고	상황을 인지하고 조직상에 신속하게 보고하여 대응 조직을 구성한다.	SMS, E-mail, 간이 보고서를 활용하여 오류 발생 상황과 영향도를 보고한다.
오류 처리 경과 보고	최초 확인 후 진행되는 상황을 수시로 보고한다.	오류 처리 조치사항 위주로 대안 서비스, 고객사 공지사항, 완료 예상 시점 등을 보고한다.
완료 보고	최종 조치가 끝나면 내부 조직 및 고객사에 완료 보고를 하도록 한다.	최초 발생 시점, 조치경과, 오류 원인, 재발 방지책 등을 종합적으로 보고한다.

05 오류 처리 기록의 필요성

- 인터페이스는 이 기종 시스템이므로 오류 처리 시 사용자, 관리자에게 오류 처리 상태를 전달하는 방법이 복잡하며 관리하기 불편하다.
- 인터페이스 오류는 중요한 장애일 경우가 많으므로 오류 발생 시 오류 처리 보고서를 작성하고 보고체계로 즉각 보고해야 한다.

06 인터페이스 오류 처리 기록 방법

사용자 화면에서 오류를 인지하도록 구현하는 방법	• 가장 직관적으로 오류를 인지할 수 있어 많이 쓰이는 방법이다. • 인터페이스 오류가 발생하였을 경우 알람 형태로 화면에 표시되며, 주로 실시간으로 데이터가 인터페이스될 때 사용된다.
인터페이스 오류 로그를 별도로 작성하는 방법	• 오류 시 관련 오류 Log가 생성되도록 할 수 있다. • 인터페이스 오류의 자세한 명세를 분석할 때 사용되며, 시스템 관리자나 운영자가 오류 로그를 확인할 수 있다.
인터페이스 관련 테이블에 오류 사항을 기록하는 방법	• 테이블을 통한 인터페이스 기능을 구현할 경우나 인터페이스 트랜잭션 기록을 별도로 보관하는 경우에는 테이블에 오류 사항을 기록할 수 있다. • 이력을 직관적으로 보기 쉬워 운영자가 관리하기 쉽다는 장점이 있다.

기적의 Tip

로그 분석에 관한 자세한 내용은 소프트웨어 개발 보안 구축의 소프트웨어 보안 구현하기에서 자세하게 공부할 수 있습니다.

07 일반적인 장애 발생 시 처리 방안

구분	장애 유형	처리 방안
하드웨어	• 데이터베이스 장애 DBMS 장애 • 로그 파일 이상 • 테이블 등 객체의 손상	• 정기적으로 로그 파일의 용량 초과 여부 점검 • 감시 기능을 이용하여 위험 수준 체크 • 데이터베이스 유지보수 담당자와 상시 연락체계 확립 • 온라인을 통한 완벽한 자동복구 및 백업 시나리오
소프트웨어	프로그램 이상 종료	• 소프트웨어 재설치 • 장애 기록 관리 • 버전 상향 지원
응용 시스템	프로그램 손상 및 바이러스	• 응용 시스템 장애 대책 시나리오 작성 • 정확한 프로그램 변경 관리 및 버전 관리 • 주기적인 예방점검을 통한 장애 사전 예방

01 인터페이스 오류 처리 기록 방법 중에서 가장 직관적으로 오류를 인지할 수 있어 많이 쓰이는 방법으로, 인터페이스 오류가 발생하였을 경우 알람 형태로 화면에 표시되며, 주로 실시간으로 데이터가 인터페이스될 때 사용되는 기록 방법을 쓰시오.

• 답 :

02 일반적인 장애 발생 처리 방안 중 "프로그램 이상 종료"로 인한 소프트웨어적 장애 처리 방안을 간략히 서술하시오.

• 답 :

03 일반적인 장애 발생 시 처리 방안 중 소프트웨어 장애의 처리 방안을 2가지 쓰시오.

• 답 :

ANSWER **01** 사용자 화면에서 오류를 인지하도록 구현하는 방법
02 소프트웨어 재설치 또는 상위 버전 설치, 모든 장애 발생 내역 기록 관리
03 소프트웨어 재설치, 장애 기록 관리, 버전 상향 지원

01 인터페이스 구현 검증 시 필요한 설계 산출물에는 모듈 세부 설계서, 인터페이스 정의서, 동적/정적 모형 설계도, 식별된 인터페이스 기능 목록, 인터페이스 데이터 표준 정의서 등이 있다. 반면, 인터페이스 세부 설계서는 2가지로 구분이 되는데 이 2가지 산출물의 명칭을 쓰시오.

• 답 :

02 인터페이스 오류 처리 기록 방법 3가지를 쓰시오.

•
•
•

03 인터페이스 오류 처리 보고 시기에 따른 보고서 특징에서 완료 보고 단계에 수행해야 할 내용을 쓰시오.

• 답 :

PART 06

화면설계

PART 06 소개

요구사항 분석 단계에서 파악된 화면에 대한 요구사항들을 확인하고, 소프트웨어 아키텍처 단계에서 정의된 구현 지침 및 UI/UX 엔지니어가 제시한 UI 표준과 지침에 따라 화면을 설계할 수 있다.

요구사항 확인하기

학습 방향

1. 응용 소프트웨어 개발을 위한 UI 표준 및 지침에 의거하여, 개발하고자 하는 응용 소프트웨어에 적용될 UI 요구사항을 확인할 수 있다.
2. 응용 소프트웨어 개발을 위한 UI 표준 및 지침에 의거하여, UI 요구사항을 반영한 프로토타입을 제작할 수 있다.
3. 작성한 프로토타입을 활용하여 UI/UX 엔지니어와 향후 적용할 UI의 적정성에 대해 검토할 수 있다.

출제 빈도

Section 01	중	30%
Section 02	하	10%
Section 03	상	60%

UI 요구사항 확인하기

01 UI(User Interface) 정의와 특징

① UI의 정의   2021년 2회

- 인간과 디지털 기기 소프트웨어 사이에서 의사소통할 수 있도록 만들어진 매개체를 의미한다.
- 인간과 컴퓨터의 상호작용(HCI)에 필요한 화상, 문자, 소리, 수단(장치)을 의미한다.
- UI 요구사항을 분석하기 전 목적과 그에 맞는 용도, 개발 배경 등 가장 기본이 되는 사항을 확인하여야 하며, 서로 다른 부서 또는 조직 간의 관계와 역할에 대해 명확하게 이해하고 있어야 한다.

② UI의 특징

- 실사용자의 만족도에 직접적인 영향을 준다.
- 적절한 UI 구성으로 편리성, 가독성, 동선의 축약 등으로 작업시간을 줄일 수 있고 업무 효율을 높일 수 있다.
- 실사용자가 수행해야 할 기능을 구체적으로 제시한다.
- UI 설계 전 소프트웨어 아키텍처를 우선 숙지하고 있어야 한다.

③ UI의 세 가지 분야

- 물리적 제어 분야 : 정보 제공과 기능 전달
- 기능적 분야 : 사용자의 편의성에 맞춰 쉽고 간편하게 사용 가능
- 전체적 구성에 관한 분야 : 콘텐츠의 상세적 표현

02 UI 요구사항 확인

- UI 요구사항은 크게 시스템이 무엇을 하여야 하는지를 설명하는 기능적 요구사항(Functional Requirements)과 개발 과정에서 지켜져야 할 제약조건들을 설명하는 비기능적 요구사항(Nonfunctional Requirements)으로 분류된다.
- 기능적 요구사항
  - 시스템의 입/출력으로 포함되어야 할 사항
  - 시스템이 어떤 데이터를 저장하고 연산을 수행해야 하는지에 대한 사항
  - 동기화 등의 기타 요구사항

- 비기능적 요구사항
  - 품질에 관한 요구사항★
  - 플랫폼, 사용 기술 등 시스템 환경에 관한 요구사항
  - 비용, 일정 등 프로젝트 계획에 관한 요구사항

★ 품질에 관한 요구사항
사용성, 효율성, 신뢰성, 유지 보수성, 재사용성 등이 있다.

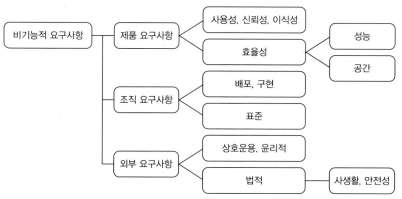

▲ 비기능적 요구사항의 분류

03 UI 분야와 종류

① UI 분야

표현에 관한 분야	전체적인 구성과 콘텐츠의 상세 표현을 위한 분야
정보 제공과 전달	물리적 제어를 통한 정보 제공과 전달을 위한 분야
기능 분야	기능적으로 사용자가 쉽고 간편하게 사용하도록 하는 분야

② UI의 종류 2022년 1회, 2021년 3회

- GUI(Graphical) : 그래픽(아이콘, 버튼, 문자)을 통하여 작업할 수 있는 환경
- CLI(Command Line) : 명령 줄(키보드 등)을 통하여 작업할 수 있는 환경
- NUI(Natural) : 터치, 증강현실, 상황인식 등 사람의 감각 행동 인지를 통하여 작업할 수 있는 환경
- MUI(Menu) : 메뉴를 기반으로 작업할 수 있는 환경
- 음성 사용자 인터페이스

04 UI 구현 표준과 지침

① UI 구현 표준

- 전체 시스템 개발 중에 개발자 간 협업을 통하여 각기 개발한 화면 간에 갖추어야 할 최소한의 UI 요소 및 배치 규칙 등을 의미한다.
- UI에 공통으로 적용되어야 할 화면 구성, 화면 이동 등이 있다.

② UI 구현 지침
- 소프트웨어 개발 시 효율적인 정보 전달이 가능하도록 UI 설계에서 지켜야 할 세부 사항을 규정하는 것이다.
- UI 요구사항, 구현 제약 사항 등 UI 개발 과정에서 꼭 지켜야 할 공통 조건을 의미한다.

05 한국형 웹 콘텐츠 접근성 지침 2.1

① 정의
- 장애인이 비장애인과 동등하게 웹 콘텐츠에 접근할 수 있도록 웹 콘텐츠를 제작하는 방법에 관하여 기술하고 있다. (2015.3.31. 개정)
- 웹 콘텐츠 저작자와 개발자, 웹 사이트 설계자 등이 웹 콘텐츠를 접근성을 준수하여 콘텐츠를 쉽게 제작할 수 있는 지침들을 제공하는 데 목적이 있다.
- 2008년 12월에 제정된 웹 접근성 관련 국제 표준인 월드 와이드 웹 컨소시엄(W3C, World Wide Web Consortium)의 '웹 콘텐츠 접근성 가이드라인 2.0(WCAG 2.0)'을 국내 실정에 맞게 반영하였다.
- 논리적 요소, 시각적 요소, 구조적 요소를 모두 고려해야 한다.

② 한국형 웹 콘텐츠 접근성 지침 2.1의 4가지 원칙
- 인식의 용이성 : 대체 텍스트, 멀티미디어 대체 수단, 명료성
- 운용의 용이성 : 입력장치 접근성, 충분한 시간 제공, 광(光)과민성 발작 예방, 쉬운 내비게이션
- 이해의 용이성 : 가독성, 예측 가능성, 콘텐츠의 논리성, 입력 도움
- 견고성 : 문법 준수, 웹 애플리케이션 접근성

06 UX(User Experience) 사용자 경험 _{2021년 2회}

- 사용자가 제품을 대상으로 직/간접적으로 사용하면서 느끼고 생각하게 되는 지각과 반응, 행동 등 모든 경험을 의미한다.
- UI는 사람과 시스템 간의 상호작용을 의미하지만, UX는 제품과 서비스, 회사와 상호작용을 통한 전체적인 느낌이나 경험을 말한다.
- 긍정적인 사용자 경험을 개발·창출하기 위해 학술적, 실무적으로 이를 구현해내기 위한 활동이다.

긍정적인 사용자 경험	부정적인 사용자 경험
소프트웨어 공학, 마케팅, 산업디자인, 경영학의 중요 과제로 긍정적인 사용자 경험을 통하여 사용자의 만족도를 높이며 브랜드 충성도 향상, 시장 경쟁력을 제공한다.	사용자가 원하는 목적 행위를 하는 데 있어, 상대적으로 많은 노력이 필요하다면 감정적, 이성적, 경제적으로 불편함을 느끼게 되어 시장 경쟁력에서 밀리게 된다.

- 사용자가 특정 인터랙션 시스템으로 받는 전체적인 경험, 그것의 제공자, 경험을 통해 사용자가 느끼는 긍정적 감정 이상의 것을 포함한다.

- 사용자 개인, 사용자의 요구나 목표를 지원하거나 충족하기 위해서 기획된 시스템, 요구사항과 조직의 목표를 만족하기 위한 시스템 간의 인터랙션 순서를 정립하는 활동이다.
- UX에 영향을 주는 요소 : 성능, 시간
- 사용자 경험 디자인 활용 기법 : 포함된 요소들의 사용성 연구를 위한 현장 심사, 플로우, 내비게이션 맵, 사용자 스토리나 시나리오, 퍼소나★, UX 컨셉 기획 문서, 사이트 맵, 콘텐츠 목록, IA, 와이어 프레임, 인터랙션이나 시뮬레이션을 위한 프로토타입, 행동이나 디자인을 묘사한 설명서, 기대되는 결과에 대한 정밀한 시각화를 위한 그래픽 시안

★ 퍼소나
시나리오를 수행하기 위한 가상의 사용자를 의미한다.

07 모바일 사용자 UX 설계 시 고려사항(행정안전부 고시)

- 시스템을 사용하는 대상, 환경, 목적, 빈도 등을 고려한다.
- 사용자가 직관적으로 서비스 이용 방법을 파악할 수 있도록 한다.
- 입력의 최소화, 자동완성 기능을 제공한다.
- 사용자의 입력 실수를 해결할 수 있도록 되돌림 기능을 제공한다.
- 모바일 서비스의 특성에 적합한 디자인을 제공한다.

> **더 알기 Tip**
>
> **웹/모바일 접근성★ 지침**
>
> 장애인이나 노인 등 다양한 사용자 환경에서 사용자가 전문적인 능력 없이 웹/모바일 기기 등에서 제공하는 모든 정보에 접근할 수 있도록 보장하는 것을 의미한다.

★ 접근성
장애인뿐 아니라 모든 사용자가 정보통신 기기 및 웹 서비스를 손쉽게 사용할 수 있도록 구축하는 것을 의미한다.

08 감성 공학

- 인간의 소망으로 이미지나 감성을 구체적 제품설계를 통하여 실현해내는 공학적 접근 방법이다.
- 인간 감성의 정성, 정량적 측정과 평가를 통하여 제품 환경 설계에 반영하는 기술이다.
- 설계단계에서 인간의 정신적인 특성과 신체적 특성을 넘어 감성까지 고려한 것이다.
- 인간과 컴퓨터 간의 상호작용, 즉 HCI(Human Computer Interaction or Interface)★ 설계에 인간의 특성, 감성 등을 반영한다.
- 인간이 가지고 있는 소망으로서의 이미지나 감성을 구체적인 제품 설계로 실현해내는 인문사회과학, 공학, 의학 등 여러 분야의 학문이 융합된 기술이다.
- 감각 및 생체 계측, 센서, 인공지능 등의 생체 제어 기술 등을 통해 과학적으로 접근한다.
- 최종 목표는 감성 공학을 통하여 인간이 쉽고 편리하고 쾌적하게 시스템과 어우러지는 것이다.
- 1988년 시드니 국제 학회에서 '감성 공학'으로 명명되었다.

★ HCI(Human Computer Interaction or Interface)
인간과 컴퓨터의 상호작용(Interaction)을 연구하는 학문이며, 이를 통하여 어떻게 하면 좋은 제품을 만들 수 있는지를 연구한다.

★ HCI의 목적
- 컴퓨터를 좀 더 인간이 쉽고 쓸모있게 하여 상호작용(UX)을 개선하는 것이다.
- 컴퓨터의 도구로서 잠재력을 극대화해 인간의 의지를 더 자유롭게 한다.
- 인간의 창의력, 인간 사이의 의사소통과 협력을 증진하는 데 있다.

① 감성 공학 기술

기초 기술	인간공학, 생리학, 심리학을 기반으로 한 생체 계측 기술, 인간 감각 계측 기술, 생체 제어 기술 등을 통하여 인간의 특성을 파악하는 기술
구현 기술	센서 및 감지 기술, Actuator(작동) 기술, 센서 퓨전 기술, Micro-machining, 퍼지, Neural network 기술, 산업기술을 통해 파악한 인간 특성을 통하여 인터페이스 구현
응용 기술	사용성 평가 기술, 인공 현실감 기술 등

② 감성 공학 관련 기술

생체 측정 기술	인간 특성을 파악하는 인간공학, 인지공학 등을 통하여 측정
인간 감성 특성 파악 기술	센서 공학, 퍼지 뉴트럴 네트워크, 신경망 기술을 통하여 인간에 적합하도록 UI를 구현하기 위한 기술
감성 디자인 기술과 오감 센서 및 감성 처리 기술	산업디자인(무드 스웨터, Bios Beats, 애니메이션 섬유 등)과 오감(시각, 촉각, 미각, 후각, 청각)
마이크로 기구 설계	마이크로가공 기술을 통하여 극소 기계 설계
사용성 평가 기술 및 가상현실 기술	인간에 대한 적합성을 판단하고 새로운 감성을 창출하기 위한 기술

01 UI의 3가지 분야를 쓰시오.

• 답 :

02 다음 나열한 UI 요구사항을 기능적 요구사항과 비기능적 요구사항으로 분류하시오.

(가) 시스템의 입/출력으로 포함되어야 할 사항
(나) 품질에 관한 요구사항
(다) 플랫폼, 사용 기술 등 시스템 환경에 관한 요구사항
(라) 비용, 일정 등 프로젝트 계획에 관한 요구사항
(마) 시스템이 어떤 데이터를 저장하고 연산을 수행해야 하는지에 대한 사항
(바) 동기화 등의 기타 요구사항

• 기능적 요구사항 :
• 비기능적 요구사항 :

03 한국형 웹 콘텐츠 접근성 지침 2.1의 4가지 원칙 중 '입력장치 접근성, 충분한 시간 제공, 광(光)과민성 발작 예방, 쉬운 내비게이션'과 관련된 용이성을 쓰시오.

• 답 :

UI 표준을 위한 환경 분석

① 사용자 경향 분석

• 기존~현존 UI 경향을 숙지하고 현재 UI의 단점을 작성한다.
• 사용자의 요구사항을 파악하고, 쉽게 이해 가능한 기능 위주로 기술 영역을 정의한다.

② 기능 및 설계 분석

• 기능 조작성 분석
 – 사용자 편의를 위한 조작에 대해 분석한다.
 – 예 스크롤 바 지원 가능 여부, 마우스 조작 시 동선 확인
• 오류 방지 분석
 – 조작 시 오류에 대해 예상 가능한지 확인한다.
 – 예 의도치 않은 페이지 이동 여부, 기능 버튼의 명확한 구분이 가능한지 확인, 기능 버튼의 이름이 사용자 조작과 일치하는지 확인
• 최소한의 조작으로 업무 처리가 가능한지 형태 분석
 – 작업 흐름에 가장 적합한 레이아웃인지 확인한다.
 – 예 기능 특성에 맞는 UI 확인 및 조작 단계 최소화와 동선 단순 여부 확인
• UI의 정보 전달력 확인
 – 중요 정보의 인지가 쉽게 전달 가능한지, 정보 제공의 간결성과 명확성을 확인하고 정보 제공 방식의 일관성과 사용자 이해성 확인, 상호연관성이 높은 정보인지 확인한다.
 – 예 오류 발생 시 해결 방법 접근 용이성 확인

03 UI 요구사항 확인 절차

① 목표 정의

- 실사용자 대상 심층 인터뷰를 통하여 의견 수렴하고, 비즈니스 요구사항을 정의한다.
- 인터뷰를 통하여 사업적, 기술적 요소를 깊게 이해하여 목표를 명확히 한 뒤 사업적, 기술적 목표가 확정되면 UI/UX 디자인 프로세스를 정의한다.

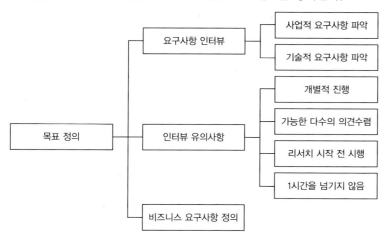

② 활동 사항 정의

- 목표 정의에서 조사한 요구사항을 바탕으로 진행해야 할 활동을 정의한다.
- 사용자, 고객, 회사의 비전을 일치시키는 작업을 통하여 초기 비전과 기대를 정의한다.
- UX 조사와 UI/GUI 디자인에 필요한 예산과 일정을 결정하여 비용과 일정을 확인한다.
- 기술 발전 가능성을 파악하고 UI/UX 디자인의 나아갈 방향을 제시한다.
- 사업 전략/사업 목표, 프로세스 책임자 선정, 회의 일정 및 계획 작성, 우선순위 선정, 개별 단위 업무를 구분한다.

★ 인터뷰의 목적
인터뷰 내용을 토대로 경영진 내의 서로 다른 UI/UX 개발 프로젝트의 활동 사항을 설명하고 협의하도록 돕는다.

③ 인터뷰 진행★

- 가능하다면 단체보다는 개별로 진행하는 것이 좋다.
- 다수의 의견에 집중하면 개인의 중요한 의견을 놓칠 수 있으므로 주의한다.
- 될 수 있는 한 많은 인원을 인터뷰한다.
- 인터뷰 시간은 한 시간이 넘지 않도록 한다.

④ 요구사항 요소 확인

- 실사용자를 대상으로 다양한 방법으로 수집하고 작성된 요구사항을 검토한다.
- 목적을 기준으로 요구사항을 작성하고, 이를 바탕으로 UI 전체 구조를 파악해야 한다.
- 요구사항 작성 순서 : 요구사항 요소 확인 → 정황 시나리오 작성 → 요구사항 작성
- 요구사항 요소 : 데이터 요구, 기능 요구, 제품 · 서비스 품질, 제약 사항

데이터 요구	• 사용자 요구 모델과 객체들의 핵심 특성에 기반하여 데이터 객체를 정리한다. • 인터페이스에 영향을 줄 수 있으니 초기에 확인한다. • ⓔ Email 메시지 속성 : 제목, 송신자, 송신일, 참조인, 답변 등
기능 요구	• 동사형으로 사용자의 목적 달성을 위해 실행해야 할 기능을 설명한다. • 기능 요구 목록으로 정리한다. • 최대한 철저하게 작성해야 한다. • ⓔ 사용자는 메일을 작성하거나, 수신하고, 참조하여 발송할 수 있다.
제품 · 서비스 품질	• 감성 품질과 데이터/기능 요구 외 제품 품질, 서비스 품질을 고려한다. • 시스템 처리 능력 등 정량화 가능한 요구사항을 확인한다.
제약 사항	• 비용, 데드라인, 시스템 준수에 필요한 규제 등을 확인한다. • 사전에 제약 사항의 변경 여부를 확인한다.

⑤ 정황 시나리오 작성

- 개발하는 서비스의 초기 모양을 상상하는 단계이다.
- 사용자 관점에서 작성하며 요구사항 정의에서 가장 기초적인 시나리오를 의미한다.
- 높은 수준과 낙관적인 상황에서 이상적 시스템 동작에 초점을 둔다.
- 육하원칙을 따르고 사용자가 주로 사용하는 기능을 기반으로 작성한다.
- 간단명료하게 작성하여 정확하게 전달한다.
- 같이 동작하는 기능은 하나의 시나리오에 통합한다.
- 외부 전문가, 경험이 많은 사람에게 검토를 의뢰하도록 한다.
- 정황 시나리오 작성의 예

정황 시나리오	요구사항
• 사원은 출근하여 시스템에 로그인하고 오늘 업무를 확인한다. • 어제 요청한 결재가 승인되었는지 확인한다.	• 로그인하면 맨 위 화면에 오늘 업무가 표시되어야 한다. • 결재 요청 내역에 결재 승인 여부가 확인될 수 있도록 승인 내역은 다른 색을 이용한다.

04 UI 시나리오 문서의 기대 효과

- 요구사항이나 의사소통에 대한 오류를 감소시킨다.
- 개발 과정 중의 혼선을 최소화하여 개발 속도를 향상시킨다.
- 불필요한 기능을 최소화하여 시나리오 작성과 소프트웨어 개발 비용을 줄일 수 있다.
- 유관 부서 만족도를 높인다.

01 다음 나열된 UI 확인 절차를 비즈니스 요구사항 확인 단계와 요구사항 작성 단계로 분류하시오.

> (가) 목표 정의
> (나) 요구사항 요소 확인
> (다) 정황 시나리오 작성
> (라) 활동 사항 정의
> (마) 인터뷰 진행

- 비즈니스 요구사항 확인 :
- 요구사항 작성 :

02 UI 요구사항 확인 절차 중 목표 정의 단계에서 다음의 유의사항을 지켜야 하는 방법은 무엇인지 쓰시오.

> - 개별적으로 진행한다.
> - 가능한 다수의 의견을 수렴한다.
> - 1시간을 넘기지 않도록 한다.

- 답 :

출제
빈도 상 중 하   **빈출 태그** 와이어 프레임 • 목업 • UI 프로토타입

기적의 3회독
☐ 1회 ☐ 2회 ☐ 3회

★ 와이어 프레임 툴
핸드라이팅, 파워포인트, 키노트, Sketch, Balsamiq, Moqups, Adobe Experience Design, 카카오 오븐

★ 목업 툴
카카오 오븐, Balsamiq Mockup, Power Mockup

01 와이어 프레임(Wireframe)★

- 제품을 구성하는 서로 다른 레이아웃을 정적이면서 간단한 표현 상태로 재현한 것을 의미한다.
- 이름과 같이 와이어로 설계된 모양으로, 간단한 와이어를 사용하여 인터페이스를 시각적으로 묘사한다.
- 기획 단계 초기에 작성하며, 구성할 화면의 대략적인 레이아웃이나 UI 요소 등의 틀(Frame)을 설계하는 단계이다.
- 개발 관계자(디자이너, 개발자, 기획자) 사이의 레이아웃 협의, 현재 진행 상황 등을 공유할 때 사용한다.

02 목업(Mockup)★

와이어 프레임보다 좀 더 실제 제품과 유사하게 만들어지는 실물 크기의 정적 모형으로 시각적으로만 구현된다.

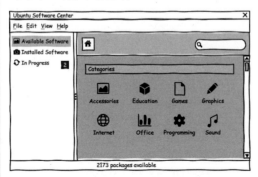

03 UI Prototype*

① UI Prototype의 개념

- 새로운 시스템 개발 시 설계, 성능, 구현 가능성, 운용 가능성을 평가하거나 요구사항을 좀 더 구체화하는 도구이다.
- 요구사항을 분석하여 전체적인 기능을 간략화하여 동적인 형태로 구현한 모형이다.
- 도출된 요구사항을 토대로 프로토타입(시제품)을 제작하여 대상 시스템과 비교하면서 개발 중에 도출되는 추가 요구사항을 지속해서 재작성하는 과정이다.
- 수정 보완의 반복 작업을 통하여 시스템 설계 및 개발에 소요되는 비용과 노력을 줄일 수 있다.
- 와이어 프레임, 스토리보드에 Interaction을 적용한 것이다.

★ UI Prototype 툴
HTML/CSS, Axure, Invision Studio, 카카오 오븐, Flinto, 네이버 Proto Now

★ 프로토타입(prototype)의 사전적 의미
대량 생산에 앞서 미리 제작해보는 원형 또는 시제품으로, 제작물의 모형이라고 할 수 있다.

② 프로토타입의 장단점

장점	• 사용자 설득과 이해가 쉽다. • 개발시간이 감소한다. • 오류를 사전에 발견할 수 있다.
단점	• 수정이 많아지면 작업시간이 늘어날 수 있다. • 필요 이상으로 자원을 많이 소모한다. • 정확한 문서 작업이 생략되는 문제가 발생할 수 있다.

③ 프로토타입 작성 도구 및 방법

Analog	• 포스트잇, 칠판, 종이, 펜 등을 이용한다. • 소규모 개발, 제작비용과 기간이 짧을 경우 빠른 업무협의가 필요한 경우에 사용한다. • 비용이 저렴하면서 즉시 변경이 가능하다. • 회의 중 바로 작성할 수 있으나 공유가 어렵다. • 상호 연관 관계가 복잡한 경우 표현이 어렵다.
Digital	• PowerPoint, Acrobat, Invision, Marvel, Adobe Xd, Flinto, Priciple, Keynote, UX pin, HTML 등의 SW 툴을 이용한다. • 재사용성이 높지만 도구를 다룰 줄 아는 전문가가 필요하다. • 목표 제품과 비슷하게 테스트할 수 있으며 수정이 수월하다.

④ UI Prototype 작성 시 고려사항

프로토타입 계획 작성	프로토타입 작성의 전체적인 계획을 확립한다.
프로토타입 범위 확인	• 프로젝트 범위, 위험 상황, 목적을 명확히 하며 환경적 바탕이 준비되었는지 확인한다. • 별도의 프로토타입 팀을 구성할 수 있는지 확인한다.
프로토타입 목표 확인	목표가 기능과 관련된 것인지, 성능과 관련된 것인지, 개발 환경에 관련된 것인지 고객과 협의하여 목표를 명확화한다.
프로토타입 기간 및 비용 확인	• 가능한 투입 기간 및 비용이 경제적으로 목적에 달성할 수 있도록 계획한다. • 검증 범위와 기간 등이 과도하면 고객 목표가 비대화되어 문제가 될 수 있다.
프로토타입 산출물 확인	실제 개발에 참조될 수 있어야 하나 아키텍처 요소 검증을 위한 것이므로 실제 개발에서는 참고 수준으로 활용한다.
프로토타입 유의사항 확인	작은 범위와 소수 인원으로 최소기간 내 위험요소 식별 및 해결을 위한 것이므로 범위나 시간을 과도하게 설정하지 않도록 주의한다(목표 비대 가능성).

⑤ UI Prototype 계획 시 고려사항

프로토타입 목표 확인	아키텍처 검증(성능, 안정성, 개발 생산성), 가이드 확정, 환경 세팅 완료, 공통 모듈 확보, 인력 양성 등을 확인한다.
프로토타입 환경 확인	개발에 필요한 개발 도구, 테스트 도구, 빌드 및 배포 도구, 형상관리 등을 마련하고 개발용 서버를 도입한다.
프로토타입 일정 확인	• 대형 프로젝트 기준 1개월 정도로 하고, 목적이 분석이나 설계 가이드 검증일 경우 2개월 추가할 수 있다. • 프로토타입 범위 확인 및 아키텍처의 핵심요소를 범위로 설정한다. • 프로토타입 인원을 확인한다.
프로토타입 범위 확인	• 아키텍처의 핵심 요소에 해당하는 UI를 프로토타입의 범위로 설정한다. • 아키텍처 요소 중에 검증되지 않은 요소와의 연동 등 위험이 많은 요소를 범위 설정한다. • 다수의 개발자들이 참여하여 개발하는 부분인지 확인하여 기준으로 삼는다.
프로토타입 인원 확인	리더 1인, 솔루션 담당자 파트타임 2인 이상, 인프라 담당자 파트타임 1인, 개발 환경 리더 겸 공통 모듈 개발자 1인, 프로토타입 개발자 3~4인으로 한다.
프로토타입 아키텍처 검증 확인	기존 아키텍처가 요구사항을 만족하는지 성능을 측정한다.
프로토타입 이슈 및 해결	아키텍처 요소 검증 중 대다수 발생하는 이슈를 취합하여 보고하고 프로토타입 리더가 매일 이슈 취합 및 해결 방안을 제시한다.
프로토타입 가이드 확정	가능한 모든 가이드를 적용하여 표준 가이드를 최종적으로 확정한다.
프로토타입 개발 생산성 확인	진행 시 시간이 많이 소요되는 부분(분석, 설계, 개발, 테스트 등)의 원인을 찾아 바로잡는다.
프로토타입 결과 시연	화면 위주가 아닌 분석, 설계 개발 테스트 과정을 모두 고객, PM, PL, 개발자에 시연한다.

⑥ UI Prototype 제작 단계

사용자 요구분석	• 요구사항이 확정될 때까지 사용자 관점에서 기본적인 요구사항을 확인하는 단계이다. • 실 사용자 입장에서 분석한다.
프로토타입 작성	시스템의 핵심 기능을 중심으로 종이나 디지털 도구를 이용하여 작성한다.
프로토타입 사용자 테스트	요구사항을 추가 보완한다.
수정과 합의 단계	• 프로토타입 결과를 토대로 사용자가 요청한 제안사항을 포함하고 보완하는 단계이다. • 결과물 완성 후 3단계로 되돌아간다(사용자 승인 시까지 반복).

01 다음에 설명하는 UI 프로토타입 도구를 쓰시오.

> • 제품을 구성하는 서로 다른 레이아웃을 정적이면서 간단한 표현 상태로 재현한 것을 의미한다.
> • 이름과 같이 와이어로 설계된 모양으로, 간단한 와이어를 사용하여 인터페이스를 시각적으로 묘사한다.
> • 기획 단계 초기에 작성하며, 구성할 화면의 대략적인 레이아웃이나 UI 요소 등의 틀(Frame)을 설계하는 단계이다.
> • 개발 관계자(디자이너, 개발자, 기획자) 사이의 레이아웃 협의, 현재 진행 상황 등을 공유할 때 사용한다.

• 답 :

02 UI 설계 시 프로토타입을 사용함으로써 얻을 수 있는 장점을 쓰시오.

• 답 :

03 다음 UI 프로토타입 계획 시 고려사항 중 프로토타입 일정 확인에 관한 내용이다. 빈칸에 알맞은 답을 쓰시오.

> 프로토타입 일정 확인 단계에서는 대형 프로젝트 기준 (①) 정도로 하고, 목적이 분석이나 설계 가이드 검증일 경우 (②) 추가할 수 있다. 프로토타입 범위 확인 및 아키텍처의 핵심 요소를 범위로 설정하며 프로토 타입 인원도 확인한다.

• ① :
• ② :

04 UI 프로토타입 계획 시 고려사항 중 프로토타입 개발자는 몇 명으로 하는 것이 좋을지 쓰시오.

• 답 :

01 UI 요구사항 확인 과정 중 UI는 크게 기능적 요구사항과 비기능적 요구사항으로 구분된다. 기능적 요구사항과 비기능적 요구사항을 간략히 약술하시오.

• 기능적 요구사항 :

• 비기능적 요구사항 :

02 UI(User Interface)의 종류 중 터치, 증강현실, 상황 인식 등 사람의 감각 행동 인지를 통하여 작업할 수 있는 환경을 무엇이라고 하는지 쓰시오.

• 답 :

03 다음이 설명하는 지침을 쓰시오.

• 장애인이 비장애인과 동등하게 웹 콘텐츠에 접근할 수 있도록 웹 콘텐츠를 제작하는 방법에 관하여 기술하고 있다. (2015.3.31. 개정)
• 웹 콘텐츠 저작자와 개발자, 웹 사이트 설계자 등이 웹 콘텐츠의 접근성을 준수하여 콘텐츠를 쉽게 제작할 수 있는 지침들을 제공하는 것이 목적이다.

• 답 :

04 한국형 웹 콘텐츠 접근성 지침 2.1의 4가지 원칙을 쓰시오.

• 답 :

05 UX에 영향을 주는 요소 2가지를 쓰시오.

• 답 :

06 감성 공학 기술의 3가지를 쓰시오.

• 답 :

07 다음이 설명하는 UI 설계 단계에 사용되는 용어를 쓰시오.

> • 사용자가 제품을 대상으로 직/간접적으로 사용하면서 느끼고 생각하게 되는 지각과 반응, 행동 등 모든 경험을 의미한다.
> • UI는 사람과 시스템 간의 상호작용을 의미하지만, 이것은 제품과 서비스, 회사와 상호작용을 통한 전체적인 느낌이나 경험을 말한다.
> • 긍정적인 사용자 경험을 개발 · 창출하기 위해 학술적, 실무적으로 이를 구현해내기 위한 활동이다.

• 답 :

08 다음은 비기능적 요구사항을 정리한 계층도이다. 다음 빈칸에 알맞은 요구사항을 쓰시오.

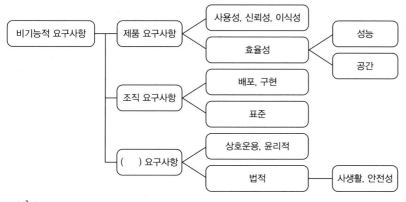

• 답 :

09 UI 표준을 위한 환경 분석 단계에서 다음은 어떤 단계에 관한 설명인지 쓰시오.

> • 실사용자 대상 심층 인터뷰를 통하여 의견 수렴하고, 비즈니스 요구사항을 정의한다.
> • 인터뷰를 통하여 사업적, 기술적 요소를 깊게 이해하여 목표를 명확히 한 뒤 사업적, 기술적 목표가 확정되면 UI/UX 디자인 프로세스를 정의한다.

• 답 :

10 다음은 UI 설계 시 사용하는 도구를 설명한 것이다. 아래 내용에 알맞은 도구를 쓰시오.

- 시제품 전의 제품 원형으로 개발 검증과 양산 검증의 과정을 거쳐 시제품이 완성된다.
- 새로운 컴퓨터 시스템이나 소프트웨어의 설계 또는 성능, 구현 가능성, 운용 가능성을 평가하거나 요구사항을 좀 더 잘 이해하고 결정하기 위하여 전체적인 기능을 간략한 형태로 구현한 시제품이다.
- 확정된 요구사항을 기반으로 UI전략을 실체화하는 과정이며, UI 디자인 작성 이전에 미리 화면을 설계하는 단계이다.
- 추후 구현될 시스템의 골격으로서, 사전에 시스템의 일부분 또는 시스템의 기초 모형이 될 것을 수행하는 과정이다.

- 답 :

11 소프트웨어 개발 과정 중 UI 설계 과정에서 사용되는 UI 프로토타입의 단점을 간단히 서술하시오.

- 답 :

12 UI 프로토타입 작성 도구 및 방법에서 디지털 방식의 UI 프로토타입 도구를 3가지 쓰시오.

- 답 :

13 UI 프로토타입 계획 시 고려사항 중 프로토타입 인원 확인 단계에서 프로토타입 개발자는 몇 명으로 구성하는지 쓰시오.

- 답 :

14 UI 프로토타입 계획 시 고려사항 중 프로토타입 일정 확인에서 목적이 분석, 설계 가이드 검증일 경우 기준 1개월에 얼마의 기간을 더 추가할 수 있는지 쓰시오.

- 답 :

15 UI 프로토타입 작성 도구 및 방법에서 아날로그 방식의 특징을 2가지 쓰시오.

- 답 :

16 UI 프로토타입 작성 도구 중 와이어 프레임보다 좀 더 실제 제품과 유사하게 만들어지는 실물 크기의 정적 모형으로 시각적으로만 구현되는 목업 툴의 종류 2가지를 쓰시오.

- 답 :

UI 설계하기

학습 방향

1. UI 요구사항을 분석하기 위해서 소프트웨어 아키텍처의 품질 특성을 이해할 수 있다.
2. UI 요구사항과 UI 표준 및 지침에 따라 화면과 폼의 흐름을 설계하고 제약사항을 화면과 폼 흐름 설계에 반영할 수 있다.

출제 빈도

Section 01	중	50%
Section 02	중	50%

소프트웨어 아키텍처 품질 특성

★ **Architecture**
소프트웨어를 구성하는 컴포넌트들의 상호작용 및 관계, 각각의 특성을 기반으로 컴포넌트들이 상호 유기적으로 결합하는 소프트웨어의 여러 가지 원칙들의 집합 – 권형도(2004)

01 소프트웨어 아키텍처(Software Architecture★)

① 개념

• 다수의 이해관계자가 참여하는 복잡한 개발에서 상호 이해, 타협, 의사소통을 체계적으로 접근하기 위하여 개발 대상 소프트웨어의 기본 틀(뼈대)을 만드는 것이다.

• 전체 시스템의 전반적인 구조를 체계적으로 설계하는 것이다.

② 소프트웨어 아키텍처의 품질 특성

• 소프트웨어의 기능, 성능, 만족도 등의 요구사항을 얼마나 충족하는가를 나타내는 소프트웨어 특성의 핵심 집합이다.

• 사용자의 요구사항을 얼마나 충족시키느냐에 따라 확립된다.

• ISO/IEC 9126 모델에 정의되어 있다.

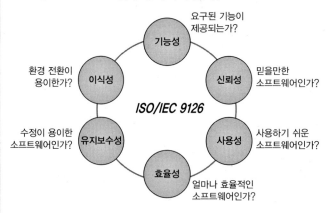

▲ 소프트웨어 아키텍처 품질 요구사항

02 ISO/IEC 9126 모델

① ISO/IEC 9126 모델의 개념

• 소프트웨어 품질 특성과 평가를 위한 국제 표준이다.

• 2011년 9126 모델에 호환성과 보안성을 추가하여 발표하였다.

• 내/외부 품질은 기능성★, 신뢰성, 사용성, 효율성★, 유지보수성, 이식성으로 구분된다.

• 사용 품질은 효과성, 생산성, 안전성, 만족도로 구분된다.

★ **기능성**
= 기능 적합성

★ **효율성**
= 실행 효율성

② ISO/IEC 9126 모델의 분류

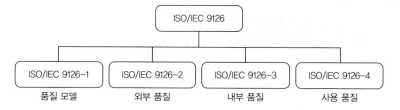

- ISO/IEC 9126-1(품질 모델)
  - 6가지 품질 특성과 소프트웨어 제품의 품질 평가를 위한 프레임워크를 정의한다.
- ISO/IEC 9126-2(외부 품질)
  - 개발자를 위한 표준으로 개발자, 평가자, 구매자가 품질 특성에 대해 사용할 수 있는 외부 메트릭스(external metrics)를 제공한다.
  - 완성된 소프트웨어의 성능, 오류 발생, 사용 용이성 등이 여기에 해당된다.
- ISO/IEC 9126-3(내부 품질)
  - 구매자를 위한 표준으로 개발자, 평가자, 구매자가 소프트웨어 제품 품질을 평가할 수 있도록 도와주며, 해당 소프트웨어 제품을 완성하기 전에 미리 품질의 문제점들을 지적해준다.
  - 품질 특성에 대하여 사용할 수 있는 내부 메트릭스(internal metrics)★를 사용하여 중간 제품이나 인도된 소프트웨어 제품의 정적인 성질을 분석함으로써 내부 속성을 측정하거나 외부 속성을 보여준다.
- ISO/IEC 9126-4(사용 품질)
  - 사용자를 위한 표준으로 사용 품질(quality in use)을 정의한다.
  - 제품이 특정 환경에서 사용될 때 사용자의 작업 효율성, 생산성, 안정성, 만족도 등 사용자의 요구를 충족시키는 정도를 말한다.
  - 소프트웨어 자체의 특성보다 사용자의 경험을 측정한다.

★ **내부 메트릭스의 목적**
요구된 외부 품질이 성취되었는지를 확인하는 것이며, 소프트웨어 개발이 진행 중인 설계와 구현 단계에 적용된다.

③ ISO/IEC 9126 모델의 품질 특성 및 하위 특성 분류도

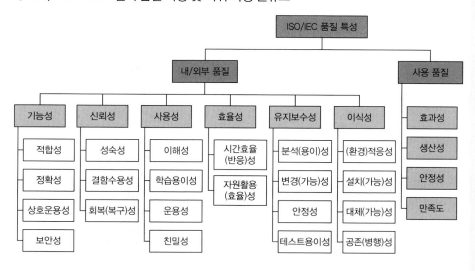

④ 사용자, 개발자 관점별 고객의 체감 불만 정도 그래프

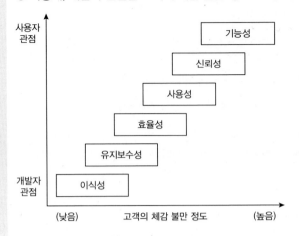

- 기능성(Functionality) : 사용자의 요구사항을 정확하게 만족하는 기능을 제공하는지 시스템의 동작을 관찰하기 위한 품질 기준이다.

적절성(Suitability)	사용자의 목적 달성을 위해 위한 적적한 기능을 제공할 수 있는 능력
정밀성(Accuracy)	올바른 혹은 동의된 효능 결과를 제공할 수 있는 능력
상호 운용성(Interoperability)	하나 이상의 명세된 시스템과 상호작용할 수 있는 능력
보안성(Security)	권한이 없는 사람 혹은 시스템은 정보를 읽거나 변경하지 못하도록 정보를 보호하는 능력
호환성(Compliance)	응용과 관련된 표준, 관례 또는 법적 규제 및 유사한 규정을 고수하는 능력

- 신뢰성(Reliability) : 명세된 조건에서 사용될 때, 성능 수준을 유지할 수 있는 소프트웨어 제품의 능력을 평가하기 위한 단위이다.

성숙성(Maturity)	소프트웨어 내의 결함으로 인한 고장을 피해가는 능력
고장 허용성(Fault tolerance)	소프트웨어 결함이 발생했을 때 명세된 성능 수준을 유지할 수 있는 능력
회복성(Recoverability)	고장 발생 시 명세된 성능 수준을 재유지하고 직접적으로 영향받은 데이터를 복구하는 능력

- 사용성(Usability) : 명세된 조건에서 사용될 경우, 사용자에 의해 이해, 학습, 사용 등 사용의 수월성 관점에서 제품의 능력을 평가하기 위한 단위이다.

이해성(Understandability)	특정 작업과 사용 조건에서 어떻게 사용될 수 있는지를 사용자가 이해할 수 있도록 하는 능력
학습성(Learningability)	사용자가 그 응용을 학습할 수 있도록 하는 능력
운용성(Operability)	사용자가 소프트웨어 제품을 운영하고 제어할 수 있도록 하는 능력
친밀성(Intimacy)	사용자에 의해 선호되는 소프트웨어 제품의 능력

• 효율성(Efficiency) : 명시된 조건에서 사용되는 자원의 양에 따라 요구된 성능을 제공하는 소프트웨어 제품의 능력을 평가하기 위한 단위이다.

시간 반응성(Time behaviour)	명시된 조건에서 그 기능을 수행할 때 적절한 반응 및 처리 시간과 처리율을 제공하는 능력
자원 활용성(Resource utilization)	명시된 조건에서 그 기능을 수행할 때 적절한 양과 종류의 자원을 사용하는 능력

• 유지보수성(Maintainability) : 요구사항을 개선하고 확장하는 데 있어 얼마나 용이한가를 평가하기 위한 단위이다.

분석성(Analysability)	소프트웨어의 결함이나 고장의 원인 혹은 변경될 부분들의 식별에 대한 진단을 가능하게 하는 소프트웨어 제품의 능력
변경성(Changeability)	변경 명세가 구현될 수 있도록 하는 능력
안정성(Stability)	소프트웨어가 변경으로 인한 예상치 않은 결과를 최소화하는 능력
시험성(Testability)	변경된 소프트웨어가 확인될 수 있는 능력

• 이식성(Portability) : 현재 환경에서 다른 환경으로 변경될 수 있는 능력을 평가하기 위한 단위이다.

적응성(Adaptability)	대상 소프트웨어에서 이 목적으로 제공되는 것 이외의 활동 혹은 수단을 적용하지 않고 다른 명세된 환경으로 변경될 수 있는 능력
설치성(Installability)	명세된 환경에 설치될 수 있는 소프트웨어 제품의 능력
공존성(Co-existance)	공통 자원을 공유하는 공동 환경에서 다른 독립적인 소프트웨어와 공존할 수 있는 능력
대체성(Replaceability)	동일한 환경에서 동일한 목적으로 다른 지정된 소프트웨어 제품을 대신하여 사용될 수 있는 능력

01 UI 설계에서 다음이 설명하는 것이 무엇을 말하는지 쓰시오.

> • 다수의 이해관계자가 참여하는 복잡한 개발에서 상호 이해, 타협, 의사소통을 체계적으로 접근하기 위하여 개발 대상 소프트웨어의 기본 틀(뼈대)을 만드는 것이다.
> • 전체 시스템의 전반적인 구조를 체계적으로 설계하는 것이다.

• 답 :

02 소프트웨어 아키텍처 품질 특성 중 고객의 체감 불만 정도가 가장 높은 요구사항은 무엇인지 쓰시오.

• 답 :

03 다음 ISO/IEC 9126 품질 특성 중 내/외부 품질 특성이 아닌 것을 모두 골라 쓰시오.

> 기능성, 효과성, 신뢰성, 사용성, 효율성, 안정성, 유지보수용이성, 이식성, 만족도

• 답 :

04 ISO/IEC 9126 품질 특성인 신뢰성의 상세 요구사항 3가지를 쓰시오.

• 답 :

ANSWER **01** 소프트웨어 아키텍처(Software Architecture)
02 기능성
03 효과성, 안정성, 만족도
04 성숙성, 고장허용성, 회복성

UI 설계

01 UI 설계

① UI 설계 원칙 2020년 2회/1회

직관성	화면의 버튼, 항목, 입력란 등 누구나 쉽게 이해하고 사용할 수 있도록 한다.
유효성	사용자의 목적을 정확히 달성할 수 있도록 유용하고 효과적이어야 한다.
학습성	사용자가 쉽게 배우고 익힐 수 있어야 한다.
유연성	사용자의 요구를 최대한 수용하면서 오류를 최소화해야 한다.

② UI 설계의 필요성

- 구현 대상 결과의 오류 최소화와 적은 노력으로 구현하는 결과를 얻을 수 있다.
- 막연한 작업 기능에 대하여 구체적인 방법을 제시한다.
- 사용자 편의성을 높여 작업시간을 단축시키고 업무 이해도를 높인다.
- 정보 제공자와 공급자 사이의 원활하고 쉬운 매개 임무를 수행한다.

③ UI 설계 지침

사용자 중심	실사용자의 이해를 바탕으로 쉽게 이해하고 사용할 수 있는 환경을 제공한다.
일관성	사용자가 기억하기 쉽고 빠른 습득이 가능하도록 일관된 버튼이나 조작법을 제공한다.
단순성	인지적 부담을 줄이도록 조작 방법을 가장 간단히 작동하도록 한다.
가시성	주요 기능은 메인 화면에 배치하여 조작이 쉽게 한다.
표준화	기능 구조의 선행 학습 이후 쉽게 이용할 수 있도록 디자인을 표준화한다.
접근성	사용자의 직무, 성별, 나이 등 다양한 계층을 수용해야 한다.
결과 예측 가능	작동 대상 기능만 보고도 결과 예측이 가능해야 한다.
명확성	사용자 관점에서 개념적으로 쉽게 인지할 수 있어야 한다.
오류 발생 해결	오류가 발생하면 사용자가 상황을 정확히 인지할 수 있어야 한다.

02 UI 설계 원리

① 실행 차를 줄이기 위한 UI 설계 원리

- 사용 의도를 파악한다.
- 행위의 순서를 규정한다.
- 행위의 순서대로 실행한다.

② 평가 차를 줄이기 위한 UI 설계 원리

- 수행한 키 조작의 결과를 사용자가 빠르게 지각하도록 유도한다.
- 키 조작으로 변화된 시스템의 상태를 사용자가 쉽게 인지하도록 유도한다.
- 사용자가 가진 원래 의도와 시스템 결과 간의 유사 정도를 사용자가 쉽게 파악하도록 유도한다.

03 UI 설계 단계

① UI 설계 단계

- 문제 정의 : 시스템의 목적과 해결해야 할 문제를 정의한다.
- 사용자 모델 정의 : 사용자 특성을 결정하고, 소프트웨어 작업 지식 정도에 따라 초보자, 중급자, 숙련자로 구분한다.
- 작업 분석 : 사용자의 특징을 세분화하고 수행되어야 할 작업을 정의한다.
- 컴퓨터 오브젝트 및 기능 정의 : 작업 분석을 통하여 어떤 사용자 인터페이스에 표현할지를 정의한다.
- 사용자 인터페이스 정의 : 모니터, 마우스, 키보드, 터치스크린 등 물리적 입출력 장치의 상호작용 오브젝트를 통하여 시스템 상태를 명확히 한다.
- 디자인 평가 : 사용자 능력과 지식에 적합한가? 사용자가 사용하기 편리한가? 등을 평가하는 것을 의미하며, 사용성 공학을 통하여 평가할 수 있는데 평가 방법론으로는 Usability Engineering★, GOMS★, Heuristics★ 등이 있다.

② UI 상세 설계 단계

UI 메뉴 구조 설계	• 요구사항과 UI 표준 및 지침에 따라 사용자의 편의성을 고려한다. • 요구사항 최종 확인, UI 설계서 표지 및 개정 이력을 작성한다. • UI 구조 설계, 사용자 기반 메뉴 구조 설계 및 화면을 설계한다.
내/외부 화면과 폼 설계	• UI 요구사항과 UI 표준 지침에 따라 하위 시스템 단위를 설계한다. • 실행 차를 최소화하기 위하여 UI 설계원리 검토, 행위 순서 검토, 행위 순서대로 실행 검토한다. • 평가 차를 줄이기 위한 UI 설계원리를 검토한다.
UI 검토 수행	• UI 검토 보완을 위한 시뮬레이션 시연 구성원에는 컴퓨터 역할을 하기 위해 서류를 조작하는 사람, 전체적인 평가를 위한 평가 진행자, 관찰자가 있고 이 구성원의 평가 결과를 토대로 설계를 보완한다. • UI 시연을 통한 사용성에 대한 검토 및 검증을 수행한다.

★ **Usability Engineering**
인지적, 경험적, 사회적 관점에서 사용성을 공학적 방법으로 평가

★ **GOMS**
인간이 어떤 행위를 할지 예측하여 그 문제를 해결하는 데 필요한 소요시간, 학습시간 등을 평가하기 위한 기법

★ **Heuristics**
논리적 근거가 아닌 어림짐작을 통하여 답을 도출해내는 방법

04 시나리오(Scenario)

① UI 시나리오 작성 원칙

- UI 전체적 기능과 작동 방식을 개발자가 쉽게 이해할 수 있도록 구체적으로 작성한다.
- Tree 구조나 Flowchart★ 표기법을 이용한다.
- 공통 적용이 가능한 UI 요소와 Interaction(상호작용)을 일반적인 규칙으로 정의한다.
- 대표적인 화면의 레이아웃 및 그에 속하는 기능을 정의한다.
- Interaction의 흐름 및 순서, 분기, 조건, 루프를 명시한다.
- 예외상황에 대한 사례를 정의한다.
- 기능별 상세 기능 시나리오를 정의하되 UI 일반 규칙을 지킨다.
- UI 시나리오 규칙을 지정한다.

★ Flowchart
약속된 기호와 도형을 이용하여 일의 흐름을 표시해 놓은 차트
= 순서도

② UI 시나리오 문서의 작성요건

완전성 (Complete)	• (누락 없이) 완전해야 한다. • 최대한 빠짐 없이 가능한 한 상세하게 기술한다. • 시스템 기능보다 사용자의 테스크에 초점을 맞춰 기술한다.
일관성 (Consistent)	• 일관성이 있어야 한다(서비스에 대한 목표, 시스템과 사용자의 요구사항). • 모든 문서의 UI 스타일(Flow 또는 Layout)을 일관적으로 구성한다.
이해성 (Understandable)	• 처음 접하는 사람도 이해하기 쉽도록 구성하고 설명한다. • 이해하지 못하는 추상적인 표현이나 이해하기 어려운 용어는 사용하지 않는다.
가독성 (Readable)	• 문서를 쉽게 읽을 수 있어야 한다(문서 템플릿과 타이포그래피). • 표준화된 템플릿을 작성하여 적용한다(회사의 고유한 문서 양식). • 버전의 넘버링은 v1.0, v2.0 등과 같이 일관성 있게 한다. • 문서의 인덱스에 대한 규칙 적용, 목차 제공이 중요하다. • 줄의 간격은 충분하게 유지하며, 단락에 대한 구분과 들여쓰기의 기준을 마련하여 읽기에 쉽고 편해야 한다. • 여백과 빈 페이지는 적절하게 활용하여 여백의 미를 살리도록 한다. • 시각적인 효과를 위한 강조는 일관성 있게 활용하도록 한다. • 편집기의 상호 참조(Cross-referencing) 기능을 활용한다(하이퍼링크 등).
수정 용이성 (Modifiable)	• 쉽게 변경할 수 있어야 한다. • 수정 또는 개선 사항을 시나리오에 반영하면서 쉽게 적용할 수 있어야 한다. • 같은 수정 사항을 위해 여러 문서를 편집하지 않도록 한다.
추적 용이성 (Traceable)	• 시나리오 변경 사항은 쉽게 추적이 가능해야 한다. • 변경 사항들이 언제, 어디서, 어떤 부분들이, 왜 발생하였는지 추적이 쉬워야 한다.

③ UI 시나리오 문서의 기대 효과

- 요구사항이나 의사소통에 대한 오류를 감소시킨다.
- 개발 과정 중 혼선을 최소화하여 개발 속도를 향상시킨다.
- 불필요한 기능을 최소화하여 시나리오 작성과 소프트웨어 개발 비용을 줄일 수 있다.
- 유관 부서의 만족도를 높인다.

05 UI 흐름 설계서 구성

- UI 설계서 표지 : 프로젝트 이름과 시스템 이름을 포함하여 작성한다.
- UI 설계서 개정 이력 : 처음 작성 시 '초안작성'을 포함한다. 초기 버전은 1.0으로 설정하고 완성 시 버전은 x.0으로 바꾸어 설정한다.
- UI 요구사항 정의
- 시스템 구조 : UI 프로토타입 재확인 후 UI 시스템 구조를 설계한다.
- 사이트 맵 : UI 시스템 구조를 사이트 맵 구조로 설계한다.
- 프로세스 정의 : 사용자 관점에서의 요구 프로세스의 순서를 정리한다.
- 화면 설계 : UI 프로세스/프로토타입을 고려하여 페이지별로 화면을 구성 및 설계한다.

06 스토리보드(Storyboard)

- 스토리보드란 UI/UX 구현에 수반되는 사용자와 작업, 인터페이스 간 상호작용을 시각화한 것으로, 개발자와 디자이너 간의 의사소통을 돕는 도구이다.
- 완성해야 할 서비스와 예상되는 사용자 경험을 미리 보기 위한 방법론이다.
- 작성 목적 : 설계에 필요한 조각을 모아 순서대로 놓고 배치해보고 쌓아서 조립하는 과정으로 설계 단계에서 발생할 수 있는 문제를 미리 발견하고 대처하기 위한 과정이다.
- 작성 단계 : 메뉴 구성도 만들기 → 스타일 확정하기 → 설계하기
- 작성 방법 : 우측 상단에 '제목, 작성자' 기재, 좌측에 'UI 화면', 우측에 'Description' 작성

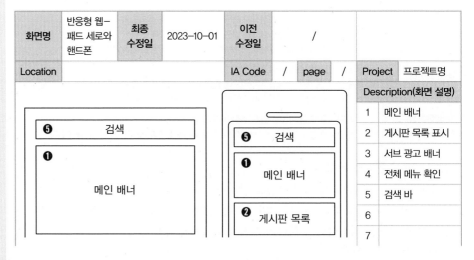

01 UI 설계 원칙 4가지를 모두 쓰시오.

• 답 :

02 UI 설계 지침 중 '주요 기능은 메인 화면에 배치하여 조작이 쉽게 한다.'는 지침은 무엇인지 쓰시오.

• 답 :

03 UI 시나리오 문서의 작성 요건 중 다음 내용이 의미하는 요건은 무엇인지 쓰시오.

> • 시나리오 변경사항은 쉽게 추적이 가능해야 한다.
> • 변경사항들이 언제, 어디서, 어떤 부분들이, 왜 발생하였는지 추적이 쉬워야 한다.

• 답 :

04 스토리보드 작성 방법 중 우측 상단에 작성해야 하는 것은 무엇인지 쓰시오.

• 답 :

05 UI 설계 단계에서 디자인 평가 방법론 3가지를 쓰시오.

• 답 :

06 UI 설계 원리 중 실행 차를 줄이기 위한 UI 설계 원리 3가지를 쓰시오.

• 답 :

ANSWER **01** 직관성, 유효성, 학습성, 유연성
02 가시성
03 추적 용이성(Traceable)
04 제목, 작성자
05 사용성 공학(Usability Engineering), GOMS, 휴리스틱(Heuristics)
06 사용 의도 파악, 행위 순서 규정, 행위 순서 실행

01 소프트웨어 개발 과정 중에 UI 표준 및 지침에 의거하여 개발하고자 하는 소프트웨어에 적용된 UI 요구사항을 확인하려고 한다. 다음이 설명하는 것이 무엇을 말하는지 쓰시오.

> • 이것은 개발하고자 하는 소프트웨어의 사전 작업을 통하여 소프트웨어 개발을 쉽게 하도록 기본 틀을 만드는 것으로, 복잡한 개발을 체계적으로 접근하기 위한 밑그림이라 할 수 있다.
> • 소프트웨어를 구성하는 컴포넌트들의 상호작용 및 관계, 각각의 특성을 기반으로 컴포넌트들이 상호 유기적으로 결합하는 소프트웨어의 진화를 위한 여러 가지 원칙들의 집합이다.

• 답 :

02 소프트웨어 품질 요구사항을 정의하고 있는 ISO/IEC 9126의 품질 요구사항 중 3가지를 쓰시오.

• 답 :

03 다음은 ISO/IEC 9126의 품질 요구사항의 기능성(Functionality)의 상세 품질 요구사항 항목이다. 빈칸에 알맞은 상세 품질 요구사항을 쓰시오.

적절성(Suitability)	사용자의 목적 달성을 위해 위한 적절한 기능을 제공할 수 있는 능력
( )	올바른 혹은 동의된 효능 결과를 제공할 수 있는 능력
상호 운용성(Interoperability)	하나 이상의 명세된 시스템과 상호작용할 수 있는 능력
보안성(Security)	권한이 없는 사람 혹은 시스템은 정보를 읽거나 변경하지 못하게 하도록 정보를 보호하는 능력
호환성(Compliance)	응용과 관련된 표준, 관례 또는 법적 규제 및 유사한 규정을 고수하는 능력

• 답 :

04 다음은 ISO/IEC 9126의 품질 요구사항의 이식성(Portability)의 상세 품질 요구사항 항목이다. 빈칸에 알맞은 상세 품질 요구사항을 쓰시오.

( )	대상 소프트웨어에서 이 목적으로 제공되는 것 이외의 활동 혹은 수단을 적용하지 않고 다른 명세된 환경으로 변경될 수 있는 능력
설치성(Installability)	명세된 환경에 설치될 수 있는 소프트웨어 제품의 능력
공존성(Co−existance)	공통 자원을 공유하는 공동 환경에서 다른 독립적인 소프트웨어와 공존할 수 있는 능력
대체성(Replaceability)	동일한 환경에서 동일한 목적으로 다른 지정된 소프트웨어 제품을 대산하여 사용될 수 있는 능력

• 답 :

05 ISO/IEC 9126의 품질 요구사항 중 명세된 조건에서 사용될 경우, 사용자에 의해 이해, 학습, 사용 등 사용의 수월성 관점에서 제품의 능력을 평가하기 위한 단위를 쓰시오.

• 답 :

06 ISO/IEC 9126의 품질 요구사항 중 효율성(Efficiency)의 상세 품질 요구사항 2가지를 모두 쓰시오.

• 답 :

07 ISO/IEC 9126 모델은 4개의 분류로 나눌 수 있다. 다음이 설명하는 분류명을 쓰시오.

> • 개발자를 위한 표준으로 개발자, 평가자, 구매자가 품질 특성에 대해 사용할 수 있는 외부 메트릭스(external metrics)를 제공한다.
> • 완성된 소프트웨어의 성능, 오류 발생, 사용 용이성 등이 여기에 해당된다.

• 답 :

08 다음 UI 설계 지침의 설명 중에 빈칸에 알맞은 내용을 쓰시오.

> • 사용자 중심 : 사용자가 이해하기 편하고 쉽게 사용할 수 있는 환경을 제공하며 실사용자에 대한 이해가 바탕이 되어야 한다.
> • 일관성 : 버튼이나 조작 방법을 사용자가 기억하기 쉽고 빠른 습득이 가능하게 설계하여야 한다.
> • (①) : 조작 방법은 가장 간단하게 작동할 수 있도록 하여 인지적 부담을 감소시켜야 한다.
> • 결과 예측 가능 : 작동시킬 기능만 보고도 결과 예측이 가능하여야 한다.
> • (②) : 주요 기능을 메인 화면에 노출하여 조작이 쉽게 하여야 한다.
> • 표준화 : 디자인을 표준화하여 기능 구조의 선행 학습 이후 쉽게 사용할 수 있어야 한다.
> • 접근성 : 사용자의 직무, 연령, 성별 등 다양한 계층을 수용하여야 한다.
> • 명확성 : 사용자가 개념적으로 쉽게 인지할 수 있어야 한다.
> • 오류 발생 해결 : 사용자가 오류에 대한 상황을 정확히 인지할 수 있어야 한다.

• ① :
• ② :

09 UI 스토리보드 작성 3단계를 쓰시오.

• 답 :

10 UI 시나리오 문서의 작성 요건 중 가독성(Readable) 작성 요건의 내용을 3가지만 서술하시오.

•
•
•

11 UI 상세 설계 3단계를 순서대로 쓰시오.

· 답 :

12 실행 차를 줄이기 위한 UI 설계 원리 3가지를 쓰시오.

· 답 :

13 UI 설계 원칙 중 '사용자의 요구를 최대한 수용하면서 오류를 최소화'해야 하는 원칙은 무엇인지 쓰시오.

· 답 :

PART 07

애플리케이션 테스트 관리

PART 07 소개

요구사항대로 응용 소프트웨어가 구현되었는지를 검증하기 위해서 테스트 케이스를 작성

하고 개발자 통합 테스트를 수행하여 애플리케이션의 성능을 개선할 수 있다.

애플리케이션
테스트 케이스 설계하기

1. 개발하고자 하는 응용 소프트웨어의 특성을 반영한 테스트 방식, 대상과 범위를 결정하여 테스트 케이스를 작성할 수 있다.

Section 01	중		40%
Section 02	하		10%
Section 03	상		50%

애플리케이션 테스트 케이스 설계

★ 미들웨어
서로 다른 프로토콜 환경에서 이를 원만하게 연결할 수 있도록 도와주는 도구이다.

01 응용 소프트웨어의 유형

시스템 소프트웨어	• 응용 소프트웨어를 실행하기 위한 기반인 플랫폼을 제공하고 컴퓨터 하드웨어의 동작, 사용자가 시스템을 조작하도록 설계된 소프트웨어이다. • ⓔ 운영체제, DBMS, 데이터 통합, 프로그래밍 언어, 스토리지 소프트웨어, 소프트웨어 공학 도구, 가상화 소프트웨어, 시스템 보안 소프트웨어 등
미들웨어★	• 분산 환경에서 타 기종 간 통신 환경을 연결하여 원만한 통신이 이루어질 수 있도록 연계를 도와주는 소프트웨어이다. • ⓔ WAS, 실시간 데이터 처리, 연계 통합 솔루션, 분산 병렬 처리, 네트워크 관리, 시스템 관리, 클라우드 서비스, 접근제어 소프트웨어 등
응용 소프트웨어	• 운영체제 기반에서 작동하는 다양한 기능을 제공하는 소프트웨어를 의미한다. • ⓔ 영상 인식/분석, 영상 코덱/스트리밍, 영상 저작/편집/합성, 3D 스캐닝/프린팅, 가상 시뮬레이션, 콘텐츠 보호/관리/유통, 정보검색, 음성 처리, 오피스웨어 소프트웨어 등

02 소프트웨어 테스트

① 개념

• 소프트웨어 개발 단계에서 사용자 요구사항에 서술된 동작과 성능, 사용성, 안정성 등을 만족하는지 확인하기 위하여 소프트웨어의 결함을 찾아내는 활동이다.
• 품질 향상, 오류 발견, 오류 예방 관점에서 수행하는 행동이다.
  - 품질 향상 관점 : 반복적인 테스트를 거쳐 제품의 신뢰도를 향상하는 품질 보증 활동
  - 오류 발견 관점 : 잠재된 오류를 발견하고 이를 수정하여 올바른 프로그램을 개발하는 활동
  - 오류 예방 관점 : 코드 검토, 동료 검토, 인스펙션 등을 통해 오류를 사전에 발견하는 활동

② 소프트웨어 테스트의 원리 2020년 1회

테스팅은 결함이 존재함을 밝히는 활동이다.	소프트웨어의 잠재적인 결함을 줄일 수 있지만, 결함이 발견되지 않았다고 해서 결함이 없다고 증명할 수는 없음을 의미한다.
완벽한 테스팅은 불가능하다.	무한 경로, 무한 입력값, 무한 시간이 소요되어 완벽하게 테스트할 수 없으므로 위험 분석과 우선순위를 토대로 테스트에 집중할 것을 의미한다.
테스팅은 개발 초기에 시작해야 한다.	애플리케이션의 개발 단계에 테스트를 계획하고 SDLC(Software Development Life Cycle)의 각 단계에 맞춰 전략적으로 접근하는 것을 고려하라는 뜻이다.

결함 집중★ (Defect Clustering)	애플리케이션 결함의 대부분은 소수의 특정한 모듈에 집중되어 존재한다.
살충제 패러독스 (Pesticide Paradox)	같은 테스트 케이스로 반복 실행하면 결함을 발견할 수 없으므로 주기적으로 테스트 케이스를 검토하고 개선해야 한다.
테스팅은 정황(Context)에 의존한다.	정황과 비즈니스 도메인에 따라 테스트를 다르게 수행하여야 한다.
오류-부재의 궤변 (Absence of Errors Fallacy)	사용자의 요구사항을 만족하지 못하는 오류를 발견하고 그 오류를 제거하였다고 해도, 해당 애플리케이션의 품질이 높다고 말할 수 없다.

★ 결함 집중(파레토 법칙)
'80대20 법칙' 또는 '2대8 법칙'이라고도 한다. 전체 결과의 80%가 전체 원인의 20%에서 일어나는 현상을 가리킨다. 예를 들어, 20%의 VIP 고객이 백화점 전체 매출의 80%에 해당하는 만큼 쇼핑하는 현상을 설명한다.

• 살충제 패러독스와 오류-부재의 궤변 테스트 원리

구분	테스트 원리	내용
살충제 패러독스	테스트 케이스 개선	많은 결함을 발견하기 위해 테스트 기법을 다른 모듈, 시각에서 재적용하고 정기적 리뷰, 개선
	경험 기반 접근	탐색적 테스팅, JIT(Just-in-Time) 테스팅 등의 경험 기반 접근법을 통해 테스트 케이스 추가
오류-부재의 궤변	검증 및 확인	Validation & Verification을 통해 요구사항에 따라 개발되었는지 확인
	제품 및 품질 개선	고객의 적극적 참여를 통해 품질을 확인하며 CMMI, SPICE 등과 같은 개발 프로세스 진단, 측정

• 살충제 패러독스와 오류-부재의 궤변을 통한 관점 비교

구분	살충제 패러독스	오류-부재의 궤변
전제	오래된 테스트 케이스는 잠재 결함에 노출	결함이 없다고 SW 품질이 높은 것은 아님
관점	잠재 시스템 결함 제거	시스템 사용성, 고품질 개발
관련 표준	ISO29119	ISO9126, ISO14598, ISO25000 등
테스트 기법	구조 기반/명세 기반 테스트	V&V, Inspection
테스트 유형	기능적 테스팅	비기능적 테스팅
적용 시점	구현 및 시험 단계	SDLC 전 과정

③ 소프트웨어 테스트 프로세스

테스트 계획	1. 테스트 목적과 범위 정의 2. 대상 시스템 구조 파악 3. 테스트 일정 정의 4. 종료 조건 정의 5. 조직 및 비용 산정
테스트 분석 및 디자인	1. 목적과 원칙 검토 2. 요구사항 분석 3. 리스크 분석 및 우선순위 결정 4. 테스트 데이터 준비 5. 테스트 환경 및 도구 준비
테스트 케이스 및 시나리오 작성	1. 테스트 케이스 작성 2. 테스트용 스크립트 작성 3. 테스트 케이스 검토 및 확인 4. 테스트 시나리오 작성

테스트 수행	1. 초기 데이터 로딩 2. 테스트 수행 3. 결함 리포팅
테스트 결과 평가 및 리포팅	1. 테스트 결과 정의 2. 테스트 프로세스 검토 3. 테스트 결과 평가 4. 테스트 리포팅

④ 소프트웨어 테스트 산출물

테스트 계획서	• 테스트 목적과 범위를 정의한 문서이다. • 대상 시스템 구조 파악, 테스트 수행 절차, 테스트 일정, 조직의 역할 및 책임 정의, 종료 조건 정의 등 테스트 수행을 계획한 문서이다.
테스트 케이스	• 테스트를 위한 설계 산출물이다. • 응용 소프트웨어가 사용자의 요구사항을 준수하는지 확인하기 위해 설계된 입력값, 실행 조건, 기대 결과로 구성된 테스트 항목을 기술한 명세서이다.
테스트 시나리오	• 테스트 수행을 위한 여러 개의 테스트 케이스의 집합이다. • 테스트 케이스의 동작 순서를 기술한 문서이며, 테스트를 위한 절차를 상세히 명세한 문서이다.
테스트 결과서	• 테스트 결과를 정리한 문서이다. • 테스트 프로세스를 검토하고, 테스트 결과를 평가하고 기록하는 문서이다.

이론을 확인하는 문제

01 소프트웨어의 결함을 찾아내는 활동인 소프트웨어 테스트는 3가지 관점의 활동이 있다. 소프트웨어 테스트의 3가지 관점을 쓰시오.

• 답 :

02 소프트웨어 테스트의 원리 중 '사용자의 요구사항을 만족하지 못하는 오류를 발견하고 그 오류를 제거하였다고 해도, 해당 애플리케이션의 품질이 높다고 말할 수 없다.'는 원리는 무엇인지 쓰시오.

• 답 :

03 소프트웨어 테스트의 산출물 4가지를 쓰시오.

• 답 :

ANSWER 01 품질 향상, 오류 발견, 오류 예방
02 오류-부재의 궤변(Absence of Errors Fallacy)
03 테스트 계획서, 테스트 케이스, 테스트 시나리오, 테스트 결과서

테스트 케이스, 오라클, 시나리오

출제
빈도   상 중 하   **빈출 태그** 테스트 케이스 • 테스트 오라클 • 테스트 시나리오

기적의 3회독
☐ 1회 ☐ 2회 ☐ 3회

01 테스트 케이스

- 구현된 애플리케이션이 초기 요구사항을 준수하는지 확인하기 위해 설계된 입력값, 실행 조건, 기대 결과로 구성된 테스트 항목의 명세서를 이용하는 명세 기반 테스트★의 설계 산출물이다.
- 테스트 케이스를 설계 단계에 작성하면 테스트 시 오류를 방지하고, 테스트 수행에 있어 낭비를 줄일 수 있다.
- 테스트 케이스 작성 절차 : 테스트 계획 검토 및 자료 확보 → 위험 평가 및 우선순위 결정 → 테스트 요구사항 정의 → 테스트 구조 설계 및 테스트 방법 결정 → 테스트 케이스 정의 → 테스트 케이스 타당성 확인 및 유지보수
- 테스트 케이스의 구성요소(ISO/IEC/IEEE 29119-3) : 식별자(Identifier), 테스트 항목(Test Item), 입력 명세(Input Specification), 출력 명세(Output Specification), 환경 설정(Environmental Needs), 특수 절차 요구(Special Procedure Requirement), 의존성 기술(Inter-case Dependencies)

★ **명세 기반 테스트**
테스트 수행의 증거로도 활용되며, 사용자의 요구사항에 대한 명세를 빠짐없이 테스트 케이스로 구현하고 있는지 확인한다.

02 테스트 오라클

테스트의 결과가 참인지 거짓인지를 판단하기 위해서 사전에 정의된 참(True) 값을 입력하여 비교하는 기법 및 활동을 말한다.

참(True) 오라클	• 모든 입력값에 적합한 결과를 생성하여, 발생한 오류를 모두 검출할 수 있는 오라클이다. • 주로 항공기, 임베디드, 발전소 소프트웨어 등의 업무에 적용한다.
일관성 검사(Consistent) 오라클	애플리케이션 변경이 있을 때, 수행 전과 후의 결과값이 같은지 확인하는 오라클이다.
샘플링(Sampling) 오라클 2020년 4회	• 임의로 선정한 몇 개의 입력값에 대해서만 기대하는 결과를 제공해주는 오라클이다. • 일반, 업무용, 게임, 오락 등의 일반적인 업무에 적용한다.
휴리스틱(Heuristic) 오라클	• 샘플링 오라클을 개선한 오라클이다. • 임의의 입력값에 대해 올바른 결과를 제공하고, 나머지 값들에 대해서는 휴리스틱(추정)으로 처리하는 오라클이다.

03 테스트 시나리오

- 여러 테스트 케이스의 집합으로서, 테스트 케이스의 동작 순서를 기술한 문서이며 테스트를 위한 절차를 정리한 문서이다.
- 테스트 순서에 대한 구체적인 절차, 사전 조건, 입력 데이터 등을 정리하여 테스트 항목을 빠짐없이 수행할 수 있도록 한다.
- 테스트 시나리오 작성 시 유의점
  - 시스템별, 모듈별, 항목별로 분리하여 테스트 시나리오를 작성한다.
  - 고객의 요구사항과 설계문서 등을 토대로 테스트 시나리오를 작성한다.
  - 테스트 항목은 식별자 번호, 순서 번호, 테스트 데이터, 테스트 케이스, 예상 결과, 확인 등의 항목을 포함하여 작성한다.

04 테스트 환경 구축

- 개발된 응용 소프트웨어가 실제 운영 시스템에서 정상적으로 작동하는지 테스트할 수 있도록 실제 운영 시스템과 동일 또는 유사한 사양의 하드웨어, 소프트웨어, 네트워크 등의 시설을 구축하는 활동이다.
- 테스트 환경 구축의 유형

하드웨어 기반	서버 장비(WAS, DBMS), 클라이언트 장비, 네트워크 장비 등의 장비를 설치하는 작업이다.
소프트웨어 기반	구축된 하드웨어 환경에 테스트할 응용 소프트웨어를 설치하고 필요한 데이터를 구축하는 작업이다.
가상 시스템 기반	물리적으로 개발 환경 및 운영 환경과 별개로 독립된 테스트 환경을 구축하기 힘든 경우에는 가상 머신(Virtual Machine) 기반의 서버 또는 클라우드 환경을 이용하여 테스트 환경을 구축하고, 네트워크는 VLAN과 같은 기법을 이용하여 논리적 분할 환경을 구축할 수 있다.

01 특정한 요구사항을 준수하는지 확인하기 위해 설계된 입력값, 실행 조건, 기대 결과로 구성된 테스트 항목의 명세서를 이용하는 명세 기반 테스트의 설계 산출물을 무엇이라고 하는지 쓰시오.

• 답 :

02 다음이 설명하는 것이 무엇인지 쓰시오.

> 테스트의 결과가 참인지 거짓인지를 판단하기 위해서 사전에 정의된 참(True) 값을 입력하여 비교하는 기법 및 활동이다.

• 답 :

03 테스트 시나리오 작성 시 유의점으로 알맞은 것은 모두 쓰시오.

> 가. 시스템별, 모듈별, 항목별로 분리하지 않고 테스트 시나리오를 작성한다.
> 나. 고객의 요구사항과 설계문서 등을 토대로 테스트 시나리오를 작성한다.
> 다. 테스트 항목은 식별자 번호, 순서 번호, 테스트 데이터, 테스트 케이스, 예상 결과, 확인 등의 항목을 포함하여 작성한다.

• 답 :

04 여러 테스트 케이스의 집합으로 테스트 케이스의 동작 순서를 정의한 기술 문서를 무엇이라고 하는지 쓰시오.

• 답 :

05 테스트 시나리오 작성 시에는 ( ), ( ), ( )(으)로 분리하여 테스트 시나리오를 작성한다. 빈칸에 알맞은 답을 순서대로 쓰시오.

• 답 :

ANSWER 01 테스트 케이스
02 테스트 오라클
03 나, 다
04 테스트 시나리오
05 시스템별, 모듈별, 항목별

애플리케이션 테스트 유형

01 V-모델과 테스트 레벨

- 애플리케이션 개발 단계에 따라 단위 테스트, 통합 테스트, 시스템 테스트, 인수 테스트, 설치 테스트로 분류한다.
- 애플리케이션을 총체적으로 관리하기 위한 테스트 활동의 묶음이다.
- 각각의 테스트 레벨은 서로 독립적이며, 각각 다른 테스트 계획과 전략을 필요로 한다.

★ 검증과 확인
- **검증(Verification) 테스트** : 제품이 명세서대로 완성되었는지 검증하는 단계이다. 개발자의 시각에서 제품의 생산 과정을 테스트하는 것을 의미한다.
- **확인(Validation) 테스트** : 사용자의 요구사항을 잘 수행하고 있는지 사용자의 시각에서 생산된 제품의 결과를 테스트하는 것을 의미한다.

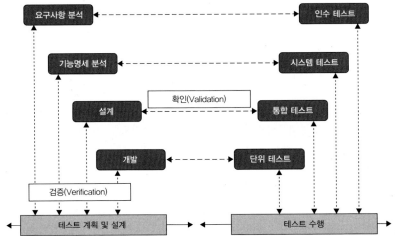

▲ V-모델과 테스트 단계

02 테스트 레벨의 종류 2022년 1회

단위 테스트	개발자가 원시 코드를 대상으로 다른 부분과 연계되는 부분은 고려하지 않고 각각의 단위 자체에만 집중하여 테스트한다.
통합 테스트	단위 테스트를 통과한 개발 소프트웨어/하드웨어 컴포넌트 간 인터페이스 및 연동 기능 등을 구조적으로 접근하여 테스트한다.
시스템 테스트	• 단위/통합 테스트가 가능한 완벽히 완료되어 기능상에 문제가 없는 상태에서 가능한 한 실제 환경과 유사한 환경에서 진행한다. • 시스템 성능과 관련된 요구사항이 완벽하게 수행되는지를 테스트하기 때문에 사전 요구사항이 명확해야 한다. • 개발 조직과는 독립된 테스트 조직에서 수행한다.
인수 테스트	• 일반적인 테스트 레벨의 가장 마지막 상위 레벨로, SW 제품에 대한 요구사항이 제대로 이행되었는지 확인하는 단계이다. • 실사용자 환경에서 테스팅을 하며 수행하는 주체가 사용자이다. • 알파, 베타 테스트와 가장 밀접한 연관이 있다.

알파 테스트와 베타 테스트 2022년 2회

- 알파 테스트
  - 개발자 관점에서 수행되며, 사용상의 문제가 반영되도록 하는 테스트한다.
  - 개발자의 장소에서 사용자가 개발자 앞에서 테스트하며, 오류와 사용상의 문제점을 사용자와 개발자가 함께 확인하면서 검사하는 기법이다.
- 베타 테스트
  - 선정된 다수의 사용자가 자신들의 사용 환경에서 일정 기간 사용하면서 테스트한다.
  - 문제점이나 개선 사항 등을 기록하고 개발 조직에 통보하여 반영되도록 하는 기법이다.

03 애플리케이션 테스트 유형 분류

프로그램 실행 여부	정적 테스트
	동적 테스트
테스트 기법	화이트박스 테스트
	블랙박스 테스트
테스트에 대한 시각	검증 테스트
	확인 테스트
테스트 목적	회복 테스트
	안전 테스트
	강도 테스트
	성능 테스트
	구조 테스트
	회귀 테스트
	병행 테스트
테스트 기반	명세 기반 테스트
	구조 기반 테스트
	경험 기반 테스트

04 프로그램 실행 여부에 따른 테스트

- 동적 테스트와 정적 테스트 2022년 1회, 2020년 2회

동적 테스트 (Dynamic Test)	• 애플리케이션을 직접 실행하여 오류를 찾는 테스트를 의미한다. • 소프트웨어 개발의 모든 단계에서 테스트를 수행한다. • 종류 : 블랙박스 테스트, 화이트박스 테스트
정적 테스트 (Static Test)	• 애플리케이션을 직접 실행하지 않고 명세나 소스코드를 대상으로 분석하는 테스트를 의미한다. • 소프트웨어 개발 초기에 결함 발견이 가능하여, 개발비용을 낮출 수 있다. • 종류 : 워크스루★, 인스펙션★, 코드검사 등이 있다.

★ **코드 워크스루(Walkthrough)**
- 코드를 작성한 프로그래머가 4~5명 정도의 프로그래머 또는 테스터에게 어떠한 형식을 갖추어 발표하는 것으로, 검토자들은 검토를 하기 전 코드를 보고 분석하여 질문사항과 답변을 미리 작성해 두고 실제 회의에서 해당 내용에 대하여 발표한다.
- 검토 회의 전 명세서 배포 → 짧은 검토 회의 → 결함 발견

★ **인스펙션(Inspection)**
- 개발팀에서 작성한 소스코드를 분석하여 개발 표준 위배를 확인하거나, 잘못 작성된 부분을 수정하는 작업을 말한다.
- 잘못된 부분이란, 코드가 중복되거나 작성 규칙에 맞지 않거나 잘못 구현된 부분들을 말한다.

• 동적/정적 테스트별 테스팅 기법

동적 테스팅		정적 테스팅
블랙박스 테스팅(명세 기반)	화이트박스 테스팅(구조 기반)	
• Boundary Value Analysis Testing • Cause-Effect Graphing • Control Flow Testing • CRUD Testing • Decision Tables Testing • Equivalence Class Partitioning • Exception Testing • Finite State Testing • Free Form Testing • Positive and negative Testing • Prototyping • Random Testing • Range Testing • Regression Testing • State Transition Testing • Thread Testing	• Basis Path Testing • Branch Coverage Testing • Condition Coverage Testing • Data Flow Testing • Loop Testing • Mutation Testing • Sandwich Testing • Statement Coverage Testing	• Inspection • walk-through • Code Test • Orthogonal Array Testing • Prior Defect History Testing • Risk-Based Testing • Run Chart • Statistical Profile Testing

05 테스트 기반(Test Bases)에 따른 테스트

구조 기반 테스트	• 소프트웨어 내부의 구조(논리 흐름)에 따라 테스트 케이스를 작성하고 확인하는 테스트 방식이다. • 종류 : 구문 기반, 결정 기반, 조건 기반 등
명세 기반 테스트	• 사용자의 요구사항에 대한 명세를 기반으로 테스트 케이스를 작성하고 확인하는 테스트 방식이다. • 종류 : 동등 분할, 경계값 분석 등
경험 기반 테스트	• 테스터의 경험을 기반으로 수행하는 테스트 방식이다. • 요구사항에 대한 명세가 미흡하거나 테스트 시간에 제약이 있는 경우에 수행하면 효과적이다. • 종류 : 에러 추정, 체크리스트, 탐색적 테스팅

06 목적에 따른 테스트

성능(Performance)	소프트웨어의 응답 시간, 처리량 등을 테스트한다.
회복(Recovery)	소프트웨어에 고의로 부하를 가하여 실패하도록 유도하고 올바르게 복구되는지 테스트한다.
구조(Structure)	소프트웨어 내부의 논리적인 경로, 소스코드의 복잡도 등을 평가한다.
회귀(Regression)	소프트웨어의 변경 또는 수정된 코드에 새로운 결함이 없음을 확인한다.
안전(Security)	소프트웨어가 불법적인 침입으로부터 시스템을 보호할 수 있는지 확인한다.
강도(Stress)	소프트웨어에 과도하게 부하를 가하여도 소프트웨어가 정상적으로 실행되는지 확인한다.
병행(Parallel)	변경된 소프트웨어와 기존 소프트웨어에 같은 데이터를 입력하여 두 결과를 비교 확인한다.

07 화이트박스 테스트(White Box Test)

- 모듈의 원시 코드를 오픈시킨 상태에서 코드의 논리적 모든 경로를 테스트하는 방법이다.
- 화이트박스 테스트 종류

기초 경로 검사	• Tom McCabe가 제안한 대표적 화이트박스 테스트 기법이다. • 테스트 케이스 설계자가 절차적 설계의 논리적 복잡성을 측정할 수 있게 한다. • 측정 결과는 실행 경로의 기초를 정의하는 데 지침으로 사용된다.
제어 구조 검사	• 조건 검사는 프로그램 모듈 내에 있는 논리적 조건을 테스트하는 테스트 케이스 설계 기법이다. • 루프 검사는 프로그램의 반복구조에 초점을 맞춰 실시하는 테스트 케이스 설계 기법이다. • 데이터 흐름 검사는 프로그램에서 변수의 정의와 변수 사용의 위치에 초점을 맞춰 실시하는 테스트 케이스 설계 기법이다.

- 화이트박스 테스트 검증 기준

문장 검증 기준	소스코드의 모든 구문이 한 번 이상 수행
분기 검증 기준	소스코드의 모든 조건문이 한 번 이상 수행
조건 검증 기준	소스코드의 모든 조건문에 대해 조건이 True인 경우와 False인 경우가 한 번 이상 수행
분기/조건 기준	소스코드의 모든 조건문과 각 조건문에 포함된 개별 조건식의 결과가 True인 경우와 False인 경우가 한 번 이상 수행

08 블랙박스 테스트(Black Box Test) 2022년 1회, 2020년 3회

- 소프트웨어가 수행할 특정 기능을 알기 위해 각 기능이 완전히 작동되는 것을 입증하는 테스트로, 기능 테스트라고도 한다.
- 요구사항 명세를 보면서 테스트하며, 주로 구현된 기능을 테스트한다.
- 소프트웨어 인터페이스에서 실시되는 테스트이다.
- 블랙박스 테스트의 종류 2021년 3회/1회, 2020년 4회

동치 분할 검사 2023년 3회	• 입력 자료에 초점을 맞춰 테스트 케이스를 만들고 검사하는 방법이다. • 입력 조건에 타당한 입력 자료와 그렇지 않은 자료의 개수를 균등하게 나눠 테스트 케이스를 설정한다.
경계값 분석 2022년 3회	• 입력 자료에만 치중한 동치 분할 기법을 보완한 기법이다. • 입력 조건 경계값에서 오류 발생 확률이 크다는 것을 활용하여 경계값을 테스트 케이스로 선정해 검사한다.
원인-효과 그래프 검사	• 입력 데이터 간의 관계와 출력에 영향을 미치는 상황을 체계적으로 분석한다. • 효용성이 높은 테스트 케이스를 선정해 검사한다.
오류 예측 검사	• 과거의 경험이나 감각으로 테스트하는 기법이다. • 다른 테스트 기법으로는 찾기 어려운 오류를 찾아내는 보충적 검사 기법이다.
비교 검사	같은 테스트 자료를 여러 버전의 프로그램에 입력하고 같은 결과가 출력되는지 테스트하는 기법이다.

01 다음이 설명하는 테스트 관련 용어를 쓰시오.

> • 애플리케이션 개발 단계에 따라 단위 테스트, 통합 테스트, 시스템 테스트, 인수 테스트, 설치 테스트로 분류한다.
> • 애플리케이션을 총체적으로 관리하기 위한 테스트 활동의 묶음이다.
> • 각각의 테스트 레벨은 서로 독립적이며, 각각 다른 테스트 계획과 전략을 필요로 한다.

• 답 :

02 애플리케이션 테스트에서 다음이 설명하는 것이 무엇인지 쓰시오.

> • 제품이 명세서대로 완성되었는지 검증하는 단계이다.
> • 개발자의 시각에서 제품의 생산 과정을 테스트하는 것을 의미한다.

• 답 :

03 화이트박스 테스트 제어구조 검사 기법 중 "프로그램의 반복 구조에 초점을 맞춰 실시하는 테스트 케이스 설계 기법"은 무엇인지 쓰시오.

• 답 :

04 테스트 기반에 따른 테스트 기법 3가지를 쓰시오.

• 답 :

05 구조 기반 테스트 기법은 소프트웨어의 내부 논리적 흐름에 따라 테스트 케이스를 작성하고 확인하는 기법이다. 구조 기반 테스트 기법의 종류 3가지를 쓰시오.

• 답 :

ANSWER 01 V–모델
02 검증(Verification)
03 루프 검사
04 구조 기반, 명세 기반, 경험 기반
05 구문, 결정, 조건

01 블랙박스 테스트의 종류 중에서 입력 자료에 초점을 맞춰 테스트 케이스를 만들고 검사하는 방법이며, 입력 조건에 타당한 입력 자료와 그렇지 않은 자료의 개수를 균등하게 나눠 테스트 케이스를 설정하는 검사 방식을 쓰시오.

• 답 :

02 화이트박스 테스트의 검증 기준 4가지를 쓰시오.

• 답 :

03 다음이 설명하는 테스트 검사 기법은 무엇인지 쓰시오.

> • Tom McCabe가 제안한 대표적 화이트박스 테스트 기법이다.
> • 테스트 케이스 설계자가 절차적 설계의 논리적 복잡성을 측정할 수 있게 한다.
> • 측정 결과는 실행 경로의 기초를 정의하는 데 지침으로 사용된다.

• 답 :

04 다음 보기 중 동적 테스팅 기법이 아닌 것을 모두 골라 쓰시오.

- Boundary Value Analysis Testing
- Inspection
- Cause—Effect Graphing
- Control Flow Testing
- CRUD Testing
- walk—through
- Basis Path Testing
- Branch Coverage Testing
- Condition Coverage Testing
- Code Test
- Data Flow Testing

• 답 :

05 애플리케이션 테스트는 개발된 소프트웨어가 고객의 요구사항을 충분하고 완벽히 만족하게 하는지 확인(Validation)하고 제작한 애플리케이션이 요구조건을 정확히 수행하는지 검증(Verification)하는 단계이다. 확인(Validation)과 검증(Verification)의 목표 대상 관점에서 차이점을 서술하시오.

• 확인(Validation) :

• 검증(Verification) :

06 애플리케이션 테스트 중 같은 테스트 케이스를 지속해서 반복하면 추가 결함을 발견할 수 없게 된다. 이러한 현상을 무엇이라 하는지 쓰시오.

• 답 :

07 다음이 설명하는 현상을 쓰시오.

> • '80대 20법칙' 또는 '2대 8법칙'이라고도 한다.
> • 전체 결과의 80%가 전체 원인의 20%에서 일어나는 현상을 가리킨다.
> • 예를 들어, 20%의 VIP 고객이 백화점 전체 매출의 80%에 해당하는 만큼 쇼핑하는 현상을 설명한다.

• 답 :

08 애플리케이션 테스트의 분류 중 테스트 기반에 따른 테스트 3가지를 쓰시오.

• 답 :

09 애플리케이션의 테스트 분류에는 정적 테스트와 동적 테스트 방식이 존재한다. 정적 테스트와 동적 테스트 방식의 차이점을 서술하시오.

• 정적 테스트 :

• 동적 테스트 :

10 다음이 설명하는 애플리케이션 테스트 기법을 쓰시오.

> • 제품의 내부 요소들이 명세서에 따라 수행되고 충분히 실행되는가를 보장하기 위한 검사이다.
> • 모듈 안의 작동을 직접 관찰한다.
> • 프로그램 원시 코드의 논리적인 구조를 커버하도록 테스트 케이스를 설계한다.
> • 검사를 통하여 논리 흐름도, 루프 구조, 순환복잡도 등을 테스트할 수 있다.

• 답 :

11 아래의 경우에 사용하는 애플리케이션 테스트 기법을 쓰시오.

> • 비정상적인 자료를 입력해도 오류 처리를 수행하지 않는 경우
> • 정상적인 자료를 입력해도 요구된 기능이 제대로 수행되지 않는 경우
> • 경계값을 입력할 경우 요구된 출력 결과가 나오지 않는 경우

• 답 :

12 블랙박스 테스트 기법 3가지를 쓰시오.

• 답 :

13 다음이 설명하는 것을 쓰시오.

> • 구현된 애플리케이션이 초기 요구사항을 준수하는지 확인하기 위해 설계된 입력값, 실행 조건, 기대 결과로 구성된 테스트 항목의 명세서를 이용하는 명세 기반 테스트의 설계 산출물이다.
> • 미리 설계하면 테스트의 효율성을 높이고, 테스트 수행에 필요한 리소스를 줄일 수 있다.
> • 시스템 설계 시 작성하는 것이 가장 이상적이다.

• 답 :

14 다음이 설명하는 명세서 이름을 쓰시오.

> • 여러 개의 테스트 케이스의 집합이다.
> • 테스트 케이스를 적용하는 구체적인 방법과 순서를 명세한다.
> • 테스트 순서의 구체적 절차, 입력 데이터, 사전 조건 등이 명세되어 있다.
> • 명세 기반 테스트 설계 산출물에 해당한다.

• 답 :

15 다음 테스트 오라클의 특징 중 빈칸에 알맞은 특징을 쓰시오.

- (①) : 테스트 오라클을 모든 테스트 케이스에 적용 불가능
- (②) : 테스트 오라클의 값을 수학적 기법으로 계산 가능
- (③) : 테스트 대상 프로그램의 실행, 결과 비교, 커버리지 측정 등 자동화 가능

- ① :
- ② :
- ③ :

16 다음은 개발 단계에 따른 애플리케이션 테스트 분류 V-Model이다. 빈칸에 알맞은 단계를 쓰시오.

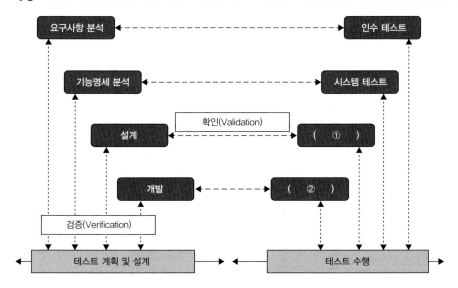

- ① :
- ② :

17 다음이 설명하는 애플리케이션 테스트 관련 용어를 쓰시오.

- 정적 테스트의 한 종류이다.
- 계획된 개발자 검토 회의(프리젠테이션), 비공식 기술적 검토 회의이다.
- 형식적인 면에서는 동료 검토의 한 단계 위로 볼 수 있다.
- 코드를 작성한 프로그래머가 5명 내외의 프로그래머 또는 테스터 그룹에 격식을 갖춰 발표한다. 검토자들은 검토를 하기 전 코드를 보고 분석하여 질문사항과 답변을 미리 작성해 두고 실제 회의에서 해당 내용에 대하여 발표한다.
- 검토자 그룹에 적어도 한 명의 선임 프로그래머를 포함시키는 것이 중요하다.
- 발표자는 코드를 한 줄씩 또는 함수 단위로 읽어나가고 해당 부분이 무엇을 의미하는지 설명한다.
- 검토자들은 의문 사항은 무엇이든 질의하며 동료 검토보다 다수의 인원이 참여하는 형태이기 때문에 검토 준비와 규칙 준수가 매우 중요하다. 발표자는 검토 결과를 작성하고 발견된 버그에 대한 처리 계획을 명기하는 것이 중요하다.
- 실행시간은 짧으며, 참여자의 수도 소규모이다.

- 답 :

18 애플리케이션 성능이란 사용자의 요구기능을 해당 애플리케이션이 최소의 자원을 사용하면서 얼마나 빨리, 많은 기능을 수행하는가를 육안 또는 도구를 통하여 점검하는 것을 말한다. 다음 애플리케이션 성능 측정 지표에 대한 설명의 빈칸에 알맞은 용어를 쓰시오.

- (①) : 애플리케이션이 주어진 시간에 처리할 수 있는 트랜잭션의 수로, 웹 애플리케이션의 경우 시간당 페이지 수로 표현하기도 한다.
- (②) : 사용자 입력이 끝난 후 애플리케이션의 응답 출력이 개시될 때까지의 시간으로, 웹 애플리케이션의 경우 메뉴 클릭 시 해당 메뉴가 나타나기까지 걸리는 시간을 말한다.
- 경과 시간(Turnaround Time) : 애플리케이션에 사용자가 요구를 입력한 시점부터 트랜잭션 처리 후 그 결과의 출력이 완료할 때까지 걸리는 시간을 말한다.
- (③) : 애플리케이션이 트랜잭션 처리하는 동안 사용하는 CPU 사용량, 메모리 사용량, 네트워크 사용량을 말한다.

- ① :
- ② :
- ③ :

CHAPTER 02

애플리케이션 통합 테스트하기

1. 개발자 통합 테스트 계획에 따라 통합 모듈 및 인터페이스가 요구사항을 충족하는 지에 대한 테스트를 수행할 수 있다.

Section 01	중	20%
Section 02	상	60%
Section 03	중	20%

단위 모듈 테스트

빈출 태그 단위 모듈 • 테스트 케이스 • 테스트 커버리지 • 코드 커버리지 • 테스트 스텁 • 테스트 하네스 • 테스트 드라이버

기적의 3회독
□ 1회 □ 2회 □ 3회

🎓 기적의 Tip

단위 모듈 테스트에 대한 내용은 실기시험에서 출제 빈도가 아주 높습니다. 때문에 해당 내용을 정확하게 공부해 두세요.

01 단위 모듈

- 소프트웨어 구현에 필요한 다양한 동작 중 한 가지 동작을 수행하는 기능을 모듈로 구현한 것을 의미한다.
- 사용자 또는 다른 모듈로부터 값을 전달받아 시작되는 작은 프로그램이다.
- 독립적인 컴파일이 가능하며, 다른 모듈에 호출되거나 삽입될 수 있다.
- 두 개의 단위 모듈이 합쳐지면 두 개의 기능을 구현할 수 있다.
- 종류 : 화면, DB 접근, 인터페이스, 비즈니스 트랜잭션, 데이터 암호화 등

02 모듈화의 원리

분할과 지배(Divide conquer)	복잡한 문제를 분해하여 모듈 단위로 문제를 해결한다.
정보 은폐(information hiding)	어렵거나 변경 가능성이 있는 모듈을 타 모듈로부터 은폐시킨다.
자료 추상화(data abstraction)★	함수 내에 자료 구조의 표현 명세를 은폐, 자료와 자료에 적용 가능한 오퍼레이션을 함께 정의한다.
모듈의 독립성(module independence)	낮은 결합도, 높은 응집도를 갖도록 한다.

★ 단위 기능 명세서
큰 규모의 시스템을 분해하여 단위 기능별로 계층적으로 구조화하고, 단순하게 추상화한 문서이다.

★ 추상화 종류
기능 추상화, 자료 추상화, 제어 추상화

03 단위 모듈 테스트(Unit Test)

- 프로그램의 단위 기능을 구현하는 모듈이 정해진 기능을 정확히 수행하는지 검증하는 것이다.
- 화이트박스 테스트★와 블랙박스 테스트★ 기법을 사용한다.

★ 화이트박스 테스트
모듈의 소스코드의 논리적 경로를 테스트하는 방법

★ 블랙박스 테스트
특정 기능이 완전히 작동되는지 테스트하는 방법

04 테스트 프로세스(Test Process)

계획 및 제어	테스트 목표 달성을 위한 계획을 수립하고, 계획대로 진행되도록 제어
분석 및 설계	목표를 구체화하여 테스트 시나리오와 테스트 케이스 작성
구현 및 실현	• 테스트 케이스들을 조합하여 테스트 프로시저에 명세 • 모듈 환경에 적합한 단위 테스트 도구를 이용하여 테스트를 수행하는 단계
평가	테스트가 계획과 목표에 맞게 수행되었는지 평가하고 기록하는 단계
완료	• 이후 테스트를 위한 자료 및 산출물을 기록하고 저장하는 단계 • 참고 자료 및 테스트 수행에 대한 증거 자료 활용과 수행 과정과 산출물을 기록

05 테스트 커버리지(Test Coverage)

- 주어진 테스트 케이스에 의해 수행되는 소프트웨어의 테스트 범위를 측정하는 테스트 품질 측정 기준이며, 테스트의 정확성과 신뢰성을 향상시키는 역할을 한다.
- 테스트 커버리지 유형 : 기능 기반 커버리지, 라인 커버리지, 코드 커버리지(구문, 결정, 조건, 변경조건/결정)

기능 기반 커버리지	• 테스트 대상 애플리케이션의 전체 기능을 모수로 설정하고, 실제 테스트가 수행된 기능의 수를 측정하는 방법이다. • 기능 기반 테스트 커버리지는 100% 달성을 목표로 하며, UI가 많은 시스템의 경우 화면 수를 모수로 사용할 수도 있다.
라인 커버리지	• 애플리케이션 전체 소스코드의 Line 수를 모수로 테스트 시나리오가 수행한 소스코드의 Line 수를 측정하는 방법이다. • 단위 테스트에서는 이 라인 커버리지를 척도로 삼기도 한다.
코드 커버리지	• 프로그램의 소스코드의 테스트 수행 정도를 표시한다. • 소프트웨어 테스트 충분성 지표 중 하나로서 소스코드의 구문, 조건, 결정 등의 구조 코드 자체가 얼마나 테스트되었는지를 측정하는 방법이다.

06 코드 커버리지(Code Coverage) _{2023년 1회, 2021년 2회, 2020년 3회}

- 프로그램의 소스코드의 테스트 수행 정도를 표시한다.
- 구문 커버리지, 결정 커버리지, 조건 커버리지, 조건 결정 커버리지, 변경 조건 결정 커버리지, 다중 조건 커버리지, 경로 커버리지로 구분한다.

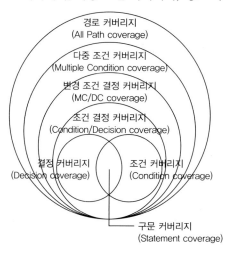

구문 커버리지 (Statement Coverage)	• 코드 구조 내의 모든 구문에 대해 한 번 이상 수행하는 테스트 커버리지를 말한다. • 예를 들어 반복문에서 10회 반복 테스트를 수행해야 100% 테스트가 완료된다고 가정할 때 5회만 반복한 경우 구문 커버리지는 50%이다.
조건 커버리지 _{2023년 2회} (Condition Coverage)	결정 포인트 내의 모든 개별 조건식에 대해 수행하는 테스트 커버리지를 말한다.
결정 커버리지 (Decision Coverage)★	• 결정 포인트 내의 모든 분기문에 대해 수행하는 테스트 커버리지를 말한다. • 예를 들어 10개의 분기문 중에서 4개의 분기만 테스트가 완료되었다고 가정하면 결정 커버리지는 40%이다.

★ 결정(Decision Coverage)
= 분기(Branch Coverage)

변경/조건 커버리지 (Modified Condition/ Decision Coverage)	• 조건과 결정을 복합적으로 고려한 측정 방법이다. • 결정 포인트 내의 다른 개별적인 조건식 결과에 상관없이 독립적으로 전체 조건식의 결과에 영향을 주는 테스트 커버리지를 말한다.
다중 조건 커버리지 (Multiple Condition Coverage)	• 모든 개별 조건식의 true, false 조합 중 테스트에 의해 실행된 조합을 측정한다. • 100%를 달성하기 위해서는 모든 개별 조건식 조합을 실행해야 하므로 다른 커버리지에 비해 상대적으로 많은 테스트 케이스가 필요하다.

07 테스트 자동화 도구

① 테스트 자동화 도구의 개념

• 애플리케이션 개발 중 반복되는 다양한 테스트 과정을 HW/SW적으로 자동화 도구를 사용하고 일관성 및 생산성을 향상하는 도구이다.
• 테스트 관리, 소스코드 리뷰 및 인스펙션, 테스트 설계 및 개발, 테스트 수행 등 테스트에 포함되는 다양한 과정을 자동으로 지원하는 도구이다.

② 테스트 자동화 수행 시 고려사항

• 모든 과정이 아닌 그때그때 맞는 적절한 도구를 선택한다.
• 자동화 도구를 고려하여 프로젝트 일정을 계획한다.
• 프로젝트 초기에 테스트 엔지니어의 투입 시기를 계획한다.

③ 테스트 자동화 도구의 유형

정적 분석 도구		• 프로그램을 실행하지 않고 소스코드 분석을 통해 결함을 발견하는 도구이다. • 코딩 표준, 코딩 스타일, 코딩 복잡도, 남은 결함 등을 발견하기 위해 사용한다.
테스트 실행 도구		• 스크립트 언어를 사용하여 테스트를 실행하는 방법이다. • 테스트 데이터와 수행 방법 등이 포함된 스크립트를 작성한 후 실행한다.
	데이터 주도 접근 방식	• 테스트 데이터를 스프레드시트 문서에 저장하고 실행하는 방식으로 다양한 테스트 데이터를 같은 테스트 케이스로 반복하여 실행할 수 있다. • 새로운 데이터의 경우 미리 작성된 스크립트에 테스트 추가하여 테스트를 진행할 수 있다.
	키워드 주도 접근 방식	• 테스트를 수행할 동작을 나타내는 키워드와 테스트 데이터를 스프레드시트 문서에 저장하여 실행하는 방식이다. • 키워드를 이용하여 테스트를 정의할 수 있다.
성능 테스트 도구		가상의 사용자를 만들어 테스트를 수행한다.
테스트 통제 도구		테스트 계획 및 관리, 수행, 결함 관리 등을 수행한다.
테스트 하네스 도구		소프트웨어 컴포넌트를 테스트할 수 있게 하거나 프로그램의 입력을 받아들이거나 빠진 컴포넌트의 기능을 대신하거나 실행 결과와 예상 결과를 비교하기 위하여 동원된 소프트웨어 도구이다.

08 테스트 하네스 도구 구성요소

테스트 드라이버 (Test Driver) 2023년 2회, 2021년 3회	• 상향식 테스트 시 상위 모듈 없이 하위 모듈이 존재할 때 하위 모듈 구동 시 자료 입출력을 제어하기 위한 제어 모듈(소프트웨어)이다. • 컴포넌트나 시스템을 제어하거나 호출하는 컴포넌트를 대체하는 모듈이다.
테스트 스텁 (Test Stub) 2023년 2회, 2021년 2회	• 하향식 테스트 시 상위 모듈은 존재하나 하위 모듈이 없는 경우의 테스트를 위해 임시 제공되는 모듈이다. • 골격만 있는 또는 특별한 목적의 소프트웨어 컴포넌트를 구현한 것을 의미한다. • 스텁을 호출하거나 스텁에 의존적인 컴포넌트를 개발하거나 테스트할 때 사용한다.
테스트 슈트 (Test Suites)	• 일정한 순서에 의하여 수행될 개별 테스트들의 집합 또는 패키지이다. • 슈트는 응용 분야나 우선순위, 내용에 연관된다.
테스트 케이스 (Test Case)	• 요구에 맞게 개발되었는지 확인하기 위하여 테스트할 입력과 예상 결과를 정의한 것이다. • 테스트 자동화를 도입하면 테스트 케이스는 데이터 레코드로 저장될 수 있고 테스트 스크립트로 정의할 수 있다.
테스트 스크립트 (Test Script)	• 테스트 케이스를 수행하여 그 결과를 보고할 목적으로 명령어 또는 이벤트 중심의 스크립트 언어로 작성한 파일이다. • 수행경로에 영향을 미칠 논리 조건들을 포함하고 있다. • 채택된 자동화 방법에 따라 다르겠지만 상수와 실행 과정에 변경될 변수값을 포함한다. 자동화 접근 방법은 테스트 스크립트를 개발하는 데 필요한 기술적 역량의 정도를 나타낸다.
목 오브젝트 (Mock Object)	테스트를 위해 사용자 행위를 미리 조건부로 입력해두고 그 상황에 맞는 행위를 수행하는 객체이다.

09 테스트 수행 단계별 테스트 자동화 도구

- 테스트 계획 단계 : 요구사항 관리 도구
- 테스트 분석 및 설계 단계 : 테스트 케이스 생성 도구
- 테스트 수행 단계 : 테스트 자동화, 정적 분석, 동적 분석, 성능 테스트, 모니터링 도구
- 테스트 관리 단계 : 커버리지 분석, 형상관리, 결함 추적 및 관리 도구

01 다음이 설명하는 용어를 쓰시오.

> • 소프트웨어 구현에 필요한 다양한 동작 중 한 가지 동작을 수행하는 기능을 모듈로 구현한 것을 의미한다.
> • 사용자 또는 다른 모듈로부터 값을 전달받아 시작되는 작은 프로그램이다.
> • 독립적인 컴파일이 가능하며, 다른 모듈에 호출되거나 삽입될 수 있다.

• 답 :

02 다음이 설명하는 용어를 쓰시오.

> 큰 규모의 시스템을 분해하여 단위 기능별로 계층적으로 구조화하고, 단순하게 추상화한 문서이다.

• 답 :

03 모듈화의 원리 중에서 '복잡한 문제를 분해하고 모듈 단위로 문제를 해결한다.'라는 원리는 무엇인지 쓰시오.
• 답 :

04 테스트 커버리지는 크게 3가지로 구분되는데, 무엇인지 쓰시오.
• 답 :

05 테스트 커버리지에서 소프트웨어 테스트 충분성 지표 중 하나로 소스코드의 구문, 조건, 결정 등의 구조 코드 자체가 얼마나 테스트되었는지 측정하는 기법은 무엇인지 쓰시오.
• 답 :

ANSWER 01 단위 모듈
02 단위 기능 명세서
03 분할과 지배
04 기능 기반 커버리지, 라인 커버리지, 코드 커버리지
05 코드 커버리지

통합 테스트

01 단위 테스트(Unit Test) 2021년 1회

- 소프트웨어 최소 기능 단위인 모듈, 컴포넌트를 테스트하는 것으로 사용자의 요구사항을 기반으로 한 기능 테스트를 제일 먼저 수행한다.
- 인터페이스, 자료 구조, 독립적 기초 경로, 오류 처리 경로, 결제 조건 등을 테스트한다.
- 구조 기반 테스트와 명세 기반 테스트로 분류할 수 있으나 주로 구조 기반 테스트를 시행한다.

02 통합 테스트(Integration Test) 2021년 1회

각 모듈을 결합하여 시스템을 완성하는 과정에서 모듈 간 인터페이스 혹은 통합된 컴포넌트 간 상호작용 오류 및 결함을 찾아 해결하기 위한 테스트 기법이다.

비점진적 통합 방식 (빅뱅)	• 모든 모듈이 결합된 프로그램 전체가 대상이다. • 규모가 작은 소프트웨어에 적합하다. • 오류를 발견하거나 장애 위치를 파악하고 수정하는 것이 어렵다.
점진적 통합 방식 (상향식/하향식)	• 단계적으로 통합하며 테스트한다. • 오류 수정이 쉽다. • 인터페이스 관련 오류를 테스트할 수 있다.

03 빅뱅(BigBang)

- 시스템을 구성하는 모듈을 각각 따로 구현하고 전체 시스템의 시험을 한 번에 진행한다.
- 테스트를 위한 Driver와 Stub 없이 실제 모듈들로 테스트를 진행한다.
- 단시간 테스트를 수행하나 결함의 격리가 어려운 방식이다.

04 상향식 통합 검사(Bottom Up Integration Test)

① 상향식 통합의 개념

- 프로그램 구조에서 최하위 레벨인 모듈을 구성하고 상위 모듈 방향으로 통합하며 검사한다.
- 가장 하위 단계의 모듈부터 수행되므로 스텁(Stub)이 필요 없으나 하나의 주요 제어 모듈과 관련된 종속 모듈의 그룹인 클러스터가 필요하다.

② 상향식 통합의 프로세스 4단계

- 하위 레벨 모듈들은 특정한 소프트웨어 부가 기능을 수행하는 클러스터들에 결합한다.
- 시험 사례 입력과 출력을 조정하기 위해 드라이버(Driver)가 작성된다.
- 클러스터를 시험한다.
- 드라이버(Driver)가 제거되고 클러스터가 프로그램 구조의 위로 이동하면서 결합한다.

05 하향식 통합 검사(Top Down Integration Test)

① 하향식 통합의 개념

- 상위 컴포넌트를 테스트하고 점증적으로 하위 컴포넌트를 테스트한다.
- 주요 제어 모듈 기준으로 아래로 통합하며 진행한다.
- 하위 컴포넌트 개발이 완료되지 않으면 스텁(Stub)을 사용하기도 한다.
- 우선 통합법, 깊이 우선 통합법, 넓이 우선 통합법 등이 있다.

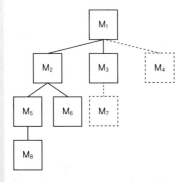

② 하향식 통합의 프로세스 5단계

- 주 프로그램 모듈은 시험 드라이버(Driver)로 사용하고, 주 모듈에 직접 종속되는 모든 모듈을 스텁(Stub)으로 교체시킨 후 시작한다.
- 선택한 통합 접근법(깊이-우선 또는 넓이-우선 방식)에 따라 종속된 스텁들을 한 번에 하나씩 실제 모듈들로 대체한다.
- 각 모듈이 통합된 후 시험을 시행하여 통합 시 발생하는 인터페이스 오류를 찾아 제거한다.

- 주 모듈에 직접 종속적인 모듈의 시험이 끝난 경우, 하위 모듈의 종속 모듈들을 스텁 형태로 삽입한다.
- 회귀 시험은 새로운 오류가 반입되지 않은 것을 확인하기 위해서 실시한다.

더 알기 Tip

상향식 통합과 하향식 통합의 비교

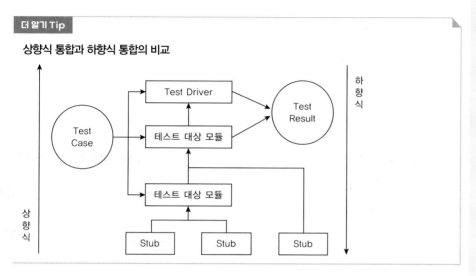

06 통합 테스트 수행 방법 비교

구분	상향식	하향식	빅뱅	백본(Backbone)
드라이버/스텁	드라이버	스텁	실제 모듈로 테스트	드라이버/스텁을 필요에 따라 만들어 사용
수행 방법	가장 하부의 모듈부터 통합해 가면서 진행	가장 상부의 모듈부터 통합해 가면서 진행	모든 테스트 모듈을 동시에 통합	가장 중요하고 위험이 큰 모듈을 초기 통합
수행	하위 → 상위	상위 → 하위	동시	위험도(중요도) 순
장점	• 장애 위치 확인 용이 • 모든 모듈이 개발 준비되어 있지 않아도 가능	• 장애 위치 확인 용이 • 초기 프로토타입 가능	소규모 시스템에 단기간 테스트 가능	• 결함 격리가 쉬움 • 위험이 높은 결함을 초기에 발견 가능
단점	• 초기 프로토타입 불가 • 중요한 모듈들이 마지막에 테스트될 가능성	• 많은 스텁 필요 • 낮은 수준 모듈은 부적절한 테스트 가능성	• 장애 위치 확인 어려움 • 모든 모듈이 개발 준비가 되어 있어야 함	테스트 시간이 과다 소요

07 샌드위치 테스트(Sandwich Test)★

- 상향식과 하향식의 장점을 이용하는 방식(상향식+하향식)이다.
- 하위 프로젝트가 있는 대규모 프로젝트에 사용하는 방식이다.
- 병렬 테스트가 가능하고 시간 절약이 가능하다.
- 스텁(Stub)과 드라이버(Driver)의 필요성이 매우 높은 방식이며, 비용이 많이 들어간다.

08 회귀 시험(Regression Test) ^{2022년 2회}

- 새로운 코드 변경사항이 기존 기능에 부작용이 없어야 함을 확인하기 위해 수행된다.
- 수정한 부분이 소프트웨어의 다른 부분에 영향을 미치는지 테스트하여 소프트웨어 수정★이 새로운 오류를 발생시키지 않았는지 확인하기 위한 것이다.

① 회귀 테스트 유형

구분	Retest All 기법	Selective 기법	Priority 기법
방법	기존에 축적된 테스트 케이스 및 데이터 전부를 재사용하는 방법	변경 대상 위주로 영향 범위를 결정하여 테스트하는 방법	시스템의 핵심 기능을 위주로 우선순위를 정하여 테스트하는 방법
장점	테스트 Coverage 향상 및 완전성 향상 가능	• 테스트 수행 범위 최소화 가능 • 투자 대비 효과적	중요도/위험도에 의한 테스트 수행으로 테스트 비용 최소화
단점	• 고가의 테스트 비용 • 사전 테스트 데이터 준비 필요	• 테스트 완전성 부족 • 선정 대상 부정확 시 결함 발견 어려움	우선순위 부정확 시 결함 발견 어려움(변경 대상 포함)
활용	금융, 고객업무 등 고위험 시스템	일반 전사 시스템	위험도가 낮은 시스템

② 회귀 테스트 케이스 선정 방법

- 애플리케이션 기능 변경에 의한 영향도를 분석하고, 영향도가 높은 부분이 포함된 테스트 케이스를 선정한다.
- 애플리케이션 전체 기능을 테스트할 수 있는 대표적인 테스트 케이스를 선정한다.
- 실제 수정이 발생한 부분에서 시행하는 테스트 케이스를 선정한다.

01 통합 테스트는 각 모듈을 결합하여 시스템을 완성하는 과정에서 모듈 간 인터페이스 혹은 통합된 컴포넌트 간 상호작용 오류 및 결함을 찾아 해결하기 위한 테스트 기법이다. 다음의 특징을 갖는 통합 방식을 쓰시오.

- 모든 모듈이 결합된 프로그램 전체가 대상이다.
- 규모가 작은 소프트웨어에 적합하다.
- 오류를 발견하거나 장애 위치를 파악하고 수정하는 것이 어렵다.

• 답 :

02 다음의 테스트 방법은 무엇인지 쓰시오.

- 상향식과 하향식의 장점을 이용하는 방식(상향식+하향식)이다.
- 하위 프로젝트가 있는 대규모 프로젝트에 사용하는 방식이다.
- 병렬 테스트가 가능하고 시간 절약이 가능하다.
- 스텁(Stub)과 드라이버(Driver)의 필요성이 매우 높은 방식이며, 비용이 많이 들어간다.

• 답 :

03 회귀 테스트의 유형 3가지를 쓰시오.

• 답 :

04 다음이 설명하는 통합 검사 기법은 무엇인지 쓰시오.

- 상위 컴포넌트를 테스트하고 점증적으로 하위 컴포넌트를 테스트한다.
- 주요 제어 모듈 기준으로 아래로 통합하며 진행한다.
- 하위 컴포넌트 개발이 완료되지 않으면 스텁(Stub)을 사용하기도 한다.

• 답 :

ANSWER **01** 비점진적 통합(빅뱅 통합)
02 샌드위치 테스트(혼합식 테스트)
03 Retest All 기법, Selective 기법, Priority 기법
04 하향식 통합 검사

결함 관리

01 결함

① 결함의 개념

소프트웨어의 에러(Error), 결점(Fault), 결함(Defect), 버그(Bug), 실패(Failure)와 같은 용어가 사용되며, 이러한 결함으로 인하여 설계와 다르게 동작하거나 다른 결과가 발생하는 것을 의미한다.

에러	• 사용자의 요구사항을 잘못 파악하거나 잘못 이해할 때 발생하는 실수(Mistake) 등을 의미하며 보통 버그(Bug)를 에러라고 한다. • 소프트웨어 개발 또는 유지보수 수행 중에 사람에 의해 발생하는 부정확한 결과로 개발자의 실수로 발생한 오타, 개발 명세서의 잘못된 이해, 서브루틴의 기능 오해 등이 있다.
결점, 결함, 버그	• 프로그램 코드상에 존재하는 것으로 비정상적인 프로그램과 정상적인 프로그램 버전 간의 차이로 인하여 발생한다. • 잘못된 연산자가 사용된 경우에 프로그램이 서브루틴으로부터의 에러를 점검하는 코드가 빠진 것을 말한다.
실패 (장애)	• 정상적인 프로그램과 비정상적인 프로그램의 실행 결과의 차이를 의미하며, 프로그램 실행 중에 프로그램의 실제 실행 결과를 개발 명세서에 정의된 예상 결과와 비교함으로써 발견한다. • 결함 또는 환경적 조건에 의한 시스템의 부적절한 처리가 발생할 때나 장애 발생 시 시스템이 의도된 대로 동작하지 않거나 동작하지 말아야 함에도 동작하는 경우를 의미한다. • 장애 발생의 기타 원인으로는 환경적인 조건(방사, 자기, 전자기장, 물리적 오염 등)이 하드웨어 조건을 변경시켜 소프트웨어의 실행에 영향을 미칠 수 있다.

② 결함 우선순위

• 발견된 결함 처리에 대한 신속성을 나타내는 척도이며 결함의 중요도와 심각도에 따라 설정한다.

• 결정적, 높음, 보통, 낮거나 즉시 해결, 주의 요망, 대기, 개선 권고 순으로 표시하며 결함의 심각도가 높다고 해서 반드시 우선순위가 높은 것은 아니다.

③ 결함의 분류

• 심각도별 분류 : 치명적(Critical) 결함, 주요(Major) 결함, 보통(Normal) 결함, 가벼운(Minor) 결함, 단순(Simple) 결함 등

• 유입별 분류 : 계획 시 유입되는 결함, 설계 시 유입되는 결함, 코딩 시 유입되는 결함, 테스트 부족으로 유입되는 결함 등

• 기타 분류
  - 시스템 결함 : 주로 애플리케이션이나 데이터베이스 처리에서 발생된 결함
  - 기능 결함 : 애플리케이션의 기획, 설계, 업무 시나리오 등의 단계에서 유입된 결함
  - GUI 결함 : 화면설계에서 발생된 결함
  - 문서 결함 : 기획자, 사용자, 개발자 간 의사소통 및 기록이 원활하지 않아 발생된 결함

02 결함 관리

① 결함 관리 도구

- Mantis : 소프트웨어 설계 시 단위별 작업 내용을 기록할 수 있어 결함 및 이슈 관리, 추적을 지원하는 오픈 소스 도구
- Trac : 결함 추적 및 통합 관리를 지원하는 오픈 소스 도구
- Bugzilla : 결함을 지속해서 관리하고 심각도와 우선순위를 지정할 수 있는 오픈 소스 도구
- Redmine : 프로젝트 관리 및 결함 추적 도구
- JIRA : 아틀라시안에서 제작한 PHP로 개발된 결함 상태 관리 도구
- Test Collab : 테스트 케이스를 관리하기 위한 간단하고 쉬운 인터페이스를 제공하며 Jira, Redmine, Asana, Mantis 등과 같은 버그 추적 도구와의 완벽한 통합을 지원

② 결함 관리 프로세스

애플리케이션 테스트에서 발견된 결함을 처리하는 과정이다.

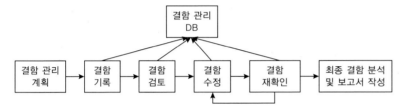

결함 관리 계획	결함 관리에 대한 일정, 인력, 업무 프로세스를 확보하여 계획 수립
결함 기록	테스터는 발견된 결함에 대한 정보를 결함 관리 DB에 기록
결함 검토	등록된 결함에 있어서 주요 내용을 검토하고, 결함을 수정할 개발자에게 전달
결함 수정	개발자는 할당된 결함 프로그램 수정
결함 재확인	테스터는 개발자가 수정한 내용을 확인하고 다시 테스트 수행
결함 상태 추적 및 모니터링	결함 관리 팀장은 결함 관리 DB를 이용하여 대시보드 또는 게시판 형태의 서비스 제공
최종 결함 분석 및 보고서 작성	발견된 결함과 관련된 내용과 이해관계자들의 의견이 반영된 보고서를 작성하고 결함 관리 종료

③ 결함 추적 순서

결함이 발견되고 해결될 때까지의 과정이다.

01 애플리케이션 테스트 관리 단계 중 결함 관리에서 다음이 의미하는 것이 무엇인지 쓰시오.

> • 사용자의 요구사항을 잘못 파악하거나 잘못 이해할 때 발생하는 실수(Mistake) 등을 의미하며 보통 버그(Bug)를 의미한다.
> • 소프트웨어 개발 또는 유지보수 수행 중에 사람에 의해 발생하는 부정확한 결과로 개발자의 실수로 발생한 오타, 개발 명세서의 잘못된 이해, 서브루틴의 기능 오해 등이 있다.

• 답 :

02 결함의 심각도별 분류 중 가장 중대한 결함 단계를 쓰시오.

• 답 :

03 결함 관리 도구 중 '소프트웨어 설계 시 단위별 작업 내용을 기록할 수 있어 결함 및 이슈 관리, 추적을 지원하는 오픈 소스 도구'는 무엇인지 쓰시오.

• 답 :

04 결함의 3가지 구분을 쓰시오.

• 답 :

05 주로 애플리케이션이나 데이터베이스 처리에서 발생하는 결함은 무엇인지 쓰시오.

• 답 :

ANSWER **01** 에러(Error)
02 치명적(Critical) 결함
03 Mantis
04 에러, 결점(버그, 결함), 실패(장애)
05 시스템 결함

01 결함의 심각도별 5가지 분류를 순서대로 나열하시오.

• 답 :

02 결함 관리도구 중에서 테스트 케이스를 관리하기 위한 간단하고 쉬운 인터페이스를 제공하며 Jira, Redmine, Asana, Mantis 등과 같은 버그 추적 도구와의 완벽한 통합을 지원하는 것은 무엇인지 쓰시오.

• 답 :

03 결함 추적 절차 중 가장 먼저 해야 할 활동은 무엇인지 쓰시오.

• 답 :

04 다음과 같은 특징을 갖는 회귀 테스트 유형은 무엇인지 쓰시오.

• 테스트 Coverage 향상 및 완전성 향상이 가능하다.
• 테스트 비용이 고가이며, 사전 테스트 데이터 준비가 필요하다.
• 금융/대 고객업무 등 고위험 시스템에 사용한다.

• 답 :

05 다음 통합 테스트 수행 방법 비교표에서 빈칸에 알맞은 용어를 각각 쓰시오.

구분	상향식	하향식	빅뱅
도구	(①)	(②)	실제 모듈로 테스트
수행 방법	가장 하부의 모듈부터 통합해 가면서 진행	가장 상부의 모듈부터 통합해 가면서 진행	모든 테스트 모듈을 동시에 통합
수행 순서	하위 → 상위	상위 → 하위	동시
장점	• 장애 위치 확인 용이 • 모든 모듈이 개발 준비되어 있지 않아도 된다.	• 장애 위치 확인 용이 • 초기 프로토타입 가능	소규모 시스템에 단기간 테스트 가능
단점	• 초기 프로토타입 불가 • 중요한 모듈들이 마지막에 테스트 될 가능성이 있다.	• 많은 스텁 필요 • 낮은 수준 모듈은 부적절한 테스트 가능성	• 장애 위치 확인 어려움 • 모든 모듈이 개발 준비되어 있어야 한다.

• ① :
• ② :

06 테스트 실행 도구 중 다음과 같은 특징을 갖는 방식은 무엇인지 쓰시오.

> • 테스트 데이터를 스프레드시트 문서에 저장하고 실행하는 방식으로 다양한 테스트 데이터를 같은 테스트 케이스로 반복하여 실행할 수 있다.
> • 새로운 데이터의 경우 미리 작성된 스크립트에 테스트 추가하여 테스트를 진행할 수 있다.

• 답 :

07 다음과 같은 특징을 갖는 코드 커버리지는 무엇인지 쓰시오.

> 모든 개별 조건식의 true, false 조합 중 테스트에 의해 실행된 조합을 측정하고, 100%를 달성하기 위해서는 모든 개별 조건식 조합을 실행해야 하므로 다른 커버리지에 비해 상대적으로 많은 테스트 케이스가 필요하다.

• 답 :

08 큰 규모의 시스템을 분해하여 기능을 계층적으로 구조화하고, 단순하게 추상화한 문서는 무엇인지 쓰시오.
• 답 :

09 다음 설명에 해당하는 테스트 커버리지는 무엇인지 쓰시오.

> • 테스트 대상 애플리케이션의 전체 기능을 모수로 설정하고, 실제 테스트가 수행된 기능의 수를 측정하는 방법이다.
> • 100% 달성을 목표로 하며, UI가 많은 시스템의 경우 화면 수를 모수로 사용할 수도 있다.

• 답 :

애플리케이션 성능 개선하기

학습 방향

1. 애플리케이션 테스트를 통하여 애플리케이션의 성능을 분석하고 성능 저하 요인을 발견할 수 있다.

출제 빈도

Section 01	하		10%
Section 02	상		90%

애플리케이션 성능 분석

출제
빈도 　상　중　하　　**빈출 태그** 성능 측정 지표 • 모니터링 도구 • 애플리케이션 성능 저하 원인 • 공개 소스 성능 테스트 도구

기적의 3회독
　1회　　2회　　3회

01 애플리케이션의 성능을 측정하기 위한 지표

처리량 (Throughput)	• 애플리케이션이 제한된 시간에 처리할 수 있는 처리량, 트랜잭션 수 • 웹 애플리케이션의 처리량은 시간당 처리 가능한 페이지 수를 의미
자원 사용률 (Resource Usage)	처리하는 동안 사용하는 CPU 사용량, 메모리 사용량, 네트워크 사용량
응답 시간 (Response Time)	• 요구자의 작업 요청 후 애플리케이션의 응답 출력이 개시될 때까지의 시간 • 웹 애플리케이션의 응답 시간은 메뉴 클릭 시 해당 메뉴가 나타나기까지 걸리는 시간을 의미
경과 시간 (Turnaround Time)	요구를 입력한 시점부터 트랜잭션 처리 후 그 결과의 출력이 완료될 때까지 걸리는 시간

02 유형별 성능 분석 도구

성능/부하/스트레스 (Performance/Load/Stress) 점검 도구	애플리케이션의 성능 분석을 위한 가상의 사용자를 인위적으로 생성하여 시스템의 부하, 스트레스를 가한 후 처리량, 응답 시간, 경과 시간 등을 점검하기 위한 도구
모니터링(Monitoring) 도구	• 애플리케이션 실행 시 자원 사용량을 확인하고 분석 가능한 도구 • 모니터링 도구는 시스템의 안정적 운영을 지원하는 도구 • 성능 모니터링, 성능 저하 원인 분석, 시스템 부하량 분석, 장애 진단, 사용자 분석, 용량 산정 등의 기능 제공

03 애플리케이션 성능 저하 원인 분석

★ **성능 저하 원인**
일반적으로 DB에 연결하기 위해 Connection 객체를 생성하거나 쿼리를 실행하는 애플리케이션 로직에서 성능 저하 또는 장애가 많이 발견된다.

① DB 연결 및 쿼리 실행 시 발생되는 성능 저하 원인★

• DB Lock
  – 대량의 데이터 조회, 과도한 업데이트, 인덱스 생성 시 발생하는 현상이다.
  – 요청한 작업이 Lock의 해제 시까지 대기하거나 타임아웃될 때 성능 저하 현상이 발생할 수 있다.

• 불필요한 DB Fetch
  – 실제 필요한 데이터보다 많은 대량의 데이터 요청이 들어올 때 발생한다.
  – 결과 세트에서 마지막 위치로 커서를 옮기는 작업이 빈번한 경우 응답 시간 저하 현상이 발생할 수 있다.

- 연결 누수와 부적절한 커넥션 풀 크기
  - 연결 누수(Connection Leak) : DB 연결과 관련한 JDBC 객체를 사용 후 종료하지 않을 때 발생한다.
  - 부적절한 커넥션 풀 크기(Connection Pool Size) : 커넥션 풀을 너무 작거나 크게 설정할 경우 성능 저하 현상이 발생할 가능성이 있다.
- 기타
  - 트랜잭션이 확정(Commit)되지 않고 커넥션 풀에 반환되는 경우 성능 저하 현상이 발생할 수 있다.
  - 잘못 작성된 코드로 인해 불필요한 Commit가 자주 발생하는 경우 성능 저하 현상이 발생할 수 있다.

② 내부 로직으로 인한 성능 저하 원인
- 웹 애플리케이션의 인터넷 접속 불량으로 인해 성능이 저하될 수 있다.
- 특정 파일의 업로드, 다운로드로 인해 성능이 저하될 수 있다.
- 정상적으로 처리되지 않은 오류 처리로 인해 성능이 저하될 수 있다.

③ 외부 호출(HTTP, 소켓 통신)로 인한 성능 저하 원인
임의 트랜잭션이 수행되는 도중 외부 다른 외부 호출 트랜잭션이 장시간 요청되거나, 타임아웃이 발생하는 경우 성능이 저하될 수 있다.

④ 잘못된 환경 설정이나 네트워크 문제로 인한 성능 저하 원인
- 환경 설정으로 인한 성능 저하 : 스레드 풀(Thread Pool), 힙 메모리(Heap Memory)의 크기를 너무 작게 설정하면 Heap Memory Full 현상 발생으로 성능이 저하될 가능성이 있다.
- 네트워크 장비로 인한 성능 저하 : 라우터, L4 스위치 등 네트워크 관련 장비 간 데이터 전송 실패 또는 전송 지연에 따른 데이터 손실 발생 시 애플리케이션의 성능 저하 또는 장애가 발생할 수 있다.

04 오픈소스 성능 테스트 도구

도구명	설명	지원 환경
JMeter	HTTP, FTP, LDAP 등 다양한 프로토콜 지원으로 안전성, 확장성, 부사, 기능 테스트 도구	Cross Platform
LoadUI	HTTP, JDBC 등의 웹 서비스를 대상으로 부하 테스트를 수행하는 서버 모니터링에 UI를 강화한 도구	Cross Platform
OpenSTA	HTTP, HTTPS 지원하는 부하 테스트 및 생산품 모니터링	MS Windows

05 오픈소스 시스템 모니터링 도구

도구명	설명	지원 환경
Scouter★	통합/실시간 모니터링 및 튜닝에 최적화된 통합 모니터링 툴	Cross Platform
Zabbix	웹 기반 서버, 서비스, 애플리케이션 모니터링 툴	Cross Platform

★ Scouter
단일 뷰 형태를 제공한다.

01 오픈 소스 성능 테스트 도구 중에서 Cross Platform에서 동작하며, HTTP, JDBC 등의 웹 서비스를 대상으로 부하 테스트를 수행하는 서버 모니터링에 UI를 강화한 도구는 무엇인지 쓰시오.

• 답 :

02 애플리케이션 성능 저하 원인 분석 과정 중 다음이 설명하는 DB 연결 및 쿼리 실행 시 발생하는 성능 저하 원인은 무엇인지 쓰시오.

> • 실제 필요한 데이터보다 많은 대량의 데이터 요청이 들어올 때 발생한다.
> • 결과 세트에서 마지막 위치로 커서를 옮기는 작업이 빈번한 경우 응답 시간 저하 현상이 발생할 수 있다.

• 답 :

03 애플리케이션의 성능을 측정하기 위한 지표 중 "요구를 입력한 시점부터 트랜잭션 처리 후 그 결과의 출력이 완료될 때까지 걸리는 시간"을 무엇이라고 하는지 쓰시오.

• 답 :

애플리케이션 성능 개선

출제 빈도	상 중 하	빈출 태그	나쁜 코드 • 스파게티 코드 • 클린 코드 • 정적 소스코드 품질 분석 • 동적 소스코드 품질 분석

기적의 3회독
☐ 1회 ☐ 2회 ☐ 3회

01 소스코드 최적화

① 소스코드 최적화의 개념

• 읽기 쉽고 변경 및 추가가 쉬운 클린 코드를 작성하는 것을 의미한다.

• 소스코드 품질을 위해 기본적으로 지킬 원칙과 기준을 정의하고 있다.

나쁜 코드 (Bad Code)	• 잦은 오류가 발생할 가능성이 있다. • 소스코드 이해의 부족으로 인하여 코드를 계속 덧붙이기 하면 코드 복잡도가 증가한다. • 종류 : 다른 개발자가 로직(Logic)을 이해하기 어렵게 작성된 코드, 변수/메소드에 대한 명칭을 알 수 없는 코드, 같은 처리 로직이 중복되게 작성된 코드, 스파게티 코드★ • 유형 : 오염, 문서 부족, 의미 없는 이름, 높은 결합도, 아키텍처 침식
클린 코드 (Clean Code)	• 깔끔하게 잘 정리된 코드이다. • 중복 코드 제거로 애플리케이션의 설계가 개선된다. • 가독성이 높아 애플리케이션의 기능에 대해 쉽게 이해할 수 있다. • 버그를 찾기 쉬워지며, 프로그래밍 속도가 빨라진다. • 클린 코드 최적화 원칙 : 가독성, 단순성, 의존성 배제, 중복성 최소화, 추상화 • 유형 : 보기 좋은 배치, 작은 함수, 분석 가능한 제어 흐름, 오류 처리, 간결한 주석, 의미 있는 이름

★ 스파게티 코드
처리 로직의 제어가 체계화되어 있지 않고 스파게티 면처럼 서로 얽혀 있는 코드

② 소스코드 최적화의 유형

클래스 분할 배치	• 하나의 클래스는 하나의 역할만 수행하도록 응집도를 높이도록 한다. • 모듈 크기를 작게 작성한다.
좋은 이름 사용	변수나 함수 이름은 Naming Rule을 정의하여 기억하기 좋고, 발음이 쉬운 것을 사용한다.
코딩 형식 준수	• 논리적으로 코드를 라인별로 구분하여 가독성을 높인다. • 개념적 유사성이 높은 종속 함수를 사용한다. • 호출하는 함수를 앞에, 호출되는 함수를 뒤에 배치하고 지역 변수는 각 함수의 맨 처음에 선언한다.
느슨한 결합 (Loosely Coupled)	클래스 간 의존성을 느슨하게 하기 위해 인터페이스 클래스★를 이용하여 추상화된 자료 구조와 메소드를 구현한다.
주석 사용	코드의 간단한 기능 안내 및 중요 코드를 표시할 때 적절히 사용한다.

★ 인터페이스 클래스
코드와 클래스의 통신 역할을 수행한다.

⑫ 소스코드 품질 분석

① 소스코드 품질 분석 도구

- 소스코드의 코딩 스타일, 코드에 설정된 코딩 표준, 코드의 복잡도, 코드에 존재하는 메모리 누수 현상, 스레드 결함 등을 발견하기 위해 사용하는 분석 도구이다.

정적 분석 도구		• 소스코드상의 잠재적인 실행 오류와 코딩 표준 위배 사항 등 보안 약점을 검출한다. • 검출된 약점을 수정·보완하여 소프트웨어의 안전성을 강화하고 향후 발생하는 오류 수정 비용을 줄일 수 있다. • 개발 초기의 결함을 찾을 때 사용하며, 개발 완료 시점에서는 개발된 소스코드의 품질 검증을 위해 사용한다. • 소스코드에서 코딩의 복잡도, 모델 의존성, 불일치성 등을 분석하는 것이 가능하다.
	기법	• 소스코드 검증 : 검증 가이드라인을 통해 보안 조치 • 코드 리뷰 : 개발자가 작성하고 다른 개발자가 정해진 방법을 통해 검토하는 방법(동료 검토, 제3자 검토라고도 함) • 리버스 엔지니어링 : 시스템의 기술적인 원리를 구조 분석을 통해 발견하는 방법
	종류	• pmd : 미사용 변수, 최적화되지 않은 코드 등 결함 유발 가능 코드를 검사 • cppcheck : C/C++ 코드에 대한 메모리 누수, 오버플로 등을 분석 • SonarQube : 중복 코드, 복잡도, 코딩 설계 등을 분석하는 소스 분석 통합 플랫폼 • checkstyle : Java 코드에 대해 소스코드 표준을 따르고 있는가를 분석할 수 있으며 다양한 개발 도구에 통합하여 사용 가능
	분석 도구별 지원 환경	• pmd : Linux Windows • cppcheck : Windows • SonarQube : Cross Platform • checkstyle : Cross Platform
동적 분석 도구		소프트웨어가 실행 중인 환경에서 소프트웨어 소스코드보다 실행 과정에서의 다양한 입/출력 데이터의 변화 및 사용자 상호작용에 따른 변화를 점검하는 분석 기법이다.
	기법	• 디버깅 : 논리적인 오류(버그)를 찾아내는 테스트 과정 • 스트레스 테스트 : 결과 관찰을 목적으로 한계점에 이르는 테스트를 수반 • 모의 해킹 : 내부 또는 외부에서 실제 해커가 사용하는 해킹 도구와 기법 등을 이용하여 정보 시스템으로의 침투 가능성을 진단하는 선의의 해킹 기법 • 리버스 엔지니어링 : 동적 역공학 분석 툴을 이용하여 구조 분석
	종류	• Avalanche : 프로그램 내 존재하는 메모리 및 스레드 결함을 분석(Valgrind 프레임워크 및 STP 기반으로 구현) • Valgrind : 프로그램 내에 존재하는 메모리 및 스레드 결함 분석 도구
	분석 도구별 지원 환경	• Avalanche : Linux, Android • Valgrind : Cross Platform
코드 복잡도	기법	• 다양한 언어의 코드 복잡도 분석 도구 • ccm, cobertura 등의 도구가 있으며 이 두 도구는 Cross Platform에서 동작
	종류	• ccm : 다양한 언어의 코드 복잡도 검사 가능 • cobertura : java의 소스코드 복잡도 분석 및 테스트 커버리지를 측정

② 정적 분석과 동적 분석 기술의 비교

분류	정적 분석	동적 분석
대상	소스코드	실제 애플리케이션
평가 기술	오염 분석, 패턴 비교	애플리케이션 실제 실행
단계	애플리케이션 개발 단계	애플리케이션 개발 완료 단계

이론을 확인하는 문제

01 애플리케이션 성능 개선 과정 중 소스코드 품질 분석 도구는 정적 분석 도구와 동적 분석 도구로 나눌 수 있다. 다음 보기에서 동적 분석 도구를 골라 기호를 쓰시오.

| 가. pmd | 나. cppcheck | 다. ccm | 라. cobertura |
| 마. Avalanche | 바. Valgrind | 사. SonarQube | 아. CheckStyle |

• 답 :

02 나쁜 코드의 한 종류로 '처리 로직의 제어가 체계화되어 있지 않고 서로 얽혀 있는 코드'를 무엇이라고 하는지 쓰시오.

• 답 :

03 정적 소스코드 품질 분석 도구의 종류 중에서 미사용 변수, 최적화되지 않은 코드 등 결함 유발이 가능한 코드를 검사하는 도구의 이름을 쓰시오.

• 답 :

04 동적 소스코드 품질 분석 도구 기법 중에서 동적 역공학 분석 도구를 이용하여 구조분석을 하는 기법을 쓰시오.

• 답 :

ANSWER 01 마, 바
02 스파게티 코드
03 pmd
04 리버스 엔지니어링

합격을 다지는 **예상문제** ▶ 정답 및 해설 : 1-381p

01 다음은 결함 추적 순서를 나타낸 그림이다. 빈칸에 알맞은 결함 추적 단계를 쓰시오.

| 결함 등록 | → | 결함 검토 | → | ( ) | → | 결함 수정 | → | 결함 조치 보류 | → | 결함 해제 |

• 답 :

02 다음 결함 관리 프로세스 단계와 수행 내용에 대한 표에서 빈칸에 알맞은 결함 관리 프로세스를 쓰시오.

결함 관리 계획	결함 관리에 대한 일정, 인력, 업무 프로세스를 확보하여 계획 수립
결함 기록	테스터는 발견된 결함에 대한 정보를 결함 관리 DB에 기록
결함 검토	등록된 결함에 있어서 주요 내용을 검토하고, 결함을 수정할 개발자에게 전달
결함 수정	개발자는 할당된 결함 프로그램 수정
( )	테스터는 개발자가 수정한 내용을 확인하고 다시 테스트 수행
결함 상태 추적 및 모니터링	결함 관리 팀장은 결함 관리 DB를 이용하여 대시보드 또는 게시판 형태의 서비스 제공
최종 결함 분석 및 보고서 작성	발견된 결함과 관련된 내용과 이해관계자들의 의견이 반영된 보고서를 작성하고 결함 관리 종료

• 답 :

03 다음이 설명하는 것은 무엇인지 쓰시오.

> • 정상적인 프로그램과 비정상적인 프로그램의 실행 결과의 차이를 의미하며, 프로그램 실행 중에 프로그램의 실제 실행 결과를 개발 명세서에 정의된 예상 결과와 비교함으로써 발견한다.
> • 결함 또는 환경적 조건에 의한 시스템의 부적절한 처리가 발생할 때나 장애 발생 시 시스템이 의도된 대로 동작하지 않거나 동작하지 말아야 함에도 동작하는 경우를 의미한다.
> • 장애 발생의 기타 원인으로는 환경적인 조건(방사, 자기, 전자기장, 물리적 오염 등)이 하드웨어 조건을 변경시켜 소프트웨어의 실행에 영향을 미칠 수 있다.

• 답 :

04 소프트웨어 테스트 중 새로운 코드 변경사항이 기존 기능에 부작용이 없어야 함을 확인하기 위해 사용하는 회귀 테스트의 유형 중 다음이 설명하는 기법을 쓰시오.

방법	기존에 축적된 테스트 케이스 및 데이터 전부를 재사용하는 방법
장점	테스트 Coverage 향상 및 완전성 향상 가능
단점	• 고가의 테스트 비용 • 사전 테스트 데이터 준비 필요
활용	금융, 고객업무 등 고위험 시스템

• 답 :

05 통합 테스트 수행 방법 중 다음 설명에 해당하는 방법을 쓰시오.

드라이버/스텁	드라이버/스텁을 필요에 따라 만들어 사용
수행 방법	가장 중요하고 위험이 큰 모듈을 초기 통합
수행 순서	위험도(중요도) 순
장점	• 결함 격리가 쉬움 • 위험이 높은 결함을 초기에 발견 가능
단점	테스트 시간이 과다 소요

• 답 :

06 소프트웨어 통합 검사 방식 중 상향식/하향식 테스트 방식을 테스트 드라이버와 테스트 스텁을 기준으로 하여 비교 서술하시오.

• 상향식 테스트 기법 :

• 하향식 테스트 기법 :

07 소프트웨어 컴포넌트를 테스트할 수 있게 하거나 프로그램의 입력을 받아들이거나 빠진 컴포넌트의 기능을 대신하거나 실행 결과와 예상 결과를 비교하기 위하여 동원된 소프트웨어 도구를 무엇이라고 하는지 쓰시오.

- 답 :

08 소프트웨어 테스트 커버리지 종류 중에서 테스트 대상 애플리케이션의 전체 기능을 모수로 설정하고 실제 테스트가 수행된 기능의 수를 측정하는 방법이며, 테스트 커버리지는 100% 달성을 목표로 한다. UI가 많은 시스템의 경우 화면 수를 모수로 사용할 수도 있는 커버리지를 쓰시오.

- 답 :

09 소스코드 최적화 유형 중 느슨한 결합(Loosely Coupled)에 대하여 약술하시오.

- 답 :

10 다음은 애플리케이션 테스트 단계별 테스트 자동화 도구에 관한 설명이다. 빈칸에 알맞은 도구를 쓰시오.

테스트 단계	자동화 도구	도구 설명
테스트 계획	요구사항 관리	고객 요구사항 정의 및 요구사항 관리 지원
테스트 분석/설계	테스트 케이스 생성	테스트 기법에 따른 테스트 케이스 작성과 테스트 데이터 생성 지원
테스트 수행	테스트 자동화	기능 테스트와 UI 테스트 등 단위 테스트 및 통합 테스트 지원
	(①)	코딩 표준, 런타임 오류 등 검증
	(②)	대상 시스템 시뮬레이션을 통한 오류 검출
	성능 테스트	부하 생성기 등을 이용하여 가상 사용자를 생성하고, 시스템의 처리 능력을 측정하는 도구
	모니터링	시스템 자원(CPU, Memory 등)의 상태 확인 및 분석 지원
테스트 관리	커버리지 측정	테스트 완료 후 테스트 충분성 여부 검증 지원
	형상관리	테스트 수행에 필요한 도구, 데이터 및 문서 관리
	결함 추적/관리	테스트에서 발생한 결함 추적 및 관리 활동 지원

- ① :
- ② :

11 다음이 설명하는 애플리케이션 테스트 관련 용어를 쓰시오.

> • 소프트웨어 요구, 설계, 원시 코드 등의 저작자 외의 다른 전문가 또는 팀이 검사하여 오류를 찾아내는 공식적
>   검토 방법이다.
> • 소프트웨어의 품질을 높이는 한 가지 방법이다.
> • 결과물 자체의 품질 측면과 아울러 결과물을 만들어내는 과정도 여기에 포함된다.
> • 결함들을 가능한 한 빠르고 적은 비용으로 제거할 수 있다.
> • 소프트웨어에 대한 신뢰성, 품질 표준을 만족시킨다.
> • 예상되는 결함을 찾아내고, 이를 회의에서 확인할 수 있다.
> • 이미 출하된 제품에 발생하는 예상 밖의 오류를 감소시킨다.
> • 발견된 아이템이 실제 결함이라는 사실을 확인할 수 있다.

• 답 :

12 애플리케이션 성능 개선 과정 중 소스코드 최적화 단계 중 클린 코드(Clean Code)에 대하여 간략히 서술하시오.
• 답 :

13 소스코드 최적화 유형 중 다음과 같은 특징을 갖는 것은 무엇인지 쓰시오.

> • 논리적으로 코드를 라인별로 구분하여 가독성을 높인다.
> • 개념적 유사성 높은 종속 함수를 사용한다.
> • 호출하는 함수 앞 쪽에, 호출되는 함수 뒤 쪽에 배치하고 지역 변수는 각 함수에 맨 처음에 선언한다.

• 답 :

14 다음은 애플리케이션 결함 관리 프로세스이다. 빈칸에 알맞은 단계를 작성하시오.

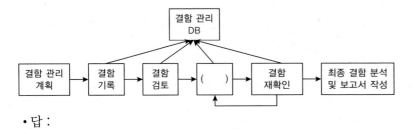

• 답 :

15 애플리케이션의 테스트 분류에는 정적 테스트와 동적 테스트 방식이 존재한다. 정적 테스트와 동적 테스트 방식의 차이점을 서술하시오.

• 정적 테스트 :

• 동적 테스트 :

합격을 다지는
예상문제 정답
(PART 01~PART 07)

CHAPTER 01 논리 데이터 저장소 확인하기

01 ERM 또는 ER 모델 또는 ER 모델링
또는 ER(Entity-Relational) 모델(Model)
또는 개체-관계 모델링(Entity-Relationship Modelling)

02 CRUD Matrix 또는 CRUD 매트릭스

03 데이터 모델

04 E-R 모델 또는 개체-관계 모델

05 직사각형 또는 [   ]

06 복합 속성

07 교차 엔티티

08 릴레이션에서 튜플의 수를 의미한다.

01
- System Stored Procedure
- User defined Stored Procedure
- extended stored procedure
- Remote Stored Procedure

02 시스템 카탈로그

03 반정규화 또는 De-Normalization

04 나 – 다 – 가

05
- SQL : 관계형 데이터베이스에 저장된 데이터에 접근하기 위한 표준 언어이다.
- PL/SQL : SQL문을 사용하여 프로그램을 작성할 수 있도록 확장해 놓은 오라클의 Procedural Language이다.
- SQL*Plus : SQL 및 PL/SQL 문장을 실행할 수 있는 환경을 제공하는 오라클의 Tool이다.

06 REVOKE

07
- CREATE : 스키마, 도메인, 테이블, 뷰 정의
- ALTER : 테이블 정의 변경
- DROP : 스키마, 도메인, 테이블, 뷰 삭제

08 문장 트리거

09
❶ X
❷ O
❸ X

10 INOUT

11 선언부(Declare), 실행부(Begin/End), 예외부(Exception), 종료부(End)

12 Stored Function, Stored Procedure, Stored Package, Trigger

13 Dynamic SQL, Static SQL

01   ❶ 로우 마이그레이션(Row Migration)

      ❷ 로우 체이닝(Row Chaining)

02   • 데이터베이스 시스템이서는 '최적화'라는 개념이다.

      • 튜닝이 진행되면 업무의 최적화, 하드웨어적인 병목 현상 해결, SQL의 최적화 등 여러 가지 개선을 도모할 수 있다.

      • 튜닝을 통해서 처리 속도의 향상 등 성능을 제고시키고 사용자가 필요한 때에 원하는 정보를 보다 원활하게 제공받을 수 있도록 할 수 있다.

03   EXPLAIN PLAN

04   SQL문 재구성

05   인덱스(index)

06   해시 인덱스(hash index)

07   넌 클러스터드 인덱스

08   희소 인덱스(Sparse index)

09   선택성(Selectivity)

10   • 공유도를 최대한으로 한다.

      • 응답 시간은 빠르게 한다.

      • 시스템 활용도를 높게 한다.

11   팬텀(Phantom)

12   원자성(Atomicity), 일관성(Consistency), 격리성(Isolation), 영속성(Durability)

13   공유적 로크

14   DB 파티셔닝(Partitioning), 파티셔닝(Partitioning)

15   해시 분할(hash partitioning)

16   특정 컬럼 값이 동일한 레코드에서 값에 의한 데이터 조회 시 빠른 속도로 접근하도록 동일한 장소에 저장하는 방법을 말한다.

17   자주 사용하는 컬럼 등을 분리하여 성능을 향상시킬 수 있다.

18   샤딩(sharding)

19   2단계 로킹(Two-Phase locking)

CHAPTER 01　연계 데이터 구성하기

01　송신 시스템

02　파일 형식에 따라 태그(Tag), 항목 분리자(델리미터, Delimiter)를 사용한다.

03　연계 데이터 중 코드화된 정보는 송신 시스템과 수신 시스템에서 상호 교환 가능하도록 코드 매핑 정보를 제공하거나 송수신 시스템 간 다른 코드 정보의 표준화를 진행해야 한다.

04　송신 시스템 코드를 수신 시스템 코드로 매핑해 주는 방법, 송수신 시스템에서 사용되는 코드를 통합하여 표준화한 후 전환하는 방법

05　송신된 데이터의 오류 처리 및 수신 시스템의 데이터 형식으로 변환 또는 매핑 등을 수행한다.

06　가 → 나 → 다 → 라

CHAPTER 02　연계 메커니즘 구성하기

01　❶ 연계 솔루션(EAI)
　　❷ Web Service/ESB
　　❸ Socket

02　DB Link, JDBC, 화면 링크, API/Open API, DB Connection Pool

03　수신 시스템의 Batch, Online 프로그램에서 JDBC 드라이버를 이용하여 송신 시스템의 DB와 연결을 생성한다. 송수신 서버는 사용하지 않는다.

04　장애 및 오류 구간별 로그(Log) 확인 및 원인 분석

05　DES, SEED, ARIA, AES

06　연계 서버 또는 중계 서버

07　한 데이터베이스에서 네트워크상의 다른 데이터베이스에 접속하기 위한 설정을 해주는 오라클 객체이다.

08　PUBLIC

09　EAI, Enterprise Architecture Integration, 기업 애플리케이션 통합

10　SOAP(Simple Object Access Protocol)

11　SOA(서비스 지향 아키텍처(Service Oriented Architecture)

12　128

13 • 송신 시스템 : 연계할 데이터를 데이터베이스와 애플리케이션으로부터 추출하여 연계 테이블 또는 파일 형태로 생성하여 송신하는 시스템이다.

• 수신 시스템 : 수신한 연계 테이블 또는 파일의 데이터를 수신 시스템에서 관리하는 데이터 형식에 맞게 변환하여 데이터베이스에 저장하거나 애플리케이션에서 활용할 수 있도록 제공하는 시스템이다.

• 중계 서버 : 송/수신 시스템 사이에서 데이터를 송/수신하고 송/수신 현황을 모니터링하는 시스템이다. 보안 강화, 다중 플랫폼도 지원한다.

14 WSDL(Web Services Description Language)

CHAPTER 03 │ 내/외부 연계 모듈 구현하기

01 EAI 또는 Enterprise Application Integration 또는 기업 애플리케이션 통합

02 Point-to-Point

03 Data Broker 또는 Broker 또는 브로커

04 SGML(Standard Generalized Markup Language)

05 웹 서비스 또는 Web Service

06 • 애플리케이션 사이에 미들웨어를 배치하여 처리하는 방식으로 확장성이 뛰어나다.

• 대용량 데이터 처리에 유리하다.

07 Platform, Application Adapter, Data Broker, Business Work flow

08 XKMS, XACML, XML 전자서명

CHAPTER 01 개발 환경 구축하기

01 미들웨어 또는 Middleware

02 형상관리 또는 SCM 또는 SoftwareConfigurationManagement

03 형상 감사

04 CVS, Subversion, Git

05 구현 도구

06 ❶ 정적 분석
　　 ❷ 동적 분석

CHAPTER 02 공통 모듈 구현하기

01 기능적 → 절차적 → 시간적 → 논리적 → 우연적

02 ❶ 자료 또는 Data
　　 ❷ 공통 또는 Common

03 정확성, 명확성, 완전성, 일관성, 추적성

04 A, B, F

05 • main 함수와 min 함수 간의 결합도 : 데이터 결합도
　　 • min 함수의 응집도 : 기능적 응집도

06 ㉡, ㉢, ㉣

01 ❶ 모델(Model)

❷ 뷰(View)

❸ 컨트롤러(Controller)

02 • Model(모델)은 어플리케이션이 무엇을 할 것인지를 정의한다.

• Model(모델)은 내부 비즈니스 로직을 처리하기 위한 역할을 한다.

• 모델(Model)은 어플리케이션의 데이터이며, 모든 데이터 정보를 가공하여 가지고 있는 컴포넌트이다. 자신의 상태가 바뀔 때마다 컨트롤러와 뷰에게 알려준다. 모델의 상태 변화 통보에 따라 뷰는 최신 결과를 보여주며 컨트롤러는 적절한 명령을 추가하거나 변경한다.

03 DAO

04 동일한 테스트 케이스로만 반복 실행하면 더 이상 새로운 결함을 발견할 수 없으므로 주기적으로 테스트 케이스를 점검하고 개선해야 한다.

05 스프링 또는 스프링 프레임워크 또는 Spring Framework

06 프레임워크 또는 Framework

07 배치 스케줄러 또는 Batch Schedualer 또는 잡 스케줄러

08 ❶ 대용량 데이터

❷ 자동화

09 매월 1일 0시 30분마다 수행된다.

10 ❶ 매일 1시

❷ 10초

CHAPTER 01 인터페이스 설계와 기능 구현하기

01 XML(eXtensible Markup Language)

02 인터페이스 설계서(정의서)

03 파서는 마크업을 분석하고 필요한 정보를 추출하여 애플리케이션에 넘긴다.

04 JSP(Java Server Page)

05 BPM(business process management)

06 ❶ 인터페이스 목록
❷ 인터페이스 명세

07 모듈 세부 설계서

08 연계 테스트 환경 구축

09 API 방식

10 ECC, SEED

11 나, 다, 라

12 부적절한 자원 해제

13 보안 기능

14 SQL 삽입(SQL Injection)

15 스푸핑(Spoofing)

16 가용성(Availability)

17 DOM(Document Object Model, 문서 객체 모델)

18 다, 마

19 ❶ Charset
❷ Cross—Domain

20 • 컴포넌트 명세서 : 컴포넌트의 개요 및 내부 클래스의 동작, 인터페이스를 통해 외부와 통신하는 명세 등을 정의한
명세서이다.
　• 인터페이스 명세서 : 컴포넌트 명세서에 명시된 인터페이스 클래스의 세부적인 조건과 기능을 정의한 명세서이다.

21 중괄호({ })

22 JSON(JavaScript Object Notation)

23 AJAX(Asynchronous JavaScript and XML)

01	컴포넌트 명세서, 인터페이스 명세서

02 • 사용자 화면에서 오류를 인지하도록 구현하는 방법
• 인터페이스 오류 로그를 별도로 작성하는 방법
• 인터페이스 관련 테이블에 오류 사항을 기록하는 방법

03 최초 발생 시점, 조치 경과, 오류 원인, 재발 방지책 등 종합적으로 보고한다.

CHAPTER 01   요구사항 확인하기

---

01 • 기능적 요구사항 : Functional Requirements, 시스템이 무엇을 하여야 하는지를 설명하는 것
   • 비기능적 요구사항 : Nonfunctional Requirements, 개발 과정에서 지켜져야 할 제약조건을 설명하는 것

02 NUI(Natural User Interface)

03 한국형 웹 콘텐츠 접근성 지침 2.1

04 인식의 용이성, 운용의 용이성, 이해의 용이성, 견고성

05 성능, 시간

06 기초기술, 구현기술, 응용기술

07 감성공학

08 외부

09 목표 정의

10 UI 프로토타입(UI Prototype)

11 • 수정이 많아지면 작업시간이 늘어날 수 있다.
   • 필요 이상으로 자원을 많이 소모한다.
   • 정확한 문서 작업이 생략되는 문제가 발생할 수 있다.

12 파워포인트, 아크로뱃, 비지오, Invision, Marvel, Adobe XD, Flinto, Principle, Keynote, UX pin, HTML

13 3~4인

14 2개월

15 • 비용이 저렴하면서 즉시 변경이 가능하다.
   • 회의 중 바로 작성할 수 있으나, 공유가 어렵다.
   • 상호 연관 관계가 복잡한 경우 표현이 어렵다.

16 카카오 오븐, Balsamiq Mockup, Power Mockup

01 소프트웨어 아키텍처(Software Architecture)

02 기능성(Functionality), 신뢰성(Reliability), 사용성(Usability), 효율성(Efficiency), 유지 보수성(Maintainability), 이식성(Portability)

03 정밀성(Accuracy)

04 적응성(Adaptability)

05 사용성(Usability)

06 시간 반응성(Time behaviour), 자원 활용성(Resource utilization)

07 ISO/IEC 9126-2, 외부 품질

08 ❶ 단순성
ㅤㅤ❷ 가시성

09 메뉴 구성도 만들기 → 스타일 확정하기 → 설계하기

10 • 문서를 쉽게 읽을 수 있어야 한다(문서 템플릿과 타이포그래피).
ㅤㅤ• 표준화된 템플릿을 작성하여 적용한다(회사의 고유한 문서 양식).
ㅤㅤ• 버전의 넘버링은 v1.0, v2.0 등과 같이 일관성 있게 한다.
ㅤㅤ• 문서의 인덱스에 대한 규칙 적용, 목차 제공이 중요하다.
ㅤㅤ• 줄의 간격은 충분하게 유지하며, 단락에 대한 구분과 들여쓰기의 기준을 마련하여 읽기에 쉽고 편해야 한다.
ㅤㅤ• 여백과 빈 페이지는 적절하게 활용하여 여백의 미를 살리도록 한다.
ㅤㅤ• 시각적인 효과를 위한 강조는 일관성 있게 활용하도록 한다.
ㅤㅤ• 편집기의 상호 참조(Cross-referencing) 기능을 활용한다(하이퍼링크 등).

11 UI 메뉴 구조 설계 → 내/외부 화면과 폼 설계 → UI 검토 수행

12 사용 의도 파악, 행위 순서 규정, 행위의 순서대로 실행

13 유연성

CHAPTER 01 애플리케이션 테스트 케이스 설계하기

01 동치 분할 검사

02 문장, 분기, 조건, 분기/조건

03 기초 경로 검사

04 Inspection, walk-through, Code Test

05 • 확인(Validation) : "올바른 제품을 만들었는지?" 즉 고객의 요구에 맞는지 아닌지를 판단하는 과정이다.
   • 검증(Verification) : "제품을 올바르게 만들고 있는가?" 즉 제품이 요구사항이나 설계 명세서에 따라 만들어졌는지 판단하는 과정이다.

06 살충제 패러독스(Pesticide Paradox)

07 파레토의 법칙(Law of Pareto)

08 명세 기반 테스트, 구조 기반 테스트, 경험 기반 테스트

09 • 정적 테스트 : 프로그램 실행 없이 명세나 소스코드를 대상으로 개발 초기 결함을 발견하기 위한 테스트이다.
   • 동적 테스트 : 프로그램을 직접 실행하여 오류를 찾는다. 개발 전 단계에서 테스트 수행이 가능하다.

10 화이트박스 테스트

11 블랙박스 테스트

12 동치 분할 검사, 경계값 분석, 원인 효과 그래픽 기법, 비교 검사, 오류 예측 검사

13 테스트 케이스

14 테스트 시나리오

15 ❶ 제한된 검증
   ❷ 수학적 기법
   ❸ 자동화 기능

16 ❶ 통합 테스트
   ❷ 단위 테스트

17 워크스루(walkthroughs)

18 ❶ 처리량(Throughput)
   ❷ 응답시간(Response Time)
   ❸ 자원 사용률(Resource Usage)

01 치명적(Critical) 결함, 주요(Major) 결함, 보통(Normal) 결함, 가벼운(Minor) 결함, 단순(Simple) 결함

02 Test Collab

03 결함 등록

04 Retest All 기법

05 ❶ 드라이버
   ❷ 스텁

06 데이터 주도 접근 방식

07 다중 조건 커버리지

08 단위 기능 명세서

09 기능 기반 커버리지

01 결함 할당

02 결함 재확인

03 실패 또는 장애 또는 Failure

04 Retest All 기법

05 백본(Backbone)

06 • 상향식 테스트 기법 : 프로그램 구조에서 최하위 레벨인 모듈을 구성하고 상위 모듈 방향으로 통합하며 검사한다. 만약 상위 모듈이 아직 구현 전이라면 테스트 드라이버를 이용한다.
　　• 하향식 테스트 기법 : 상위 컴포넌트를 테스트하고 점증적으로 하위 컴포넌트를 테스트한다. 하위 컴포넌트 개발이 완료되지 않으면 스텁(Stub)을 사용하기도 한다.

07 테스트 하네스

08 기능 기반 커버리지

09 클래스 간 의존성 느슨하게 하려고 인터페이스 클래스를 이용하여 추상화된 자료 구조와 메소드를 구현한다.

10 ❶ 정적 도구
　　❷ 동적 도구

11 인스펙션(검사, Inspection)

12 클린 코드는 누구나 쉽게 이해할 수 있고, 기능의 수정 및 추가가 단순, 명료하게 잘 짜인 코드를 의미한다.

13 코딩 형식 준수

14 결함 수정

15 • 정적 테스트 : 프로그램 실행 없이 명세나 소스코드를 대상으로 개발 초기 결함을 발견할 후 있는 테스트이다.
　　• 동적 테스트 : 프로그램을 직접 실행하여 오류를 찾는다. 개발 전 단계에서 테스트 수행이 가능하다.

자격증은 이기적!

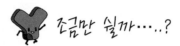 조금만 쉴까·····?

· 틀린그림찾기 · 할로윈 유령들이 놀고 있는 10가지의 틀린 곳을 찾아 보세요!

무리하지말고 틈틈이 쉬어가면서!

자격증은 이기적!